景印香港
新亞研究所

新亞學報

第一至三十卷
第五冊・第三卷・第一期

總策畫 林慶彰 劉楚華
主編 翟志成

景印香港新亞研究所《新亞學報》（第一至三十卷）

景印香港新亞研究所《新亞學報》（第一至三十卷）

黃進興　廖伯源　羅志田

饒宗頤

執行編輯　李啟文　張晏瑞

（以上依姓名筆劃排序）

景印香港新亞研究所《新亞學報》第五冊

第三卷・第一期　目　次

第三卷第一期

新亞學報

新亞研究所

本學報由美國哈佛燕京學社贈資印行特此誌謝

新亞研究所

目　錄

新亞學報編輯畧例

（一）本刊宗旨專重研究中國學術，以登載有關中國歷史、文學、思想、藝術、宗教、禮俗等各項研究性的論文爲限。

（二）本刊由新亞研究所主持編纂。外稿亦所歡迎。

（三）本刊年出兩期，以每年七月十二月爲發行期。

（四）本刊文稿每篇以五萬字爲限；其篇幅過長者，當另出專刊。

（五）本刊所載各篇，其版權及翻譯權，均歸本研究所。

西周書文體辨

錢穆

今文尚書周書二十篇，大體皆史官記言之作，偶亦有記事記言錯雜相承者，要以記言爲主。故歷古相傳，皆言事爲春秋，言爲尚書。大體言之，似古代史體，記言發展在前，記事發展較後，而所謂記言者，亦僅摘要記述當時某人對某事之所言大旨。似乎在史官載筆者之心中，尚未有如後世綴文造論之意想，必將所記之言，修翦鎔鑄，前後貫串，獨立爲篇，自成一文。必曰如是爲誥，如是爲誓，體裁各別。而其先固不如是，記言則僅是記言，此乃古人之樸，文運未興，篇章之觀念，胥有待於後起。則是在其時人觀念中，尚無有所謂文，更不論有所謂史也。因此尚書記言，多更端別起。雖前後之間，亦自有條貫，然往往將一番話，分作幾段說。若以後世文章家目光繩之，則實未成爲一篇獨立完整之文章也。

即如牧誓，若用後世文章家所謂誓文之體製觀念懸測之，應是武王軍於牧野，臨戰誓衆，而特寫此一篇誓師文，或宣言書。而牧誓本文實不如此。開首云：時甲子昧爽，王朝至於商郊牧野，乃誓。此數語屬記事，非誓文。下乃曰：王左杖黃鉞，右秉白旄以麾，曰：逖矣西土之人。至此六字，似爲誓師文之開場白，此下則應爲誓師之全文，而牧誓本文顧不然。承之曰『王曰嗟』云云，又繼之以『王曰』云云，此顯是當時記者摘要記錄武王當時誓師之言，而分作兩段記錄之，並非有意就武王所說，而特爲綴成一篇誓師文告也。

故讀尚書牧誓者，當知此乃當時史官對武王牧野誓師之一篇記載，而所記則言爲主，事爲副，並非武王在牧野誓師，先製一篇誓師文而由史官錄存之，亦非由史臣於事後代擬此一篇誓文，此辨極關重要，必明於此，乃可以討論古代官史之體製也。

其次請言金縢。武王有疾，周公欲以身代。開首云：既克商，二年，王有疾，乃叙其事之緣起。史乃册祝曰云云，記周公告神之辭。下自乃卜三龜至王翼日乃瘳，乃記卜吉及武王疾瘳。下自武王既喪以下，記周公避流言居東，及成王迎歸之事。則此篇雖以周公有册祝之辭藏於金縢之匱而名篇，然其體製固仍是當時史官之一篇記載，雖篇中記事記言錯雜相仍，而要以記言爲主，然亦非專限於記錄周公此一篇祝文。此則古史體製如是，所不當以後人之觀念爲衡量者。

今考書序云：周公作金縢，此說已大誤。孫星衍尚書今古文注疏乃謂：此篇經文當止於王翼日乃瘳，或史臣附記其事，亦止於王亦未敢誚公也。其秋大熟以下，考之書序，有成王告周公作薄姑，則是其逸文，後人見其詞有以啓金縢之書，乃以屬於金縢耳。孫氏此說，實陷於以後代人情事與後代人作文著史之觀念逆測前代。不知當西周初年，固尚無如後世某人特作某文之觀念與風習也。僅於詩或偶有作者姓名之傳述，如本篇言公乃爲詩以貽王，名之曰鴟鴞是也。於書則絕無作者主名可以確指。當時史臣記言，亦僅以記言爲主，仍非有作爲一文之觀念存其心中。故知謂周公作金縢成王作薄姑者，皆誤也。魏源詩古微乃曰：正風正雅，皆惟召公媿周公，無他人之什，矧周頌乎？故召公以後無頌。此魏氏謂雅頌皆作於周召二公也。今不論其言信否，要之詩書爲體不同，詩可以有作者之主名，而書則無之，此所當分別而論也。

其次言大誥。周公東征，大誥天下，然此亦非一篇完整之誥文，故開首以王若曰發端，下文連用王曰凡三次，則仍是與牧誓同例，亦是史官撮要記錄了當時此一番言辭而又分作幾段叙述之，雖題曰大誥，並非一篇誥文，猶之題曰牧誓，亦非一篇誓文也。

其次言康誥。開首惟三月，哉生魄云云，述緣起也。王若曰以下，乃爲誥辭。然此文王若曰一節，繼之以王曰嗚呼凡四節，又繼之以王曰凡五節，又連用王曰嗚呼凡兩節，又繼之以王若曰一節結尾。若以後世文章家體製觀念繩律之，則此篇仍只是一種記言之體，仍非一篇誥文。而所謂記言，亦仍是分段記錄，將一番話分成幾段寫，並非有意將別人話代爲融鑄成篇，如後世記言者之所爲也。

又次言酒誥。此篇以王若曰發端，下文連用王曰凡四次。則仍與康誥同例。

又次言梓材。魏源書古微論之曰：此篇上半，爲君戒臣之詞，篇末又爲臣誥君之語，首尾不屬。因謂康誥酒誥梓材三篇同序，且伏生大傳以梓材爲命伯禽之書。則康誥篇首，乃三篇之總序，故言宏大誥治，非專誥康叔一人也。今王惟曰以下，遂以告諸侯者轉告於成王。此乃通康誥酒誥三篇而總結之，與康誥叙首相爲終始。是時，成王立於上，康叔伯禽拜於下，周公立於旁，五服諸侯環而觀聽者千百計，周公誥康叔伯禽，而普告侯甸男邦釆衛，且并誥成王，而當日宏大誥治之誼始著。魏氏此說，根據伏生尚書大傳，推闡發揮，情景逼眞，若其言而信，則西周書乃出當時史臣記言，附以記事，正可資以爲證矣。

又次言召誥。開首惟二月既望，越六日乙未云云，記事述緣起。下文太保入錫周公，曰：拜手稽首云云，爲誥辭之發端。而此下嗚呼皇天上帝以下，乃屢用嗚呼引端。最後又曰拜手稽首曰云云，則全篇仍是一種當時史官記言之體。其用嗚呼字，猶如用曰字，康誥屢用王曰嗚呼字，正可同例視之。此因當時人尚不知連篇累牘融鑄成一整篇文字，故逐段以曰字嗚呼字更端也。

其次再言洛誥。開首周公拜手稽首曰，下繼以王拜手稽首曰，再繼以周公曰，又公曰，又繼以王若曰，又連稱三王曰，再繼以周公拜手稽首曰，然後再繼以戊辰，王在新邑云云，則此篇仍是記事記言錯雜相承，仍非一篇獨立完整之誥文也。

又次言多士。惟三月，周公初於新邑洛，用告商王士，此乃記事，述緣起。下文王若曰以下，應爲誥辭，然下文又屢用王若曰一次，又用王曰四次，則仍是記言，非誥文。又仍是分段記言，非有意將所記之言，融鑄成一整篇文字也。

次言無逸。此篇自首迄尾，乃周公戒成王語。孔穎達正義云：周公作書以戒成王，使無逸。蔡沈集傳云：成王初政，周公作是書以訓之。則後人皆謂此篇乃周公作。然讀無逸本文，開首周公曰，嗚呼，則仍是史官記周公言。若周公自作書戒成王，豈有自稱周公曰，又先自用嗚呼字作歎息開端之理。此文下凡六用周公曰嗚呼字，蔡沈曰：是篇凡七更端，周公皆以嗚呼發之，深嗟永歎，其意深遠矣。此仍以後世文章家觀念推說古書，謂周公如此作文，用意深遠，其然，豈其然乎？

又次言君奭。此篇以周公若曰開首，次用嗚呼字，又次用公曰凡五次，又用嗚呼字，又用公曰凡兩次。則仍是記言之體。孔穎達正義謂史叙其事作君奭之篇是也。

又次言多方。開首惟五月，丁亥，王來自奄，記事，述緣起。下文周公曰，王若曰，是周公以王命告四方也。然下文又連用嗚呼王若曰一次，王曰嗚呼二次，王曰又曰各一次。孔穎達正義曰：王誥已終，又起別端，故更稱王，又復言曰。以序云成王在豐誥庶邦，則此篇是王親誥之辭，又稱王曰者是也。其有周公稱王告者，則上云周公曰王若曰是也。又曰嗚呼王若曰是也。顧氏云：又曰者，是王又復言曰也。是孔氏認此篇有周公代成王誥之辭，又有成王親誥之辭，其實未然也。蔡沈集傳引呂氏曰：又曰二字，所以形容周公之惓惓斯民，會已畢而猶有餘情，誥已終而猶有餘語，顧盼之光，猶曄然溢於簡冊，斯得之矣。

蔡傳又引呂氏曰：先曰周公曰，而復曰王曰者，明周公傳王命，而非周公之命也。周公之命誥，終於此篇，故發例於此，以見大誥諸篇，凡稱王曰者，無非周公傳成王之命也。又嗚呼王若曰，呂氏說之曰，周公先自歎息，而始宣布成王之誥告，以見周公未嘗稱王也。此篇之始，周公曰王若曰，複語相承，書無此體也。至於此章，先嗚呼而後王若曰，書亦無此體也。周公居聖人之變，史官豫憂來世傳疑襲誤，蓋有竊之爲口實矣。故於周公誥命終篇，發新例二，著周公實未嘗稱王，所以別嫌明微，而謹萬世之防也。今按：孫星衍尚書今古文注疏云：大誥王若曰，鄭謂王卽周公，今此以周公冠成王之上，與攝政前之大誥異，與歸政後之多士同，此凱還作誥，當稱王命，而其詞實出周公，故書法如此。今按：宋儒必辨周公未嘗攝政稱王，此層暫可不論。而要之尚書誥命，皆當時史臣記載一時朝會之言，則蔡引呂氏之說，實最得尚書文體之眞相。至嗚呼王若曰之語，正見古人記事行文之樸，抑使三千年後人讀之，當時聲情活現紙上，是已可値欣賞矣。若必謂當時史臣寓有別嫌明微之深意，則未免曲說深解，未可爲信耳。

又次言立政。此篇以周公若曰開首，下用周公曰嗚呼一次，續用嗚呼字四次，又用周公若曰結尾。蔡沈曰：此篇周公所作，而記之者周史也。夫既曰記之者周史，何以又謂周公所作乎？若曰論語孔子所作，而其門弟子記之，可乎？此仍是以後世文章必具著作人之主名之觀念繩古人，則宜其無當矣。然誠使無孔子，又何來有論語？故自戰國末季呂氏賓客著書，迄於漢亡，如荀慈明之徒，亦卽以大雅述文王爲周公詩。蓋此乃周公之制作，此猶謂孔子作春秋，卻仍不得與後世文章著作之作相提竝論。抑且雅頌可以謂周公召公作，而仍不得謂某誥某書由周公召公作，此又是詩書體製有辨，不得不分別也。

次言顧命康王之誥。此亦記事記言錯雜相承，而以記言爲主也。所以謂其以記言爲主者，卽據題而可見。惟顧命之篇，多陳喪禮，劉知幾謂其爲例不純。劉氏之言是也。西周書實皆以記言爲主，附以記事。惟記禮復與記事有辨。或顧命時代較後，文體已畧有變，此後凡記禮者亦稱書，其或於此爲權輿乎。今已無可詳論。要之尙書主記言，則無可疑者。

又次言呂刑。開首惟呂命，王享國百年，耄荒，此記事述緣起。下以王曰發端，又續用王曰嗟，王曰嗚呼，王曰吁，王曰嗚呼，凡四更端，又續用王曰嗚呼作結。

又次言文侯之命。以王若曰開端，其下用嗚呼字，又用曰字，復用嗚呼字，再用王曰字，則此篇仍是史臣記言之體也。若曰王作策書命文侯，而史錄爲篇，則徑依命辭錄而存之可矣，豈當時所謂命辭者，卽作王若曰王曰云云耶？則此等命辭實亦是一種史官之記錄，故卽以第三者口脗出之也。

又按：文侯之命，據司馬遷史記，乃東周襄王時書，據鄭玄乃平王時書，然亦已在周東遷後，已入春秋，而其書體例亦與上引西周諸書相類，是周書首自武王牧誓，下迄東周春秋時文侯之命，前後緜歷逾三百年，不論其爲誓爲誥，爲訓爲命，而文體均同，要之爲史臣之記言。而其記言之體，又均分段分節，每以曰字嗚呼字引端更起，不似後世正式作爲一文，必前後貫串，一氣呵成。而曰誓曰誥，曰訓曰命，其行文造體，又必各有不同也。

然亦復有與此不類者，如費誓與秦誓，兩文皆以公曰嗟開端，而此下即通體成篇，一貫而下，不復更端用公曰字或嗚呼字。據書序：費誓乃伯禽征徐夷作，尚遠在成王時，何以文體獨異，乃前不與牧誓相似，後不與文侯之命相類，此可疑也。秦誓在秦穆公時，其時代與文侯之命相距不遠，何以又文體忽變，且此書可疑處尚多，故知此兩篇乃同出後人僞造晚出也。

又按：鄭玄以費誓編呂刑前，僞孔以費誓列文侯之命後，二說相較，當以僞孔爲是。僞孔傳曰：諸侯之事而連帝王，孔子序書，以魯有治戎征討之備，秦有悔過自誓之戒，足爲世法，故錄以爲王事，猶詩錄商魯之頌。是僞孔已疑費誓秦誓何以得列尚書，惟不敢謂此兩篇乃後人加入，故如是婉曲說之耳。

又次有洪範。洪範乃戰國末年晚出僞書，古今人已多疑者。今專就其文體論，亦可證其爲僞而無疑矣。此篇前記武王問，下承箕子答，此與誓誥訓命皆不類，可疑一也。且箕子之答，首即列舉九疇之綱，下乃逐目詳說，如此條理備密，早非當時說話之記錄，而成爲一篇特撰之文章矣。然則豈箕子退而爲文，而周之史臣錄而存之乎？抑當時史臣據箕子當時之對，而爲之整比條理以成此一篇乎？此篇開首惟十有三祀，王訪於箕子，僞孔傳：商曰祀，箕子稱祀，不忘本。孔穎達正義曰：此篇箕子所作。又曰：是箕子自作明矣。又曰：此經文旨，異於餘篇，非直問答而已。不是史官敘述，必是箕子既對武王之問，退而自撰其事。蓋就文體言，洪範之異於西周書其他諸篇，昔人早已知之。惟不敢徑斥其爲僞，此自是古今人讀書意態不同。今所以決知其僞者，當知有所問答，退而撰文，此等事，即下至孔子時，尚所未有。今就文學史演進之觀念言，知洪範決不爲箕子所自撰。而當時史官記言，其爲體亦決不如此。又左傳多引洪範，而稱商書，則在先秦時，本不列此篇於西周諸書間也。苟使有熟辨於文體之君子，就我上之所舉而兩兩比觀之，則洪範之爲晚出僞書，正可專就此一端而定爾。

今試再以周書之文體爲基準，而反觀虞夏之書，則更見有大不同者。如堯典曰若稽古帝堯，此顯是後人追記之辭，鄭玄以稽古爲同天，此亦是悟其爲例不純，而强說之也。蔡沈又謂周書越若來三月亦此例，其實仍非是。又如舜生三十徵庸，三十在位，五十載陟方乃死。此乃總叙始終之辭，亦周書所未有也。朱子曰：堯典自說堯一代爲治之次序，舜典亦是見一代政治之始終。此亦與周書之專爲某時某事記言而作者大異。蓋堯典成篇，乃包括堯舜二帝，綜述其兩朝前後大政大績，此等文體，顯較周書遠爲進步。粗率言之，一是記言，一是作文，並是作史，固已遠爲不侔矣。若使周代史官亦知有如此作文之法，有如此寫史之體，則何不爲文武兩王亦有一番綜合之叙述乎？何不於周公生平，及其制禮作樂之大綱大節而亦有所記載乎？誠有能熟辨於文體之君子，就於虞書與周書而兩兩比觀之，其文體之不同，固當爲虞書先成而周書後出乎？抑當先有周書，乃始演進而成虞書之體製乎？亦可不待煩言而定其先後也。

其次如皐陶益稷謨。亦以曰若稽古發端，則仍是後代人追記之辭。蔡沈曰：典謨皆稱稽古，而所記則異。典主記事，故堯舜皆載其實，謨主記言，故禹皐陶則載其謨。又引林氏曰：虞史既述二典，其所載有未備者，於是又叙其君臣之間嘉言善政，以爲皐陶謨益稷，所以備二典之未備。就上引二氏之說觀之，可見皐陶益稷兩篇，特以承續堯舜二典，而補充陳述。故必綜合二典二謨而幷觀之，乃始可以備見堯舜二帝當時君明臣良，以蔚成此一代之治之大體。然則此等撰述，乃不僅止於作文，抑且進於寫史。而此種史法，則顯非西周史臣乃至平王東遷後之史臣所能想像夢見也。抑且皐陶謨益稷所載，雖亦記言之體，而仍與西周書爲例不同。蓋西周諸書，所記皆關於某一時某一事之語，而皐陶謨益稷則不然。豈有當有虞之時，一切治功均已告成，舜禹皐陶夔始集合一堂，交拜交語，賡歌迭唱，若爲此時之君明臣良，蔚成一代之治者，作一大結筆。讀者若細細誦繹，便知非出當時史筆，即本篇作者，亦已明白交代謂粤若稽古矣。劉知幾史通有云：史之爲道，其流有二。書事記言，出自當時之簡。勒成刪定，歸於後來之筆。（史官建置篇）竊謂西周諸書，皆劉氏所謂書事記言，出自當時之簡也。而虞書二典二謨，則顯然爲勒成刪定，歸於後來之筆矣。既非出自當時，則其爲後人僞託，自可即據文體而定耳。

其次如夏書之禹貢，其體益不類。孔穎達正義曰：堯舜之典，多陳行事之狀，其言寡矣。禹貢即全非君言，準之後代，不應入書。此亦知禹貢文體可疑也。孔氏又曰：此篇史述時事，非是應對言語，當是水土既治，史即錄此篇，其初必在虞書之內。蓋夏史抽入夏書，或仲尼始退其第，事不可知。此又言禹貢編製可疑也。劉知幾史通亦曰：書所以宣王道之正義，發話言於臣下，故其所載，皆典謨訓誥誓命之文。至如堯舜二典，直序人事，禹貢一篇，惟言地理，洪範總述災祥，顧命都陳喪禮，茲亦爲例不純者也。（六家篇）今按劉氏此之所舉，其實皆可疑，已逐篇分別論之。惟顧命或是文體稍後，較前有變，故叙事稍詳，然要之顧命仍是以記載成王臨崩之發命爲主，不當與二典禹貢洪範相提並論。實則禹貢必爲戰國末季之晚出書，其證多矣，今即專證之於文體，而亦見其必屬晚出。若遠在虞夏時，史臣已能將平水土，定貢賦，一代大政，綜而述之，此乃所謂大史筆，文體進步既已達此境界，何以後之史臣，乃絕無嗣響。抑豈自禹以迄周公，一千五百年，更無大政可述乎？抑秉筆之人，盡屬庸下，更不能有此才力識趣乎？

蓋二典之與禹貢，顯爲史文之甚進步者，其體製畧近於史漢之有八書與十志，而西周書諸篇，大體皆限於記言，尚未能臻於本紀列傳之例。豈有當二千年前，文運已如此猛進，而厥後二千年，又如此其滯遲而不前，且又如此其墮退而落後乎？則虞夏書之顯屬晚出，可卽此一端而論定矣。

甘誓湯誓，以文體言，亦皆與牧誓不同，而轉與秦誓相似，此亦可疑也。

盤庚之篇，史遷謂：盤庚崩，弟小辛立，殷復衰，百姓思盤庚，乃作盤庚三篇。是謂盤庚之書作於盤庚之身後，乃當時百姓追思所作，此已與虞夏書粤若稽古之事相類。而非如周書之出於當時史臣之載筆矣。惟鄭康成則謂上篇是盤庚爲臣時事，下篇是盤庚爲君時事。孔穎達正義云：中上兩篇未遷時事，下篇既遷後事。魏源書古微有辨曰：上篇率籲衆慼出矢言以下，至底綏四方以上，皆叙殷人不願遷之詞，非誥語也。自盤庚斅於民以下，始叙盤庚之誥，商書言其如台者四，史記有其三，而皆改曰其奈何，此皆不願遷者之言。謂先王祖乙去相來邢，重我民生，無盡虔劉於水，曾稽之卜，曰：河水無能如我何也。次篇新邑，殷也。盤庚詞也。首篇新邑，邢也，殷民詞也。不然，中篇方云盤庚作，維涉河以民遷，下篇方云：盤庚既遷，豈有首篇未遷之始，卽云茲新邑，曰：既爰宅於茲乎？豈有盤庚未斅於民，未命衆悉至庭之前，而於宮中無人之地自出矢言乎？今按：魏氏之言辨矣，而此三篇，要仍有可疑者。如上篇起首卽曰盤庚遷於殷，民不適有居。此無論如鄭說如孔劉說，皆若有不辭之嫌。又如中篇，殷降大虐，鄭康成曰：殷者，將遷於殷，先正其號名。說更牽强。然若謂已遷，篇中何又云今予將試以汝遷乎？則孔說中上兩篇爲未遷時事，允矣。既兩篇同屬未遷時事，何以又分寫成兩番誥語，蓋鄭氏已疑及此，故說上篇爲盤庚爲臣時事也。然鄭說仍自不妥。卽如上篇，王若曰，孫星衍曰：若如史遷說，此書乃後人追思盤庚所作，則此處王卽盤庚也。若如鄭康成說，上篇乃盤庚爲臣時事，則此王謂陽甲。今按孫氏此說，顯然大誤。此處王若曰乃緊承上文王命衆悉至於廷語而來。若王是陽甲，豈命衆悉至於廷之王亦乃陽甲乎？若此命衆悉至於廷之王實指盤庚，而猶謂其是盤庚爲臣時事，豈篇中稱王亦先正其號名乎？又且上篇屢言先王古我先王，其自稱皆曰予，中篇既稱先王，又我古后，又稱我古后，又稱我先神后，又稱先后，古我先后，我先后，其自稱，既曰予，又曰朕，一篇之中，屢易其辭，顯與上篇大不類。此皆甚可疑者。史遷說此三篇出後人追思所作，亦實有其不得已。蓋史遷從孔安國問故，師承所自，固已悟此篇文體之不與西周諸書相似矣。

其次復有西伯戡黎與微子兩篇，此皆短篇薄物，論其時代，已與牧誓相距甚近。篇中要旨，亦特以見殷之必亡，周之必興而已。陳澧東塾讀書記謂：尙書二十八篇，盛治之文多，衰敝之文少，惟西伯戡黎微子二篇而已。又曰：微子篇云：殷罔不小大好草竊姦宄，卿士師師非度。凡有辜罪，乃罔恒獲。又至今殷民乃攘竊神祇之犧牲，用以容，將食無災，此殷世衰敝之狀，三千年後猶如目覩。然正惟此等語，實似後人之筆，殆不似出於微子之口胎也。然則周興以前，是否早有商書之存在，此事即大可疑。或詩書之興，皆屬周初，此皆周公制禮作樂之盛，而爲前此所未有也。今若將書經年代遠推而上，至於虞夏，則何以散文官史，發展成熟遠在二千年之前，而歌詩雅頌抒情韻文，轉遠起二千年之後乎？此又與世界各地一般的文學起源，遠有不同。抑且古人每以詩書並稱，而又詩在前，書在後，其說亦無法可通也。

蓋詩書之起，實當同在西周之初。鄭玄詩譜序謂有夏篇章，靡有孑遺。邇及商王，不風不雅。是言夏商無詩也。魏源詩古微辨商頌，曰：嘗讀三頌之詩，竊怪周頌皆止一章，章六七句，其詞噩噩爾。而商頌則長發七章，殷武六章，且皆數十句，其詞灝灝爾。何其文家之質，質家之文？又曰：大樂必易，故惟專章，自考父頌殷，違大樂易簡之義，矢鋪張揚厲之音。至奚斯頌魯，並舍告神之義爲美上之詞，遂爲秦漢刻石銘功之所祖，此亦以文體明先後，究流變也。

詩起西周，其事殆無以復疑。至後儒如崔述之徒，以豳風七月爲大王以前舊詩之類，此等皆可不辨。詩既若是，書亦宜然。而書之爲體，其始則僅主於記言。曰誓曰誥，皆記言也。牧誓所重，不在牧野之戰，舉一可以例餘。此其說，古人蓋猶多能言之。王肅曰：上所言，下爲史所書，故曰尚書。孔頴達尚書正義序承王說，曰：夫書者，人君辭誥之典，右史記言之策。劉知幾史通亦曰：宗周既殞，書體遂廢。迨乎漢魏，無能繼者。至魯廣陵相魯國孔衍，以爲國史所以表言行，昭法式。至於人理常事，不足備列。乃刪漢魏諸史，取其美詞典言，足爲龜鏡者，定以篇第，纂成一家。由是有漢尚書後漢尚書魏尚書凡爲二十六卷。（六家篇）柳宗元西漢文類序亦曰：左右史混久矣，言事駁亂，尚書春秋之旨不立。獨左氏國語，紀言不參於事。戰國策春秋後語，頗本右史尚書之制。此皆古人猶知尚書爲體偏主記言之證也。

惟其如此，故書之爲體，究不能與後世史籍相比。劉知幾殆可謂深明其義。其於孔衍之續尚書，乃頗不以爲然。其言曰：原夫尚書之所記，若君臣相對，詞旨可稱，則一時之言，累篇咸載。如言無足紀，語無足述，若此，故事雖脫畧，而觀者不以爲非。爰逮中葉，文籍大備，必剪截今文，模擬古法。事非改轍，理涉守株。又曰：若乃帝王無紀，公卿缺傳，則年月失序，爵里難詳。斯並昔之所忽，而今之所要。（上引均出六家篇）今按：劉氏分別古今史法輕重詳畧得失之間，可謂朗若列眉矣。余此所辨，亦正可以發明劉氏之意。然苟混幷虞夏商周四代之書，不復加以分別，而僅以爲體不純說之，則劉氏之說，亦未見其誠爲果然否爾也。

尚書所主，既在記言，從側面言之，卽記事本非所重。劉氏史通又言之，曰：古之史氏，區分有二。一曰記言，一曰記事。而古人所學，以言爲首。劉氏又列舉例證，而曰：記事之史不行，而記言之書見重，斷可知矣。因曰：論語專述言辭，家語兼陳事業，而自古學徒相授，惟稱論語。由斯而談，古人輕事重言之明效也。又曰：書之所載，以言爲主。至於廢興行事，萬不記一。語其缺畧，可勝道哉。（以上均見疑古篇）。又曰：世猶淳質，文從簡畧，求諸備體，固已缺如。（二體）此皆劉氏通達之名言也。卽後儒如魏源書古微亦曰：夫子刪書，止見魯國所藏記言之史，而未見周室所藏記事之文，其言信否當別論，要之魏氏亦已知西周書篇乃詳於記言，畧於記事，則與劉氏史通之論，古今一致，無可懷疑也。

然書體既偏於記言，豈不於事將獨有缺？是則又不然。蓋古人所以見事者在詩。故毛詩序有云：一國之事，繫一人之本謂之風。言天下之事，形四方之風謂之雅。又曰頌者，美盛德之形容，以其成功告於神明者也。又曰：國史明乎得失之迹，傷人倫之廢，哀刑政之苛，吟咏情性，以風其上。達於事變而懷其舊俗者也。此於詩以見事，詩史相通之旨，可謂言之甚明晰矣。鄭玄詩譜序亦曰：吉凶之所由，憂娛之萌漸，昭昭在斯，是作後王之鑒。夷厲已上，歲數不明，太史年表，自共和始，歷宣幽平王而得春秋，次第以立斯譜。然則鄭玄之意，亦在因詩見史，故爲立譜以明之也。而所謂詩亡而後春秋作，亦於鄭氏之言，可窺其微旨矣。朱子曠古大儒，顧於此頗滋懷疑，因謂詩纔說得密，便說他不著。國史明乎得失之迹一句也有病。周禮禮記中，史並不掌詩。又曰：周禮史官，如太史小史，內史外史，其職不過掌書，無掌詩者。不知明得失之迹，却干國史甚事。今按，朱子所疑亦是也。蓋史以記言記事，詩以言志言懷，二者各不同。史官掌記載，雅頌歌咏，自非其業。今之所辨，乃以發明古者史官僅主記言，非能如後世史官記注之完備，而古人之詩，則轉可以考見當時史迹之大。此見古今事變，未可專以後世眼光窺測古人，則毛鄭之說，實未可非，而專以閭巷男女民間日常說古詩，亦未爲得也。

惟其周書體製不重在記事，故雖一王之盛德大業，煥乎其有成功者，亦惟於詩乎見。播之樂歌，分在雅頌，而於書顧獨缺。周人自后稷以下，迄公劉而至文王，其事迹皆見於詩。周人所尊，莫過文王，頌始淸廟，大雅始文王，而於書無文王之典。鄭玄詩譜序謂：成王周公致太平，制禮作樂，而有頌聲興焉、盛之至也。孔穎達詩正義曰：詠往事，顯祖業，昭文德，述武功，皆令歌頌述之以美。魏源詩古微亦曰：成王周公、始制雅頌，繼文王之志，述文武之事。故春秋季札觀樂、聞歌大雅、曰：美哉其文王之德乎！此皆古人已知卽詩以見事，卽詩以論史之證也。卽下逮宣王中興，大雅亦有江漢常武，歌詠其事。而平淮伐徐，轉不載於周書。卽下迄幽厲，周道中衰，而致東遷，此皆可於詩人之歌詠尋迹之、而於書顧獨不詳。此豈非古人詩書各有分職，所以互足相成，而惜乎後世遂少能發其意者。正因晚出書如虞書二典，既失其倫類，而從來又拘於尊經，怯於疑古，事涉堯舜，便多廻護，於是不悟書體之有缺，遂亦昧於雅頌之爲用，循至認爲書屬史，詩屬文，而詩書乃各失其所矣。

惟詩之爲用，其先本偏主於頌讚，而美在此則諷在彼。流變所極，不能無諷刺。然諷刺終不可以爲訓而垂後。故自詩有變風變雅，而詩之爲道已窮。乃不得不有起而爲之繼者。孟子曰：王者之迹熄而詩亡，詩亡然後春秋作，是也。鄭玄詩譜序卽承孟子意。趙岐又說之曰：王迹止熄，頌聲不作，故詩亡。春秋撥亂，作於衰世也。竊意史遷年表，始於共和。是共和以前，固無編年載事之史，有之當自共和始，故史遷據以爲表。杜預曰：春秋者，記事以繫之日月時年。然則春秋之始作，明在宣王以下。班孟堅有云：成康沒而頌聲寢。蓋至於宣王之歿，不僅頌聲之寢，卽如大雅江漢常武之詠，亦已渺乎難繼。於是詩乃有刺無頌，則又何賴乎有詩，故趙岐以頌聲不作釋詩亡，頌實當兼雅而言，趙氏之說，殆深得古義。卽謂孟子所指作春秋者當專屬之孔子，如魏源之說，雅亡於平之四十九年而後春秋作。要之雅頌在西周，其功用實兼乎史記，是春秋繼詩不繼書，此義後人知而能論之者鮮矣。其端亦始乎不辨虞夏之爲僞書而然也。

春秋爲體，始重記事。劉知幾史通又言之，曰：歷觀自古作者，權與尙書。發蹤所載，務於寡事。春秋變體，其言貴於省文。斯蓋澆漓殊致，前後異迹。（叙事）然上世記言之體，則固不因此而遽絕。抑且踵事增華，下散而至於列國卿大夫，如今魯語晉語所收之類是也。更下而散至於私家之立言者，如孔門有論語是也。卽下至戰國，百家著書，仍不能盡脫古者記言之成格。劉知幾謂戰國以下，詞人屬文，皆僞立客主，假相詶答，（雜說）是也。其記言記事，相互配合，而漸演爲後世之史體者，則爲左傳。劉知幾曰：古者言爲尙書，事爲春秋，左氏爲書，不遵古法，言之與事，同在傳中。（載言篇）此說實可指出古者史體演進之階程與步驟，未可輕以後世人成見譏之也。

至於今傳虞書二典之與禹貢，則不僅是言事相糅而不分，蓋其書綜括始終，提要鈎玄，於一朝之大政大典，於一王之大經大法，爬剔出之，排比以載。旣非記言，亦非記事。劉知幾謂書志出於三禮，（史通書志篇）蓋書志又史籍之進步與成熟以後始能有，而二典禹貢，其體例實與書志爲近。奈何可與西周之書等類而平視乎？

昔朱子以文體難易不同，而疑及尙書今文古文之有辨。謂今文多艱澀，古文反平易。不應伏生已年老，所記皆其難者，而易者反不記。又謂疑盤誥之類，是一時告諭百姓，盤庚勸諭百姓遷都之類，是出於記錄，至於蔡仲之命，微子之命，冏命之屬，或出當時做成底詔誥文字，如後世朝廷詞臣所爲者。實則周書文體，正不該有如後世詞臣所爲。又曰：書有兩體，有極分曉者，有極難曉者。某恐如盤庚周誥多方多士之類，是當時召之來而面命之，面教告之。自是當時一類說話。至於旅獒畢命微子之命君陳君牙冏命之屬，則是當時修其辭命。又謂孔序庸沓，不似西漢文蒼古之體，甚屬可疑。此皆就文體辨異同也。越後明淸諸儒，抉發古文尚書之僞，實由朱子導其源。而余意即就今傳今文尚書，其間文體亦尚有辨。此篇畧陳梗概，而用意實不止於辨僞。如論詩書之同起於周初，當爲中國有文籍之祖，如論書體僅主於記言，非有如後人所謂歷史的觀念。如論史迹轉詳於詩，如論春秋之由於雅頌不作而代興。如論先秦諸子著書之沿襲古史記言之體而遞變。如論記言與作文與著史之在當時人觀念中之遞演而遞分，凡此諸端，當爲考論中國古代文學史史學史與文化史者所必當注意。其於中國古代史上一般的人文演進，關係匪細。爰著所疑，以待博雅君子之論定焉。

唐代三省制之發展研究

目 錄

唐代三省制之發展研究

孫國棟

第一章　引　論

——論三省制之精神

（一）

自秦以後，我國中央政制，概括言之，不出兩種形態：一爲漢之丞相制；一爲唐之三省制。丞相制之特質，在以丞相爲政府領袖，君主立於政府之外而與丞相互相制衡；三省制之特質，在將統治權力析而爲三，三省共同組織一嚴密的行政中樞，以君主爲此中樞領袖而受三省之節制。所以丞相制之破壞，由於君權與相權失却平衡；三省制之破壞，由於三省職權混亂，無以節制君主。

從東漢至南北朝，接丞相制破壞之後，六百年間，不斷以君主私臣，轉爲政府樞機，由尙書而中書，由中書而門下。此顯非通過理性之創制，而是相權墮落後一種事實轉變而已。直至唐代，然後將三省關係加以理性的調整，一變漢代內外朝爲渾一政府，出現一種新治道精神，而開盛唐局面。及晚唐，三省關係失調，中書門下職權混亂，君權膨脹，五代以後，承此墮緒，乃漸演變爲明淸兩代的專制，此亦斷非出於理性的創制。所以自秦以後，我國中央政制最具創造意義者，惟漢與唐。

近人論歷史，多斥君權而重相權。漢制，以丞相爲外朝領袖，君相權力之分劃，較唐代爲明析，所以論史者多崇漢而輕唐。其實君相權力之强弱弛張，不能只從靜態之權力分劃觀察，而必更從政務之運用中探究。使三省制圓滿運用，其對君權之節制，並不在漢制之下；而尤應注意者，唐承西漢之後六百年，無論社會、經濟、選舉、考課、獄訟、交通，較之西漢，其繁複程度又何止十倍，庶政推行，豈是漢制九卿十三曹所能承辦？舊體制不足以馭新社會，於是政務推行則由九卿十三曹轉爲六部九寺廿四司；政務決策則由丞相一人轉爲中書門下兩省合議，此不得不謂爲政制上一絕大進步。論者不察歷史情勢，不問政務運用，徒就君相權力表面之分劃而謂唐制爲漢制之退步，或謂三省分權爲便利君主專制，恐均未得設立三省制之眞情，本文即欲對此作一研究，故捨漢而論唐。

（二）

三省制之尙書、中書、門下三省的建制不始於唐，三省的重要職官，大多源於魏晉。是三省早已存在，而必以唐代爲三省制之代表者，因三省的關係發展至唐，然後有合理的新安排，一改魏晉以來的面目。

三省中之尙書，本屬漢代九卿的少府，東漢以後，漸脫離少府成爲行政總樞，於是出納王命，敷奏萬機，政令、選舉、罪賞均所由出（全唐文四七七杜佑尙書省官議）。東晉以後，八座郎中多不奏事，一切庶政惟仰承中書意旨，中書令監獨掌大政，且地在樞近，多承寵任（通典二十二）。門下侍中，雖曰親近之職，不過侍衞之臣，切問近對，拾遺補闕而已（晉書二四），幷未任政府機衡。

南朝，君昏臣惰，三省職權更形繆亂；中書省有中書舍人五人，領主書十人，書吏二百人，分掌二十一局事，各當尚書諸曹，幷爲上司，總國內機要，而尚書唯聽受而已（通典二十二）。門下省侍郎自宋齊以後，情任親密，梁朝幷與散騎常侍對掌禁令，然多以美姿容者兼官（通典二十一），可見仍未脫私臣姿態。北朝門下省轉重，北魏多以侍中輔政。黃門侍郎崔光未嘗留心文案，唯從容議論，參贊大政（通典二十一）。故詔旨之行，一由門下（見後魏書高陽王雍傳及通鑑梁武帝天監十四年）。北齊乾明中置丞相，河淸中分爲左右，置府僚。然而爲宰相秉持朝政者亦多侍中（通典二十一），是北朝門下已取中書代之矣。

隋朝統一南北，綰合歷代制度，使尚書中書門下三省幷成一樞機；然隋祚短促，只整理三省職官，幷未明白釐定三省職權；中書雖主出命，然不過承受上意，制定文書而已；門下亦少封駁。此可於唐初君臣之批評中見之：如貞觀元年，太宗謂房玄齡蕭瑀曰：文帝不明而喜察，事皆自決，不任羣臣，羣臣既知主意，唯決受成，雖有愆違，莫敢諫爭（見通鑑、貞觀政要卷一）。又貞觀初，張元素謂太宗曰，臣視自古以來，未有如隋室喪亂之甚，豈非其君自專，其法日亂，向使君虛受於上，臣弼違於下，豈至於此（見唐語林卷一）。此可見隋代三省職權未立。

唐代對三省之調整，有四點值得注意：

一、使中書舍人參議表章，分押尚書六曹，佐宰相判案（見六典卷九、新志舍人條）。凡軍國大事，經舍人雜判，中書令、侍郎省審，然後進擬畫可，於是中書省正式成爲制定意見的政府機構。（舍人判事雖不始於唐，齊梁以降，舍人專掌詔誥兼呈奏之事，即開判事之先，但當時舍人更接近君主，承恩擅權，中書令、侍郎雖曰省審，其實只是虛文。」

二、使給事中掌封駁之任。給事中在隋以前或置或否，給事於黃門之內，施宮禁之事，或掌六經，或掌獻納（通典二十一），隋煬帝始移吏部給事郎爲門下之職。唐使之掌封駁過官，封謂封還詔書而不行，駁謂駁正詔書之所失；「天下寃滯無告者，得與御史糾理之，有司選補不當者，得與侍中裁退之」（白氏長慶集卷三十一鄭覃可給事中制），是唐代給事中，用古之名，而行隋之職，雖曰給事中，然未嘗司禁中之事，是名內而實外也。給事中有封駁過官之權，然後門下省的審議制度可以建立。

三、整理門下組織，劃分侍中與散騎職掌，幷置拾遺補闕，以加强門下的審議作用。隋以前，侍中散騎職掌時混亂，或別爲散騎省。唐使散騎掌獻替於宮庭，幷隸於門下；又加置七八品卑官負責諫諍。於是門下省內有散騎的獻替，外有給事之封駁，復有諫議、拾遺、補闕諍論得失，由侍中侍郎總而領之，於是門下組成完整的系統。（散騎諫議原只屬於門下省，蓋以門下負審議之責也，其後中書職權漸重，兩省同屬機要之司，散騎諫議始分左右分隸兩省。）

四、加强尚書實權，使能負實際行政責任。自魏晉以來，尚書仰承中書鼻息，八座只有虛名，隋以三省長官爲宰輔，然後轉變此種情態。唐初因之，以僕射爲正宰相，吏兵兩部尚書多參豫朝政，並增置六司侍郎及左右司郎中（貞觀二年置，見通鑑），對八座丞郞以至廿四司郎中，選任甚重，故韋温曰：「國朝已來，郎官最爲清選」（舊書韋温傳）。張九齡曰：「尚書多用舊相居之，不然歷踐內外清貴之地，妙行德望者充之」（大唐新語卷七、新書張九齡傳）。可見尚書之貴重。

於是三省並列，同綰政務，中書出令，門下審駁，尚書受成（胡致堂語，見文献通考卷五十門下省條）。三省權責分明，凡有軍國大事，先由中書舍人各書所見，經中書侍郎中書令省審，然後擬熟狀進呈畫押，是君主雖名爲行政領袖，其實只有同意權。勅旨既下，中書舍人署而行之，門下省給事中黃門侍郎駁正之，然後送尚書省執行。尚書省於執行時認爲有不便處，仍可將詔書封還。

會要五十八：「元和七年十一月有醫士崔環自淮南小將爲黃州司馬。勅至南省，吏部尚書鄭餘慶執之，封還；以爲諸道散將，無故受正員五品官，是開僥倖之路。」舊書王遂傳：「王遂……爲西北供軍使，言營田非便，與孟陽會議相非，各求請對，上怒，俱不見，出遂爲柳州刺史。遂親吏韋行素、柳季常請課料於兩池務，屬遂罷務，季常等爲吏所誣，各笞四十。遂柳州制出，左丞呂元膺執奏曰：遂以補吏犯贓，法當從坐，其除官制云：『清能業官』。據遂所犯狀，不宜有『清』字；柳州大郡，出守爲優，謹封還制書。」又舊書于頔傳：「頔卒……謚曰厲，其子季友從獵苑中，訴於穆宗，賜謚曰思。右丞張正甫封勅，請還本謚。」均爲尚書省封回勅詔之例。

貞觀以後，宰臣多議政於政事堂，侍中雖出席議政，給事中仍可封駁。倘勅旨施行，發覺處理失當，兩省諫官又得論奏。此種制度，雖曰三省分立，究其精神實在於三省調合，以構成一嚴密之制度網，一以謹愼大政之決策，一以使君主與權臣，俱不得獨斷；因爲每一個意見由舍人判事直至給事中署行，中間經兩省各員的審議，並非一二宰臣的意見。一二宰臣的意見，君主易於舉手而棄之，經兩省審議的共同意見，君主不得輕易改易。所以中唐以前大小庶政，大率由中書進擬，經門下審議。不經中書門下，不得稱爲勅。劉禕之曰：「不經鳳閣鸞台，何名爲敕。」

（見通鑑垂拱三年、會要五十四及兩傳）不但君主敕書要受兩省約束，太子處分論事之書，亦必須左右庶子副署（見全唐文卷七太宗定皇太子與臣工書疏式詔）。由此可見三省制中，君主雖爲行政領袖，其實行政決策，繫於兩省。兩省長官既議政於政事堂，所以政事堂乃成爲實際決策的中樞所在。政事堂不僅可以議大政之得失，同時可以議君主之善惡，此可以窺三省制之精神。

李華中書政事堂記述政事堂之職責曰：「政事堂者，君不可枉道於天，反道於地，覆道於社稷，無道於黎元，此堂得以議之；臣不可以悖道於君，逆道於仁，黷道於貨，亂道於刑，尅一方之命，變王者之制，此堂得以易之；兵不可以擅興，權不可以擅與，貨不可以擅蓄，王澤不可以擅奪，君恩不可以擅間，私讐不可以擅報，公爵不可以擅私，此堂得以誅之……」（全唐文卷三一六）。

近人論三省制多以三省分權是割裂宰相權以便於君主專制。殊不知分權有兩種：一爲統治事項之分，一爲統治權力之分。宋以樞密掌兵，三司掌財，宰臣掌政；明代廢宰相以六部分掌行政，俱爲事項之分；此種分權，各職無所會通，君主於是易專制於上；三省制以中書主出命，門下主審議，尙書主執行，是統治權力之分；就其靜態觀之，是將權力析而爲三；就行政實施的動態觀之，則不過行政過程中之三個程序而已，對於大小庶政，仍無不關管。故李泌曰：宰相之職，不可分也，天下之事，咸共平章，若各有主，是乃有司，非宰相也（類說引鄴侯家傳語、通鑑貞元二年同）。而在此行政過程中，宰臣與君主又俱不可得而專擅。所以君主欲專斷，必先破壞三省制；權臣欲弄柄，亦必先破壞三省制。故唐代之專君權臣，一產生於武后之亂，一產生於天寶亂政之後。

（三）

中書門下兩省既一主出命，一主審查，換言之，政令的決定由中書門下兩省共同負責，所以唐代兩省屬官都具有政務意義。自散騎常侍、諫議大夫、拾遺、補闕、以至起居舍人都可論朝廷得失（宣宗語，見舊書魏謩傳）。故凡三品以上入閣議事，皆命諫官史官隨入。

通鑑貞觀元年：「制自今中書門下及三品以上入閣議事，皆命諫官隨之，有失輒諫。」此王臨川所謂可救之於將然，不使其命已布於天下然後從而爭之也（見臨川集七諫官論）。又新書百官志：「每仗下議政事，起居郎一人執筆記錄於前，史官隨之，其後復置起居舍人分侍左右，秉筆隨宰相入殿。若仗在紫宸內閣，則夾香案分立殿下直第二螭頭，和墨濡筆，皆即坳處，時號螭頭。」

兩省屬官既負政務責任，所以名雖隸於中書門下，而其實仍富有獨立性。

唐六典序列門下省職官次第以散騎、諫議、補闕、拾遺、起居郎列給事中及諸書吏之後別為一組，不以品位高低排列。窺其微意，是給事中及諸書吏掌省內事，故直隸於侍中侍郎；散騎、諫議、補闕、拾遺、起居郎職掌在省以外，故別為一組，且散騎、諫議、補闕、拾遺之間無從屬關係。

上固可以檢察君主，下亦可以檢察宰臣。故父為宰相，子不得為諫官，以免使子論父（見會要五六及舊書杜從郁傳）。

但諫官任免，究由宰相。

六典吏尚條：五品已上名聞送中書門下聽制授，六品已下常參之官，量資注定，其才識頗高，可擢為拾遺補闕監察御史者，亦以名送中書門下聽敕授焉。

且中唐以前，諫議論事，多令宰相先知，因此諫官受宰臣的影響多，承君主之意向少，故有唐一代，宰臣類能淬礪諫官以節制君主。所以諫官對於君主，可以聞風諍論，不必確有實據，君主不得以爲罪。

白氏長慶集載白居易爲諫官時聞風諍論甚多，如卷四十一論制科人狀云：「臣未知此說虛實，但獻所聞，所聞皆虛，陛下得不明辯之乎，所聞皆實，陛下得不深慮之乎。」同卷奏所聞狀、論裴均進奉銀器狀等俱是。舊書薛存誠傳：「薛廷老……寶曆中爲右拾遺，敬宗荒恣……宮中造淸思院新殿，用銅鏡三千片，黃白金薄十萬番。廷老與同僚入閣奏事，曰：臣伏見近日除拜，往往不由中書進擬，或是宣出，伏恐綱紀漸壞，姦邪恣行。敬宗厲聲曰：更諫何事？舒元褒對曰：近日宮中修造太多。上色變曰：何處修造？元褒不能對。廷老進曰：臣等職是諫官，凡有所聞，即合論奏，莫知修造之所，但見運瓦木絕多，即知有用。乞陛下勿罪言官」。又會要五六：「永泰十五年八月山陵始復土，先是追邠寧節度使李光顏，徐泗節度使李愬赴闕，或言欲及重陽節與百寮內宴。拾遺李玨、宇文鼎、溫會、韋瓘、馮約等上疏曰……臣聞諸道路，不知信否，皆云追李愬及重陽令節欲內宴百寮……」均爲聞風諍論。

儻一人的諫諍不能轉移君主意見，則全體諫官合而議論，以構成一種輿論力量。

國史補下：「諫院以章疏之故，憂患畧同；臺中則務苛禮，省中多事，旨趣不一。故言遺補相惜，御史相憎，郎官相輕。」拾遺補闕相惜，正見諫院每合而議論，構成一種輿論力量也。舊書王播傳：「敬宗即位，就加（王播）銀靑光祿大夫檢校司空罷鹽鐵轉運使。時中尉王守澄用事，播自落利權，廣求珍異，令腹心吏內結守澄以爲之助。守澄乘間啓奏，言播有才，上於延英言之，諫議大夫獨狐郎、張仲方、起居郎孔敏行、柳公權、宋申錫、補闕韋仁實、劉敦儒、拾遺李景讓、薛廷老等請開延英面奏播之姦邪，交結寵倖，復求大用。天子幼冲不能用其言，自是物論紛然不息……。」又嚴礪傳：「貞元十五年嚴震卒，以礪權留府事，兼遣表荐礪才堪委任。七月超授興元尹兼御史大夫山南西道節度度支營田觀察使。詔下，諫官御史以爲除拜不當，是日諫議、給事、補闕、拾遺幷歸門下共議。」

且唐制補闕拾遺俱爲七品以下官，其秩甚卑，其任甚重，所以如此者，使位不足惜，而言無不盡也。

白居易初授拾遺獻書：「臣謹按六典左右拾遺掌供奉諫諷，凡發令舉事，有不便於時，不合於道，小則上封，大則廷諍，其選甚重，其秩甚卑，所以然者抑有由也。大凡人之情位高則惜其位，身貴則愛其身，惜位則偸合而不言，愛身則苟容而不諫，此必然之理也，故拾遺之置，所以卑其秩者，使位未足惜，身未足愛也；所以重其選者，使上不忍負恩，下不忍負心也。夫位不足惜，恩不忍負，然後能有闕必規，有違必諫，朝廷得失無不察，天下利病無不言，此國朝置拾遺之本意也。」（長慶集四十一）

所以諫官多能犯顏直言，少所畏避。當然亦有驕恣之君主不能盡納諫官意見，然有此制度在，君主自不能蔑視公論，肆無忌憚。

（四）

門下省的職權既在審議政令，所以制敕必於最後經門下審議然後過尚書省。貞觀初，封駁之權不專於給事中，其後侍中侍郎相繼參加政事堂議政，然後封駁之任乃以給事中專之。有唐一代，自武德至天祐，二百九十年間，給事中封駁史不絕書，如袁高、崔植、李藩、韋宏景、狄兼謩、鄭肅、韓佽、韋温、呂元膺、鄭公輿等均以封囘制敕而垂名史冊，此實爲唐代治道一特色。

給事中階雖五品，然可以逕批詔敕。如李藩爲給事中，制敕有不可，遂於黃敕後批之。吏曰：宜別連白紙。藩曰：別以白紙是文狀，豈是批敕耶（舊書李藩傳）？儻遇給事中封囘敕書，則君主不能左右。

舊書韋温傳：「（韋温）拜給事中，王晏平爲靈武，刻削軍士，贓罪發，帝以智興之故，減死貶官。温三封詔書……鹽鐵判官姚勗知河浣嘗雪寃獄，鹽鐵使崔珙奏加酬獎。乃令權知職方員外郎。制出，令勗上省。温執奏曰：國朝已來，郎官最爲清選，不可以賞能吏。上令中使宣諭，言勗能官，且放入。温堅執不奉詔。乃改勗檢校禮部郎中。」會要五四：「貞元十八年二月以前攝浙東團練副使試大理評事兼監察御史齊總爲衢卅刺史。羣議以爲超獎過當，詔書至門下，給事中許孟容上表封還……詔書留中不出。」又「元和十四年六月，判度支皇甫鎛重奏諸道州府監院每年送上兩稅榷酒鹽米價等疋段加估定數；又奏近年天下所納鹽酒等私擡估者一切追徵。詔旣可。給事中崔植抗論……宣旨嘉諭許輟已行之詔。」通鑑：大中九年「右威衞大將軍康季榮爲涇原節度，擅用官錢二百萬緡。事覺，季榮請以家財償之。上以季榮有開河湟功，許之。給事中封還敕書，十二月庚辰貶季榮夔州長史。」新書蕭倣傳：「蕭倣累遷給事中，宣宗嘗以李璲爲嶺南節度使，使者已賜節，而倣封還詔書，帝方作樂，不暇命使，遣優工趨出追之，未及璲所而還。」唐代敕書，因給事封囘而不得下者不可勝舉。

給事中封駁時或失當脫誤，朝廷不必以爲罪，因封駁乃爲朝廷論得失，與有司奏事不類。

舊書蕭倣傳：「蕭倣……以封駁脫誤，法當罰，侍講學士孔溫曰：給事中駁奏，爲朝廷論得失，與有司奏事不類，不應罰。詔可。」（新傳畧同）

可見給事中所負的仍是政務責任，爲兩省政務決策中之一員。

封駁詔書本不始於唐，前漢哀帝時丞相王嘉封還封董賢詔書（見漢書王嘉傳），後漢鍾離意爲尚書僕射，數封還詔書（見後漢書鐘離意傳），然封駁之權在執政，不在下僚，此正集權制之情勢。唐三省分立，給事中雖爲五品官，然爲門下審議權之一，所以給事中的封駁既獨立而有效力，此又三省制運用之一端。

（五）

三省之中，中書門下主決策，尚書主執行。依三省制之精神，決策非必上僚，執行非必下屬。此點可從天寶以前尚書省八座的尊崇可知。

唐初以僕射爲正宰相，六部尚書皆當世名臣，兵吏兩部權位尤美，開元以前，吏兵尚書多參朝政，計吏尚參朝政者二十四人：封德彝、楊恭仁、杜淹、杜如晦、戴冑、侯君集、楊師道、劉洎、馬周、高季輔、褚遂良、來濟、李義府、劉祥道、李敬玄、韋待價、樂思晦、韋安石、張柬之、唐休璟、李嶠、韋巨源、張嘉福、宋璟；兵尚參朝政者二十人：杜如晦、李靖、侯君集、任雅相、姜恪、郝處俊、岑長倩、楊執柔、王璿、王孝傑、武攸寧、姚元之、唐休璟、張柬之、魏元忠、豆盧欽望、宗楚客、韋嗣立、李嶠、郭元振

（據嚴耕望唐僕尚丞郎表統計）。開元天寶間，更以吏兵部尚書兼中書令侍中，姚崇、宋璟、張說、蕭嵩、李林甫、牛仙客等均是。所以崔日知歷居中外要職，而以未經八座爲恨（見太平廣記一八七）。李肇謂：「國初至天寶常重尚書」（國史補下）。卽到肅宗時，李輔國權傾天下，歷兼要職，而仍以未任尚書爲「獨謝崇班」（全唐文四三加李輔國兵部尚書詔）。劉洎謂「八座比於文昌……曹郎上應列宿。」（全唐文卷一五一論左右丞須得人表）尚書之崇貴可知。

然則決策與執行所以嚴格劃分者，其用意當在於分別樞機與有司之不同。中書門下屬樞機，尚書省、九寺、三監、御史臺、十六衛、東宮官以至各級地方官均屬有司，而以尚書省爲其總綱。

九寺爲庶務的執行機構，受尚書省節制，諸衛文屬於兵部，近人嚴耕望先生論證綦詳。御史臺雖獨立於三省之外，但御史責在整肅官常，自屬於有司。所以御史彈劾不當者，由尚書兩丞糾彈之（見六典、新志左右丞條）；又按唐儀制，諸文武官隔品卑者皆拜，其准令應致敬而非相統屬者則不拜，惟僕射上日，除兩省供奉官外，尚書御史臺及諸司四品以下皆拜於階，蓋以端揆之重，師長百寮，雖在別司，皆爲統屬，故用隔拜禮（見會要五七太和三年李啓奏）。可見尚書省實爲有司之總樞。所以太宗曰：「尚書天下綱維，百司所稟。」（會要五十八）

樞機重於通變應時，有司必須規程劃一；樞機偏於統籌全局，有司重於分別職責。因爲一個龐大的統一國，庶務叢集，政理萬端，爲適應事機，統籌全局，不得不因時應務；然爲推行庶政，綱紀百僚，更不可無固定程式，所以張九齡謂：「尚書國之政本，中書朝之樞密。」（見全唐文二九二行尚書左丞相張公墓誌銘）中書尚書嚴格劃分，於是行政規程不為決策所左右。中書雖因事而殊，尚書則萬殊一理，不但兵部吏部銓選，一依成法，六部九寺廿四司御史臺等公務處分，亦一一有文可據。甚至公文往反，官吏任事期限，均有詳細釐定。

六典卷一：「凡內外百司所受之事，皆印其發日為之程限。一日受，二日報。其事速及送囚徒隨至即付；小事五日；謂不須檢覆者；中事十日，謂須檢覆前案及有所勘問者；大事二十日，謂計算大簿帳及須諮詢者；獄案三十日，謂徒已上辦定須斷結者……小事判勾經三人已下者給一日，四人已上給二日，中事每經一人給二日，大事各加一日，內外諸司咸率此。」會要卷五十八：「貞元五年正月，左司郎中嚴說奏，按公式令應受事據文案大小道路遠近皆有程期，如或稽違日短少差加罪，今請程式常務計違一月以上，要務違十五日以上，不報，按典請決二十，判官請奪見給一季料錢，便牒戶部收管……准令式處分。從之。」由此兩條已可見程式之嚴密詳慎。

程式既立，雖君主不能搖，宰臣不能易。

吏兵兩部銓選，為有司一重要職務，現姑以銓選驗其程式之不可動搖。按唐制：庶官五品以上制勅命之，六品以下則旨授，旨授者由吏部銓材授職然後上言，詔旨但畫「聞」以從之，不得置可否（見陸宣公奏議奏七、卅三請許臺省長官舉薦屬吏狀），惟獨門下省過官得以檢核資格審駮，可見程式之嚴，君主宰臣俱不得以私意動搖。又通鑑：景龍二年：「時斜封官皆不由兩省而授，兩省莫敢執奏，即宣示有司。吏部員外郎李朝隱前後執破一千四百餘人。」此又有司程式有可信守之一證。

而維持此行政程序，糾察百司者，責在左右兩丞。

六典卷一：左右丞掌管轄省事，糾舉憲章，以辨六官之儀制而正百僚之文法……左右司郎中員外郎各掌付十有二司之事，以舉正稽違，省署符目，都事監而受焉，凡都省掌舉諸司之綱紀與其百僚之程式以正邦理，以宣邦教。」（新志畧同）

故兩丞舉職，則行政程序自正；如貞觀之初，戴冑魏徵任左右丞，彈劾糾舉，無所迴避，於是百司匪懈，綱紀肅然（見全唐文一五一劉洎論左右丞須得人表）。儀鳳四年，韋仁景除尚書左丞，振舉綱目（會要五十八）。因此兩丞官業至重，上可以糾彈八座，下可以檢察百司（會要五八孫簡奏）；在曹則出入郎官，立朝得彈奏御史（長慶集三十一庚承宣尚書右丞制）。其品階雖四品下，而班位在吏部侍郎之上（會要五八）。

兩丞之設，固不始於唐，秦時已有尚書丞，東漢光武置左右兩丞，其後各代因之，但至唐代兩丞效用始著，王畿萬里，聲教所被之州三百三十一，羈縻之州八百（唐鑑卷九），而庶政依舊能掌握於中樞，歐陽修謂其由於「職有常守，而位有常員」；「其法則精而密，其施於事則簡而易行」（新書百官志）。此又樞機與有司劃分之一明效。

（六）

漢代，監察機關在丞相之下，御史大夫實爲副相，所以監察官時轉爲行政官，監察制度因以紊亂。唐代監察權析而爲二：一爲對大政決策的監察，兩省屬官主之；一爲對官吏違法瀆職之監察，由御史臺主之。御史臺獨立於三省之外，所以對官常的整肅較之漢代御史更覺客觀而獨立。故凡有違法瀆職，不問宰臣與百僚，御史均得「豸冠朱衣」於正衙對仗讀彈文（通鑑開元五年）。如永徽元年，監察御史韋思謙劾宰臣褚遂良（見通鑑）；顯慶元年侍御史王義方彈宰臣李義府（大唐新語二、會要六一、新傳）；景龍二年監察御史崔琬彈宰臣宗楚客紀處訥（通鑑、大唐新語二）。凡大臣被御史對仗彈劾，必須趨出立朝堂待罪（見新書宗楚客傳）。

御史之薦引，六典雖曰由於宰臣（見吏尚條），其實常由御史大夫中丞自辟。

舊書獨孤郁傳：「憲府故事，三院御史由大夫中丞自辟，請命於朝，時崔晃鄭居中不由憲長而除，皆丞相之僚舊也，勅命雖行，郎（時爲御史中丞）拒而不納，晃竟改太常博士，居中分司東臺。」

然而御史仍可以獨立彈奏，不必稟命大夫中丞，因爲御史所彈在瀆職違法，而不在政策之得失，政策得失有意見之不同，而瀆職違法唯憲章是問。

大唐新語卷四：「李承嘉爲御史大夫，爲諸御史曰：公等奏事，須報承嘉知，不然無妄聞也。諸御史悉不稟之。承嘉厲而復言。監察蕭至忠徐進曰：御吏人君耳目，俱握雄權，豈有奏事先咨大夫？臺無此例，設彈中丞，大夫豈得奉諮耶？承嘉無以對。」又會要六一：「至德元年九月十日詔御史彈事自今以後不須取大夫同置。」

所以御史地位甚超然，甚貴重，禮數亦與諸官不同。

侍御史雖七品卑秩，然「赤墀下供奉，接武夔龍，簉羽鵷鷺。」（上官儀語，見會六十）號爲清要之官。京兆尹與御史相遇，尹須下道避；上事日，必須臺參中丞（見順宗實錄一，王播與李實爭道事及新書李紳傳）。又舊書韋思謙傳：「思謙在憲司，每見王公，未嘗行拜禮，或勸之，答曰；鵰鶚鷹鸇豈衆禽之偶，奈何設拜禮以狎之，且耳目之官，固當獨立也。」大抵唐制各官之親貴者首爲兩省供奉官，次則爲御史。（洪容齋謂唐朝薄御史者，亦以御史與兩省官對言也。）

然御史雖名耳目之官，因履冰霜之任，對於君主之違法處分，常可以依倚憲府尊嚴，以為抵抗。有唐一代，此類事實屢見不鮮。

舊書李昭德傳：「(李)乾祐貞觀初為殿中侍御史，時鄃令裴仁軌私役門夫，太宗欲斬之，乾祐奏曰：法令者，陛下制之於上，率土尊之於下，與天下共之，非陛下獨有；仁軌犯輕而致極刑，是乖畫一之理，刑罰不中則人無所措手足，臣忝憲司，不敢奉制，太宗意解。」大唐新語：「宋璟為御史中丞，則天敕璟往揚州推按。奏曰，臣以不才，叨居憲府，按州縣乃監察御史事耳，今非意差臣，不識其所由，請不奉制；無何，復令按幽州都督屈突仲翔。璟復奏曰，御史中丞非軍國大事，不當出使，且仲翔所犯贓耳，今高品有侍御史，卑品有監察御史，今敕臣恐非陛下意，當有危臣者，請不奉制。月餘優詔令副李嶠使蜀…乃上言曰，臣以憲司，位居獨坐，今隴蜀無變，不測聖意令臣副嶠何也，恐乖朝廷故事，請不奉制（新書宋璟傳同）。舊書薛存誠傳：「薛存誠…擢拜御史中丞，僧鑒虛者自貞元中交結權倖，招懷賂遺，倚中人為城社，吏不敢繩。會于頔杜黃裳家私事發，連逮鑒虛下獄，存誠案鞫得姦贓數十萬。獄成，當大辟。中外權要更於上前保救。上宣令釋放，存誠不奉詔。明日又令中使詣臺宣旨，曰：朕要此僧面詰之，非赦之也。存誠附中使奏曰，鑒虛罪欵已具，陛下若召而赦之，請先殺臣然後可取。不然，臣期不奉詔。上嘉其守，從之。鑒虛竟笞死。」（會要十六同）

故唐代御史可以上拒君主違法制命，下劾百僚瀆職行為，遷除授受，均有恒式，任者多有恒範。而且臺職與諫職厘分，行政規程與違法瀆職有別，倘彈劾不當，又有尚書兩丞檢察，所以唐代御史可以整飭官常而不至掣肘行政，可以保持法制之尊嚴，而不至如宋代之誤事。

（七）

上所論述，不過從唐制之運用中窺探其背後之精神，以述明此制度之特質，非欲評論唐制之優劣。大抵唐制對於行政決策周愼有餘，而機敏不足；蓋龐大的國家，其立制之意向，多着重於安定，少留意於變動，唐代盛世，其制度適宜於承平者多，用以應艱難者少。故自天寶亂後，中樞幾度播遷，舊制漸變。大約唐制之發展可分爲幾階段：高祖武德初年全襲隋制，尙書省僕射爲正宰相，中書職權未建，中書令頗帶君主秘書色彩；貞觀以後，治道精神抬頭，機衡之任，由僕射轉移於中書令，然後中書主出命，門下主審議，尙書主執行，三省職權於是釐分；則天中宗睿宗三朝，有武后韋后之亂，三省制乃遭遇一次挫折。及開元初年，制度再建，三省制之完成當於此時。然開元十一年，政事堂改爲中書門下，復於其後設五房，從此政事堂由宰臣議政論道之地，轉爲宰臣理政辦公之所，於是兩省長官漸與屬官脫節，復經天寶之亂，又繼之以强藩之禍，中書幾度播遷，兩省組織漸壞，舍人六押廢棄，翰林以內職代興，於是宰臣與兩省屬官之距離益遠。中書令、侍郎既與舍人脫節，內復見掣於翰林，於是中書出命擬詔之權漸落；侍中、侍郎不能領導諫官給事，則兩省相檢察之意漸減；三省之面目至此一變。憲宗雖欲恢復舊制，然時移世易，翰林之勢已成，樞密之權日盛，兩省職權漸合，僚屬漸離宰臣，宰臣既乏兩省屬官爲之援翊，於是去就位望俱輕。宣宗大中以後，宰臣漸似於君主之諮議，極少能行宰輔之職權。僖昭以後，宦官藩鎭交逼，朝廷無復制度，以迄於唐亡。各階段情況，當於下各章中探討之。

第二章　三省制之長成階段

——高祖、太宗、高宗三朝

一、武德至貞觀初年三省之職權

唐初，職官多沿襲隋制，隋以三省長官爲宰相，然文帝雄猜之主，煬帝又恃才亂政，所以三省職權幷未明確劃分。尚書僕射雖名輔宰，其實自仁壽以後，已無實權。

隋書楊素傳謂楊素爲右僕射，與左僕射高熲專掌朝政。「文帝漸疏忌，因出敕曰：僕射國之宰輔，不可躬親細務，但三五日一度向省評論大事。外示優崇，實奪之權也。終仁壽之末，不復通判省事。」

其後大業二年楊素卒，大業三年右僕射蘇威免，以後卽不見再除僕射。至唐高祖武德元年六月拜裴寂爲右僕射，加「知政事」（據新書宰相表、新紀、通鑑），然後恢復僕射爲眞宰相。迨貞觀初葉，僕射漸成羣相之首，不但位望最隆，權力最大，而責任亦最重。推尋其原因，約有四端：

一、中書門下兩省職權尚未完全確立。兩省長官雖名爲正宰相，其實兩省職司未備，不若尚書省總綰庶政之重要。

中書省舍人判事自貞觀初開始，然以後制敕仍有由中宣出；門下省拾遺補闕則天時始置，散騎初爲散官，給事中時兼內職。

二、開國之初，百事待舉，尚書丞郎委任至重。故貞觀元年，太宗謂左丞戴胄曰：尚書省天下綱維，百司所稟（會要五八）。僕射爲尚書省端揆，不得不重其選任，所以武德貞觀兩朝，左右僕射裴寂、蕭瑀、封德彝、長孫無忌、房玄齡、杜如晦、李靖、溫彥博、高士廉九人，全爲元勳重臣。

三、太宗雄武之主，貞觀之初，天下始定，大政多自裁決，故自謂朕爲人主，常兼將相之事（見通鑑貞觀十五年）所以中書委任未重，門下審議亦較難於執行。

四、唐沿隋制，僕射品階在兩省長官之上，儀注之隆，尤非侍中中書令可及，故諸相合議之際，自以僕射爲重。

有此四點原因，所以司長百僚，選賢任能之責，以僕射爲重。

貞觀初年，太宗以人材選任常獨責成於僕射。如政要卷二：貞觀二年（當爲元年之誤，據兩紀新表均以封德彝於貞觀元年六月薨）太宗謂右僕射封德彝曰：致安之本，惟在得人，比來命卿舉賢，未嘗有所推荐，天下事重，卿宜分朕憂勞，卿既不言，朕將安寄……德彝慙赧而退。」按當時左僕射蕭瑀罷，房玄齡爲中書令，宇文士及檢校中書令，高士廉爲侍中，宰臣非獨封德彝一人也。又大唐新語卷一：「杜如晦……貞觀初爲右僕射，玄齡爲左僕射，太宗謂之曰，公爲僕射，當須大開耳目，求訪賢哲，此乃宰相之弘益，比聞聽受詞訟，日不暇給，安能爲朕求賢哉。」（通鑑、新傳、政要卷二署用）按當時王珪守侍中，魏徵爲秘書監參豫朝政（以宰相表爲據），宰臣亦非獨玄齡如晦也。又貞觀十三年，房玄齡爲左僕射，求度支不得而自領之（見通鑑）。當時高士廉爲右僕射，楊師道爲侍中，魏徵以特進知門下事，侯君集爲吏部尚書參議朝政（據宰相表）。可見選賢任能，責在僕射。又貞觀十一年，「安州都督吳王恪數出畋獵，頗損居人，侍御史柳範奏彈之，丁丑恪坐免官削戶三百。上曰，長史權萬紀事吾兒不能匡正，罪當死。柳範曰：房玄齡事陛下猶不能止畋獵，豈得獨罪萬紀。」（通鑑）當時房玄齡爲左僕射，楊師道爲侍中，魏徵爲特進知門下事，侯君集爲兵部尚書參豫朝政，而柳範獨以玄齡事太宗爲比喻，此又見僕射爲羣相之長也。

僕射之委任既重，結果，必政務性增强，事務性減弱。遂漸脫離尚書省日常庶政；所以貞觀三年，太宗敕「尚書細務屬左右兩丞，惟大事應奏者乃關僕射。」（見通鑑、會要五七）從此，僕射漸不問省務。

貞觀二年，尚書省增置六司侍郎及左右司郎中（見通鑑），於是六部事有尚書侍郎關管，都省事有兩丞左右司郎中關管，更無須僕射過問。故房玄齡任左僕射十四年(自貞觀三年二月至貞觀十六年七月轉司空)對尚書省事務多不過問。此點從劉洎論尚書省情況可見。舊書劉洎傳：「貞觀十五年(當爲十一年之誤，見嚴著唐僕尚丞郎表卷八）轉治書侍御史，上疏曰：……伏見比來尚書省詔敕稽停，文案壅滯，臣誠雖庸劣，請述其源：貞觀之初，未有令僕，於時省務繁雜，倍多於今，左丞戴胄，右丞魏徵，并曉達吏方，質性平直，應彈舉無所迴避，陛下又假以恩慈，自然肅物，百司匪懈，抑此之由，及杜正倫續任右丞，頗亦厲下，比者綱維不舉，并爲勳親在位，品非其任，功勢相傾，凡在官寮，未循公道，雖欲自强，先懼囂謗，所以郎中抑奪，唯事諮稟；尚書依違，不得斷决。或憚聞奏，故事稽延，案雖理窮，仍更盤下，去無程限，來不責遲，一經出手，便涉年載。或希旨失情，或避嫌抑理，勾司以案成爲事了，不究是非；尚書用便僻爲奉公，莫論當否，遞相姑息，唯務彌縫……將救茲弊，且宜精簡四員左右丞左右司郎中，如并得人，自然綱維畧舉……」（全唐文一五一論左右丞須得人表同）以玄齡之精勤奉國，而任僕射期間尚書省混亂如此，此正僕射不問省務之旁證。且劉洎歷叙尚書省治亂之跡，皆以兩丞是否得人爲因原，并認爲欲救當今之弊惟有揀換兩丞。可見尚書省事，在兩丞，不在僕射。及劉洎疏上未幾，太宗拜爲尚書右丞。史稱「洎健於職，於是尚書復治。」（見新傳）

僕射既不問省務，只總綰機衡，則中書雖曰出納王命，究其實，其職權必爲僕射所侵，故貞觀十七年房玄齡高士廉先後罷僕射以前中書令大體只參贊機密，承旨制詔，掌綰文書，頗帶君主秘書機構之色彩。此種情形，可從幾方面證明。

一、自貞觀三年二月房玄齡自中書令遷左僕射，直至貞觀四年二月温彥博任中書令，中間一年，中書令空闕不補，中書省無人參政。又貞觀十年六月中書令温彥博遷右僕射，至貞觀十三年十一月楊師道任中書令，中間又三年五個月，中書令又空闕不補，中書省亦無人參議大政。足證當時中書令機衡之任未重，且兩次均係由中書令遷僕射後中書令空缺不補，益可見僕射有權侵中書之跡象。

據宰相表及兩紀：貞觀三年二月王珪守侍中，杜如晦由檢校侍中攝吏尚遷右僕射，房玄齡由中書令遷左僕射，魏徵秘書監參豫朝政。自玄齡遷左僕，中書令空缺不補。又貞觀十年房玄齡爲左僕，温彥博由中書令遷右僕，楊師道爲侍中，魏徵特進知門下省事，蕭瑀特進參豫朝政，侯君集兵尚參議朝政。自温彥博遷右僕，中書令又空缺不補。

二、由武德至貞觀初年，詔勅多由中旨宣出，少由中書進擬。

新書蕭瑀傳：「武德元年……詔嘗下中書，未即行，帝讓其稽，瑀（內史令）曰：隋季內史詔勅多違舛，百司不知所承，今朝廷初基，所以安危者繫號令，比承一詔，必覆審使先後不謬，始得下，此所以稽留也。」（通鑑畧同）由此可見詔勅製擬，非由中書進畫，中書不過檢對前後，以防違誤而已。又貞觀政要卷一：貞觀四年，太宗語侍臣云，中書門下機要之司，擢才而居，委任實重，詔勅如有不穩便，皆須執論，比來唯覺阿旨順從，唯唯苟過，豈是道理。若惟署詔勅行文書而已，人誰不堪，何煩簡擇，以相委付？自今詔勅疑有不穩便，必須執言，無得妄有畏懼，知而寑默。」（通鑑貞觀四年畧同）中書門下阿旨順從，唯唯苟過，惟署詔勅行文書，可見中書不過承詞頭，制詔書耳。直至貞觀中年尚時有此類情形：如貞觀十四年，「司門員外郎韋元方給給使過所稽緩，給使奏之，上怒，出元方爲華陰令。魏徵諫曰：帝王震怒，不可妄發，前爲給使，遂夜出勅書，事如軍機，誰不驚駭……」（通鑑）此俱爲詔旨由中宣出之證。

三、武德九年以前，詔勅與太子令、秦、齊王教並行，有司莫知所從，唯據得之先後爲定。可見當時詔勅制度未立，中書職權未建益明。

全唐文一三三李綱論時事表：「武德五年以後……皇太子令及秦齊二教共詔勅幷行，唯計日之先後，州郡之職無所的從，授官分賞，任意所欲，不復論功伐，簡才行矣……而陛下不悟，政教日頹。」通鑑：武德五年「世民平洛陽……以淮安王神道有功，給田數十頃，張婕妤之父因婕妤求之於上，上手勅賜之。神通以教給在先，不與。婕妤訴於上曰：勅賜妾父田，秦王奪之以與神通。上遂發怒；責世民曰，我手勅不如汝教耶？」武德九年七月，「太子建成齊王元吉之黨散亡在民間，雖更赦令，猶不自安，徼幸者爭告捕以邀賞，諫議大夫王珪以啓太子，丙子太子下令：六月四日已前事連東宮及齊王，十七日前連李瑗者，并不得相告言，違者反坐。」可見勅旨與教令相沓。

四、從中書省之組織觀察，貞觀初年中書省之組織并未完密。中書舍人本中書令屬官，爲中書省骨幹，然當時承南朝餘風，舍人與君主之關係較與中書令侍郎尤爲密切，此於太宗用岑文本事可以窺見（舊書文本傳：中書侍郎顏師古以譴免職，頃之，温彥博（中書令）奏曰：師古諳練時事，長於文法，時無及者，冀蒙復用。太宗曰：我自舉一人，公勿憂也。於是以文本（時爲中書舍人）爲中書侍郎專典機密。」於是舍人爲中書令屬員之意味淡，爲君主近臣之意味濃。按六典：中書侍郎掌貳令之職；凡邦國之庶務，朝廷之大政，皆參議焉；中書舍人則掌侍奉進奏，參議表章，凡詔旨制勅璽書册命，皆按典故起草進畫。然貞觀初年以前，侍郎常代舍人爲文翰之職，如顏師古、岑文本、俱是。此又見職責之未嚴格分劃。且舍人押六曹佐掌相判事之制於貞觀四五年間始建，貞觀四五年以前，中書省組織未完密益明。

通鑑貞觀四年；太宗責中書門下但行文書，不聞違異，乃申明舊制。温公按語云：「故事，凡軍國大事，則中書舍人各執所見，雜署其名，謂之五花判事，中書侍郎中書令省審之。」雖温公之按語，未知所本（兩書不載，政要卷一載太宗責兩省語，然無申明舊制），然以情理度之，五花判事始於貞觀四五年，必無大誤。

五、從中書令人選觀察。貞觀十七年以前，中書令多用文墨謹密之臣，頗帶秘書色彩，尤以貞觀朝爲顯著。大抵高祖開國之初，三省長官俱位置勳臣，故此種特質不明顯，太宗知人善任，從其選任中書令的人選，頗可窺當時中書的性質。計自貞觀元年至貞觀十七年任中書令者有房玄齡、温彥博、楊師道、岑文本四人（宇文士及與李靖俱爲檢校，非實授）。玄齡在秦府十餘年，常典管記，每軍書表奏，駐馬立成，文約理贍，初無稿草（舊傳），明博政事，輔以文學（通鑑貞觀三年）；温彥博則承受綸言，有若成誦，進止雍容，觀者拭目；性周愼，既還中書令卽杜絕賓客，國之利害，知無不言（兩傳）。楊師道性周愼謹密，未嘗漏洩內事，雅善篇什，又工草隸。太宗謂其性行純善，自無愆過，而實怯懦，未甚更事（舊傳）；岑文本自謂以文墨位宰相（新傳）。所草詔，或衆務繁湊，卽命書僮六七人隨口幷寫，須臾悉成，亦殆盡其妙（舊傳）。四人之中房玄齡温彥博後遷僕射，但太宗所任僕射八人（封德彝、蕭瑀、長孫無忌、房玄齡、杜如晦、李靖、温彥博、高士廉）全爲元勳重臣，與中書令之人選究異。

從上五點，可見武德至貞觀初年，中書職權未建，機衡之任，僕射重於中書令。至於門下省，因承北朝侍中輔政之餘緒，職權之建立，早於中書，政事堂初設於門下，卽審議權建立之證。且貞觀初年之任門下長官者，多亮直之臣，王珪魏徵其著者也，此亦門下審議性質之一表現。然給事中時兼內職（杜正倫卽以給事中兼知起居注），散騎常侍爲散官（貞觀二年制諸散騎常侍皆爲散官，十七年復爲職事官。見通典二十一），拾遺補闕未置。是門下省審議之權雖具而組織尚未完密也。

二、文治精神之抬頭與三省關係之調整

自貞觀中葉開始，三省職權漸調整，最明顯爲僕射機衡之任轉移於中書令。中書省正式成爲出命機構，尚書純負執行責任，門下審議制度日趨完備。此爲三省制完成之一大關鍵。究其原因有二：一由外在情勢轉移，一由內在理性

精神指引。

就前者言，中書省既負文書機密之任，在三省之中最稱親要（王及善謂中書令可一日不見天子乎。見新傳、大唐新語卷七），然貞觀十七年以前，僕射俱為重臣，其職權常重於中書令，此為開國初年之事實情況，十七年以後，尚書省重臣或遷或罷。

房玄齡於貞觀十六年七月遷司空，尋加太子太傅；高士廉於貞觀十七年六月遷開府儀同三司；蕭瑀於貞觀十七年四月遷太子太保；其餘裴寂早於貞觀三年元月罷；封德彝早於貞觀元年薨；長孫無忌於貞觀二年元月罷知政事；杜淹於貞觀二年十月薨；侯君集於貞觀十七年四月誅。以上俱據新書宰相表。

雖仍有參議朝政者（房玄齡、高士廉、蕭瑀仍參政事），但究與實責不同，故機衡之任乃轉移於中書令。且貞觀初，舍人開始判事，中書省內部秩序漸次建立，中書令漸擺脫秘書色彩，而中書省乃正式成為制定王命之機構。然而，如果只從此一端解釋，則唐制仍不過為南北朝以來中官壓倒外官之延續而已，不足以闡明三省並列、各有專掌、互相調合之新制精神。故除上述原因之外，必須更進一步認識當時實有一股清明之政治理性為指引，此理性即為調整各省職權使趨於合理化的一種內在力量，而此力量乃從深厚之文化素養中萌芽而出。大抵自魏晉以後，經六百年來之孕育發展，中國之傳統文化，乃得重新透過政治制度之展布而成為唐代的局面，所以貞觀諸臣，多受儒學洗禮。

唐語林卷一：文中子隋末隱於白牛谿，著王氏六經，北面受學者皆時偉人，國初多居佐命之列。」文中子中說多引房、杜、魏、薛、李諸人問學語，房、杜、魏諸人是否師事文中子固不可必信，而貞觀諸臣受當時儒學風氣所感染則信而有徵。觀房玄齡、魏徵、王珪、温大雅、李綱、薛收、孫伏伽等均有儒者氣味。又政要卷一：「貞觀二年，太宗問黃門侍郎王珪曰，近代君臣理國多劣於前古，何也？對曰：古之帝王爲政皆志尚清靜，以百姓之心爲心。近代則惟損百姓以適其欲，所任大臣，復非經術之士，漢家宰相，無不精通一經，朝廷若有疑事，皆引經決定，由是人識禮義，理致太平，近代重武輕儒，或參以法律，儒行既虧，淳風大壞。太宗深然其言。自此百官中有學業優長，兼識政體者，多進其階品，累加遷擢焉。」政要卷七：「太宗又數幸國學，令祭酒司業博士講論畢，各賜以束帛，四方儒生負書而至者蓋以千數：於是國學之內，鼓篋升講筵者幾至萬人，儒學之興，古昔未有也。」

太宗亦日浸淫於儒學文史之中。

羣臣中影響太宗最深者當推魏徵。太宗以魏徵爲人鑑（見政要卷三。唐文三〇三楊相如陳便宜疏）。認爲導至太平乃從魏徵行儒術所至。兩傳及大唐新語卷九：太宗欲見前代帝王事得失，以爲鑒戒，魏徵乃以虞世南、褚遂良、蕭德言等采經史百家之嘉言善語，明王暗君之跡，爲五十卷，號羣書理要上之。太宗賜太子諸王各一本。譚賓錄：「張復裔在幷州，太宗就受春秋左氏傳」（見太平廣記一七四）。通鑑：武德四年「世民以海內浸平，乃開館於宮西，延四方文學之士，出教以王府屬杜如晦、記室房玄齡、虞世南、文學褚亮、姚思廉、主簿李玄道、參軍蔡允恭、薛元敬、顏相時、諮議典籤蘇勗、天策府從事中郎于志寧、軍諮祭酒蘇世長、記室薛收、倉曹李守素、國子助教陸德明、孔穎達、信都蓋文達、宋州總管府戶曹許敬宗幷以本官兼文學館學士分爲三番更日直宿，供給珍膳，恩禮優厚。世民朝謁公事之暇，輒至館中與諸學士討論文籍，或夜分乃寢。」其中如陸德明、孔穎達、虞世南、顏相時、蓋文達等俱通經史（全唐文一四七、十八學士讚頗可窺見）。又武德九年，太宗於弘文殿聚四部書二十餘萬卷，置弘文館於殿側，精選天下文學之士以本官職學士，令更日宿直，聽朝之隙，引入內殿，講論前言往行，商榷政事，或至夜分乃罷（通鑑）。故楊相如謂太宗「帝業既就，寰中已安，後武先文，勵精爲理，務堯舜之道，想致羲皇之俗，開禮賢之館，置十八學士，聽朝之後，覃思典墳。」（唐全文三〇三陳便宜疏）均足見太宗之沉浸於儒學。

貞觀君臣既深受傳統文化之洗禮，乃能繼南北朝混亂局面之後，在政治上再湧出光明，三省關係乃不斷調整改善。茲將當時之文化精神足以直接影響制度者，列舉四端，其餘非直接影響制度之建立者均從畧。

一、視君主爲政治上之最高負責人而不視爲至高無上無可對待的天子，因此，君主之責任感重於其權威感，畏愼之心重於其驕橫之念，君主能減殺驕橫，然後大臣之地位始重，進而可以自重其職守；權、職、責始可以相稱。此實爲立制度、分職權的開始。

太宗對於君位畏愼之念始終不怠。通鑑：貞觀二年二月，「上（太宗）謂侍臣曰：人言天子至尊，無所畏憚，朕則不然，上畏皇天之監臨，下憚羣臣之瞻仰，兢兢業業，猶恐不合天意，未副人望。魏徵曰：此誠治道之要，願陛下愼終如始，則美矣。」政要卷二：「貞觀六年，太宗謂侍臣曰：看古之帝王，有興有衰，猶朝之有暮……天子者有道則人推而爲主，無道則人棄而不用，誠可畏也。魏徵對曰：自古失國之主，皆爲安居忘危，處理忘亂……臣又聞古語云，君舟也，人水也，水能載舟，亦能覆舟，陛下以爲可畏，誠如聖旨。」（全唐文十太宗民可論同）又政要卷六：「貞觀二年，太宗謂侍臣曰，朕每日坐朝，欲出一言，卽思此一言於百姓有利益否，所以不敢多言。給事中兼知起居事杜正倫進曰：君舉必書，言存左史，臣職當兼修起居注，不敢不盡愚直，陛下若一言乖於道理，則千載累於聖德，非止當今損於百姓，願陛下愼之。太宗大悅，賜綵百段（全唐一五〇請愼言疏同）。政要卷一：「貞觀十九年，太宗謂侍臣曰：朕恐懷驕矜，恒自抑折，日旰而食，坐以待晨，每思臣下有儻言直諫，可以施於政教者，當拭目以師友待之。」

太宗既畏愼如此，所以對大臣尊禮亦與前朝不同。三品以上官不爲親王降乘（見舊書魏徵傳、政要卷七、會要二十五），有罪不須引過，聽於朝堂候進止，不以罪而辱之也（會要四十）。故大臣多能自重職守。而師傅之官尤能以師道自居。如貞觀十一年三月以禮部尚書王珪爲魏王泰師。上謂泰曰：汝事珪當如事我。泰見珪，輒先拜。珪亦以師道自居。珪子敬直尙南平公主。先是公主下嫁皆不以婦禮事舅姑，珪曰：今主上欽明，動循禮法，吾受公主謁見，豈爲身榮，所以成國家之美耳。乃與其妻就席坐，令公主執笲，行盥饋之禮，是後公主始行婦禮，自珪始（見政要卷七、通鑑）。「貞觀三年，太子少師李綱有脚疾，不堪踐履，太宗賜步輿，令三衛舉入東宮，詔皇太子引上殿，親拜之，大見崇重…每吐論發言，皆辭色慷慨，有不可奪之志，太子未嘗不聳然禮敬。」（政要卷四）「貞觀十七年，太宗謂司徒長孫無忌、司空房玄齡曰：三師以德導人者也，若師體卑，太子無所取則於是詔令撰太子接三師儀注。太子出殿門迎，先拜三師；三師答拜。每門讓三師，三師坐，太子乃坐，與三師書，前名惶恐，後名惶恐再拜。」（政要卷四）均足見對大臣尊禮之重。

二、以一種設司分職的觀念代替君主威權獨運之思想，此種觀念在貞觀君臣之間時時流露，此卽三省制中庶政由中書進擬，不由中旨宣出之理據。

通鑑：武德九年，「上（太宗）聞景州錄事參軍張玄素名，召見，問以政道。對曰：隋主好自專庶務，不任羣臣，羣臣恐懼，唯知稟受奉行而已，莫之敢違，以一人之智決天下之務，借使得失相半，乖謬已多，下諂上蔽，不亡何待，陛下誠能謹擇羣臣而分任以事，高拱穆清而考其成敗，以施刑賞，何憂不治……上善其言，擢爲侍御史。」（唐語林卷一同）會要卷五六：「貞觀元年…上謂公卿曰，爲長官不可自專，自專必敗，臨天下亦爾，每事須在下量之。」舊書魏徵傳：「上(太宗)謂長孫無忌曰：朕即位之初，上書者或言人主必須威權獨運，不得委任羣下……唯有魏徵勸朕偃武興文，布德施惠……朕從其語，天下大寧。」貞觀政要卷一：「貞觀四年，太宗問蕭瑀曰：隋文帝何如主也……太宗曰，公知其一，未知其二，此人性至察而心不明……不肯信任百司，每事皆自決斷，雖則勞神苦形，未能盡合於理……宰相以下，惟即承順而已；朕意則不然，以天下之廣，四海之衆，千端萬緒，須合變通，皆委百司商量，宰相籌畫，於事穩便，方可奏行，豈得以一日萬機，獨斷一人之慮也。」（通鑑、舊紀均同）全唐文一三九魏徵論治道疏：「臣聞君爲元首，臣作股肱，齊契同心，合而成體，體或不備，未有成人，然則首雖尊貴，必資手足以成體；君雖明哲，必藉股肱以致理……然則委棄股肱，獨任胸臆，具體成理，非所聞也……夫委大臣以大體，責小臣以小事，爲國之常也，爲理之道也……今或責小臣以大體，或責大臣以小事，小臣乘非所據，大臣失其所守…職非其位…求其盡力，不亦難乎。」太宗深嘉納之（政要卷三）。此類思想表現於制度，即爲政事一出於中書，不出於君主之宰相職權。

三、一種君主虛心求諫與臣下勇於直諫之素養。此種素養表現於制度卽爲門下省之審議。

太宗一朝，臣子諫諍之切直與君主納諫之謙誠，實爲歷代之冠。太宗常因一言之善而立爲制度，如貞觀元年因王珪一言而定宰相入閤平章國計必使諫官隨入之制（見政要卷一）。大唐新語卷九：太宗責宇文士及諛佞。士及曰：「南衙羣臣，面折廷諍，陛下常不擧首，今臣幸在左右，若不少順從，陛下雖貴爲天子，復何聊乎？」羣臣常面折廷諍，使太宗不得擧首，諫諍之切直可知。太宗嘗謂魏徵曰，卿前後諫二百餘事，非至誠何能若是。魏徵以疾辭位，帝曰：金必鍛鍊而成器，朕方自比於金，以卿爲良匠，豈可去乎？魏徵之外，直諫者當極多，廿二史劄記彙錄兩唐書列傳中之貞觀朝直諫者有薛收諫獵；孫伏伽諫元師律罪不當死；溫彥博諫長安令揚纂失察罪不當死；虞世南諫田獵，諫小陵之制不宜過厚，諫宮體詩不宜作，諫勿以功高自矜；馬周諫大安宮宜崇奉，諫廟宜親祀，諫樂工王長通等不宜賜官；王珪諫廬江王姬不應侍側，諫祖孝孫雅士不宜令教女樂；姚思廉諫幸九成宮；高季輔指陳時政得失；戴冑諫修洛陽宮；張元素亦諫修洛陽宮至以爲甚於煬帝；褚遂良諫寵魏王泰太過，諫告成東岳，諫不應對羣臣窮張元素門戶；張行成諫天子不宜以東西爲限；李乾祐諫裴仁軌罪不應死；柳範諫不應罪權萬紀；劉洎諫勿與羣臣論難，及窮詰進言者。太宗均一一嘉納而奬飾之。此精神表現於制度，卽爲門下省之審議封駮。

四、以公道代私僻，以崇法代喜怒，此在貞觀君臣之行誼中時時表現。貞觀時百僚皆於正衙奏事，御史糾劾亦當衙彈奏，一切政事，人不得而私。於是奉法紀、守職業之精神隨之而生，既能奉法紀，各司權責乃得逐漸清劃。

貞觀一朝，君臣孜孜求治。如貞觀五年，太宗謂侍臣曰：「治國與養病無異，病人覺愈，彌須將護，若有觸犯，必至殞命；治國亦然，天下稍安，尤須兢慎，若便驕逸，必至喪敗。今日天下安危繫之於朕，故日慎一日，雖休勿休，然耳目股肱，寄於卿輩，既義均一體，宜協力同心，事有不安，可極言無隱，儻君臣相疑，不能備盡肝膈，實爲國之大害也。」（政要卷一）「貞觀六年，太宗謂侍臣曰……朕比來臨朝斷決，亦有乖於律令者，小事不論，大事又將不可救，社稷傾危，莫不由此。」（政要卷一）又王福疇錄太宗與房魏論禮樂事，尤足見貞觀君臣對理想追求之切，「貞觀之始……引羣公內宴，酒方行，上曰：設法施化，貴在經久……卿等悉心以對，不患不行……（魏）徵因越席而對曰……周禮公旦所裁，詩書仲尼所述，雖綱紀頽缺而節制具焉……臣請以周典唯所施行。上大悅，翌日又召房杜及徵俱入，上曰，朕昨夜讀周禮，眞聖作也，首篇云惟王建國，辨方正位，體國經野，設官分職，以爲人極，誠哉深乎。良久謂徵曰：朕思之，不井田，不封建，不肉刑，而欲行周公之道不可得也……若能一一行之，誠朕所願，或如不及，强命大道，畫虎不成，爲將來所笑，公等可盡慮之。因詔宿中書省，會議數日，卒不能定……而閑宴之次，謂徵曰：禮壞樂崩，朕甚憫之，昔漢章帝眷眷於張純，今朕急急於卿等，有志不就，古人攸悲。徵跪奏曰，非陛下不能行，蓋臣等無素業耳，何愧如之。然漢文以淸靜富邦家，孝宣以章程練名實……陛下明德獨茂，兼而有焉，雖未冠三代，亦千載一時，惟陛下雖休勿休，則禮樂度數徐思其宜，教化之行，何慮晚也。上曰，時難得而易失，朕所以遑遑也。」（全唐文一六一）當時君臣求治之逼切，可謂情溢乎辭，此豈得謂盡由於保持統治之私意？其內心必有一種理性的要求爲之驅使，此不但太宗及房杜魏如此，其他亦多具一種守法奉公之精神，如戴冑諫太宗殺僞冒者曰：「法者國家所以布大信於天下，言者當時喜怒之所發耳？陛下明

景印本・第三卷・第一期

一朝之忿而許殺之，既知不可而置之以法，此乃忍小忿而存大信。」（政要五、會要四十）李乾祐諫太宗殺裴仁軌私役門夫云：「法令者，陛下制之於上，非陛下獨有。」（舊書李昭得傳、會要四十）。此可見當時君臣奉公愼法之觀念。

自魏晉以下，君相多互相猜忌，至唐初一變，觀下面幾條，可見貞觀時君臣相與之歡洽。政要卷三「：貞觀元年，太宗謂侍臣曰，正主任邪臣不能致理，正臣事邪主亦不能致理，惟君臣相遇，有同魚水，則海內可安。朕雖不明，幸諸公數相匡救，冀憑直言鯁議，致天下太平。」通鑑貞觀四年，「諸宰相侍宴，上謂王珪曰：卿識鑒精通，復善談論，玄齡以下，卿宜悉加品藻，且自謂與數子何如。對曰：孜孜奉國，知無不爲，臣不如玄齡；才兼文武，出將入相，臣不如李靖；敷奏詳明，出納惟允，臣不如温彥博；處繁治劇，衆務畢舉，臣不如戴胄，恥君不及堯舜，以諫爭爲已任，臣不如魏徵；至於激濁揚清，嫉惡好善，臣於數子亦有微長。上深以爲然，衆亦服其確論。」貞觀十年：「上念后不已，於苑中作層樓以望昭陵，嘗引魏徵同登，使視之。徵孰視之曰，臣昏眊不能見，上指示之。徵曰：臣以爲陛下望獻陵，若昭陵，則臣固見之矣。上泣，爲之毁觀。」讀此三條，覺貞觀君臣之間有一種和衷共濟的意態。故太宗曰，人言魏徵舉止疏慢，我但覺其嫵媚耳。

以上四端，都能表現一種新觀念：君不以權威自居，臣亦不以君之私僕自況，君臣之間有一種對國家奉公負責的精神，於是君臣相與之意態亦自不同。

三省制乃得在此新精神下逐步調整，由貞觀中至高宗末，中書出令、門下審議、尚書執行的分劃亦漸趨完成。唐代政治規模，當奠基於此。現試從幾方面觀察此四十幾年間三省的情況。

一、從三省長官參政情形觀察（以唐書宰相表、新舊紀、通鑑、爲據）

甲、中書省長官自貞觀十四年至高宗末年（弘道元年）四十四年間參大政從未中輟。（其間龍朔二年八月右相許敬宗爲太子少師同東西臺三品，至十月西臺侍郎上官儀始同東西台三品，中間相距兩個月中書省無人參政；然當時許敬宗知西臺事（見舊紀、通鑑、宰相表），仍可視爲西臺（中書省）長官。又乾封元年四月檢校右相陸敦信罷爲大司成，至七月劉仁軌兼右相，中間又隔三個月中書亦無人參政，然許敬宗仍以太子少師知西臺事。）

乙、門下省長官參政有三次空缺：

1.龍朔二年十一月檢校侍中許圉師貶爲虔州刺史，至麟德元年八月竇德玄檢校左相止，中間一年又八個月無人參政。

2.乾封元年八月左相竇德玄薨，至二年六月東台侍郎李安期同三品、東台舍人張文瓘參知政事止，中間十個月無人參政。

3.咸亨三年十月黃門侍郎張文瓘爲大理卿，郝處俊爲中書侍郎至上元二年八月張文瓘遷侍中止，中間二年又十個月無人參政。（張文瓘遷官程序，宰相表與兩紀、兩傳、通鑑互有出入，比勘各書，以舊傳及宰相表較合理，今從舊傳及宰相表）

丙、尚書省左右僕射自貞觀十六年七月房玄齡遷司空，十七年六月高士廉遷開府儀同三司以後，僕射不常置。（由貞觀十七年六月高士廉遷開府後直至廿三年九月李勣遷僕射止，中間六年又兩個月僕射缺；永徽元年十一月李勣罷僕射至二年八月于志寧張行成遷僕射止，中間九個月僕射缺；顯慶四年四月左僕于志寧遷太師至上元二年八月劉仁軌戴至德遷僕射止，中間十六年又四月僕射亦缺；又自開耀元年七月劉仁軌罷爲少傅至弘道元年十二月仁軌再拜左僕止，中間一年又五個月僕射缺。」

比對甲、乙、丙三條，可見當時機衡之任，中書至重，與貞觀初年中書省常缺人參政之情況一變。

二、從羣相中之位望權力觀察。

由貞觀晚年至顯慶四年，長孫無忌以元勳功臣爲太尉，受太宗託命，元舅輔政，故位望權力俱在羣臣之上。然自顯慶四年無忌流死黔卅以後，貞觀勳臣大都凋謝，羣相之中，率以中書令侍中握實柄，而尤以中書令爲重。茲列七點以爲證明：

1. 顯慶龍朔間右相（中書令）許敬宗最用事，任遇之隆，當朝莫比（見舊傳）。龍朔二年遷太子少師仍知西台事。

2. 乾封以後，劉仁軌以大司憲兼右相，其位望權力遠在同時宰臣李安朝、姜恪、趙仁本、張文瓘、戴至德、楊武之上，此可於乾封元年七月任意黜陟李異式事見之（見通鑑）。

3. 上元儀鳳之間，郝處俊爲中書令，張文瓘爲侍中，均碰碰有大臣風，於羣相之中最得委任（見兩書郝處俊、張文瓘傳）。

4. 儀鳳間，李敬玄爲中書令，時劉仁軌以左僕射值洮河軍，每有奏事，多爲敬玄所抑（見舊劉仁軌傳、通鑑）。

可見政柄多在中書令。

5.永淳元年，高宗在東都，時守中書令崔知温隨駕，守中書令薛元超、侍中裴炎、左僕劉仁軌均留京輔太子。高宗欲用黃門侍郎郭待舉、兵部侍郎岑長倩、秘書少監檢校中書侍郎郭正一、吏部侍郎魏玄同等，特謂崔知温曰：「待舉等資任尚淺，且令預聞政事，未可與卿等同名」。乃命待舉等爲中書門下承受進止平章事（見大唐新語卷十、通鑑），可見在東都唯中書令崔知温秉政耳。

6.弘道元年十二月，高宗崩，是夜召侍中裴炎入受遺詔輔政，旋卽遷中書令（見通鑑），當時宰臣除裴炎外尚有劉仁軌（左僕）、岑長倩（兵侍）、魏玄同（吏侍）、劉景先（黃門侍郎）、郭待舉（黃門侍郎）、郭正一（中書侍郎），此可見中書令位望最高，侍中次之，其餘又次之。

7.貞觀三年三月房玄齡杜如晦爲左右僕射，聽受辭訟，日不暇給，太宗責其理小遺大，因勅尚書細務屬左右兩丞，唯大事應奏者乃關僕射（見通鑑）。又會要卷五三：「貞觀二年五月敕中書令侍中於朝堂受詞訟（二年疑爲三年之誤，蓋三年三月僕射尚聽訟也）」。可見貞觀初中書令侍中聽訟而僕射主大政。然自貞觀中葉以後情況倒轉，僕射又復每日受辭牒。通鑑：高宗上元二年，劉仁軌戴至德（左右僕射）更日受牒，仁軌常以美言許之，至德必據理難詰，未嘗與奪，實有寃結者，密爲奏辯。由是時譽皆歸仁軌，稱曰解事僕射。從僕射中書令侍中聽詞訟之存廢，亦可窺羣相對機衡之任的輕重。

綜合上七點觀之，在此段期間，機衡之任中書令最重，侍中次之，其餘諸相又次之。

三、從名號之演變觀察。

唐初以三省長官爲宰相，僕射之位望權責且在中書令侍中之上，前節已備論。貞觀十七年以前，僕射俱元勳重臣，尤以房玄齡自貞觀三年遷左僕以後，無論位望、功勳、勞績俱在諸臣之右。故僕射爲正宰相沿習不能改。然使僕射爲正宰相，既掌機衡，復綰百司，則中書省不得爲正式出令機構，中書令亦難擺脫君主之秘書色彩。迨貞觀十六年七月房玄齡遷司空，然後中書令侍中乃得正式掌任衡機，故貞觀十七年始有「同中書門下三品」一名號。同三品謂同中書令侍中也。換言之，自貞觀十七年始正式以中書令侍中爲正宰相。此後雖三品以上官如不加同三品，不得出席政事堂。（唐制，品階用以序勞資，非用以別輕重，中書門下兩省之五品官常重於外州三品官，給舍出知大州猶以爲貶。故二品以上官加同三品乃重其職，非重其品階也。）到高宗總章二年，同三品正式入銜，此正表示中書門下兩省職權逐步建立。

通鑑：總章二年春二月辛酉以張文瓘爲東台侍郎，以右肅機檢校太子中護譙人李敬玄爲西臺侍郎，並同東西台三品。先是同三品不入銜，至是始入銜（舊紀同）。

四、從門下署敕之權觀察。

中書門下署勅爲兩省職權的一重要關鍵，武德九年封德彝爲點兵使，簡點中男以上入軍，敕出，魏徵固執以爲不可，不肯署勅，至於數四（見通鑑）。可見已有署勅之制，然當時魏徵爲諫議大夫，與六典兩志之舍人給事中署勅不同，大抵當時中書門下兩省職權尙未明確，署勅之權誰屬亦未確定，所以貞觀元年太宗謂黃門侍郎王珪曰：國家本置中書門下以相檢察，中書詔勅或有差失，則門下當行駁正（見通鑑）；貞觀三年太宗又謂羣臣曰：中書門下機要之司，詔敕有不便者皆應執論。太宗對兩省檢察，一再言及，益證門下之權雖具而程式未確定也。貞觀中葉以後，程式漸定，如高宗永徽六年，「中書舍人饒陽李義府為長孫無忌所惡，左遷壁州司馬。敕未至門下，義府密知之。」（通鑑）此為詔敕經門下之一證。則天垂拱三年，鳳閣侍郎劉禕之曰：「不經鳳閣鸞台，何名為敕。」（見舊傳、通鑑）按垂拱三年即高宗弘道之後四年，劉禕之此言，不啻說明高宗以前詔敕之必經中書門下以為恒制也。又高宗上元年間，張文瓘為侍中，性嚴正，諸司奏議多所糾駁，高宗甚委之（舊傳、通鑑）。此門下職權建立之又一證。

從上四端，可見三省職權之調整，由貞觀至弘道逐漸完成，然三省制非由一二人所創設，乃逐漸發展而成。所以在發展期間，有因一時特殊政治情態而挫折，所以觀三省制之發展，不能泥於一二事，而必統觀全程。如貞觀二十二年長孫無忌檢校中書令知尚書門下三省事，以一人而兼綜三省，與當時趨向於分劃職權之精神抵觸。究其原因，當為太宗末年君主邅遞之際一種變態耳，不足認為三省制職權分劃之反證。

按貞觀十七年，太子承乾以作亂廢，魏王泰日入侍奉，太宗面許立為太子，岑文本劉洎亦勸之。長孫無忌固請立晉王治（見通鑑），太宗意不能決，四月，太宗御兩儀殿，羣臣盡出，獨留長孫無忌及司空房玄齡、兵部尚書李勣，謂曰：我三子一弟，所為如是(三子謂齊王祐、太子承乾、魏王泰；一弟謂漢王元昌)我心誠無憀，因自投於牀，抽佩刀欲自刺，無忌等驚懼爭前扶抱，取佩刀以授晉王，無忌等請太宗所欲，報曰：我欲立晉王，無忌曰：謹奉詔，有異義者，臣請斬之。太宗謂晉王曰，汝舅許汝矣，宜拜謝。治因下拜。太宗謂無忌等曰，公等既符我意，未知物論何如？無忌曰，晉王仁孝，天下屬心久矣，伏乞召問百寮，必無異辭，若不蹈舞同音，臣負陛下萬死。於是建立遂定。因授無忌太子太師（見兩傳、通鑑）；尋太宗又欲立吳王恪，無忌密爭之，其事遂輟（見舊無忌傳、通鑑、大唐新語十二）。就此兩事，足見當時無忌威權之重。當時房玄齡反屢因微譴還第（見通鑑貞觀二十年），顯較無忌爲疏遠。大抵於骨肉邅遞之際，無忌爲元勳姻親，又爲晉王之親舅，所以地位與羣臣相殊。及貞觀二十年十月，太宗冒寒疲頓，欲專事保攝，十一月詔：祭祀、表疏……授五品以上官及解決死罪皆以聞，餘並取皇太子處分。廿一年太宗復得風疾，移居翠微宮，五月壬辰，詔百司依舊啓事皇太子（見通鑑）。然則自貞觀二十年始，太子已親政事矣；長孫無忌之地位益不同矣。故同年八月有齊州人段志冲上封事，請太宗致政皇太子。以情理度之，段志冲之言非妄發也，當時政事想已多決於太子及無忌。無忌請誅志冲，實避嫌疑也。及廿一年十一月，太宗疾愈，三日一視朝，繼後兩月（卽廿二年正月）無忌卽檢校中書令知尚書門下三省事。以此觀之，無忌之綜綰三省，實君主傳位之際一種特殊情態耳。且同時宰臣尙有房玄齡（司空知門下事）、李世勣（太子詹事）、高季輔（左庶子）、許敬宗（右庶子）、張行成（少詹事）、褚遂良（門下侍郎）、崔仁師（中書侍郎），非長孫無忌一人，無忌之綜綰三省，所以崇其名位耳。

三、政事堂的性質及其演變

唐初以三省長官爲宰相，此外又以他官參政，宰臣員額常五六人，其合議的地方稱曰政事堂。李華中書政事堂記云：「政事堂者，自武德以來常於門下省議事，卽以議事之所謂之政事堂。」（全唐文三一六）就此文義觀之，政事堂非建制中之機構，而是宰臣會議之所耳。故高祖武德七年三月初定令，各職官單位中幷無政事堂。

武德七年初定令各職官單位爲：太尉、司徒、司空爲三公，次尚書、門下、中書、秘書、殿中、內侍爲六省，次太常至太府爲九寺，次將作監、國子學，次天策上將軍，次左右衞至左右領衞爲十四衞，東宮至三師三少詹事及兩坊三寺十率府。其中并無政事堂一單位（見舊書四二）。六典兩志亦無專文述政事堂之組織與職權，惟於門下省侍中條書侍中之職掌云：「凡軍國之務與中書令參而總焉，坐而論之，舉而行之。」既與中書令參而總焉，坐而論之，於是不得不有參總論道之所，此卽政事堂所由出。可見政事堂之初設，乃會議討論之所，非理政辦公之地。且唐代大政，一律以詔勅之名義執行，故六典兩志對於詔勅之擬訂施行，俱有詳細記載。惟於舍人起草擬進之前，羣相論議之際，獨無明文。

詔勅由中書舍人起草，進畫，旣下由舍人署而行之（六典卷九），然後過門下，給事中大事則稱揚德澤，褒美功業，覆奏而請施行，小事則署而頒之（六典卷八），案底留門下，更寫一通，侍中注制可印縫署送尚書省施行（同上）。又通鑑：貞觀四年太宗始御太極殿，向羣臣申明舊制；温公按曰：凡軍國大事，則中書舍人各執所見，雜署其名，謂之五花判事，中書侍郎中書令省審之，給事中黃門侍郞駮正之。只謂舍人判事由中書令中書侍郎省審，亦未提及羣相議論也。可見政事堂不過爲三省制實行中由於事實需要蔓衍而成，故得因形就勢，先設於門下，再遷於中書。所以武德初年，大事見廷議，少見政事堂議政痕跡。至貞觀元年九月，杜淹以吏部尚書參豫朝政，開他官參政之例，宰臣員額稍增，於是政事堂作用漸大。

武德以前宰臣約爲四人，姑以每年元月爲準，除遙領、檢校及世民元吉之兼領外，計武德元年初除裴寂、蕭瑀、劉文靜、陳叔達四人；二年元月裴寂、蕭瑀、陳叔達三人；三年元月依舊；四年元月裴寂、蕭瑀、陳叔達、封德彝四人；五年六年依舊；七年增楊恭仁一人；八年九年依舊。及貞觀五年有宰臣七人：房玄齡、李靖、戴胄、侯君集、温彥博、王珪、魏徵。以後常保持六七人之譜（據新書宰相表）。

而尤值得注意者，在貞觀初年以前，詔勅多由中宣出，中書省雖曰掌王命，然擬進者少，承旨者多（前節已有論述），所以宰臣議論，多不在勅旨擬製之前，而在勅旨製定之後。

貞觀四年「太宗謂羣臣曰：中書門下機要之司，詔勅有不便者皆應論執，比來唯睹順從，不聞違異，若但行文書，則誰不可爲，何必擇才也。房玄齡等皆頓首謝。」（通鑑）太宗只謂詔勅有不便者皆應執論，與前節論中書多承旨少擬進相應。

詔勅之下，既事前之議論少，事後之檢察多，政事堂之初設於門下，其原因或在於此。其後中書舍人五花判事，中書省職權漸建，然後情況轉變，勅旨多由中書進擬，中書於擬勅之前得先提政事堂討論，政事堂之地位乃日重，寖而成爲羣相決議政務之最高會議。

羣相既決議政務於政事堂，而擬勅之責在中書，爲便利政務推行，政事堂乃勢不能不與中書結合，何况自貞觀中葉以後，中書地位日重（上節已論述），於是政事堂由門下移於中書乃一種必然趨勢；故光宅元年，裴炎自侍中改中書令，執政事堂筆，乃遷政事堂於中書省。此蓋非全由裴炎一人之私意，亦客觀形勢發展所使然。裴炎適由侍中改中書令，位望最高，乃爲完成此轉變之適當橋樑耳。

按裴炎之前由侍中遷中書令者有四人：（1）武德九年七月權檢校侍中兼太子詹事宇文士及爲中書令；（2）

貞觀十三年十一月侍中楊師道爲中書令；(3)永徽六年七月侍中崔敦禮爲中書令；(4)顯慶三年十一月侍中許敬宗爲中書令。此四人中，宇文士及與楊師道任中書令時，中書省職權尚未確立；且宇文士及遷中書令之同時蕭瑀遷左僕射，封德彝遷右僕射，位望權責俱在宇文士及之上；楊師道遷中書令時，房玄齡爲左僕射，高士廉爲右僕射，位望權責亦在楊師道之上。及貞觀中葉以後，中書省職權雖建，而元勳重臣猶在；崔敦禮遷中書令時，長孫無忌爲太尉，于志寧爲左僕，褚遂良爲右僕，無忌以元舅輔政，與遂良同爲托命大臣，權位遠在崔敦禮之上；許敬宗遷中書令時，長孫無忌仍爲太尉，于志寧仍爲左僕。及裴炎遷中書令時情況逈異；裴炎不僅受顧命之重，且同時之宰臣位望俱遠在裴炎之下。當時劉景先守侍中，郭待舉爲左散騎常侍同平章事，魏玄同爲黃門侍郎同平章事，岑長倩爲兵部尚書同平章事，韋弘敏爲太府卿同三品。裴炎乃得因就形勢，遷政事堂於中書。

從此，政事堂的合議與中書省之擬敕出令更緊湊，尋且與中書省合不可分，此不僅使中書之權力更重於門下，同時政事堂漸由會議之場轉爲宰臣辦公之所。開元之後，更成爲獨立之政務機構，正爲此情勢之進一步發展耳。貞觀以前，兩省合稱有時曰「門下」「中書」，如貞觀八年十月詔靖三兩日一至門下中書平章政事（見宰相表、會要五一）。自遷政事堂於中書省以後，兩省合稱通曰中書門下。開元以後，中書門下且簡稱曰中書矣。此稱謂雖微，亦可窺兩省之輕重。

四、唐初他官參政之性質研究

唐初，宰相名號最混亂，權責亦不分明。新書百官志謂：「唐世宰相，名尤不正，初唐因隋制以三省之長中書令、侍中、尙書令、共議國政，此宰相職也。其後以太宗嘗爲尙書令，臣下避不敢居其職，由是僕射爲尙書省長官，與侍中中書令號爲宰相，其品位既崇，不欲輕以授人，故常以他官居宰相職而假以他名。自太宗時杜淹以吏部尙書參議朝政，魏徵以秘書監參預朝政，其後或曰參議得失，參知政事之類，其名非一，皆宰相職也。」新志此論，只是就其大端而言，細考之，亦未盡允當。蓋有唐一代，宰相名號之亂無過於太宗一朝，就以太宗一朝事實，律以新志斷語，即覺有未妥處。

新志謂他官之參相職，由於三省之長位望旣崇，不欲輕以授人之故。然考自高祖武德元年至太宗貞觀二十三年，三省長官極少空缺。直至玄宗天寶，此種情況大致不變。即使一省之長缺，亦必有他省長官；可見他官參政之始因，非由於三省長官名位太崇不欲實授也。自天寶亂後，中書令、侍中、僕射多用以酬勳庸，然後以三省之二級官（中書、門下侍郎，尙書省六部尙書）加同平章事爲宰相，然自大曆三年，中書門下侍郎進階爲三品，與唐初中書令侍中之階品相等。可見新志所論與中唐以前情況未盡洽允。

大抵貞觀初年，太宗勤於聽政，每有大政，不獨與三數宰臣商議，其他雖名位未及，但有一言足取或近侍左右者，太宗均多所咨訪。如貞觀元年太宗嘗語及關中山東人意有同異，殿中侍御史張行成奏對稱旨，自是每有大政，太宗常使預議（見新書張行成傳）；又如韋挺拜御史大夫，太宗以挺女爲齊王祐妃，常與房玄齡、王珪、魏徵、戴胄等俱承顧問，議以政事（舊書韋挺傳）；魏徵初拜諫議大夫，太宗常引入臥內，訪以政事。故有識見足資採納，而又位望鄰於宰相，如六部尙書、御史大夫、等三品官，多加特命，使得參議大政。然唐初職無虛授，六尙書、御史大夫均負實責，縱參大政，仍綰本司事。故雖名宰臣，究與三省長官不同，而且他官參政非定制，所以得因事因職而異名。計貞觀一朝，他官參政之名號有：「參豫朝政」、「參議朝政」、「參知政事」、「朝章國典參議得失」、「專典機密」、「參知機務」、「三五日入中書門下平章政事」、「同中書門下三品」等，俱爲臨時特命，不入官銜。然正爲其如此，故命名之際，容有所斟酌。新書謂其名號雖異，而職業則一（見新書宰相表），恐未必然也。現試將貞觀一朝命名相近者合爲五類，與其本官參照，以窺各類性質。

一、加「參豫朝政」、「參議朝政」、「參知政事」者共九人（以宰相表爲據）。

1. 貞觀元年九月御史大夫檢校吏部尙書杜淹參豫政朝；
2. 三年二月尙書右丞魏徵爲秘書監參豫朝政；
3. 四年二月太常卿蕭瑀爲御史大夫參議朝政；
4. 四年二月民部尙書戴胄檢校吏部尙書參豫朝政；
5. 四年十一月右衞大將軍侯君集爲兵部尙書參豫朝政；
6. 九年十一月特進蕭瑀參豫朝政；
7. 十三年十一月尙書右丞劉洎爲黃門侍郎參知政事；
8. 十七年七月工部尙書張亮爲刑部尙書參豫朝政；

9. 十八年九月黃門侍郎褚遂良參豫朝政。

（宰相表：貞觀十年楊師道爲侍中，參豫朝政。「參豫朝政」四字實衍文。考證見拙作唐書宰相表初校第九條。新亞學報二卷一期。故不列入。）

二、加「典機密」、「掌機務」者八人。

1. 十六年正月兼中書侍郎岑文本爲中書侍郎專典機密（按宰相表原文爲「中書舍人兼侍郎岑文本」，實誤。考證見拙作唐書宰相表初校第十一條）；

2. 十九年二月高士廉攝太子太傅，劉洎（侍中）、馬周（中書令）、太子左庶子許敬宗、右庶子高季輔、少詹事張行成同掌機務；

3. 二十二年正月中書舍人崔仁師爲中書侍郎參知機務。

三、加朝章國典參議得失一人。

十年魏徵罷爲特進知門下省事，朝章國典參議得失。

四、加三兩日一至門下中書平章政事者一人。

八年十月詔李靖三兩日一至門下中書平章政事。

五、加同中書門下三品三人。

1. 十七年四月特進蕭瑀爲太子太保，兵部尚書李世勣爲特進太子詹事并同中書門下三品。

2. 十七年六月高士廉爲開府儀同三司同中書門下三品平章政事。

3.廿三年九月李勣爲左僕射同中書門下三品。

從上面分類可以推知幾點：

甲、在第一類「參議」「參豫」「參知」中有尚書省、門下省、秘書省、御史臺一二級官，獨無中書省及東宮官；第二類「機務」「機密」中除侍中劉洎一人以外全爲中書省及東宮官。可見「參議」「參知」與「機密」「機務」有異。以情理推之，貞觀間三省之中中書最親要，而東宮官則贊翊太子，當宮庭機密之際，自較他官親近，故貞觀朝之「機密」「機務」，頗帶有機密內職之意，而「參議」「參知」則惟在政事堂參議大政而已。故一則曰典機密參機務，一則曰參豫朝政參知政事。然兩者均非正宰相甚明。故貞觀十九年，太宗親征高麗，皇太子定州監國，太宗令高士廉攝太子太傅與劉洎、馬周、少詹事張行成、右庶子高季輔同掌機務輔太子（通鑑、舊紀、宰相表均同）。按當時高士廉已同三品，馬周爲中書令，劉洎爲侍中，三人均早已爲宰輔矣，再命掌機務，可見當時機務之意義與適常宰相之義不盡同，且係於定州輔皇太子，此又見掌機務帶有內廷機密之意味。

乙、第三類朝章國典參議得失，獨魏徵一人，而明曰朝章國典，可見不及於日常政務。且新書魏徵傳曰：「十年爲侍中……多病辭職，帝曰……卿雖疾，未及衰，庸得使爾。徵懇請數却愈牢，乃拜特進，知門下省事詔朝章國典參議得失。」宰相表：「魏徵罷爲特進，知門下省事，朝章國典參議得失。」可見參議朝章國典不同於宰相甚明。

丙、第四類兩三日一入門下中書平章政事獨李靖一人，顯有優賢重臣之意。貞觀以後，對重臣時加「平章軍國重事」，如神龍元年左僕豆盧欽望加平章軍國重事；先天元年竇懷貞平章軍國重事；開元元年劉幽求知軍國重事，俱此類也。此顯與平常宰輔不同。

丁、第五類加同中書門下三品三人俱在貞觀十七年之後，而階品又皆在三品之上（太子太保正一品；開府儀同三司從一品，特進正二品，左僕射從二品），以高品而冠低品階，正見中書令侍中已確定爲正宰相矣（上節已述及）；且凡加參豫朝政及參知政事者，本官多在三品以下，由此可見同三品地位在「參豫」「參知」之上，故「參豫」「參知」不得比於正宰相益明。

從上幾點，可知貞觀時宰相名號雖雜亂，而命名之際，亦未嘗不有所屬意。及高宗以後，名號漸統一，他官參政多加同三品或同平章事（同平章事當爲貞觀時之「參議」「參知」類。又景雲元年，劉幽求、鍾紹京、崔日用、薛稷均參豫機務，此外參機務甚少，且其命意未必與貞觀時盡同也）。中宗神龍以後，僕射不加同三品，不得出席政事堂；雖加同三品，實權亦在兩省長官之下。

睿宗時，太平公主用事，遷中書令韋安石爲左僕射同三品，雖崇以虛名，實去其權也（見舊書韋安石傳）。又先天元年，劉幽求拜尚書右僕射同中書門下三品，幽求自謂功在朝臣之右，而志求左僕射兼領中書令，俄而竇懷貞爲左僕射，崔湜爲中書令，幽求心甚不平，形於言色（舊書劉幽求傳）。合此兩條觀之，可見左僕射虛位最崇，而中書令實權最重。

其後，同三品之名號亦漸濫，四品官亦有加同三品者，然位望終在同平章事之上。故宰臣序階，常由同平章事進爲三品。

弘道元年十二月魏玄同由吏部侍郎同平章事進爲黃門侍郎同三品；垂拱元年五月鳳閣侍郎韋方質由同平章

事進爲同三品；載初元年三月王立本由夏官侍郎同平章事進爲御史大夫同三品；長安二年十月李迥秀、韋安石、蘇味道俱由同平章事進爲同三品；顯慶四年十一月度支尚書盧承慶由參知政事進爲同三品；先天元年正月陸象先由同平章事進爲同三品（以上俱以宰相表爲據）。故聖歷三年四月初三日敕：同中書門下平章事賜食幷同中書門下三品例（見會要五十三）。同三品與同平章事原來之地位不同益明。

及天寶亂後，中書令侍中多用以酬庸，宰相實職乃落在兩省侍郞同平章事身上。及代宗大曆三年，侍中中書令進升二品，於是同三品之名廢。自此以後，宰相俱爲同平章事矣。且自開元以後，政事堂漸趨獨立，凡加同平章事出席政事堂者俱爲正宰相，羣相之中，品階雖有高低，而權責則一，此於至德以後宰臣輪值秉筆卽可窺見。至此，他官參議之性質一變。蓋太宗高宗時，宰臣統馭全局，不以一職名官，他官參議非正式宰相，不過出席政事堂參豫意見，藉收博採衆議之效耳，故宰臣有集衆見之長，而政事無偏倚之弊。中唐以後，出席政事堂者俱爲正宰相，故宰相類多以他司相兼，於是政事不免有所輕重。且他省官既得爲正宰相，兩省職權必爲之紊亂，他官參議之本意盡乖矣。所以貞觀一朝，名號雖亂，而政體得以保持，其後宰臣名號雖劃一，而政體反以損壞，晚唐治道乖繆，未始非一因也。

第三章　三省制之挫折階段

——則天、中宗、睿宗三朝

一、政治風暴與宰臣之位望

一切政治制度在政局穩定中長成，政局動亂中破壞。高祖、太宗、高宗三朝六十餘年，政局安定，三省制逐步發展。自高宗晚年，中宮弄柄，繼之以則天、中宗、睿宗三朝，三十年間有武氏韋氏之亂，三省制在政治鬥爭中遭遇挫折。在此段期間，政令不出於中書，審覆少自門下，尚書銓選不依規程，宰臣大多脂韋其間，諂媚取容。要追探此三十年動亂，不得不溯源於高宗之立武昭儀。自永徽六年，武昭儀爲皇后，長孫無忌、褚遂良、韓瑗、來濟、相繼罷斥竄死。至龍朔元年，高宗病風眩頭重，目不能視，百司奏事，由武后處決，於是武后權侔人主矣(見通鑑)。武后蓄意破壞舊制，以攏斷政權，乃潛佈黨羽，廣植私人，首引北門學士裁減宰相之權。

通鑑：上元二年，「天后多引文學之士著作郎元萬頃、左史劉禕之等使以撰列女傳、臣軌、百僚新戒等書凡千卷，朝廷奏議及百司表疏，時密令參決，以分宰相之權，時人謂之北門學士。」(舊書劉禕之傳同)

及高宗崩，中宗被廢爲廬陵王，諸武用事，徐敬業舉兵於揚州，則天疑天下人圖己，於垂拱二年，盛開告密之門，有告密者，臣下不得問，皆給驛馬，供五品食，雖農人樵人，皆得召見，廩於客館，所言或稱旨，則不次除官，無實者不問。於是四方告密者蜂起，人皆重足屏息。此後三年(永昌元年九月)，改國號爲周，重用酷吏來俊臣、索元禮、萬國俊、周興、丘神勣、侯思止、郭霸、王弘義等以淫刑威嚇朝臣，羅幟成獄。至周興索元禮所殺各數千人，來俊臣所破千餘家，幷競爲訊囚酷法，諸囚無不望風自誣。（雜見於通鑑天授二年、舊書酷吏傳、大唐新語卷十二、御史臺記、朝野僉載、周矩諫制獄誥刑疏）這是政治鬥爭所引出的大恐怖。宰臣因一言之失，被誣或牽連而死者十六人之多。

光宅元年十月丙申斬中書令裴炎於都亭；垂拱三年五月庚午鳳閣侍郎同鳳閣鸞台三品劉禕之賜死於家；垂拱四年十二月左肅政大夫同平章事騫味道被誅；永昌元年八月甲申守內史張光輔誅；永昌元年閏九月甲午地官尚書檢校納言魏玄同賜死於家。天授元年春一月地官尚書同鳳閣鸞台三品韋方質流儋州，天授元年十月丁卯殺流人韋方質；天授元年四月丁巳春官尚書同平章事范履冰下獄死；天授元年八月甲寅殺太子少保納言裴居道；天授二年一月納言史務滋恐懼自殺；天授二年九月壬辰鸞台侍郎同平章事傅遊藝下獄自殺；天授二年十月己酉文昌右相同鳳閣鸞台三品岑長倩坐誅；同年地官尚書同平章事格輔元坐誅；同年司禮卿判納言事歐陽通坐誅；天授二年九月壬辰殺鸞台侍郎同平章事樂思晦；神功元年正月鳳閣侍郎同平章事李元素族誅；同年夏官侍郎同平章事孫元亨族誅。

其餘大臣刺史以下被殺者不可勝計。每除一官，時人謂之「鬼朴又來」（見通鑑長壽元年），政治上理性與正義，至此已全爲黑暗勢力所籠罩。

通鑑：神功元年「俊臣黨人羅告司刑府史樊甚謀反，誅之；甚子訟冤於朝堂，無敢理者，乃援刀自刳其腹；秋官侍郎上封劉如璿見之，竊嘆而泣。俊臣奏如璿黨惡逆下獄處以絞刑，制流瀼州。」此可見理性與正義已全爲黑暗勢力所蹂躪。

及長壽以後，武后權力已固，局面稍定，乃以祿位收人心，然不稱職者尋亦黜去，或加刑誅，挾刑賞之柄以駕馭天下，政由己出，明察善斷，故當時英賢亦競爲之用。如狄仁傑、宋璟、姚元崇、張說、婁師德、陸元方、魏元忠、王孝傑等，皆立於則天之朝。故陸贄稱其有「知人之明，累朝賴多士之用。」（陸宣公奏議奏七、卌二、請許臺省長官舉薦屬吏狀）然政事不循常軌，官守亦乏恒責，雖得多士之用，就制度言，仍然是一種破壞。何况不旋踵而有韋后、武三思之亂，及安樂、太平兩公主之蠹政；三十年間，以動亂爲常態，以安定爲例外，故三省舊規，多遭破壞。對宰臣之任遇尤輕，所除宰相，多不循資格，原官頗多兩省五品官及他省四品以下官。

則天以前，宰臣入相原官多爲兩省四品官，或他省三品官。則天不循資歷，入官之階漸低。如劉禕之原爲豫王府司馬；李景諶爲鳳閣舍人，沈君諒司賓少卿；崔詧著作郎；張光輔夏官侍郎；王本立夏官侍郎；傅遊藝給事中；裴行本冬官侍郎；狄仁傑洛州司馬；崔元綜秋官侍郎；李昭德夏官侍郎；姚璹檢校天官侍郎；李元素檢校地官侍郎；韋巨源文昌右丞；陸元方秋官侍郎；蘇味道鳳閣舍人；武什方嵩岳山人；杜景佺洛州司馬；周允元御史中丞；婁師德夏官侍郎；孫元亨夏官侍郎；王方慶幷州長史；宗楚客尚方少監；姚元崇夏官侍郎；吉頊御史中丞；顧琮天官侍郎；李迥秀右奉宸內供奉；朱敬則正諫大夫；韋嗣立天官侍郎；崔玄暐天官侍郎；張柬之秋官侍郎；房融懷州長史。（以上據宰相表）

且遷除黜陟，依於喜怒，竟有一年之間由九品而歷至三品，如天授元年傅游藝於朞年之中歷靑、綠、朱、紫，時人謂之四時仕宦；又竟有山野妖僧可以立除宰輔，如延載元年嵩山韋什方以妖妄惑衆，武后甚信重，賜什方姓武，七月以什方爲正諫大夫同平章事（俱見通鑑），神龍以後，宰輔除拜多出於內官。其中尤以安樂公主、太平公主、上官婕妤爲最甚。安樂公主「恃寵驕橫，權傾天下，自王侯宰相已下除拜多出其門。」（舊書武承嗣傳）上官婕妤則多立外第，出入無節，朝士往往從之遊處，以求進達，如崔湜於景龍三年除中書侍郎同平章事，即由上官婕妤所引（見舊書崔仁師傳、通鑑景龍三年）太平公主尤專擅，景雲二年宰相七人，五出其門（竇懷貞、蕭至忠、崔湜、岑羲、陸象先），每宰相奏事，上（睿宗）輒問嘗與太平議否…自宰相以下，進退繫其一言。」（大唐新語九）至如崔湜三任宰輔，一由通於上官昭容，一由私侍太平公主。宰相名位之濫，至此而極。

有唐一代，宰臣員額之多，亦以此一段期間爲最。大約則天朝常七八人，中宗朝達十餘人，景雲元年六月尤多，竟達十八人（李隆基、鍾紹京、岑羲、劉幽求、張錫、裴談、姚元崇、崔湜、張嘉福、李日知、唐休璟、張仁亶、韋安石、蕭至忠、趙彥昭、李嶠、蘇瓌、韋嗣立。以上係據宰相表）。當時人譏濫官謂三無坐處，即指宰相、御史、及員外官。

現姑以每年元月爲準，據新書宰相表及兩紀，列每年宰臣員數於后：光宅元年六人；垂拱元年八人；二年八人；三年八人；四年七人；永昌元年（宰相表作載初元年，實誤。見拙作唐書宰相表初校二十三條）八人；天授元年八人；二年五人；長壽元年七人；二年三人；延載元年六人；天冊萬歲十一人（宰相表作萬歲登封。誤，見初校第三十條）；萬歲通天五人；神功元年七人；聖曆元年九人（宰相表多武三思武攸寧二人，誤：見初校三四、三五兩條）；二年十一人，久視元年十人；長安元年五人（宰相表多陸元方一人，誤。見初校第一〇二條）；二年六人；三年五人；四年八人；神龍元年十二人；二年十人；景龍元年八人；二年八人；三年九人；景雲元年十三人；二年七人。

宰臣任期之短，亦以此段期間爲最，現試將則天一朝二十一年（由光宅元年至長安四年）與太宗一朝廿三年相比較，即可見宰臣任遇之輕。（統計之詳細數字因篇幅有限，從略；現只列其大數。）

	年數	宰臣人數（以任期爲準）	每任平均時間	任期在一年以下者	任期一年以上二年以下	任期兩年以上者
太宗朝	23	30	四年又七個月	六人佔 20%	四人佔 13%	二十人 67%
則天朝	21	87	一年又六個月	四十九人佔 56%	十六人佔 19%	二十二人 25%

宰臣之任遇既輕，禮數亦簿。武德貞觀以來尊禮大臣之風氣一變。則天時內庭每有宴集，常令張易之兄弟嘲戲公卿以爲笑樂。神龍以後，中宗無人君體，更有韋后、三思、安樂公主、上官昭容諸人爲之煽惑，狎戲公卿之風尤盛。

景龍文館集：景龍元年清明節，命侍臣爲拔絙之戲，以大麻絙兩頭繫十餘小繩，每繩數十人執之，爭絙，以力弱爲輸，時十宰相二駙馬爲東朋，三相五將爲西朋，僕射韋巨源，少師唐休璟以年老隨絙而踣，久不能起，帝以爲笑樂。」（見類說引、通鑑畧同）景雲元年夏四月丙戌，上遊芳林園，命公卿馬上摘櫻桃。

景龍三年，二月上幸玄武門，與近臣觀宮女拔河。又命宮女爲市肆，公卿爲商旅，與之交易，因爲忿爭，言辭褻慢，上與后臨觀爲樂；又上數與近臣學士宴集，令各效伎藝以爲樂，工部尚書張錫舞談容娘，將作大匠宗晉卿舞渾脫，左衛將軍張洽舞黃麞，左金吾將軍杜元談誦婆羅門呪，中書舍人盧藏用效道士上章：」

（見通鑑）

在此種政治氣息之下，宰臣大率托附權倖，狡黠者騁才以邀寵，愼重者循默以取容。在武后初年，宰臣信守未墜，所以蘇良嗣（左相同鳳閣鸞台三品）遇武則天寵倖薛懷義於路，懷義偃蹇無禮，良嗣尙敢怒叱左右批其頰曳去。自天授元年大獄屢興以後，雖寵任如李昭德，亦伈伈俔俔以事薛懷義。

通鑑延載元年李昭德檢校內史。時懷義爲朔方道行軍大總管，昭德爲其長史，昭德嘗與懷義議事，失其旨，懷義撻之，昭德惶懼請罪。

其餘如楊再思、豆盧欽望、宗楚客、蘇味道、李廻秀、薛稷、崔湜、岑羲等，俱媚事權倖，脅肩屏氣，無復輔宰器局。

朝野僉載：「唐天后內史宗楚客，性諂佞，時薛師有嫪毐之寵，遂爲作傳二卷，論薛師之聖，從天而降，不知何代人也，釋迦重出，觀音再生。期年之間，位至內史。」大唐新語卷二「宗楚客兄秦客，潛勸則天革命，累遷內史。楚客無他材，能附會武三思。」舊書楊再思傳：「楊再思自歷三主，知政十餘年，未嘗有所荐達，爲人巧佞邪媚，能得人主微旨，主意所不欲，必因而毀之，主意所欲，必因而譽之，然恭愼葸忌，未嘗忤物；或謂再思曰，公名高位重，何爲折屈如此，再思曰，世路艱難，直者受禍，苟不如此，何從全身哉。」通鑑長安四年：「司禮少卿張同休，易之之兄也，嘗召公卿宴集，酒酣戲再思曰：楊內史面似高麗，再思欣然即剪紙帖巾，反披紫袍，爲高麗舞，舉坐大笑。」舊書豆盧欽望傳：「欽望作相兩朝，前後十餘年，張易之兄弟及武三思父子皆專權驕縱，圖爲逆亂，欽望獨謹其身，不能有所匡正。」太平廣記二四〇：「唐太子少保薛稷……中書令崔湜、蕭至忠、岑羲等皆外飾忠鯁，內藏諂媚，脅肩屏氣，而舐痔折肢，阿附太平公主，並騰遷雲路。」舊書蘇味道傳：「味道…前後居相位數載，竟不能有所發明，但脂韋其間，苟度取容而已。」舊書李迥秀傳：「迥秀有文才，然頗託附權倖，傾心以事張易之昌宗兄弟。」蕭至忠傳：「時宗楚客紀處訥潛懷姦計，自樹朋黨，韋巨源、楊再思、李嶠等皆唯諾自存，無所匡正。」當時宰臣行誼大率如此，其他如姚崇、宋璟、張說等雖於長壽之後立於則天之朝，然俱不能有所表達，亦可以窺當時政壇之氣息。

故陳子昂慨乎言曰：「宰相或賣國樹恩，近臣或附勢私謁，祿重者以拱默爲智，任權者以傾巧爲賢，羣居雷同，以徇私爲能。」（上軍國機要事、見全唐文二一一）可爲當時宰臣寫照。

二、政治風暴下之中書門下

一種政治制度的維持，必賴制度執行人之奉法精神；而執行人能奉法，又必先執行人有所自信自守。自則天光宅以後，宰臣之除拜如此其濫，位望如此其輕，任期如此其短。宰臣不僅無以見重於屬僚，抑亦無可自信自守。於是君橫臣怯，羣小弄柄，舊制度乃不得不遭挫折。本來中書出令，門下省審，是三省制實行之要義；在則天初年，劉褘之尚謂「不經鳳閣鸞台，何名爲敕。」然劉褘之卽因此一語賜死。從此三省廢職，茲列舉數事以爲證明。

一、一切庶政，不問巨細，悉取斷於君主。

會要卷五一：「天授二年，太學生王修之上表以鄉有水澇，乞假還。上臨軒曰：情有所切，特宜許之。」(通鑑畧同)太學生請假，至於上表，武后竟臨軒答允，三省廢職可知。又長壽元年，「太后引見存撫使所舉人，無問賢愚，悉加擢用，高者試鳳閣舍人、給事中，次試員外郎、侍史、補闕、拾遺、校書郎……」(通鑑)按唐制，庶官五品以上，宰相商議奏可而除拜之；六品以下，吏部銓材授職，然後上言，詔旨但畫聞以從之(見陸宣公奏議奏七)，今武后不問賢愚，未經臺閣，悉加擢用，雖曰存撫使所舉，不經常格，然所舉衆多，非一二人，此亦可推見三省廢職。又久視元年，「太后問鸞台侍郎陸元方以外事。對曰：臣備位宰相，有大事不敢以不聞，人間細事不足煩聖聽。由是忤旨，庚寅罷爲司禮卿。」(通鑑、會要五一)宰臣不告以細事，卽遭罷斥，其攬權之意態可見。此種情況，至中宗時仍未變。通鑑：景龍二年十二月御史中丞姚廷筠奏稱：「比見諸司不遵律令格式，事無大小，皆悉聞奏，臣聞爲君者任臣，爲臣者奉法，萬機叢委，不可偏覽，豈有修一水竇，伐一枯木，皆取斷宸衷，自今若軍國大事，及條式無文者聽奏取進止，自餘各準法處分，其有故生疑滯，致有稽失，望令御史糾彈。從之。」此可見當時壞法敗制之情形。

二、制敕不經兩省，墨敕斜封，一時大盛。

墨勅斜封之盛，尤於中宗時爲甚。柳澤諫復斜封疏云：神龍以來，羣邪作孽，法網不振，綱維大紊，實由於內寵專命，外嬖擅權，因貴憑寵，賣官鬻爵，朱紫之榮，出於僕妾之口，賞罰之命，乖於章程之典，妃主之門，有同商賈；選舉之署，實均闤闠。屠販之子，悉由邪而忝官；黜斥之人，咸因姦而冒進。」通鑑：神龍元年「四月墨敕以普思爲秘書監，靜能爲國子祭酒。」神龍二年，「安樂公主持寵驕恣，賣官鬻獄，勢傾朝野，或自爲制敕，掩其文令上署之。上笑而從之，竟不視也。」景龍二年，「安樂長寧公主及皇后妹郕國夫人、上官婕妤、婕妤母沛國夫人鄭氏、上官柴氏、賀婁氏、女巫第五英兒、隴西夫人趙氏，皆依勢用事，請謁受賕，雖屠沽臧獲，用錢三十萬則別降墨敕除官，斜封付中書。」舊書卷七：景龍二年「是冬京吏部置兩侍郎銓試東都，又置兩銓恣行囑請，又有斜封授官，預用秋闕。」墨勅斜封之濫，至於斯極。

三、政事堂諸相僉議僅屬虛名，所論事之細碎，尤失輔宰之體。

制敕既非必出於中書，大政自亦少於政事堂合議，一二寵臣乃得從中壟斷，如「陸元方再爲宰相，則天將有遷除，每先以訪之，必密封以進。」（舊書陸元方傳）按陸元方再爲宰相在聖曆二年八月至久視元年二月，同時宰臣在朝者有韋巨源、武三思、李嶠、蘇味道、豆盧欽望、吉頊、姚元崇等七人（據宰相表）。每有遷除，必密封以進，是不經僉議可知。又如李昭德爲則天所寵任，同時宰臣豆盧欽望、韋巨源、陸元方、蘇味道、杜景佺等並委曲從之，以至諸司奏事，每於畫旨將行之際，數爲李昭德改張（見全唐文二六〇邱愔陳李昭德罪狀疏）。所論事之細碎，尤出人意表；如來俊臣嘗棄故妻而娶太原王慶詵女，侯思止亦奏娶趙郡李自挹女，敕政事堂共商量（見大唐新語卷三、舊書李昭德傳）。

四、以中宮女官掌制命，可見中書舍人失職。

按唐制有內外制命，蓋將相任免，常由君主自決而以內命出之。貞觀之初，碩儒學士常召入書制，其後或以中書舍人宿値者爲之。雖曰內命，仍以外官掌之，未有以宮官而專掌制命者，有之，獨武后中宗時之上官昭容。通鑑神龍元年：「上官婉兒儀之女孫也。儀死，沒入掖庭，辨慧善屬文，明習吏事，則天愛之，自聖歷以後，百司奏事多令參決，及上(中宗)卽位，又使專掌制命，益委任之。拜爲婕妤，用事於中。」又張說唐昭容上官氏文集序：「昭容兩朝專美，一日萬機，顧問不遺，應接如響。」（見全唐文二二五）上官昭容既專掌制命，不獨中書舍人廢職，亦中書省職權剝落之證。

五、吏部銓選之亂爲有唐一代冠，此不僅見尚書省不依程式，亦見門下省過官之職廢。

武後初年任官已極濫，拾遺、補闕、御史、有車載斗量之譏（大唐新語卷十三），聖曆後尤甚。通鑑：聖曆二年、易之昌宗競以豪侈相勝，弟昌儀爲洛陽令，請屬無不從，嘗早朝，有選人姓薛，以金五十両並狀邀其馬而賂之，昌儀受金，至朝堂以狀授天官侍郎張錫。數日，錫失其狀，以問昌儀，昌儀罵曰：不了事人，我亦不記，但姓薛者卽與之。錫懼，退索在銓姓薛者六十餘人，悉留注官。」又朝野僉載：「鄭愔爲吏部侍郎，掌選，贓汚狼藉，引銓有選人繫百錢於靴帶上，愔問其故，答曰：當今之選，非錢不行。愔默而不言。時崔湜亦爲吏部侍郎，掌銓。有選人引過，分疎云某能翹關負米。湜曰：若壯，何不兵部。選答曰，外邊人皆云：崔侍郎下有氣力者卽得。」遂至「補授無限，員闕不供，員外置官，數倍正闕。」（見全唐文二三六韋嗣立諫濫官疏）、故劉子元應制表陳四事（全唐文二七四）、蕭至忠陳時政疏（唐文二八〇）等，俱痛陳冗官。

從上五端，可見三省職權之墮落，此不得不認爲三省制發展中一次挫折。

第四章　三省制之完成及其轉變

——玄宗開元一朝

睿宗景雲以後，政治鬥爭已近尾聲，理性漸次醒覺，政治上再透出清明的意識。

睿宗在位三年，雖有太平公主亂政，到底政治上已透出一線光明。如（一）禁仗下奏事，杜絕私言（見全唐文卷十八睿宗禁請仗下奏事制）（二）簡擇文武官，整飾官常（景雲元年以宋璟爲吏部尚書，李乂盧從愿爲侍郎，皆不畏强禦，請謁路絕。集者萬餘人，留者三銓不過二千；又姚元之爲兵部尚書，陸象先盧懷愼爲侍郎，武選亦治（見通鑑）。又睿宗有簡擇內外文武官敕（全唐文卷十八），限令三日內文武官有老弱疾患貪暴侵漁不舉職事，材職不相當者各錄狀進。」（三）一度廢中宗神龍以來之斜封官數千人（見舊紀卷七）。

及開元，玄宗銳意求理，姚崇、宋璟、蘇頲、盧懷愼、張說、韓休諸俊彥相輔，制度乃漸復常軌。三省制之成熟當推此時。故中世以後，稱治道者，常盛推開元。

陸宣公奏議二奉天論前所答奏未施行狀：「玄宗躬親大難，手振宏綱，開懷納忠，尅己從諫，尊用舊老……朝清道泰垂三十年。」又會要卷五十二：「長慶元年八月，上(穆宗)謂宰臣曰：國家貞觀中致治昇平，蓋太宗文皇帝躬行至德以啓王業，及至開元，累有內難，元宗臨御，興復不易，而一朝聲名最盛，歷年最久，何以致之也？」可見當時君臣觀念中認開元治道之隆，尤勝於貞觀。

溯開元治績，應肇始於元年罷斥太平公主之黨（岑羲、崔湜、蕭至忠、竇懷貞）任姚崇爲兵部尚書同中書門下三品兼紫微令。姚崇請玄宗「抑權倖、愛爵賞、納諫諍、却貢獻，不與羣臣褻狎」，玄宗皆納之（見通鑑開元元年、全唐文二〇六姚崇十事要說所列十事畧同）。而抑權倖、納諫諍、重大臣三者，尤矯中宗以來之積弊。

玄宗裁抑權貴之事例極多，如開元二年，薛王業之舅王仙童侵暴百姓，御史彈奏，業爲之請，敕紫微黃門覆按。姚崇盧懷慎等奏，仙童罪狀明白，御史所言無所枉，不可縱捨，上從之。由是貴戚束手（見通鑑）。開元四年，皇后妹夫尚衣奉御長孫昕以細故與御史大夫李傑不協，昕與其妹夫楊仙玉於里巷伺傑而毆之。傑上表自訴曰：髮膚見毀，雖則痛身，冠冕被陵，誠爲辱國。上大怒，命於朝堂杖殺以謝百僚。仍以敕書慰傑曰：昕等朕之密戚，不能訓導使陵犯衣冠，雖寘以極刑，未足謝罪，卿宜以剛腸疾惡，勿以凶人介意。（見兩書李傑傳、通鑑）又李朝隱爲河南尹，太子舅趙常奴恃勢侵害平人。朝隱曰：此而不繩，何以爲政。執而杖之。玄宗降敕書慰勉之（見舊書李朝隱傳）。

玄宗納諫可於對宋璟韓休二相之行事中見之。宋璟爲相，多犯顏直言，雖不合玄宗意，玄宗亦曲從之。韓休爲相，玄宗不敢遊宴，至貌爲之瘦（均見通鑑開元廿一年）。又開元十二年四月敕：「自今以後，諫官所獻封事，不限旦晚，任封狀進來，所由門司不得有停滯。如須側門論事，亦任隨狀面奏，即便令引對，如有除拜不稱於職，詔令不便於時，法禁乖宜，刑賞未當，征求無節，寃抑在人，幷極論得失，無所迴避，以稱朕意。其常詔六品以上亦準此。」（會要五五）又開元十四年七月詔曰：比令百官更直待制，期於讜議，時納箴規，不聞一言，甚無謂也。凡百庶僚，宜體朕懷，各盡昌言，以副虛佇，於是太子左庶子吳兢等各

上疏極言得失。」（會要卷二十六）

此外，更恢復每日聽政、正衙奏事、及三品宰臣論事使諫官史官隨入之制。

全唐文卷二五四有蘇頲每日聽政勵百寮敕。又卷二十七有元宗令奏事仍進先狀詔，卷二十八禁有司仗下獨奏詔。又通鑑開元五年：「宋璟爲相，欲復貞觀之政，戊申制自今事非的須秘密者，皆令對仗奏聞，史官自依故事。」

從此政風丕變，頓復貞觀之規模。現試從三方面以觀開元一朝之政理。

一、庶政遷除俱由中書進擬，盡革則天以來萬事决於宸衷之亂制。

開元元年，姚元之嘗奏請序進郎吏。上仰視殿屋，元之再三言之，終不應。元之懼趨出。罷朝，高力士諫曰：陛下新總萬機，宰臣奏事，當面加可否，奈何一不省察？上曰：朕任元之以庶政，大事當奏聞共議之，郎吏卑秩，乃一一以煩朕耶？會力士宣事至省中，爲元之道上語，元之乃喜，聞者皆服上識君人之體（見通鑑）。以元之之賢，序進郎吏不敢自決，大抵元之久立於則天之朝，舊習使然也。然自此後，情態一變。常有玄宗欲破格任一小吏，而格於中書不得下者。如開元二年二月「申王成義請以府錄事閻楚珪爲其府參軍，上許之。姚崇盧懷愼上言：……臣竊以量材授官，當歸有司，若緣親故之恩，得以官爵爲惠，踵習近事，實紊紀綱，事遂寢。由是請謁不行。」開元七年十一月「寧王憲奏選人薛嗣先請授微官。事下中書門下。璟（宋璟）奏：嗣先兩選齋郎，雖非灼然應留，以懿親之故，固應微假官資，在景龍中，常有墨敕處分，謂之斜封，自大明臨御，玆事杜絕，行一賞，命一官，必是緣功與才，皆歷中書門下，至公之道，唯聖能行，嗣先幸預姻戚，不爲屈法，許臣等商量，望付吏部知，不出正勅，從之。」開元七年，「上以岐山令王仁琛藩邸故吏，墨勅令與五品官。宋璟奏：「私藩恩私，則有大例，除官資歷，非無公道；仁琛嚮緣舊恩，已獲優改，今若再蒙超獎，遂於諸人不類，又是后族，須杜輿言，乞下吏部檢勘，苟無負犯，於格應留，請依資稍優注擬。從之。」（以上俱見通鑑）又蘇瓌薨，詔頲起復爲工部侍郎。玄宗謂宰臣曰：有從工部侍郎得中書侍郎否？對曰：任賢用能，非臣等所及。玄宗曰：蘇頲可中書侍郎。頲入謝，玄宗曰：常欲用卿，每有好官闕，卽望宰相論及，宰相皆卿之故人，卒無言者，朕爲卿歎息（見舊傳、會要五十四、大唐新語六）。蓋唐制，惟命相得由君主自定，其餘五品以上宰相商量可否，六品以下吏部進擬。故玄宗欲改蘇頲爲中書侍郎，而委婉若此，幾次命小吏，而格於中書不得行，其餘日常政務，俱由中書門下進擬可知。春明退朝錄：「唐宰相奉朝請卽退延英，止論政事大體，其進擬差除，但入熟狀畫可，今所存有開元宰相奏請狀二卷。」可爲旁證。

二、門下糾駁過官再舉職。

開元初，侍中雖與中書令同主大政，而門下侍郎仍多駁正。會要卷五四：「開元二年八月，李乂爲黃門侍郎，多所校正，紫微令姚崇逐荐爲紫微侍郎，外託荐賢，其實引在己下，去其糾駁之權。」（舊李乂傳畧同）是爲門下侍郎糾駁中書之證。門下除糾駁詔敕以外，過官亦舉職。舊制，流外官不過門下省審，吏部求人不以資考爲限，其後士人猥衆，專務趨兢，銓品枉撓（見新書裴儉傳），開元十八年四月，侍中裴光庭兼吏部尚書，奏請一切循資格，流外行署亦令過門下省之（舊書裴行儉傳）。以流外官亦過門下省審，就此事之得失言，或未必得宜，然從此點，可見門下舉職。又通鑑：天寶十一載：「故事兵吏部尙書知政事者，選事悉委侍郎以下，三注三唱，仍過門下省審，自春及夏其事乃畢，及楊國忠以宰相領文部尙書，欲自示精敏，乃遣令史先於私第密定名闕。」可見天寶十一載以前，門下過官極詳備。門下省旣舉職，門下責在審核中書，所以兄弟親近，不并居中書門下兩省。開元初，蘇頲爲紫微侍郞，弟蘇詵除給事中，蘇頲固請改官（見新書蘇瓌傳），認爲「必招物議……安有兄弟妄庸，并居東西要近。」（全唐文二五五謝弟詵除給事中自求改職表）事雖不行，亦可以窺中書門下兩省檢察之意。〔又蘇頲任中書舍人時，父蘇瓌同中書門下三品，父子同在禁苑，朝廷榮之（見新書蘇頲傳），不以同在要近而避嫌。及蘇詵除給事中，蘇頲不敢居紫微侍郞，此豈非因兩省檢察而避嫌耶？〕

三、自開元以後，宰臣之選任遷轉復納常軌，與則天中宗睿宗三朝逈異，從宰臣之動態，即可以窺開元政理。自則天朝以來，宰臣恒八九人以上，任用之濫，當時稱爲三無坐處；且羣相遷轉，迄無定職，或中書無人參政，而尙書省四五人加平章事（如天授元年十一月至二年四月，長壽元年二月至七月），宰臣或則一月而罷（光宅元年李景諶、天授元年宗楚客，長壽元年崔神基，延載元年武什方，神功元年武三思武承嗣，景雲元年崔湜、張嘉福、張錫、岑羲、鍾紹京、崔日用、薛稷等），或則旋命旋遷（如景雲元年鍾紹京、長安三年李嶠）。至開元時，情況一變，宰臣多兩三人，例以中書令侍中主大政〔中書尤爲貴重，故玄宗以蘇頲爲中書侍郞曰：中書侍郞朕極重惜（見蘇頲傳），又答張九齡謝中書侍郞批云：此職掄才，十年虛位，以卿達識，所以酬庸。〕不但遷轉有序，且宰臣選任，或以前朝碩德，或以當代功名，或以文章德望。且大多久於所任。故若以開元一朝二十九年之宰臣遷轉動態與則天中宗睿宗三朝二十八年相比較，即可見一極强烈之對照。於此可以窺見此兩段期間制度之存廢。現以宰相表爲據，繪出此兩段期間宰臣之動態，以便參閱（附圖因排印困難，從畧。）

統觀上述三端，可見開元之初，三省制已臻成熟。然而未有一種制度能歷久常新者。自天寶以後，三省制又開始轉變。且轉變之因，正孕育於開元。蓋自開元以來，政事堂已漸趨於獨立，兩省長官漸離省事，此卽三省制轉變之癥結。大抵三省制中。中書門下兩省意見之調處最難？門下舉職，則中書常患牽制，政事有紓緩之弊；門下廢職，中書無可節制，政事有壟斷之嫌。故初唐設政事堂，本寓有調洽兩省意見，使中書之決定，先經討論，以免事後糾駁之意，然而，儻因此而廢門下審議，是門下亦爲中書矣，若門下審議不廢，是門下屬僚以其長官之決定爲審議對象，則門下長官不得復領門下，此實爲三省制本身不易解決之一矛盾。

兩省之矛盾，宋人議論甚多，尤於元豐改制參用唐六典一節爲然。司馬温公認爲中書門下之合爲勢所使然，由中唐及宋，莫之能改；非不欲分也，理勢不可分也。故温公主張宋代中書門下通同職業，以都堂爲政事堂，每有政事差除，及臺諫官章奏已有聖旨三省同進呈外，其餘幷令中書門下官同商議簽書施行（見文獻通考五十一）。胡致堂則認爲唐三省之分爲貞觀集材幷用，坐致太平之源。若棄數百年成規，合三省爲一，以一相專之，是中書門下之名存而基命駮正之實亡，實乃舞文便私之甚（上仝）。是温公之言，以三省同取旨爲是，蓋主於合也；胡致堂之言，以三省各振職業爲是，蓋主於分也。此三省分合之辯，其實卽導源於唐中書門下兩省制度上之矛盾。

凡制度本身之弱點，必於制度成熟之時最顯露，故開元之初，侍中中書令之才調雖有不同，而職掌漸不可分，門下侍中漸露與省事脫節之跡象。此可於下幾事窺見。

一、高宗以前，糾駮之任在侍中。如高宗上元二年張文瓘遷侍中，諸司奏議悉心糾駮（新傳）。開元以後，糾駮多由侍郞，如開元二年，李乂爲黃門侍郞，多所校正，姚崇荐爲紫微侍郞以去其糾駮之權。

二、開元五年至七年，紫微令缺，宰臣惟宋璟（吏部尙書兼黃門監）、蘇頲（紫微侍郞同平章事）兩人。頲遇事多讓於璟，璟每論事，則頲爲之助（見通鑑、大唐新語卷一）。可見當時政事，一出於宋璟，是宋璟雖爲侍中，然重於出令而輕於審議矣。

三、開元三年，姚崇兼紫微令，盧懷愼爲黃門監，「姚崇嘗有子喪，謁告十餘日，政事委積，懷愼不能決，惶恐入謝於上。上曰：朕以天下事委姚崇，以卿坐鎭雅俗耳。崇既出，須臾，裁決俱盡……懷愼與崇同爲相，自以才不及崇，每事推之。」開元四年，盧懷愼因病去職，以源乾曜爲黃門侍郞同平章事。姚崇以病痁謁告，源乾曜奏事或稱旨，上輒曰：此必姚崇之謀也。或不稱旨，輒曰：何不與姚崇議之。乾曜常謝實然。每有大事，上常令乾曜就寺問崇（見通鑑）。就此兩事，已可窺見中書令侍中執掌漸相同。

中書令侍中職掌既少差異，而侍中復與省事漸疏，是政事堂已有獨立之趨向。至開元十一年，張說奏改政事堂曰中書門下」，改政事堂印爲「中書門下之印」，復列五房於後分掌庶政。五房曰吏房、樞機房、兵房、戶房、刑禮房。此一改定，政事堂乃正式成爲一獨立之政務機構（開元十一年以前，宰臣奏事或賀表多以本官名義。自政事堂改中書門下，始有以中書門下名義進奏。全唐文收開元時中書門下賀表及玄宗答中書門下賀表手詔甚多。如答中書門下賀元元皇帝靈應手詔、答中書門下賀河西大破吐蕃詔（卷三十二）、答中書門下賀大同殿鐘鳴手詔、答中書門下賀寫道德經五本手詔、答中書門下賀宮內柑子結實詔（卷三十三）等。此亦中書門下成爲一獨立機構之旁證）。此實爲三省制轉變之一樞紐。其對制度之影响約有五端。

在此以前，政事堂爲宰臣議政之所，此後，政事堂成爲宰臣理政之地。此其一；

在此以前，中書省以舍人、主書、主事爲僚屬，尤以舍人爲骨幹，凡百司奏議、考課、舍人皆預裁焉。今中書門下既設五房分掌庶政，五房之情況如何，雖史文闕畧，未可詳考，但以情理斷之，必分舍人、主書、主事之任。故自五房設立，中書令與中書省必漸脫節，舍人六押必因此損壞。此其二；

在此以前，門下檢察中書，爲平等關係之檢察，今政事堂既獨立，主持審議者爲門下省屬僚，被審議者爲中書門下，是無異以下僚檢察上官，其結果，既使檢察效力減弱，復使兩省僚屬漸脫離宰臣領導，此其三；

在此以前，尙書省雖受成，然非中書之僚屬，蓋中書雖出王命，而門下得糾彈之。故中書未得凌駕尙書，於是三省之勢較均衡。現中書門下既合爲一最高决策機構，三省之勢不復均衡，尙書不得不屈爲下僚。此其四；

在此以前，中書門下兩省長官爲正宰相，蓋得以領導中書門下兩省也。今政事堂既爲宰相獨立理政之所，與兩省屬官疏遠，於是凡出席政事堂者，俱得爲正宰相矣，此與中書出令，門下審議之法意相背，此其五。

此五點對晚唐制度甚有影响，當於下兩章中分別論述之。

第五章　三省制之破壞階段
——由天寶至順宗

由天寶經肅、代、德、順四朝，爲三省制之破壞階段。其所以導致破壞者，一由於制度之缺點，此卽前章所論中書門下之獨立；一由於社會之大動亂。蓋自天寶以後，李林甫楊國忠先後擅政，至安史之亂，猝發於范陽，復繼之以朱滔、朱泚、李懷光、僕固懷思以及北方諸鎭之叛亂，吐蕃之侵擾；至中樞播遷，不遑寧處。兵馬之際，苟從權便，舊制既壞，社會既亂，專君權臣乃乘時而興，於是制度益以紊亂，故自天寶晚年至順宗永貞，五十餘年間，表現爲幾種狀態：君主及其倖臣權力之膨脹；宰臣地位之低落；兩省職權混亂；舍人六押破壞；政事堂議政之制隳墮。此種情況，直至憲宗元和以後始稍轉變，然三省均衡終不可恢復，貞觀開元局面不得再見矣。現試將此五十餘年情況，分三節探討之。

一、君主與權臣對相權之蹂躪

肅代兩朝，權臣之破壞相職者前有李輔國，後有程元振、魚朝恩、元載。李、程、魚都是宦官，同於兵馬之際，掌握兵權。

舊書李輔國傳：「祿山之亂，玄宗幸蜀，輔國侍太子，扈從至馬嵬，誅楊國忠……至靈武勸太子卽帝位以系人心，肅宗卽位，擢爲太子家令判元帥府行軍司馬。」（新書宦者傳下畧同）還京以後，更專掌禁兵（見舊傳）。及代宗立，輔國以定策功，愈跋扈。帝欲剪除，而憚其握兵，因尊爲尚父（見新書宦者傳）。程元振於代宗初，代輔國判元帥行軍司馬，盡總禁兵，不踰歲權震天下，在輔國右（新書宦者傳上、舊書程元振傳）。魚朝恩於史思明再陷河洛時統禁軍鎮陝，廣德元年，西蕃入犯京畿，代宗幸陝，改爲天下觀軍容宣慰處置使，專典神策軍出入禁中（見舊書魚朝恩傳及新宦者傳上）。又通鑑：永泰元年，「初肅宗以陝西節度使郭英乂領神策軍，使內侍魚朝恩監其軍，英乂入爲僕射，朝恩專將之。及上幸陝，朝恩舉在陝兵與神策迎扈，悉號神策軍，天子幸其營。及京師平，朝恩遂以軍歸禁中，自將之。然尚未得與北軍齒，至是朝恩以神策軍從上屯苑中，其勢寖盛，分爲左右廂，居北軍之右矣。」

宦官既掌禁兵，乃以威挾君主，凌爍宰臣。如苗晉卿、崔圓傾心以事李輔國（見舊書李麟傳），李揆山東甲族，位居台輔，見輔國執弟子禮，謂之五父（舊輔國傳）。魚朝恩更好於廣座恣談時政，陵侮宰相（通鑑永泰元年、太平廣記一七七、國史補上）。然在肅宗之初，宰臣尚保持一分舊尊嚴，李峴尚敢於上前叩頭陳其專橫之狀；輔國雖欲爲宰臣，尚顧忌朝望。

通鑑：上元二年八月，「輔國驕縱日甚，求爲宰相，上曰，以卿之功，何官不可爲，其如朝望未允何！輔國乃諷僕射裴冕等使荐己。上密謂蕭華曰：輔國求爲宰相，若公卿表來，不得不與。華出問冕，曰：初無此事，吾臂可斷，宰相不可得！華入言之，上大悅，輔國銜之。」（舊書輔國傳、新書宦者上畧同）

自寶應以後，更肆無忌憚。李輔國謂代宗曰：大家第坐宮中，外事聽老奴處決。（舊書輔國傳、新書宦者傳下）魚朝恩每奏事，以必允爲期，朝廷政事有不豫者，輒怒曰：天下事有不由我耶（通鑑大曆五年）？程元振則專權自恣，人畏之甚於李輔國（舊程元振傳）。及李輔國、程元振、魚朝恩誅，又繼有元載擅權，元載雖爲宰臣，然內結侍宦，外交朋黨，行徑類於倖幸，其對相職之損害，又不減於李、程、魚。

杜陽雜編：「唐代宗以庶務畢委宰相，而元載專政，益亂國典，非良金重寶，趦趄左道不得出入於朝廷。」（太平廣記二六〇引）舊書崔佑甫傳：「永泰以後，四方既定，而元載秉政，公道隘塞，官由賄成，中書主書卓英倩李待榮輩用事，勢傾朝列，天下官爵，大者出元載，小者自倩榮。」舊書元載傳：「元載結內侍董秀，多與之金帛，以是上有所需，載必先知之，承意探微，言必玄合……」其羽黨佈於朝廷，如吏部侍郎楊炎，諫議大夫韓洄、包佶、起居舍人韓會等皆載之黨也（見通鑑大曆二年）。元載又以仕進者多樂京師，惡其迫己，乃制俸祿厚外官而薄京官。至代宗欲誅載，恐左右漏泄，無可與言（通鑑大曆二年及十一年）。而破壞制度之尤者，無過於禁百官論事（見全唐文三三六顏眞卿論百官論事表），及六品以下別敕授官，有司不得檢勘（兩傳）。

元載專政約十五年，及德宗臨御之初，頗有振起肅代兩朝頹風之意，庶政委任崔祐甫，所言無不允，對兩朝弊政，多所厘革，中外以爲明主復出，太平可致（唐鑑二十），豈知不旋踵崔祐甫薨，楊炎執政，德宗擢盧杞以分楊炎之勢。盧杞知德宗性多猜忌，因以疑似離間羣臣，勸德宗以嚴刻御下（唐鑑卷十二）。此後，德宗卽以術任羣臣，及奉天之難以後，猜忌尤甚，雖立輔臣，然大小百官必自選而用，宰相進擬，少所稱可，及羣臣一有譴責，往往終身不復收用（順宗實錄二），好以辯給取人，不得敦實之士（舊陸贄傳、通鑑貞元十年）。朝官或相過從，多令金吾伺察密奏，宰相不敢於私第見賓客（舊書裴度傳）。及貞元之末，時政嚴急，人家不敢歡宴，朝士不敢過從（白氏長慶集論左降獨狐郎等狀），要官大臣，動踰月不敢奏聞（全唐文五三一趙需諫復用盧杞疏），有唐一代，君主之猜忌專斷，當以德宗爲最。故范祖禹謂：「自古治愈久而政愈弊，年彌進而德彌退，鮮有如德宗者。」（唐鑑十六）

德宗之猜忌專斷，不任臣下，史不絕書，姑錄幾條以觀德宗當時之心意與任官情況。陸宣公奏議奏三第十奉天請數對羣臣兼許令論事狀錄德宗之手詔云：「朕往日將謂君臣一體，都不隄防，緣推誠信不疑，多被姦人賣弄，今所致患害，朕思亦無他故，却是失在推誠。」德宗自以推誠爲失，則其猜忌險刻可知。又奏七第卅三請許臺省長官舉荐屬吏狀：「今陛下愼選宰臣，必以爲重於庶品，精擇長吏，必以爲愈於末流，及至宰臣獻規，長吏荐士，陛下則但納橫議，不稽始謀，是乃任以重者輕其言，待以重者輕其事。」奏十三第五十五論朝官闕員及刺史等改轉倫序狀：「頃有命官……宰相承寵私，則援引雖濫而必進，宰相見疏忌，則擬議雖當而罕俞，是使羣材仕進之窮通，唯繫於宰臣恩澤之薄厚……每有闕官須補，或緣將命藉才，宰司愼擇上聞，必極當時妙選，聖情未愜，復命別求，執奏既不見從，則又降擇其次，如是至於再，至於三，所選漸高，所得轉下，或斷於獨見，罔徇僉諧，或擢自旁求，不稽公議，權衡失柄，進取多門，等差不倫，聲實相反，此所謂求精太過之患也。」當時用人之情況可知。

正衙奏事亦於此時盡壞。

會要二十五：「貞元十八年七月嘉王府諮議高宏本正衙奏事，自理逋債。因下敕曰：比來百官每於正衙奏事，至於移時，爲弊亦甚。自今以後，不須於正衙奏事，如要陳奏者，并於延英進狀請對。」又全唐文卷五十三有德宗停止正衙奏事詔。

故自建中以後，宰相任期類多一年卽罷，而終身不復。如張鎰（建中二年七月至三年四月）、關播（建中三年十月至興元元年正月）、姜公輔（建中四年十月至興元元年四月）、蕭復（建中四年十月至興元元年十月）、張延賞（貞元元年六月至八月，三年正月再任，七月薨）、齊映（貞元二年正月至三年正月）、劉滋（貞元二年正月至三年正月）、崔造（貞元二年正月至十二月）、柳渾（貞元三年正月至八月）等俱是。任職稍久者有李晟、渾瑊、馬燧，皆以軍功加銜，不問實政：此外崔損以「便柔遜愿中帝意，乃留八年。」（新書崔損傳）賈耽則以不喜臧否人物，不預安危大計而任職十二年（見兩傳）。德宗之任相如此，故謹厚者畏其嚴察，而便佞者得肆其辯給，於是裴延齡、李齊運、韋渠牟、王紹、李實、韋執誼等皆以姦佞相次進用（見冊府元龜十八、順宗實錄一、舊書段平仲傳、韋渠牟傳）皆得依倚德宗寵信而權傾宰相。

舊書鄭餘慶傳：德宗末年，京兆尹李實權移宰相，言其可否，必數日而詔行。人有以貫之名荐於實者。答曰，是其人居與吾同里，亟聞其賢，但吾得識其面而進於上。舉笏示說者曰，實已記其名氏矣，說者喜驟，以其語告於貫之，且曰：子今日詣實而明日受賀矣。貫之唯唯，數歲終不往，而後竟不遷。」李齊運傳：「宰臣內殿對後，齊運常次進貢其計慮以決羣議，齊運無學術，不知大體，但甘言取信而已。」裴延齡之姦佞謊誕尤甚，每奏對，恣爲詭譎，皆衆所不敢言亦未嘗聞者，延齡處之不疑，德宗亦頗知其誕妄，但以其好詆譭人，冀聞外事，故親厚之。（見南部新書戊，太平廣記二三九，新書延齡傳）

儻使當時兩省組織未破壞，宰臣尙得依倚制度效力以稍節制專君與權臣；然自肅宗至德以後，兩省組織隳墮，宰臣無所憑行，故庶政任免，一出於君主權倖之私意，宰臣漸似君主之顧問，不復爲執秉鈞理萬物之宰相。故肅代之間，制敕必經李輔國押署然後施行，天下事無大小，輔國口爲制敕，輕重隨意，宣出行之（見舊書李峴傳、通鑑乾元二年）。其後四方進奏，一決於程元振。

乾元二年，李峴爲相，於上前叩頭論制敕皆應由中書，不得出自李輔國，然後下制改革，恢復舊制（見通鑑及舊李峴傳）。然舊制不旋踵又壞，僕固懷恩陳情表謂：「竊聞四方遣人奏事，陛下皆云與驃騎（程元振）議之，曾不委任宰相。」（全唐文四三二）

至貞元以後，君主不特有以手敕宣付中使，更有以中使口宣受官。如貞元二十年，昭義節度使李長榮薨，德宗使中使以手詔授本軍大將，但軍士所附者卽授；貞元十四年以崇文爲長武城都知馬使，不降敕，令中使口宣授之（俱見通鑑）。是宰臣與中書直同虛設耳。故貞元二年，吐蕃遊騎逼京師，德宗欲出幸以避之，而竟不與宰臣商議(同上)。是德宗已視宰臣爲無物，相職之剝落，至此而極。故李翺與宰相書謂當時宰相「惟忍恥署敕，內愧私歎」。實寫盡當時宰臣心境（全唐文六三五論事與宰相書）。

二、舍人六押制之破壞與兩省職權之紊亂

中書舍人六押制破壞之原因，前人論說不一，或歸罪於姚崇之恃才亂政，或歸罪於安史之亂，此事關係於三省制頗重，故稍論證之。

通典認爲六押制之壞，始於姚崇。

通典卷二十一中書舍人條云：「故事舍人六員各押尚書省一行，天下眾務，無不關決。開元二年十一月，

紫微令姚崇奏：紫微舍人六員，無一頭商量事（會要卷五五作「每一人商量事」），諸舍人同押連署狀進說凡事有是非，理均與奪，人心旣異，所見不同者，望請別作商量，連狀同進，若狀語交互，恐煩聖思，臣旣是官長，望於兩狀後署言二理優劣，奏聽進止，則人各盡能，官無留事。敕曰可。因是舍人唯知撰制，不復分知機務。旣文書塡委，遂令書錄委之堂後人，其權勢傾動天下，姚竟因主書趙誨贓犯所累罷相。姚誠多才，而隳政擅權，以成斯弊，可哀哉。」

兩書楊炎傳亦謂：中書舍人於開元初廢其職。與通典相應。然考唐六典中書舍人條注文仍謂舍人六押與侍郎及中書令連署進奏。

六典卷九舍人條注文：「按今中書舍人……一人專掌畫，謂之知制誥，得政事之食；餘但分署制敕，六人分押尚書六司，凡有章表，皆商量可否則與侍郎及令連署而進奏。」

按六典注文完成於開元二十六年。

六典書「集賢院學士兵部尙書兼中書令修國史上柱國開國公李林甫等奉敕注。」林甫爲兵部尙書兼中書令在開元廿五、廿六年；又大唐新語卷九云：「開元十年，玄宗詔書院撰六典以進，時張說爲麗正學士，以其事委徐堅。沉吟歲餘，謂人曰：堅承乏已曾七度，修書有憑准，唯六典歷年措思，未知所從。說又令學士毋煚等檢前史職官，以今式分入六司，以今朝六典，象周官之制，然用功艱難，綿歷數載，其後張九齡委陸善經，李林甫委苑咸，至二十六年始上。百僚陳賀，迄今行之。」又韋述集賢記注：「開元十年，起居舍人陸堅被旨修六典，上手寫白麻紙凡六條曰理、敎、禮、政、刑、事典，今以類相從，撰錄以進，張說以其事委徐堅，思之歷年，未知所適，又委毋煚、余欽、韋述，始以今式入六司，象周禮六官之制，其沿革幷入注，然用功艱難，其後張九齡又委苑咸，二十六年奏草上。」（陳振孫書錄解題卷六唐六典條引）互相參證，是六典注於開元二十六年不誤。

可見六押之制至開元廿六年尚行甚明，姚崇之時六押固未壞也（姚崇罷相早在開元四年）。再考會要卷五十五，會昌四年，諸宰臣奏請恢復六押，明指六押之破壞由於天寶之亂，不歸罪於姚崇；新書百官志意見亦與此同。

會要卷五十五會昌四年十一月中書門下奏請復中書舍人故事：「伏見天寶以前，中書舍人六員除樞密遷授之後，其他政皆得商量。宰臣姚崇云：事有是非，理均與奪，人心既異，所見或殊，抑使雷同，情有不盡，臣既居長官，望於狀後署言事理優劣，奏聽進止。自艱難以來，務從權便，政頗去於臺閣，事多係於軍期，決遣萬機，事在宰弼……」

然則六押破壞之原因果何在？現試綜合各說，衡量情理以推斷之：大抵姚崇之奏，是抑舍人之權，崇中書令之位，雖壞六人連署之制，然仍使舍人押六司事，由中書令省審，此未得謂破壞六押。但姚崇才高，舍人判事未必能如姚崇之意，於是六押轉輕。到開元十一年，政事堂改爲中書門下，宰臣與舍人距離漸遠，天寶後以，李林甫楊國忠擅政，當無取於舍人六押，六押之壞，當肇端於此。兵興以後，軍期匆迫，一切務從權便，六押之制乃盡廢。六押之制既廢，舍人只知撰制，成爲純文翰之任，不復分知機務。從此舍人與宰臣關係漸疏，而竟有與宰臣相對立矣。

舍人原助宰臣判事，故稱舍人爲宰相判官（見太平廣記一八七引盧氏雜說）。自至德以後，關係卽疏。代宗時常袞獨任宰相，竟自示尊大，塞絕政事堂通舍人院之門，不相往來（見舊書常袞傳）。當時中書侍郎缺，崔祐甫爲中書舍人知省事，卽與常袞相水火。通鑑：「大曆十四年，常袞性剛急，爲政苛細，不合衆心，時羣臣朝夕臨（代宗之喪），袞哭委頓，從吏或扶之，中書舍人崔祐甫指以示衆曰：臣哭君前有扶禮乎。袞聞益恨之。會議君臣喪服，袞以爲禮臣爲君斬衰三年……祐甫……相與力爭，聲色陵厲，袞不能堪。」此雖屬常袞祐甫二人之私怨，然亦可以窺舍人與宰臣關係之疏遠。

舍人地位因此轉輕。所以肅、代、德、順四朝，舍人員額常缺，知制誥亦多以他官相兼，中書省之組織漸壞。南部新書卷壬：「貞元初，中書舍人五員俱缺，在省唯高參一人，未幾亦病免。唯庫部郎中張濛獨知制誥。宰臣張延賞李泌累以才可者上聞，皆不許，其月濛以姊喪給假，或草詔，宰相命他官爲之。中書省案牘不行者十餘日。」會要五十五：「貞元四年二月，以翰林學士職方郎中吳通微、禮部郎中顧少連，起居舍人吳通元、左拾遺韋執誼幷知制誥。故事舍人六員，通微等與庫部郎中張濛凡五人以他官知制誥，而六員舍人皆缺焉。」又舊書權德輿傳：「德輿居西掖八年，其間獨掌者數歲。」全唐文四八六權德輿請置兩省官表：「左右掖垣，彌綸政事，分曹十員，今則殆絕。」舍人之零落可見。

自此以後，舍人無復常員，中書省組織瀕於破壞。中書旣壞，兩省職掌漸亂，所以肅、代、德、順四朝，爲兩省職權之最紊亂者。此可於下述幾事見之。

甲、以中書侍郎判門下省事在代宗朝兩見：一在廣德二年中書侍郎杜鴻漸判門下省事；一在大曆四年行中書侍郎元載權知門下省事。

舊紀卷十一：「廣德二年八月宰臣王縉爲侍中持節都統河南淮南淮西山南東道節度行營事……宰相杜鴻漸判門下省事。」按杜鴻漸判門下事通鑑及新書不載，然據宰相表，當時宰臣三人：一王縉、一杜鴻漸（中書侍郎）、一元載（行中書侍郎）。自王縉出使，門下長官乏人，以此推之，舊紀所載，當非虛語。又據宰相表：大曆元年杜鴻漸轉黃門侍郎，四年十一月罷，癸酉，元載權知門下省事。是兩以中書判門下也。在代宗以前，兩省長官相兼，獨於貞觀廿二年長孫無忌曾爲之，此爲君主遭遞之際一種特殊情態，前已論及，但當時宰臣尚有張行成、李勣、許敬宗、房玄齡、高季輔、崔仁師、褚遂良諸人，非獨中書省長官也。故雖云亂制，究與此不同。

乙、獨以門下省長官主政在代德兩朝三見。一在大曆十二、十三年常袞崔祐甫相繼以門下侍郎獨主大政；一在建中元年崔祐甫楊炎幷以門下侍郎主政；一在建中三年盧杞以門下侍郎主政。可見中書出命，門下審議之法意全壞。（在代宗以前，有獨以中書省主政如龍朔三年是，而無以門下省長官獨主大政者，蓋中書省長官主政，門下省審議，尚不失兩省檢察之意，若獨以門下省主政，審議者亦門下，豈非兩省職權不分耶。）

按大曆十二年四月宰臣兩人，楊綰爲中書侍郎，常袞爲門下侍郎幷同平章事。七月楊綰薨，於是常袞以門下侍郎獨主政。當時郭子儀朱泚雖以軍功加宰相，然皆不豫朝政（見通鑑大曆十四年及舊崔祐甫傳），新書宰相表亦不列於宰相欄，其非眞宰相可知，是當時眞宰相唯門下侍郎常袞一人耳。及大曆十四年五月常袞貶，崔祐甫繼爲門下侍郎同平章事，仍獨任大政。又建中元年，崔祐甫楊炎幷爲門下侍郎主政，中書亦無人（當時淮西節度使李忠臣爲李希烈所逐，單騎走京師，代宗使以檢校司空同平章事留京師，奉朝請（見舊書李忠臣傳）是亦非眞宰相甚明。」又建中三年，門下侍郎盧杞與中書侍郎張鎰同掌大政，四月張鎰罷，盧杞又以門下侍郎獨主政（見宰相表）。是代德之間，屢以門下長官主政。

丙、中書舍人與給事中職掌常相兼。

給舍職掌相兼，可於下列幾事證明：

（1）新書權德輿傳：「（貞元中）進中書舍人，當是時，帝親攬庶政，重除拜，凡命諸朝皆手制中下，始德輿知制誥，而徐岱給事中，高郢爲舍人，居數歲，岱卒，郢知禮部，德輿獨直兩省，數旬一還舍。乃上書言；左右掖垣，承天子誥命，奉行詳複，各有攸司，舊制分曹十員，以相防檢，大抵事有所壅，則吏得以爲非，四方聞者，或以朝廷爲乏士，要重之司，不宜久廢。帝曰，非不知卿之勞，但擇如卿者未得其人耳。」（舊傳畧同）是權德輿一人兼綰兩省，幷掌中書舍人與給事中之職也。

（2）舊書盧杞傳：「上果用杞爲饒州刺史，給事中袁高宿直，當草杞制，遂執以謁宰相盧翰、劉從一曰：……恐失天下望，惟相公執奏之，事尙可救。翰、從一不悅，遂改命舍人草制。明日詔下……給事中袁高堅執不下，乃改授澧州別駕。」（通鑑貞元元年）按草制爲舍人職，袁高爲給事中宿直當草制，是以給事行舍人職也。及詔下，堅執不下，是給事中本責也。前人於此頗有懷疑：謝維新合璧事類云：「貞元中，上命盧杞爲饒州刺史。給事郎袁高宿直，當草制，遂執以謁宰相，宰相不悅，遂改命舍人草制。案此，則給事宿直亦草制耶？當考。」歷代職官表卷十九按曰：「謹案唐制凡詔旨及百司奏疏，由中書宣出者，皆當經給事中書讀然後付外奉行，惟草制乃中書舍人事，不關給事中，故袁高不肯爲盧杞作詔，謝維新頗以爲疑，然考六典稱，中書進畫事繁，或以諸司兼者，謂之兼制誥。通鑑載高此事，謂宰相改命它舍人為之。既曰它舍人，足知所行者實舍人之事。其殆以給事中而兼司詔命者歟。」當以歷代職官表所見為是。前條權德輿獨直兩省即爲佐證。

（3）葉夢得避暑錄話卷下記開元二十年七月六日汾州刺史李暹告身一條。所列三省官次序爲：先中書省各官，次門下省各官，再次尚書省各官。蓋唐制五品以上官由中書擬定，進畫，過門下，再交尚書奉行，故告身必先署中書省各官，次門下，再次尚書也。又金石萃編卷二〇二有建中三年八月十四日朱巨川守中書舍人告身一條，所列三省官程序官職與李暹告身全同，獨於中書省官中李暹告身以「知制誥王邱奉行」，而朱巨川告身則以「給事中關播奉行」。比對兩告身，及參照唐六典、新舊兩志，知告身中中書省奉行原爲中書舍人之職；開元李暹告身以知制誥王邱代行中書舍人之職，而建中朱巨川告身以給事中關播代行中書舍人之職。此又德宗建中時給事中代中書舍人職之又一證。

合上三條，可見代宗德宗之間給事中與舍人常相兼代。

丁、兩省長官常因互相侵越職權而生糾葛，此又當時兩省職權混亂之一旁證。

舊書常袞傳：「時既無中書侍郎，舍人崔祐甫領省事，袞（時爲門下侍郎同中書門下平章事）以爲同中書門下平章事兼得總中書省。遂兼綜中書胥吏，省事去就，及其案牘。祐甫不能平之，累至忿競，遂令祐甫分知吏部選事。」（舊書崔祐甫傳略同）又建中二年，楊炎爲中書侍郎，盧杞爲門下侍郎并同平章事。杞「密啓中書主書過，逐之。炎怒曰：主書吾局吏也，有過吾自治之，奈何相侵。」（見舊書楊炎傳）

從上四端，兩省職權之紊亂灼然可見矣。

三、政事堂議政性質之轉變

自肅宗至德以後，不僅兩省組織破壞，兩省職權紊亂，政事堂議政情況亦變，改變之因，亦肇端於開元之末，自開元廿四年十一月張九齡裴耀卿同時罷相，李林甫兼中書令，引牛仙客守工部尚書兼知門下省事。此後十六年，李林甫專權自恣，牛仙客由李林甫所引，自一「河湟使典，驟居清要」（張九齡語、見通鑑開元廿四年），政事不敢措手裁決（見舊牛仙客傳），專給唯諾而已。

自牛仙客死，李適之繼任左相，李林甫與李適之爭權，議政之制，名存實廢。天寶五載，適之罷，李林甫以陳希烈柔佞易制，引爲宰相（見通鑑、兩傳）。一切軍國機務，林甫於私家裁決，主書抱成案詣希烈書名而已（見通鑑天寶五載及舊楊國忠傳）。至此，政事堂議政已盡廢。迨楊國忠代李林甫，於私家處決機務如故。

舊書楊國忠傳：「（國忠）以便佞得宰相，剖決機務，居之不疑。立朝之際，或攘袂扼腕，自公卿已下，皆頤指氣使，無不讋憚……舊例宰相午後六刻始出歸第，林甫奏太平無事，以巳時還第，機務塡委，皆決於私家。主書吳珣持籍就左相陳希烈之第，希烈引籍署名，都無可否。國忠代之，亦如前政。」

肅宗承天寶之後，改政事堂爲輪流執筆，旬日而更，懲李林甫楊國忠之專權故也（見通鑑至德元載）。於是政事堂議制度起一轉變。

至德以前，政事堂主筆無明定，大率由羣相中位望最高者主之。貞觀中葉以後，僕射漸成虛銜，中書令日以貴重，所以政事堂主筆多由中書令。故武后初年，裴炎以中書令主政事筆，遷政事堂於中書省，可爲一證。

此一改變，宰臣之責任感轉輕。因爲明定輪値期間，是無異將宰臣之責任分劃，當値者任重，不當値者任輕，其始爲宰臣輪値秉筆，結果必變爲宰臣輪値負責。

通鑑大曆十四年：「初肅宗之世，天下務殷，宰相常有數人更直決事，或休沐各歸私第，詔直事者代署其名而奏之，自是踵爲故事。」此宰臣不負責任之明證。

既輪値負責，於是合議的意味減輕，所以到德宗建中以後，宰臣雖常有四五人，然議政情形與開元以前大異：或則重大政事，宰臣之間不相與聞。

如貞元九年，陸贄與趙憬同爲中書侍郎同平章事，德宗使人諭陸贄以要重之事，勿對趙憬陳論，當密封手疏以聞（見通鑑）。又興元元年，吏部尙書同平章事蕭復奉使自江淮還，與李勉、盧翰、劉從一俱見上。勉等退，復獨留言於上曰：陳少遊任兼將相，首敗臣節；韋皐幕府下僚，獨建忠義，請以皐代少遊鎭淮南。上然之。尋遣中使馬欽緒揖劉從一附耳而去。諸相還閣，從一詣復曰，欽緒宣旨令從一與公議朝來所言事，即奏行之，勿令李、盧知，敢問何事也？復曰：唐虞黜陟，岳牧僉諧，爵人於朝，與士共之；使李、盧不堪爲相，則罷之。既在相位，朝廷政事，安得不與之同議，而獨隱此事乎。此最當今之大弊（見通鑑舊蕭復傳）。

或則出席政事堂，署名奏議，然不問大政。

如大曆十四年，郭子儀、朱泚、倶以軍功爲中書令，與門下侍郎常袞同任宰相。然郭子儀朱泚不預朝政，袞獨居政事堂代二人署名奏崔祐甫（見舊書崔祐甫傳、通鑑）。又容齋隨筆：「侍中、中書令爲兩省長官，自唐以來，居眞宰相之位，肅宗以後，始以處大將，故郭子儀、僕固懷恩、朱泚、李晟、韓宏皆爲之，其在京，則入政事堂，然不與國事。」

或則諸相互相推讓不敢決事，至羣相輪日知印秉筆。

南部新書卷甲：「至貞元十年，每人輪一日執筆。」通鑑：貞元九年：「賈耽、陸贄、趙憬、盧邁爲相，百官白事，更讓不言，秋七月奏請依至德故事，宰相迭秉筆以處政事，旬日一易，詔從之。其後日一易之。」

或則於數宰臣中一人獨攬大政，禁他相發言。

建中三年，盧杞與關播同秉政。上嘗從容與宰相論事。播意有所不可，起立欲言。杞目之而止。還至中書，杞謂播曰：以足下端慤少言，故相引至此，曏者奈何發口欲言耶。播自是不敢復言（見通鑑）。南部新書卷甲：「張延賞怙權衿己，嫉柳渾之守正，使人謂曰：相公舊德，但節言於廟堂，則名位可久。渾曰：爲吾謝張相公，柳渾頭可斷而舌不可禁。」政事堂之情况可想矣。

故唐初設政事堂以集衆見之精神至此盡隳墮。

第六章　三省制之轉型階段

——憲、穆、敬、文、武、宣、懿、僖、昭、昭宣十朝

自憲宗元和元年至昭宣帝天祐三年，中經憲、穆、敬、文、武、宣、懿、僖、昭、昭宣十朝，共一百年。其間雖治亂相迭（憲宗中興，武宗削平諸鎮，宣宗大中之政，時人稱曰小太宗，直至唐末人思詠之；三朝政理皆有可觀，其餘穆、敬、文、懿、僖、昭、昭宣七朝，則政出多門，豎宦弄柄，諸鎮囂橫，盡露末代景象）。然就三省制之形態言，一百年間大體相類，故合爲一期，姑稱爲三省制之轉型期，所謂轉型者，別於初唐之制也。

憲宗承肅、代、德、順、四朝制度破壞之餘緒，亟思恢復貞觀開元規模，其求治之切，納諫之誠，與太宗玄宗初年相似。

通鑑：元和二年，「上謂宰相曰，太宗以神聖之資，君臣進諫者猶往復數四，況朕寡昧，自今事有違衍，卿當十論，無但一二而已。」元和三年，「初德宗不任宰相…上在藩邸，心固非之。及卽位，選擇宰相，推心委之。嘗謂垍(裴垍)等曰，以太宗玄宗之明，猶藉輔佐以成其理，況如朕不及先聖萬倍者乎。」元和七年「上嘗與宰相論治道於延英殿，日旰，暑甚，汗透御服，宰相恐上體倦，求退。上留之曰，朕禁中所與處者獨宮人宦官耳，故樂與卿等共談爲理之要，殊不知倦。」唐語林卷一：「憲宗寬仁大度，不妄喜怒，便殿與宰臣論政事，容貌恭肅，延英入閣，未嘗不以天下憂樂爲意，四方進女樂皆不納。」會要五三：元和二年，上銳於爲治。謂宰相裴垍曰，朕喜得人，聽政之暇，徧讀列聖實錄，見貞觀開元故事，竦慕不

能釋卷…自是延英議政，盡漏率下五六刻。」憲宗求治之誠切於斯可見。

當時宰輔如杜黃裳、裴垍、李藩、李絳、韋貫之、裴度、崔羣等皆一時英宰，君臣相與，雖成唐代中興之局，然舊制度始終無法盡復；蓋時已移勢已易，雖欲恢復而不可得也。從此，三省制以一種新形態出現。此種新形態概括言之：一、中書門下兩省長官僅爲宰臣序進之階，職權已不可分劃；二、宰臣與兩省諫官距離漸遠，諫官有脫離宰臣領導之趨勢；三、舍人六押之制不得恢復，其職權已爲翰林學士所代替；四、翰林與樞密成爲內庭之兩大勢力，儼然與中書抗禮；五、宰臣類多由文學財計至大用，極少能統馭全局；且多兼尚書事，判度支鹽運尤多，尚書職權於是被侵蝕。故雖曰三省制，究其實，宰輔已失兩省屬官翊贊，復內制於樞密翰林，出命之權，不專於中書；審議之責，惟剩給事封駁；尚書職權剝落，政事堂僉議虛設。其精神面目已大異於初唐，現試分點論述如次。

一、兩省長官職權混合

兩省長官職權漸合，始於玄宗，盛於德宗，而成於晚唐。蓋自政事堂獨立以後，羣相職掌已漸合；然中書令侍中究爲兩省長官，兩省職掌不同，故中書令侍中之職責不得盡合。元和以前，中書省究爲出命機關，政事大體以中書長官爲主。及肅、代、德、順四朝，中書組織漸壞，舍人漸爲翰林學士所代替，於是中書省長官乃以堂後五房爲其直接僚屬。所謂中書出命者，非指中書省也，乃指「中書門下」也。故出命之責，中書不復重於門下；而位望之隆，門下反崇於中書。

中書門下長官之輕重遷轉，前人多語焉不祥。困學紀聞卷十四：「老學菴筆記云：舊制兩省中書在門下之上，元豐易之。愚觀李文簡歷代宰相表云：中書門下班序各因其時，代宗以前，中書在上，憲宗以後，門下在上，大曆十四年崔祐甫與楊炎皆自門下遷中書，不知何時轉改。放翁所記，蓋未攷此。」按唐制，百官遷轉，常繫於職任之輕重，而不必繫於位望之高下。故諫議大夫班本在給舍上，而遷轉則諫議歲滿遷給事，給事遷舍人（見石林燕語卷四）。貞觀以後，代、德以前，中書之職重於門下，故宰相遷轉，有由侍中遷中書令，而無中書令遷侍中。然就位望言，門下未必在中書之下也。此可於下列幾事見之。1.政事堂初設於門下，重臣如房玄齡、魏徵、長孫無忌等俱知門下事；2.武德七年初定制亦門下排列先於中書，且詔誥如侍中中書令并稱者常先書侍中；3.開元十三年十一月侍中源乾曜與中書令張說同時遷僕射，源乾曜爲左僕，張說爲右僕，左僕高於右僕。可見侍中位望原不在中書令之下也。及代、德以後，舍人失職，中書省組織破壞，而門下省給事中封駁始終不替。是代、德以後，門下較重於中書也；宰臣雖曰與省僚脫節，而名義上究爲長官，於是宰臣進序，改由中書而遷門下，殆爲極自然之情勢。老學菴筆記固誤，歷代宰相表與困學紀聞似亦未詳審也。

尤於宣宗大中以後，宰臣序階多由六部侍郎同平章事遷中書侍郎，再遷門下侍郎；或由尚書兼中書侍郎進爲僕射三公兼門下侍郎。兩省侍郎俱成宰相之底官。凡宰臣任期及三年以上者，其進序皆如此。茲以宰相表爲據將大中以後宰臣白敏中等二十六人之遷轉情形錄出，以爲明證。

1 白敏中　會昌六年五月兵部侍郎同平章事，九月遷中書侍郎，大中二年六月遷門下侍郎。

2 韋　琮　大中元年三月爲中書侍郎同平章事，二年六月遷門下侍郎。

3 崔　鉉　大中三年四月守中書侍郎，五年四月守右僕兼門下侍郎。

4 令狐綯　大中四年十月守兵部侍郎同平章事，五年四月遷中書侍郎，九年二月遷門下侍郎。

5 魏　謩　大中五年十月戶部侍郎同平章事，六年十二月遷中書侍郎，十年十月遷門下侍郎。

6 蕭　鄴　大中十一年七月兵部侍郎判度支同平章事，十一月遷工部尚書，十二年四月遷中書侍郎，十三年八月遷門下侍郎。

7 夏侯孜　大中十二年四月兵部侍郎同平章事，十月遷工部尚書，十三年八月遷中書侍郎，咸通元年九月遷門下侍郎。

8 杜審權　大中十三年十二月兵部侍郎同平章事，咸通元年九月遷中書侍郎，三年二月遷門下侍郎。

9 楊　收　咸通四年五月兵部侍郎同平章事，十月遷中書侍郎，五年八月遷門下侍郎。

10 曹　確　咸通四年六月兵侍同平章事，五年三月遷中書侍郎，七年十一月遷門下侍郎。

11 路　岩　咸通五年十一月兵侍同平章事，六年六月遷中書侍郎，八年十月遷門下侍郎。

12 王　鐸　咸通十一年十一月禮部尚書同平章事，十二年四月遷中書侍郎，十月遷門下侍郎。

13 劉　鄴　咸通十二年十月禮部尚書同平章事，十三年三月遷中書侍郎，十一月遷門下侍郎。

14 崔彥昭　乾符元年八月中書侍郎同平章事，十一月遷門下侍郎。

15 鄭　畋　乾符元年十月兵部侍郎同平章事，十一月遷中書侍郎，二年六月遷門下侍郎。

16 鄭從讜　乾符五年九月中書侍郎同平章事，六年十二月遷門下侍郎。

17蕭　遘　中和元年正月工部侍郎同平章事，四月遷中書侍郎，二年四月遷門下侍郎。

18韋昭度　中和元年七月兵部侍郎同平章事，十一月遷中書侍郎，三年七月遷門下侍郎。

19孔　緯　光啓二年二月兵部尚書同平章事，四月遷中書侍郎，三年三月遷門下侍郎。

20杜讓能　光啓二年二月兵部侍郎同平章事，四月遷工部尚書，三年三月遷中書侍郎，文德元年二月遷右僕兼中書侍郎，龍紀元年三月遷司空兼門下侍郎。

21劉崇望　龍紀元年正月兵部侍郎同平章事，三月遷中書侍郎，大順二年二月遷門下侍郎。

22崔昭緯　大順二年元月兵部侍郎同平章事，二月遷中書侍郎，景福元年八月遷門下侍郎。

23鄭延昌　景福元年三月中書侍郎同平章事，乾寧元年遷右僕射兼門下侍郎。

24徐彥若　乾寧元年六月中書侍郎同平章事，二年六月遷左僕射兼門下侍郎。

25孫　偓　乾寧二年十月戶部侍郎同平章事，三年七月遷中書侍郎，九月遷門下侍郎。

26陸　扆　光化二年元月兵部侍郎同平章事，遷中書侍郎，三年九月遷門下侍郎。

可見此種宰相序階，已成爲大中以後之通例，如果兩省長官職掌不同，豈得以此爲通式？此可爲兩省長官職掌合一謹爲序階之資的明證。

二、諫官脫離宰臣之領導

諫官與宰臣之分離始於政事堂之獨立。及肅宗懲李林甫、楊國忠之專擅，至德元年制：「諫議大夫論事自今以後不須令宰相先知。」益使諫官與宰臣隔離。德宗時，李泌爲相，奏請罷拾遺補闕。德宗不從。當時諫司惟韓皐、歸登而已，李泌仍命收其署餐錢，令寓食於中書舍人，至時人戲云：「韓諫議雖分左右，歸拾遺莫辨存亡。」如是者三年（見舊書李泌傳）。倘使諫官能受宰臣領導，李泌何必摧毀諫官制度？此又宰臣與諫官疏遠之一證；又貞元十三年，左諫議大夫薛之輿奏：諫官所上封事皆機密，每進一封，須門下中書兩省印署文牒，每有封奏，人且先知，請別鑄諫院印須免漏洩（見會要五十五）。事雖未行，當時諫官之意態又可見。到憲宗初年，宰臣大多不悅諫官舉職。

通鑑：元和二年十一月「上嘗從容問（李）絳曰：諫官多謗朝政，皆無事實，朕欲謫其尤者一二人以儆其餘，何如？對曰：此殆非陛下之意，必有邪臣以壅蔽陛下之聰明者……上善其言而止。」（全唐文六四五論諫臣同）當時李絳爲翰林學士，其所指邪臣，據當時史實觀之，當爲宰臣李吉甫。又元和三年，裴垍爲相，先是執政多惡諫官言時政得失，垍獨賞之（見舊書裴垍傳）。是執政惡諫官言事已爲當時之常態也。

於是諫官與宰臣益相齟齬。本來代、德以前，諫官除拜例由宰臣進擬，而宰臣所以能淬厲諫官節制君主者亦以此；然自憲宗以後，君主反時以諫官爲耳目。如文宗好聽外議，諫官言事多不署名，有如匿名書（見通鑑會昌三年武宗語）；或則奏狀多請留中不出（全唐文七六六武宗釐革請留中不出狀），故諫官除拜，時出於君主之意，此益發使宰臣難於領導諫官。

元和十一年，憲宗以張宿爲諫議大夫，當時宰臣崔羣、王涯、李逢吉均固諫，不聽。張宿由是怨執政（見舊書張宿傳及通鑑）又開成末，韋絢自左補闕爲起居舍人，時文宗稽古尚文，多行貞觀開元之事，妙選左右史，以魏謩爲左史，俄兼大諫（太平廣記一八七嘉話錄）。可見諫官拜除，時有由君主之意。

宰臣既不能領導諫官，諫官又以言事爲責，於是諫官漸以宰臣爲彈糾對象。茲舉數事以爲證明。

1. 舊書陳夷行傳：夷行曰：「諫官當衙，只合論宰相得失。」

2. 舊書杜從郁傳：「從郁……元和初轉右補闕，諫官崔羣、韋貫之、獨狐郁等以從郁宰相子，不合爲諫官。乃降授左拾遺。羣等復執曰：拾遺之與補闕雖資品有殊，皆名諫列，父爲宰相，若政有得失，不可使子論父，乃改爲秘書丞。」

3. 會要五六：「會昌四年六月中書門下奏：諫官論事，臣等商量，望令各陳所見，不要連狀，不得輒有代署。」於是武宗有「除諫官連名奏事敕」，禁止諫官連署奏事（見全唐文卷七七）。可見當時諫官常連名署狀，以糾彈時政，使宰臣至感棘手，故中書門下乃有此奏。此諫官不受宰臣領導之又一證明。

4. 通鑑：咸通元年四月：「白敏中（時爲司徒兼門下侍郎同平章事）三表辭位，上不許。右補闕王譜上疏，以爲陛下致理之初，乃宰相盡心之日，不可暫闕，敏中自正月臥病，今四月矣，陛下雖與他相坐語，未嘗三刻，天下之事，陛下嘗與之講論乎？願聽敏中罷去，延訪碩德，以資聰明。己酉貶譜爲陽翟令。五月庚戌朔給事中鄭公輿封還貶譜敕書，上令宰相議之，宰相以爲譜侵敏中，竟貶之。」是給事諫官與羣相儼然對立矣。

5. 舊書馮宿傳：「文宗朝，馮定爲諫議大夫，請許左右史隨宰臣入延英記事，宰臣不樂。」

6. 通鑑：元和三年四月，「上策試賢良方正直言極諫，舉人牛僧孺、皇甫湜、李宗閔皆指陳時政得失，宰臣李吉甫惡其直言，泣訴於上。上不得已，考策官楊於陵、韋貫之及覆策官裴垍、王涯等俱貶官。左拾遺白居易力爭之。」

從上六點，已見諫官與宰臣距離漸遠，此雖不得謂與宰臣對立，然與初唐之情態不同。蓋諫官已超然獨立於君主與宰臣之間矣。此實開宋代臺諫與宰臣對立之漸。

三、六押制度不得恢復

舍人六押制破壞於天寶之亂，前章已有論及。德宗時盧杞爲相，擬恢復六押，因楊炎反對而中止（見兩書楊炎傳）。至元和十五年，又欲恢復六押。會要卷五十五云：「元和十五年閏正月，上曰，中書舍人職事准故事合分押六司以佐宰臣等判案。沿革日久，頓復稍難，宜漸令修舉，百須愼重者便令參議，知關機密者即且依舊。」又全唐文卷六百五十一有元稹中書省議擧縣令狀，其結語云：「同前五舍人同署。」於文前又附注曰：「元和十五年八月日中書舍人臣武儒衡等奏，駕部郎中知制誥臣李宗閔、中書舍人臣王起、庫部郎中知制誥臣牛僧孺、祠部郎中知制誥臣元稹。吏部重奏擧荐縣令節文。」此狀似爲舍人押吏部奏疏連署之狀，且同在元和十五年，參證會要五十五所記，似乎元和十五年舍人確曾恢復六押。然而，至武宗會昌中，宰臣又奏請恢復六押。且奏中歷叙六押存廢之經過，極爲明白，獨於元和末年恢復六押一節不提一字（見會要五十五會昌四年十一月中書門下奏）以此推之，元和所謂恢復六押者，實具體而微，或一度恢復旋卽破壞。

至於會昌以後實行情形如何，史文闕畧，莫可詳究，然以當時情況推論，必與元和相似；其理有三：一、舍人六押用以佐宰相判案，宰相既與中書省疏遠，六押必難於推持；二、開元以前，舍人六押惟樞密遷除不預，其餘皆得商量，而會昌宰臣但欲委以臺閣常務，州縣奏請，係於典章者。是會昌舍人押事之責輕於開元，舍人之委任愈輕，則維持愈難；三、元和以後，常以他官知制誥行中書舍人職（尤以郎中員外郎知制誥爲多），又或以中書舍人兼翰林學士，專任舍人者甚少。以知制誥任者資品多輕，兼翰林者不問外制，在此情況下，六押豈易維持？

長慶二年郎中知制誥之轉改定有常格。可見以郎中知制誥行舍人職爲晚唐通例。會要五十五：「長慶二年七月勅：自今以後，員外郎知制詔復授本官通計二周年然後各依本行轉郎中，亦依二周年與正除。如是中行後行郎中仍更轉前行，一周年卽與正除。如更是卑官知誥合轉員外者亦以二周年爲限，諫議大夫知者同前行郎中，給事中拜翰林學士別宣並不在此限。」至文宗太和四年又敕：「前行郎中知制誥者約滿一周年卽與正授，從諫議大夫知者亦宜準此。」（舊文宗紀）至宣宗大中六年六月再敕：「太和中敕旨條流制誥改轉事頗爲得中，實重官業，自後因循不守，有紊典章，遂便遷轉頻繁，近日却成壅滯，自今以後，宜舉太和四年舊敕，便永遵行。」（會要五五）從此三敕，可見郎官知制誥行舍人職已爲晚唐常格。

至於舍人之兼翰林內職者尤多。茲據元稹翰林承旨學士院記所列承旨學士中幾全部爲中書舍人充任。如鄭絪自司勳員外郎翰林學士拜中書舍人（拜中書舍人仍在翰院，如遷他官出翰院者，元文書明出院）；李吉甫自考功郎中知制誥入院，正除（正除謂除中書舍人，蓋郎中知制誥爲拜中舍張本）；裴垍自考功郎中知制誥翰林學士賜紫金魚袋拜中書舍人；李絳自主客員外郎翰林學士拜司勳員外郎知制誥，正除；崔羣以庫部郎中知制誥翰林學士，正除；王涯以中書舍人入院；令狐楚以職方郎中知制誥翰林學士，正除；張仲素以司封郎中知制誥翰林學士，正除；段文昌以中書舍人翰林學士與杜元潁同承旨；杜元潁以司勳員外郎翰林學士充，正除；元稹自祠部郎中知制誥行中書舍人翰林學士；李德裕以考功郎中知制誥翰林學士遷中書舍人（見翰苑羣書上）。

且自晚唐以來，詔令多出於翰院。或逕由宰臣書詔意付學士增首尾，故內制漸重，外制反稀。中書舍人之兼翰林學士者，只典內制，不兼外制（見廿二史攷異五七文宗紀太和四年條），既只典內制，自亦不與於六押。石林燕語卷四：「唐詔令雖一出於翰林學士，然遇有邊防機要大事，學士所不能盡知者，則多由宰相以其處分之要者自爲之辭，而付學士院，使增其首尾，常式之言而已，謂之詔意。故無所更易增損，今猶見於李德裕、鄭畋集中。」又通鑑：會昌三年，「自回鶻至塞上及黠戛斯入貢，每有詔敕，上多命德裕草之。德裕請委翰林學士。上曰：學士不能盡人意，須卿自爲之。」德裕只請委學士，而不請委舍人。足見當時內制之重，外制之輕。又李肇翰林志：「近朝大事、直出中禁，不由兩省。」是中書舍人爲虛設矣。於是中書舍人雖曰文人之榮位，其實爲辭臣進序之一虛階耳。與中唐以前爲宰相判官之性質迥殊。舍人六押之制不得恢復，中書省之職權亦不可得而再建。

四、翰林學士之抬頭對相權之損害

自中書舍人失職，代之而起者爲翰林學士。

翰林學士非正官，無品秩，只是開元以後加置之職事名。

> 石林燕語卷四：唐制惟弘文館集賢院置學士，宰相得兼外，他官未有兼者，亦別無學士之名，如翰林學士，侍講學士，侍讀學士乃職事之名爾。

所以不見於唐六典，新志又不隸於三省，而別附於宰相總論之後。

> 舊志翰林院附於中書省之後，或以中唐以後翰林學士掌內命故也。然翰林非正官，爲天子私人，當以新志別於三省爲是。

若追探其發展淵源，當可上溯於武德貞觀之時，蓋唐制乘輿所在必有文詞經學之士，下至卜醫伎術之流，值於別院待制以備宴見。若駕在大內，則置於明福門，駕在興慶宮，則置於金明門。武德貞觀時即有溫大雅、魏徵、李百藥，岑文本、許敬宗、褚遂良、上官儀等，時召入草制，未有名目。乾封已後，始號爲北門學士，以劉懿之、劉禕之、周思茂、元萬頃、范履冰等爲之。及則天朝，蘇味道、韋承慶等皆待詔禁中。中宗時上官昭容獨當書詔之任；睿宗時又有薛稷、賈膺福、崔湜等代其任。玄宗即位，張說、陸堅、張九齡、徐安貞、張洎等均召入禁中，謂之翰林待詔（雜見於兩志、李肇翰林志、韋處厚翰林學士記、會要五十七、石林燕語卷四）。然其職權與中書舍人不相混。學士只掌四方表疏，批答應和文章，以及相將制命；中書舍人則進擬署行詔勅。

> 唐制五品已上授官由吏部以名送中書門下經宰相商議奏可，以制勅命之；惟拜命將相則不由中書，多自中宣出。故命相用白麻。葉夢得謂唐中書制詔有四，簡、以竹爲之；勅，用黃麻紙；勅牒，用黃藤紙；赦書皆用絹黃紙；學士制不自中書出，故獨用白麻（石林燕語卷三）。開元以前，白麻或由當直舍人擬制，或遷以學士擬制，外臣之召入草制者，多也類也。至開元二十六年，玄宗始以翰林供奉改稱翰林學士，俾

專內命（見韋執誼翰林院故事）。又舊志翰林院條，「玄宗卽位，張說、陸堅、張九齡、徐安貞、張洎等召入禁中、謂之翰林待詔……四方進奏、中外表疏批答……」可見開元以前學士所草制詔與舍人之職掌不同類。

自至德以後，中樞播遷，制詔不自中書，學士私臣乃進一步兼舍人之職。及德宗出幸奉天，與翰林學士益親密，學士地位日重，不僅代舍人之職，進而參決大政，如張涉、韋綬、鄭絪、衞次公、陸贄等皆決事於內，至時人稱曰內相。

通鑑大厤十四年「上(德宗)之在東宮也、國子博士河中張涉爲侍讀，卽位之夕，召涉入禁中，事無大小皆咨之。明日置於翰林爲學士，親重無比。」「興元元年，贄在翰林爲上所親信，居艱難中，雖有宰相，大小之事必與贄謀之，故當時謂之內相。」又陸宣公奏議載德宗與陸贄商量事甚多，其中有進退宰臣及中書進擬事項之斟酌等，散見於興元論姜公輔狀（奏四第十八）、奉天論解蕭復狀（奏四第十二）、興元論解蕭復狀（奏五第二十一）、奉天荐袁高狀（奏四、第十三）、論進瓜果人擬官狀（奏四第十七）等。又舊書韋綬傳：「德宗朝爲翰林學士，貞元之政，多參決於內署。綬所議論常合中道，然畏愼致傷。」唐語林卷二：「德宗暮秋獵於苑中，是日天已微寒，上謂近臣曰：九月衣衫、二月衣袍，與時候不相稱，欲遞遷一月何如？左右皆拜謝。翌日命翰林議之而後下詔。」

然而當時之觀念以學士代舍人不過艱難中一時權便，究非常態，不可以恒久。故貞元時陸贄謂德宗曰：「詞詔所出，中書舍人之職，軍興之際，權令學士代之，朝野乂寧，合歸職分。物議是之。」德宗不可其奏，而委翰林益專

（舊傳、會要五七、翰林志、近事會元卷二）。從此翰林學士地位日固，日處君主心腹耳目之地（李絳語見通鑑元和五年），儼然成爲內廷中君主之秘書集團，與政事堂羣相抗禮矣。於是「奉密命」、「肆皇猷」、「備顧問」，進而承睿旨，退則受嘉謨，軍國之重事，古今之大體，庶政之損益，衆情之異同，悉以開攬。

韋袁微翰林學士院新樓記：「長慶二年春，翰林院學士缺，穆宗皇帝顧謂左右曰：孰可充是任者，皆曰恭恪可以奉密命，通敏可以肆皇猷，有若內謁者藍田季溫可。上曰：俞……是以授金紫之賜，承侍從之榮，典司禁闈，參掌詔令。」杜元頴翰林院使壁記：「聖明以文明敷於四海，詳擇文學之士，置於禁署，實掌詔命，且備顧問，又於內廷選端肅敏裕邁乎等倫者爲之使，有二員，進則承睿旨而宣於下，退則受嘉謨而達於上，軍國之重事，古今之大體，庶政之損益，衆情之異同，悉以開攬，因而啓發。」元稹承旨學士院記：「大凡大誥令，大廢置，丞相之密畫，內外之密奏，上之所甚注意者，莫不專受專對。」

而與君主之親近切密，尤冠絕羣僚。

容齋隨筆卷四翰苑親近條：「白樂天渭村退居寄錢翰林詩叙翰苑之親近云：『曉從朝興慶，春陪宴柏梁，分庭皆命婦，對院卽皇儲……樽罍分聖酒，妓樂借仙倡。』學士……至與命婦分庭，見貴主冠服，內人黛粧，假仙倡以佐酒，它司無此也。」

故一時宰輔亦多由此中出。計貞元中由此而居輔弼者十有二；元和中由此而膺大用者十有六（韋處厚翰林院廳壁記）。而翰林承旨入相者尤盛。由憲宗永貞元年卽位，十七年間，十一人而九參大政（鄭絪、李吉甫、裴垍、李絳、崔羣、王涯、令狐楚，段文昌、杜元頴。見元稹翰林承旨學士院記）。穆宗朝承旨五人而皆相；僖宗朝承旨約八人而七皆相（見岑仲勉補文宗至哀帝七朝承旨學士記）。此所謂「既冠禁庭，當爲宰輔」也（鄭畋語，見舊傳）。學士既處禁庭，爲天子私人（陸贄語），賢俊處之，雖曰可以匡益王猷，而仍不免於侵蝕中書；佞倖處之，則必爲內廷之一蠹。故順宗時王叔文以起居舍人翰林學士與王伾、牛昭容等結托，左右朝政（舊王叔文傳），穆宗時元稹爲翰林承旨與樞密魏弘簡相結沮裴度討賊（見元稹傳），文宗時李訓以翰林侍講學士而亂政（見通鑑太和九年）。卽以憲宗之明，任宰臣之專，每有軍國重事，亦多與學士密議。如元和四年四月，欲革河北諸鎭世襲之弊，乘王士眞死，欲自朝廷除人，不除則興師討之，與羣相議不能決，憲宗以問諸學士。同年七月，處置諸鎭王承宗、劉濟、吳少誠事，皆與學士李絳等密謀（見全唐文六四六李絳論河北三鎭及淮西事宜狀）；元和五年三月處置烏重胤事亦與學士李絳密議（見通鑑）。故內廷有此一組織在，則宰臣不得專其責，晚唐宰輔位輕，受翰林之掣肘實一因也。故韋處厚直以翰林比漢之尙書。

全唐文七一五韋處厚翰林院廳壁記：「漢時始置尙書五人，平天下奏議，分直建體，含香握蘭，居錦帳，食太官，則今之翰林，名異而實同也。」

翰苑之性質及其對中書之牽掣可以窺見。

五、樞密使之長成及其權力

元和以後，禁廷中新力量足以損害宰相職權者，除翰林學士之外，復有中尉及樞密使。中尉握禁兵，權位在樞密之上，然對制度影響之大，則樞密反甚於中尉。

中尉之置，始於德宗，德宗懲涇師之變禁軍倉卒不及徵集，還京後，不欲以武臣典禁兵，乃以左右神策天威等軍委宦者主之，置護軍中尉中護軍分提禁兵，使宦官竇文場，霍仙鳴主之。自是神策軍之權全歸寺宦（見兩書宦者傳）。從此太阿之柄倒持，以至絳王及文、武、宣、懿、僖、昭六帝，皆爲宦官所立。而王守澄、仇士良、田令孜、楊復恭、劉季述、韓全晦等爲之魁傑，脅迫君主，陵蔑朝臣，文宗爲之陽瘖縱酒，欲泣吞聲，自比赧獻；以宣宗之嚴毅明察，猶閉目搖首，自謂畏之。故由「元和、太和以來，兩軍中尉或以幞頭紗贈清望者，明晨必有爰立之制。」（南部新書丙）然而中尉究爲武臣，恃驕寵干預朝政，與樞密使之承受詔旨，出納王命不同，蓋樞密既承王命，則庶政無不可以干預，故有樞密使在，宰臣不得行其職，中書與樞密寖成兩府，此又勢所必至也。

樞密初置於代宗永泰中。其初惟承受表奏於內，進呈君主，本無廳事，唯三楹舍，貯文書而已（新書宦者楊遵美傳）。至憲宗時已漸參機密，進而左右朝政矣。如憲宗初卽位，中書小吏滑渙與知樞密劉光琦暱善，頗竊朝權（舊書李吉甫傳）。元和四年盧從史陰苞逆節，宰臣裴垍與憲宗謀擒盧從史，垍請密其謀。憲宗曰：此唯李絳，梁守謙知之。時李絳爲翰林承旨，梁守謙爲樞密掌密命（舊書裴垍傳）。元和八年，司空同平章事于頔久留長安，鬱鬱不得志，有梁正言者自言與樞密使梁守謙同宗，能爲人屬請，頔使其子太常丞敏重賂正言求出鎭（見通鑑）。可見元和時樞密之權寵已重。文宗以後，更進而爲朝廷大臣，樞密院竟爲內廷理政之所，此可於下列幾點中見之。

一、樞密使可貼黃決事。

新書楊遵美傳：「樞密使……今貼黃決事，此楊復恭奪宰相權之失也。」葉夢得石林燕語曰：「唐制降勅，有所更改，以紙貼之，謂之貼黃。」是樞密可以決定詔書矣。

二、宰臣延英奏論，樞密使同議政事。

通鑑：咸通二年二月，左僕射判度支兼門下侍郎杜悰謂兩樞密曰：「內外之臣，事猶一體，宰相樞密，共參國政。」杜悰為六朝重臣，猶謂與樞密參決，是樞密參政為不誣矣。又天復元年正月丙午勅：「近年宰臣延英奏事，樞密使侍側，爭論紛然，既出，又稱上旨未允，復有改易，撓權亂政，自今并依大中舊例，俟宰臣奏事畢方得升殿承受公事。至冬十月，韓全誨聞朱全忠將至，丁酉令李繼筠、李彥弼等勒兵刧上，請幸鳳翔……癸卯，韓全誨等令上入閤召百官追寢正月丙午勅書，悉如咸通以來近例，是日開延英、全誨等即侍側同議政事。」

三、地方申狀有逕報樞密者。

舊書魏謩傳：「荆南監軍使呂令琮從人擅入江陵縣毀罵縣令韓忠。觀察使韋長申狀與樞密訴之。謩上疏曰：……監軍職司侵越，卽合聞天，或以慮煩聖聽，何不但申門下，今則首紊常典，理合糾繩，伏望聖慈，速加懲戒。疏奏不出。」韋長或以為監軍使屬樞密之故，所以申狀樞密訴之，然韋長身為觀察使而竟申狀樞密，可見樞密已有綰機衡之趨勢。魏謩援舊制彈之，其實當時情勢已變。

四、樞密使直下詔令於軍前，宰相多不預聞。

通鑑：「會昌四年，初李德裕以韓全義以來，將帥出征屢敗，其弊由於詔令下軍前，日有三四，宰相多不預聞，德裕乃與樞密使楊欽義，劉行深議，以後非中書進詔意，更無他詔自中出者。」然則德裕以前，樞密逕詔下軍前為常態也。

五、命相拜將，樞密必先預聞。

會昌三年，以翰林學士承旨崔鉉爲中書侍郎同平章事。上夜召學士韋琮以鉉名授之令草制。宰相樞密皆不知。時樞密使劉行深，楊欽義皆厚愨不敢預事，老宦者尤之曰：此由劉、楊懦怯，墮敗舊風故也（通鑑）。可見樞密之參豫命相，固早成風習矣。

六、命樞密降白麻與命將相同。

舊制唯命將相降白麻，廣明元年，以樞密使西門思恭爲鳳翔監軍，丙子以宣徽使李順融爲樞密使，皆降白麻於閤門出案與將相同（通鑑）。

七、凡國家大典，樞密皆具襴笏法服，無復爲中官矣。

龍紀元年，上將祀圜丘，故事中尉樞密皆袴衫侍從，僖宗之世已具襴笏。至是又令有司制法服，佩劍侍祠（見舊書殷侑傳）。又楊遵美傳：「遵美嘗嘆曰：北司供奉官以胯衫給事，今執笏過矣。」

從上七點，可見樞密已漸成朝廷之大臣矣。且自長慶以後，宰相頗多因中尉樞密以進，而宰臣之欲有所作爲者，又必資樞密之合作。以李德裕之賢，猶因樞密使楊欽義以進，平諸道之功，亦資楊欽義合作。

初德裕在淮南，勅召監軍楊欽義。人皆言必知樞密。德裕待之無加禮，欽義心銜之。一日，獨延欽義，置酒中堂，情禮極厚，陳珍玩數床，罷酒皆以贈之。欽義大喜過望，行至汴州，復勅還淮南，欽義盡以所餉歸之。德裕曰：此何直，卒以與之。其後欽義竟加知樞密。德裕柄用，欽義頗有力焉（見太平廣記二三九引幽閒鼓吹、通鑑開成四年條同）。又德裕與樞密使楊欽義、劉行深議改樞密直詔下軍前之習，因以成平諸道之功。此足見德裕與樞密之合作。

晚唐有作爲之宰輔，唯李德裕，裴度兩人。裴度討幽鎭無功，卽爲翰林學士元稹與樞密使魏弘簡之沮敗也（見唐鑑卷十九、舊書元稹傳）

是宰輔職權已爲樞密所侵奪，當時朝士已概乎言之。如寶曆中右補闕高允中上疏指陳時政云：「東頭勢重於南衙，樞密權傾於宰相。」（會要五十六）敬宗驚悟久之。太和二年，劉蕡對策，極指中尉樞密之禍云：「陛下誠能揭國權以歸相，持兵柄以歸將……則心無不達，行無不孚矣。」又云：「今分外官中官之員，立南司北司之局，或犯禁乎南，則亡命於北：或正刑於外，則破律於中。」是宋代中書樞密兩府竝立，實孕始於晚唐。

六、詞臣計臣之入相與宰臣素質之轉變

唐代重詞臣，遠肇於太宗、玄宗。然中世以前，宰臣之進用多由才望。或爲元勳舊德，如裴寂、劉文靜、蕭瑀、陳叔達、高士廉、房玄齡、杜如晦、長孫無忌、李靖、侯君集；或長經史儒術、如魏徵、王珪、褚遂良、崔仁師、崔敦禮、張文瓘、郝處俊、李義琰、來恒、狄仁傑、陸元方、宋璟、李元紘、韓休；或以才識幹局，如温彥博、戴冑、劉洎、馬周、蘇良嗣、韋思謙、姚崇、張柬之、劉幽求、張嘉貞、裴光庭、裴耀卿；或以兵畧軍功，如岑長倩、姜恪、劉仁軌、王孝傑、婁師德、唐休璟、張仁亶、郭元振、張說、薛訥、王晙、杜暹、蕭嵩；或以文華豐贍，如岑文本、上官儀、劉褘之、蘇味道、李嶠、蘇頲、張九齡。其間固不獨以辭學，尤少以財計之臣入主大政。中世以後，文華漸盛，士人多以進士入官，少以明經上達，而翰林學士爲入相之慣途。加以時君好文（文宗好五言

詩，品格與肅、代、憲宗同，而古調尤淸峻，見唐語林卷二。德宗好文尤甚，廿二史箚記卷十九有德宗好爲詩條，彙錄德宗之詩。）於是文詞之風相煽而盛。同時安、史亂後，財用日急，第五琦、劉晏始以戶部侍郎判諸使拜相，於是鹽鐵有使，度支有判；憲宗季年，皇甫鎛由判度支，程异由鹽鐵使幷命爲相，宣宗以後，多由此途大用，自是計相不可勝書矣。

現根據舊書列傳作唐代宰臣入相以前官歷統計表（表因排印困難，從畧），表分1.出身（以進士、明經爲主），2.地方官（刺史、節度使；觀察使、州長史、等幷入刺史欄其餘卑官不錄）；3.詞臣（中書舍人，知制誥、翰林學士）；4.諫官（兩省屬官均列入）；5.御史；6.中央行政官（六部侍郎，兩丞）六欄，其餘不採，所得資料甚疏畧，其原因一由於少數宰臣於兩書無傳；一由於兩傳記入相以前官歷多簡。故細數未必準確，然採用比較方法觀其特別顯著者則未始不可觀其趨勢。現將統計結果列后：

一、在天寶之亂以前宰臣之出身（以韋見素爲界線）由明經與進士之比率爲一比二；天寶之亂後爲一比二十二。

二、憲宗元和以前（以杜黃裳爲界）二四五宰臣中入相前其歷官數字爲：地方官68，詞臣59，諫官63，御史72，丞郎96。

三、憲宗元和以後一二二宰臣中入相前官歷數字爲：地方官40，詞臣81，諫官60，御史57，丞郎88。

四、宰臣拜相時之原職屬於財計者（戶部尚書、戶部侍郎、判度支、鹽鐵）：元和以前二四五宰臣中佔九人；元和以後一二二宰臣中佔四三人。

可見：

一、憲宗元和以前宰臣所經官歷以丞郎爲最多，御史地方官次之，諫官詞臣又次之。是元和以前入相之途詞臣幷非佔重要位置。

二、憲宗元和以後顯著增加者爲詞臣。一二二宰臣中，詞臣佔八一，幾與丞郎相等，且其間必尚有漏列，是晚唐入相多爲詞臣而歷丞郎一階也。又據統計結果第四項，宰臣拜相之原職屬財計者竟佔三分之一，可見晚唐宰臣入相顯著增加者爲詞臣與計臣兩途，與元和以前情況迥然不同。

三、根據統計結果第一項，中唐以後，宰臣例多以進士出身，少以明經上達，此正與中唐以後宰臣多詞臣與計臣相應。

現再依嚴著唐僕尚丞郎表統計元和以後宰臣兼任丞郎之數字，以觀晚唐兼官之性質。計：

吏侍　四人
戶侍　三十六人
禮侍　三人
兵侍　二十八人
刑侍　一人
工侍　七人
左丞　一人

右丞　二人
度支　廿八人
鹽鐵　廿七人

上列十項之中，以兼「戶侍」、「兵侍」、「度支」、「鹽運」爲最多。「戶侍」、「度支」、「鹽鐵」皆爲財計。而「兵侍」之廿八人中有十人於入相前爲兵侍充翰林承旨知制誥。十四人於入相前後以兵侍兼度支、鹽運、戶部，故雖曰兼兵侍，其實仍爲計臣詞臣也。

大抵辭臣多流於輕薄，而計臣多偏於苛細。故晚唐宰臣除憲宗一朝以外，其餘多乏宰臣器局。且度支鹽鐵爲晚唐劇務，宰臣既主鹽鐵，政事必隨之偏枯偏榮，反失統馭全局之體（初唐時、尚書多參豫朝政，然參豫朝政非正宰相；又玄宗時宰臣多兼吏兵兩部、吏兵兩部主要職掌在文武官之選，此猶與統馭全局之意不相違，其性質與兼度支鹽鐵不同也），當時二三俊彥已言及之。如貞元時，德宗使李泌主軍旅糧儲。李泌曰：「宰相天下之事咸共平章，若有所主，是乃有司，非宰相也。」穆宗長慶二年韋處厚曰：「宰相處論道之地，雜以鹺務，實非所宜。」（俱見通鑑）文宗時裴度以調兵食非宰相事，請罷度支歸有司（見新傳）。然而以宰相兼財計已成一種事實趨勢，故當時宰臣，大多以主一司爲能，極少以總領大綱爲貴，此不僅有輕宰輔之體，尤加速尚書省職權之崩潰。

尚書省職權於中葉以後已剝落，近人嚴耕望先生已有詳論，茲錄其結語，不另具論。唐僕尚丞郎表卷一述制云：「安、史亂後，尚書省各部之職權普被剝奪分割與轉移；如吏部所掌銓選之權上爲君相所侵奪，下爲諸司諸使諸道州府所分割，兵部所掌軍政之權爲禁軍中尉及諸道藩鎮所攘奪，戶部所掌財政經濟之權爲度支鹽鐵轉運等使所分割與轉移，刑工兩部之權亦見衰落，惟禮部貢舉之權烝隆不替，然其事例由閣下權知，且與宰相中書之關係至切，而與本部尚書及都省僕丞反渺不相涉；然則其職其事，形式上雖仍在禮部，事實上亦不啻一使職矣。」[七]晚唐復以宰臣兼財計，是益使尚書省職權無法恢復也。

宰輔之體已輕，又雜以庶務，復內有翰林樞密之掣肘，上有專斷君主之侵蝕，於是羣相無復為統萬機之宰輔。此於宣宗時尤為明顯。宣宗每延英奏對，宸威不可仰視（類說引東官奏記）；遷除刺史，必使先至京師面察可否然後除（見通鑑大中十二年），常遣中使逕宣旨翰林草詔，不經中書。嘗曰「宰相可畏可權。」故令狐綯謂人曰：「吾十年秉政，最承恩遇，然每延英奏事，未嘗不汗霑衣也。」（唐語林卷二、通鑑大中十二年）晚唐宰輔，大率如此，與中唐以前面目逈異矣。

第七章 結語

一種制度，其背後必有一種精神，此即所謂「法意」。天下無盡善之制度，而可以有盡善之法意；所以制度之缺點，常可藉執行人體認法意之所在，於執行中加以補救。唐代三省制固有其缺點，如中書門下長官權責處理之困難即其一端。然貞觀君臣能集材并用，坐致太平，此由於精神未墜，法意尚存，君臣和衷共濟而彌補之也。中唐以後，精神漸壞，君主猜嫌於上，羣臣傾軋於下，於是制度之缺點難於彌縫，不但兩省矛盾暴露，而翰林、樞密、中尉、計臣之侵蝕相權雜沓而至。初唐非無學士也，然不至如晚唐之侵蝕中書；初唐非無宦官也，然不至如晚唐中尉樞密之蠧政；初唐非不重文學財計也，然不至如晚唐盡以詞臣計臣入相而至政事有所偏倚；此雖曰積漸而至，勢所難免，然未始不由於精神隳墮，君臣相偷有以致之。憲宗稱晚唐有爲之主，然惟汲汲於恢復貞觀、開元之舊制，豈知時移世易，舊制不易遽復，而憲宗之氣度胸襟，不如太宗之恢廓；追求理想之熱忱，元和諸臣又遠遜於貞觀諸賢，故元和可以刈平諸鎮而終不能開創一政治新局面。宋又順承晚唐之弊，晚唐之樞密，至宋正式與中書對立成兩府；晚唐之計臣，至宋而爲三司之獨立；晚唐諫官脫離宰臣之領導，至宋而成臺諫之驕橫。而宋元豐改制，猶曰倣六典，此宋所以又在元和之下也。

雜論唐代古文運動

（一）

錢　穆

唐代之古文運動，當追溯於唐代之古詩運動。唐人鄙薄魏晉以下，刻意復古，而適以成其開新，唐人初不自知也。

古詩運動，當溯自陳子昂。昌黎詩：國朝盛文章，子昂始高蹈。是也。子昂集修竹篇序文謂：

> 文章道敝，五百年矣。漢魏風骨，晉宋莫傳。嘗暇時觀齊梁間詩，彩麗競繁，而興寄都絕，每以永歎。

其友人盧藏用序其集，亦謂道喪五百歲而得陳君。後人謂韓公文起八代之衰，此等語亦始自子昂也。舊唐書記王適見子昂感遇詩，許以爲天下文宗。其後杜工部亦亟稱之，謂千古立忠義，感遇有遺篇。詩之可貴，在乎其有興寄，興寄之可貴，在乎其原本於忠義，是文章本於道，當與道相一貫之見解，在子昂之言興寄，卽涵此旨，而工部乃爲明白點出之也。李華序蕭穎士集，謂近時陳拾遺子昂，文體最正。謂其體正，卽指其有寄興。昌黎復謂：唐之有天下，陳子昂蘇源明元結李白杜甫李觀，皆以其所能鳴。柳子厚楊評事文集後序謂：文有二道，著述比興，唐興以來，稱是選而不怍者，梓潼陳拾遺。白居易與元九書，謂：唐興二百年，詩人不可勝數，所可舉者，首推陳子昂。此下乃及李杜。元微之叙詩寄樂天，亦謂始得陳子昂感遇詩啓示，此下遂叙及工部。是唐代文運開新，應溯源子昂，實乃唐人之公言也。而子昂之所以爲唐代文運開新，乃就詩之內容，不指其麗采與技巧言，亦斷可見矣。

太白繼起，乃曰：

大雅久不作，吾衰竟誰陳，廢興雖萬變，憲章亦已淪，自從建安來，綺麗不足珍。聖代復元古，垂衣貴淸眞。我志在刪述，垂暉映千春。

此言與子昂文章道敝五百歲之說相似，而言之尤激烈。自建安以下，皆所不許。卽騷人揚馬，幾乎亦屬頹波。然太白雖高自位置，而聖代之復古，其風已不自白之本人始，此雖白亦不得不自承。是太白心中，亦有一陳子昂可知。

其爲宋中丞自薦表又曰：

懷經濟之才，抗巢由之節，文可以變風俗，學可以究天人。

惟有究天人之學，乃始有變風俗之文，而白之所謂究天人者，則自指其懷經濟之才，抗巢由之節言。懷經濟之才，是下通人事，抗巢由之節，乃上通天道。白之學養，由老莊來，故其自言如此爾。

而李陽冰序其集乃曰：

不讀非聖之書，恥爲鄭衞之作，凡所著述，言多諷興。盧黃門云：陳拾遺橫制頹波，天下質文，翕然一變。至公大變，掃地幷盡。今古文集，遏而不行。

此謂文變風俗，其功雖竟於太白，而其原仍始於子昂也。抑太白雖主變風俗，復元古，而心不喜儒術，故有我本楚狂人，鳳兮笑孔丘之句，又有嘲魯儒之詠。則陽冰所推爲不讀非聖之書云云者，亦聊爲頌揚之辭而已。工部年輩與太白相肩行，雖亟稱於白，而學術與白相異趨。故曰：江漢思歸客，乾坤一腐儒。又曰：法自儒家有，心從弱歲疲。其爲學立身，始確尊儒術。其論詩復亦與白異，故曰：不薄今人愛古人。又曰：轉益多師是吾師。又曰，異代各清規。王楊盧駱當時體，不廢江河萬古流。此與太白專作掃蕩廓清之說者異矣。故言唐代之古詩運動，亦必至於工部，而始臻於大成焉。

然工部擅於詩，而不擅文，則所以承襲六經，發揚儒道者，惟在詩三百，就儒術言，終不能以無憾。且工部之於儒術，亦僅偏重政治，故曰：許身一何愚，竊比稷與契。又曰：致君堯舜上，再使風俗湻。故太白僅屬一種文學之復古，至工部始站在儒家地位而爲復古，其意較深，然亦僅偏於政治，必待昌黎韓公出，始原本六經，並承李杜古詩運動之後，又重倡古文運動。其言曰：好古之文，乃好古之道也。於是始正式提出一道字，爲其詩文作骨幹。又首唱堯舜禹湯文武周公孔孟歷古相傳之道統，是至昌黎，乃始爲站在純儒家之地位而提倡復古者。故論唐人文學復古之大潮流，亦必達於昌黎，乃始有窮源竟委之觀，兼包幷蓄之勢。太白所謂文可以變風俗，學可以究天人，亦必至於昌黎，乃庶乎更臻於圓滿成熟之境界也。

昌黎於古文，於唐人少所推許，獨於詩，於李杜讚不絕口。曰：李杜文章在，光芒萬丈長。又曰：昔年因讀李白杜甫詩，長恨二人不相從。又曰：高揖羣公謝名譽，遠追甫白感至誠。其於李杜，贊仰備至。故推論昌黎之古文運動，決不當忽畧其對於李杜古詩運動之欣賞與推崇，詩文本一脈，若必分疆割席論之，則恐無當於古人之眞際爾。越後有宋穆修唐柳先生集后序亦曰：唐之文章，初未去周隋五代之氣，中間稱得李杜，而號專雄歌詩，至韓柳氏起，然後大吐古人之文。此乃自李杜直叙至韓柳，可謂得唐代古文運動之眞源也。

（二）

舊唐書韓愈傳謂：

大歷貞元間，文士多尚古學，而獨孤及梁肅最稱淵奧。愈從其徒游，銳意鑽仰，欲自振於一代。

然予考韓公家世，其爲古文，蓋亦得自家傳。李太白集卷三十，武昌宰韓君去思頌碑幷序謂：

君名仲卿，考睿素，四子，君其元。少卿當塗縣丞，雲卿文章冠世，紳卿才名振耀，幼負美譽。

仲卿，韓公父，是太白與韓家，夙有一段關係也。李文公集卷十五，爲其妻母韓書記夫人墓誌，亦謂：

禮部君文章出於時。

習之妻，雲卿孫女，雲卿官至禮部郎中。韓集卷十三科斗書後記亦謂：

愈叔父當大歷世，文辭獨行中朝，天下之欲銘述其先人功行，取信來世者，咸歸韓氏。

姚鉉唐文粹載雲卿碑文兩篇是其證。科斗書後記又曰：

元和來，愈亟不獲讓，嗣爲銘文，薦道功德。

是韓公自謂其文辭行世，乃嗣其家業也。

又考王銍韓會傳，謂：

會與其叔雲卿，俱爲蕭穎士愛獎。其黨李紓柳識崔祐皇甫冉謝良弼朱巨川幷游，會慨然獨鄙其文格綺豔，無道德之實，首與梁肅變體爲古文章，爲文衡一篇。弟愈，三歲而孤，養於會，學於會。觀文衡之作，益知愈本六經，尊皇極，斥異端，稟百家之美，而自爲時法，立道雄剛，事君孤峭，甚矣其似會也。

據是，韓公叔父雲卿，兄會，兩世擅能文名，而與蕭穎士梁肅皆有師友之誼。考韓集卷十，有游西林寺題蕭二兄郎中舊堂詩云：

中郎有女能傳業，伯道無兒可保家，偶到匡山曾住處，幾行衰淚落烟霞。

方崧卿云：蕭，蕭存也。少與韓會梁肅友善。朱子曰：存，字伯誠，穎士之子，與公兄會厚善。公自少爲存所知，及自袁州還，過存廬山故居，而存諸子前死，有一女爲尼，公爲經紀其家。西林即江州廬山寺也。朱子此條，本諸因話錄。是韓家與蕭家，已兩世深誼也。

柳宗元集卷十二，先侍御史府君神道表石背先友記，有梁肅，有韓會。其稱肅，曰最能爲文。稱會，曰：

善清言，有文章，名最高，然以故多謗，至起居郎，貶官卒。弟愈，文益奇。

子厚與韓公深交，同爲古文，而韓公兄會及梁肅亦與子厚之父爲故友，子厚連稱梁肅韓會之能文，而以韓公附筆焉，此會之以文名當時，而韓梁兩家之關係亦可見矣。

韓集卷二十四，考功員外盧君墓銘亦曰：

愈之宗兄，故起居舍人君，以道德文學伏一世。其友四人，天下大夫士謂之四夔，其一范陽盧君東美。盧君始任戴冠，通詩書，與其羣日講說周公孔子以相磨礱浸灌。及歿，將葬，其子暢命其孫立曰：乃祖德烈靡不聞。然其詳而信者，宜莫若吾先人之友。先人之友無在者，起居丈有季曰愈，能爲古文，業其家，是必能道吾父事業，汝其往請銘焉。

是韓公自道其爲文章，乃承其兄與其叔父，故曰業其家也。今試觀王銍之稱韓會，謂其鄙當時文格綺豔，無道德之實。而四夔之交，如盧東美，亦與其羣日講說周公孔子以相磨礱浸灌，則韓公之原本六經，以儒術發爲文章，得不謂其濡染於家業之有素乎？

又韓集卷一，感二鳥賦幷序，亦謂：

幸生天下無事時，承先人之遺業，不識干戈耒耜攻守耕穫之勤，讀書著文，自七歲至今，凡二十二年。

此亦自謂其讀書著文，乃承先人之遺業也。其語可與科斗書後記及盧君墓銘相闡證。是韓公之於古文，所以於當時名賢如獨孤及梁肅之徒少所稱引者，緣韓公自謂其爲古文乃承家業，衡量雲卿與會兩人文章所詣，其所遜於獨孤及梁肅諸人，亦五十步與百步之比耳，韓公固不欲少其家丘，而輕於時賢多所揄揚也。

又韓集卷十六，上宰相書，有曰：

今有人，生七年而學聖人之道，以修其身。

又卷十八，與鳳翔邢尚書書，有曰：

愈也布衣之士，生七歲而讀書，十三而能文，二十五而擢第於春官，以文名於四方。

韓公生大歷三年，舊唐書大歷十二年夏五月起居舍人韓會坐元載貶官。是年，韓公適十齡，是韓公七歲始讀書，其兄會尚在，必經其兄之親爲指導可知。

韓集卷一復志賦謂：

當歲行之未復兮，從伯氏以南遷，至曲江而乃息兮，踰南紀之連山。

歲行十二年而復，此謂已生未及十二周年，乃隨兄南遷也。又卷二十三祭鄭夫人文謂：

年方及紀，荐及凶屯。兄罹讒口，承命遠遷。窮荒海隅，夭閼百年。

今按：柳宗元以永貞元年乙酉貶永州，元和十年乙未有詔追赴都，詩云：十一年前南渡客，四千里外北歸人。又云：投荒垂一紀，新詔下荆扉。前後十一年，故云垂一紀。今韓公文云年方及紀，是知韓公年十二，是年乃其兄卒歲，卽大歷十四年也。踰年，建中元年，韓公十三歲，始是歲行一復之年。韓公自稱十三歲始能文，然是年，其兄則已前卒矣。

韓集卷十六，答李翊書有云：

愈之所爲，學之二十餘年矣。

前人考公此書，當作於貞元之十七年，上推至建中元年，合二十二年，則韓公所謂學之二十餘年者，正從其十三歲始能文之年起算。

又按韓集卷十七答崔羣書，謂：

僕自少至今，從事於往還朋友間，一十七年矣。

此書在貞元十二年，則韓公始能文之年，卽其開始有交游之年，蓋其兄以前年卒，公乃始爲一家門戶之主也。

又韓集卷一復志賦有云：

嗟日月其幾何兮，攜孤嫠而北旋。値中原之有事兮，將就食於江之南。始專專於講習兮，非古訓爲無所用其心。窺前靈之逸迹兮，超孤舉而幽尋。既識路又疾驅兮，孰知余力之不任。

朱子曰：公之爲學，正在就食江南時。今考韓集二十二，歐陽生哀辭，謂：

建中貞元間，余就食江南，未接人事。

又卷二十三，祭十二郎文：

吾年十九，始來京城。

是年爲貞元之二年。故知公謂建中貞元間就食江南者，乃指自建中元年迄於貞元二年始去京城之前之幾年間，不當專指貞元元年即謂是韓公就食江南之年也。

又考韓集卷二十二，祭穆員外文，云：

於乎！建中之初，予居於嵩，携扶北奔，避逃來攻。晨及洛師，相遇一時，顧我如故，眷然顧之。

是公之北返嵩山，固已在建中之初而已不安其居矣。故知公亦可於建中元二年間即去江南。而公自稱始能文章之年，則或尚未來江南也。要之其治學孟晉，則以在就食江南後爲主。此則朱子之言可信。又韓集卷十六，答崔立之書有云：

僕年十六七時，未知人事，讀聖人之書。

此則正指其就食江南之一段時間而言也。

韓集遺詩有贈族姪一首，云：

我年十八九，壯氣起胷中。作書獻雲闕，辭家逐秋蓬。

又外集卷二，上賈滑州書云：

愈儒服者，不敢用他術進，又惟古執贄之禮，竊整頓舊所著文一十五章以爲贄。

又曰：

愈年二十有三，讀書學文十五年，言行不敢戾於古人。徒以獻策闕下，方勤行役。

是年當爲貞元之六年，公已斐然有述作。翌年，公年二十四，有河中府連理木頌。再越年，及貞元八年，韓公年二十五，始擢進士第。

唐科名記云：

貞元八年，陸贄主司，試明水賦，御溝新柳詩，是年一榜，多天下孤雋偉傑之士，號龍虎榜。

韓集卷二十二歐陽生哀辭謂：

八年春，遂與詹文辭同考試登第

是也。又韓集卷十七，與祠部陸員外書，謂：

往者陸相公司貢士，考文章甚詳。愈時亦幸在得中，而未知陸之得人也。其後一二年，所與及第者，皆赫然有聲。原其所以，亦由梁補闕肅，王郎中礎佐之。梁舉八人，無有失者。

朱子韓集考異云：歐陽詹傳，詹與韓愈李觀李絳崔羣王涯馮宿庾承宣聯第，皆天下選。舉八人，疑此是也。今按：舊書謂公從獨孤及梁肅之徒游，銳意鑽仰，欲自振於一代者，殆即指此等七人皆爲梁肅之徒而言也。唐摭言：貞元中，李元賓韓愈李絳崔羣同年進士。先是，四君子定交久矣。共遊梁補闕之門，居三載，肅未之面，而四賢造肅多矣，靡不偕行。肅異之，一日延接觀等，俱以文學爲肅所稱，復獎以交游之道。今按：韓集贈李觀詩云：我年二十五，求友昧其人。哀歌西京市，乃與夫子親。則韓李締交，即在登第之年，摭言之說，明不可信。又送侯參謀赴河中幕云：憶昔初及第，各以少年稱。爾時心氣壯，百事謂己能。又祭虞部張員外文云：往在貞元，俱從賓薦，各以文售，幸皆少年。羣游旅宿，其歡甚焉。此皆一時以同榜而交歡之迹之散見於韓公之詩文之可資證說者也。又是年，韓公成爭臣論，其學養蘊積，已卓然可見矣。

上文畧述韓公家世，及其早年學成名立之經過，所以證韓公古文學之淵源也。

（三）

陳子昂李太白之於詩，其意欲復古，其實乃開新，然其事易知，故一時從之者亦翕然無異辭。至於韓柳之於文，其意亦主於復古，其實績所至，亦同爲開新，而其理則頗難曉。在當時極多疑者，即在韓公之知好從游間，亦所不免。張籍遺韓公書，謂：

頃承論於執事，嘗以爲世俗陵靡，不及古昔。蓋聖人之道廢弛之所爲也。宣尼沒後，楊朱墨翟恢詭異說，干惑人聽，孟軻作書而正之。秦氏滅學，漢重以黃老之術教人，使人寖惑，楊雄作法言而辨之。及漢衰末，西域浮屠之法入於中國，中國之人世世譯而廣之。黃老之術相沿而熾。自楊子雲作法言，至今近千載，莫有言聖人之道者。言之者，惟執事焉耳。習俗者聞之，多怪而不信，徒相爲訾。執事聰明，文章與孟軻揚雄相若，盍爲一書以興存聖人之道？曷可俯仰於俗，囂囂爲多言之徒哉？比見執事多尚駮雜無實之說，使人陳之於前以爲歡，此有以累於令德。願執事棄無實之談，弘廣以接天下士，嗣孟軻楊雄之作，辨楊墨老釋之說，使聖人之道復見於唐，豈不尙哉？

籍此書之意，實可代表當時一輩懷疑者之意見。緣於詩道求復古，只情存比興即得，固不必重爲四言詩，乃爲復古也。今號召爲古文，又曰文所以明道，則古人之道，皆見於著述，古人之文，亦惟著述是尙，短篇小品，豈足以當。此當時於韓公之倡爲古文所必有之懷疑，而觀韓公答書，實亦未能大破其所疑也。公之答書曰：

吾子所論，排釋老不若著書。囂囂多言，徒相爲訾。若僕之見，則有異乎此也。夫所謂著書者，義止於辭耳。宣之於口，書之於簡，何擇焉？孟軻之書，非軻自著。軻既歿，其徒萬章公孫丑相與記軻所言已耳。僕自得聖人之道而誦之，排前二家有年矣。不知者以僕爲好辯也。然從而化者亦有矣。聞而疑者又有倍焉，頑然不入者，親以言諭之不入，則其觀吾書也，固將無得矣。化當世莫若口，傳來世莫若書，又懼吾力之未至也。三十而立，四十而不惑，吾於聖人，既過之，猶懼不及，矧今未至。請待五六十然後爲之，冀其少過也。吾子又譏吾與人人爲無實駮雜之說，此吾所以爲戲耳。

韓公之答如此，故謂其實未能大破籍書之所持也。

今有一事當先辨白者，唐摭言有云：韓公著毛穎傳，張水部以書勸之。然韓公此書，實當在貞元佐汴時，韓公年二十九，故曰，今猶未至聖人而立不惑之歲也。書末又曰：薄晚須到公府，言不能盡，此尤爲是時公正佐幕汴州之證。書首有云：愈始者望見吾子於人人之中，固有異焉，此亦顯爲兩人始相締交時語。張韓始相識，由孟東野作介，其時韓公正佐汴，有此日足可惜詩可證。柳子厚書毛穎傳後，謂自吾居夷，不與中州人通書。有來南者，時言韓愈爲毛穎傳。則韓公之爲毛穎傳，必當在永貞元年子厚貶謫以後，故爲子厚前所未見。其文當成於在元和時，乃無可疑者。至呂大防謂元和七年有石鼎聯句序毛穎傳，則亦失之。呂氏蓋以石鼎聯句在是年而牽及毛穎傳，不足據也。然摭言又何以造爲韓公著毛穎傳，張籍以書勸之云云乎？是蓋見張籍書有譏韓多尙駮雜無實之說，而不知其所指，故妄測以爲殆是毛穎傳之類耳。

今旣知唐摭言之說不可信，則試問張籍之所謂駮雜無實之說者固何指？試再按之籍書，有曰：

籍誠知之，以材識頑鈍，不敢竊居作者之位，所以咨於執事而爲之爾。若執事守章句之學，因循於時，置不朽之盛業，與夫不知言亦無以異矣。

是籍書之所謂駮雜無實之說者，其實卽指因循時俗爲章句雜篇，謂其與聖人六藝，與孟軻揚雄之著作不同耳。考之韓集，如感二鳥賦，河中府連理木頌，貓相乳，贈張童子序，送權秀才序，祭田横墓文之類，此皆成於韓張締交之前，此皆籍之所謂駮雜而無實者也。籍謂不敢自居於作者，而願韓公之爲之，謂韓公今之所作，則僅是循俗章句，駮雜無實，囂囂多言，無當於不朽之盛業也。

張籍書之內容，必如此解釋，乃可明白得當時人對韓公提倡古文懷疑之深處，若謂專指如毛穎傳等而言，則轉失於淺而求之矣。然韓公答書，則實不足以滿張籍之意，於是籍有遺公第二書，仍以爲有志古文，當任著書之事。故曰：莫若爲書。又曰：執事不以此時著書，而曰俟後，或有不及，曷可追乎？又曰：顏子不著書，以其從聖人之後。又曰：若孟軻，傳者猶以爲自論集其書，不云沒後其徒爲之。又曰：揚雄之徒，咸自作書。則籍書之意顯然，凡如韓公所作，短篇散文，皆籍之所謂章句之學，因循於時，是皆駮雜無實之說也。於是韓公又有重答張籍書，然亦仍無以大破籍之所持。是蓋韓公未滿三十時作品，其識力亦未有能自副其所抱負也。

韓公又有答崔立之書，亦在三試吏部不售之後，或當稍後於其答張籍，其書曰：

方今天下風俗，尚有未及於古者。邊境尚有被甲執兵者。主上不得怡，而宰相以爲憂。僕雖不賢，亦且潛究其得失，致之乎吾相，薦之乎吾君。上希卿大夫之位，下猶取一障而乘之。若都不可得，猶將耕於寬閒之野，釣於寂寞之濱，求國家之遺事，考賢人哲士之終始，作唐之一經，垂之於無窮，誅姦諛於既死，發潛德之幽光。二者將必有一可。

是韓公當時，亦自謂苟不能致身政治，有所建白，亦惟有退而著書，是仍是張籍意見，不過在韓公之意，將稍置以爲緩圖耳。而張籍之所譏以爲駁雜無實之說者，韓公亦僅曰：

此吾所以爲戲耳，比之酒色，不有間乎?吾子譏之，似同浴而譏裸裎。

此等語顯屬强辨。在張籍之意，固自承不敢當作者，而冀韓公之爲之。今韓公乃以同浴而譏裸裎爲答，故曰終不足以大折張籍之說也。然此僅爲韓公早年之說，逮其後，韓公學愈深，識愈高，所論乃遠與早年不同，請繼此申述之。

(四)

今且另提出一問題，即自韓公提倡古文以後，關於短篇散文在文學史上之地位，及短篇散文中體類分別之新演變之一問題是也。茲試先引柳宗元氏之說闡述之。子厚有其弟子直西漢文類序，謂：

以文觀之，則賦頌詩歌書奏詔策辯論之辭畢具。以語觀之，則右史記言尚書戰國策成敗興壞之說大備。

又曰：

殷周之前，其文簡而野。魏晉以降，則盪而靡。得其中者漢氏。漢氏之東則衰矣。當文帝時，始得賈生明儒術。武帝尤好焉。公孫宏董仲舒司馬遷相如之徒作，風雅益盛。敷施天下，自天子至公卿大夫士庶人咸通焉。於是宣於詔策，達於奏議，諷於辭賦，傳於歌謠，由高帝訖於哀平王莽之誅，四方之文章蓋爛然矣。

柳公此文，將古來子史兩部，如張籍氏之所謂著書者，剔除於文章之外，此與蕭統文選序大意相符，惟其衡文標準，自東漢以下，即不重視，此則與蕭氏大異者也。柳公此等意見，實乃自陳子昂李太白以來，唐人衡文一共同標準共同意見也。尋柳氏之所謂文，又分兩別，代人記言謂之語，己所造作謂之文，而文之體類，則又分賦頌詩歌書奏詔策辯論而爲五。然柳文此下所舉，則僅及辭賦歌謠詔策奏議四者，獨不及論辯，此亦有說。蓋論辯之文，在古人每以撰次成書，勒爲一家言，故於短篇散文中，論辯當不占重要地位，故柳氏不復稱引及之也。在柳氏之意，欲恢復古代之散文體，却不必定要摹倣古人之經史著作，此一說，已足以答復張籍及時人之所疑矣。

柳氏衡文之意，又見於其所爲楊評事文集後序，其言曰：

> 作於聖，故曰經。述於才，故曰文。文有二道，辭令褒貶，本乎著述者也。導揚諷諭，本乎比興者也。著述者流，蓋出於書之謨訓，易之象系，春秋之筆削，其要在於高壯廣厚，詞正而理備，謂宜藏於簡冊也。比興者流，蓋出於虞夏之詠歌，殷周之風雅，其要在於麗則清暢，言暢而意美，謂宜流於謠誦也。茲二者，考其旨義，乖離不合，故秉筆之士，恒偏勝獨得，而罕有兼者焉。厥有能而專美，命之曰藝成，雖古文雅之盛世，不能並肩而生。唐興以來，稱是選而不作者，梓潼陳拾遺。其後燕文貞以著述之餘攻比興而莫能極。張曲江以比興之隟窮著述而不克備。其餘各探一隅，相與背馳於道者，其去彌遠。文之難兼，斯亦甚矣。

柳氏此文，又分文爲兩大類。一本乎著述，宜藏簡冊。一本乎比興，宜流謠誦。合之引前西漢文類序，則賦頌詩歌，卽本乎比興，而書奏論辯，則本乎著述。由此言之，散文短篇，亦原本古人著書而來，其體若有變，其用實相類。循此而言，似乎益可以解張籍氏之惑，而免於以古文爲駮雜無實之說之誚矣。惟柳氏又備舉楊評事之文，謂：

其爲鄂州新城頌，諸葛武侯傳論，餞送梓潼陳衆甫，汝南周愿，河東裴泰，武都符義府，太山羊士諤，隴西李鍊，凡六序。廬山禪居記，辭李常侍啓，遠遊賦，七夕賦，皆人文之選，用是陪陳君之後，其可謂具體者歟。

其所列，如贈序雜記之類，既非論辯，亦非書奏，此皆唐代新興之文體，正是張籍之所譏以爲駮雜而無實者也，而柳氏顧謂其以陪陳君之後，可謂具體者，是柳氏之意，卽此諸新體，亦可謂其兼比興與著述也。柳氏又謂楊君晚節，徧悟文體，尤邃叙述。又謂宗元以通家脩好，幼獲省謁。則柳公固深契於楊氏之爲文，而非泛泛爲誦揚之辭，尤其所謂徧悟文體一語，是蓋涵有引而未發之深義。亦可謂體各有當，不必定爲專書之著述，亦不必定爲論辯與書奏，乃有當於古人爲文之旨義也。

柳氏衡文意見之遠異於張籍，尤可於其讀韓愈所著毛穎傳後題一文見之。其文曰：

自吾居夷，不與中州人通書，有來南者，時言韓愈爲毛穎傳，大笑以爲怪，而吾久不克見。楊子誨之來，始持其書。索而讀之，信韓子之怪於文也。世之模擬竄竊，取青妃白，肥皮厚肉，柔筋脆骨以爲辭者，其大笑固宜。且世人笑之，不以其俳乎?而俳又非聖人之所棄者。詩曰：善戲謔兮，不爲虐兮。太史公書有滑稽列傳，皆取乎有益於世者也。學者終日討說答問，呻吟習復，應對進退，掬溜播灑，則罷憊而廢亂，故有息焉游焉之說。有所拘者有所縱。大羹玄酒，體節之薦，味之至者。而文王之昌蒲葅，屈到之芰，曾晳之羊棗，然後盡天下之奇味以足於口。獨文異乎？韓子之爲，亦弛焉而不爲虐，息焉游焉而有所縱，盡六藝之奇味以足其口。且凡古今是非，六藝百家，大細穿穴，用而不遺，毛穎之功也。韓子奮而爲之傳，以發其鬱積，學者得之，勵其有益於世。是其言，固與異世者語，而貪常嗜瑣者，呫呫然動其喙，亦勞甚矣。

讀子厚此文，知韓公毛穎傳，在當時固極遭誹笑。卽以後舊唐書韓公傳，尙謂其爲毛穎傳，譏戲不近人情，此文章之甚紕繆者。而子厚則賞其能獨創不因襲，怪奇有異致，亦謂其有所比興，於世非無益。並謂文辭之爲功，有宣導，有縱弛，不當專以整襟陳義爲主，此子厚本文大旨，亦其所謂徧悟文體之一例也。茲以今語釋之，子厚乃站在文學本身立塲上發議，抑且站在韓柳二公在當時欲價提倡之新文學見解上立論，故既與如張籍之專重著書以衞道之一觀念有別，亦與同時乃及身後一輩人對文學之評所相異也。

然則推柳氏之意，文之爲體，固可不盡於詔策奏議辭賦歌謠以及夫論辯之類，而當別有所新創，要之求其能不失於褒貶之與諷諭，而能兼夫著述與比興二者之美，庶可以窮極六藝之所蘊，而不限於古人之成格，讀者試會合籀誦上引柳氏諸篇，亦可畧窺其立論旨義之所在矣。此乃柳氏對於其所提倡之古文所特持之評價意見，而韓公早年所論，則殊未足以及此也。

（五）

韓公之答張籍，謂：所謂著書者，義止於辭耳，宣之於口，書之於簡，何擇焉？又謂吾與人爲無實駮雜之說，此吾所以爲戲耳。此書作於韓公之早年，若循是言之，豈非倡爲古文，乃無義趣可言。逮後韓公持論便不同。其答劉正夫書：曰：爲文宜師古人。又曰：師其意，不師其辭。又曰：

夫百物朝夕所見，人皆不注視也。及覩其異者，則共觀而言之。夫文豈異於是乎？漢朝人莫不能爲文，獨司馬相如太史公劉向揚雄爲之最。然則用功深者，其收名也遠。若皆與世沈浮，不自樹立，雖不爲當時所怪，亦必無後世之傳也。足下家中百物，皆賴而用也，然其所珍愛者，必非常物。夫君子之於文，豈異於是乎？

又曰：

聖人之道，不用文則已，用則必尚其能者。能者非他，能自樹立，不因循者是也。

至是，韓公始於文學立場，自抒偉見，謂文學最貴能創造，否則卽不足以傳後也。

韓公論文大義，又見於其南陽樊紹述墓誌銘，曰：

多矣哉，古未嘗有也！然而必出於己，不襲蹈前人一言一句，又何其難也！必出入仁義，其富若生蓄，萬物必具，海涵地負，放恣橫縱，無所統紀，然而不煩於繩削而自合也。

古人著書，一幹而萬條，今創爲短篇散文，乃變爲萬枝而一本。於何本？曰：本乎仁義。然而放恣縱橫，若無所統紀。若天地之生物，海涵地負，無所不有。其同於聖人者在其道，其所以異乎聖人者則在乎辭。縱使聖人復出，若其有用於文，重事著作，亦必尚其異，尚其非常，不再蹈襲前人之成格。不蹈襲於前人，而自合於前人，此所謂不煩繩削而自合也。故曰：

惟古於詞必己出，降而不能乃剽賊，後皆指前公相襲，從漢迄今用一律。寥寥久哉莫覺屬，神徂聖伏道絕塞。旣極乃通發紹述，文從字順各識職，有欲求之此其蠲。

然後人不明韓公爲文必出入仁義，海涵地負，無所統紀之深旨，乃僅於一字一句間求之，於是學韓者，乃競尚於怪奇，則豈古聖賢之著作，孔孟之道，亦僅止於造爲字句之怪奇而已乎！李肇國史補謂：元和之後，文筆則學奇於韓愈，學澀於樊宗師。蘇軾亦謂：學韓而不至，爲皇甫湜，學皇甫湜而不至，爲孫樵。自樵以降，無足觀矣。是皆不窺韓公爲文之本原，與夫韓公論文之深旨者也。

秦觀有云：

探道德之理，述性命之情，發天人之奧，明死生之變，此論理之文，如列禦寇莊周之所作是也。別黑白陰陽，要其歸宿，決其嫌疑，此論事之文，如蘇秦張儀之所作是也。考同異，次舊聞，不虛美，不隱惡，人以爲實錄，此叙事之文，如司馬遷班固之所作是也。原本山川，極命草木，比物屬事，駭耳目，變心意，此託詞之文，如屈原宋玉之所作是也。鈎莊列之微，挾蘇張之辯，摭遷固之實，獵屈宋之英，本之以詩書，折之以孔氏，此成體之文，如韓愈之所作是也。蓋前之作者多矣，而莫有備於愈。後之作者亦多矣，而無以加於愈。故曰：總而論之，未有如韓愈者也。

秦氏此說，當引與樊紹述銘合看，庶可以深明乎韓公爲文之工力與其宗趣矣。

韓公亦嘗自言之，其答侯繼書有云：

僕少好學問，自五經之外，百氏之書，未有聞而不求，得而不觀者。然其所志，惟在其意義所歸。

此書在貞元十一年，是時猶未離京東下，是亦公早年作品也。是謂其博觀約取，惟在書中之意義，即所謂好古之文，乃好古之道也。然旣是好古之道，則何乃囂囂多言，爲駁雜無實之說，以取歡於人而已乎，此張籍之所疑也。

及韓公爲進學解，則在元和時，比觀所言，大異乎昔，斯可以知韓公進學之所造詣矣。其言曰：

先生口不絕吟於六藝之文，手不停披於百家之編。記事者必提其要，纂言者必鉤其玄，貪多務得，細大不捐。

又曰：

觝排異端，攘斥佛老，補苴罅漏，張皇幽眇。尋墜緒之茫茫，獨旁搜而遠紹。障百川而東之，迴狂瀾於既倒。

又曰：

沈浸醲郁，含英咀華。作爲文章，其書滿家。上規姚姒，渾渾無涯。周誥殷盤，佶屈聱牙。春秋謹嚴，左氏浮誇。易奇而法，詩正而葩。下逮莊騷，太史所錄，子雲相如，同工異曲。

上引第一節，自述其所用力，乃學問從入之途也。第二節，自述其所見道，與所以明道而衛道者，乃學問到達之境，與夫其抱負之實也。第三節，自述其所爲文，乃由求道而得，亦由明道而作。文本於道，與道相一貫，而沈浸醲郁，含英咀華八字，尤見其積於中而發於外，因於蓄道德而後能文章，其意最爲深到，乃爲韓公學成後議論，故曰：

先生之於文，可謂閎其中而肆其外矣。

當知閎中是本，肆外則僅其發而見於外者。此一義，韓公乃不憚屢言之。其答尉遲生書，亦曰：

夫所謂文者，必有諸其中。是故君子愼其實。實之美惡，其發也不揜。本深而末茂，形大而聲宏。行峻而言厲，心醇而氣和。昭晢者無疑，優游者有餘。體不備，不可以爲成人。辭不足，不可以爲成文。

由是言之，則志道修身，乃爲文立言之基本。世人常言韓公主文以載道，其實韓公之意，乃謂必得道而後始能文也。

此其義，韓公又暢發之於其答李翊書。其言曰：

將蘄至於古之立言者，則無望其速成，無誘於勢利。養其根而俟其實，加其膏其希其光。根之茂者其實遂，膏之沃者其光曄。仁義之人，其言藹如也。

又曰：

雖然，不可以不養也。行之乎仁義之途，游之乎詩書之源。無迷其途，無絕其源，終吾身而已矣。氣，水也。言，浮物也。水大，而物之浮者大小畢浮。氣之與言猶是也。氣盛，則言之短長與聲之高下者皆宜。

此一節，從來論文者每以與魏文帝典論論文，相提竝論，謂文以氣爲主，曹韓同此意見，不知魏文典論僅指文章之氣，故曰氣體不可强爲。此猶後人之言爲文，有陽剛與陰柔之別也。而韓公此文，則指作者平日之所養，內心之所蓄。此二者可以相同而絕不同。或又疑韓公此文學莊子，此亦僅自文字外貌求之耳。其實韓公此文明本孟子養氣章。孟子曰：我知言，我善養吾浩然之氣。又曰：其爲氣也，至大至剛以直，養而無害，則塞於天地之間。其爲氣也，配義與道。無是，餒也。又曰：詖辭知其所蔽，淫辭知其所陷，邪辭知其所離，遁辭知其所窮。韓公亦言之，曰：

然後識古書之正僞，與雖正而不至焉者，昭昭然白黑分矣。

此言正僞，正指道義，此即孟子之知言工夫也。無迷其途，無絕其源，終吾身而已，此即孟子之養氣工夫也。故又曰：

> 君子處心有道，行己有方，用則施諸人，舍則傳諸其徒，垂諸文而爲後世法。

韓公之論文至此，然後文本於道，文道一貫之意乃顯，是乃溥博淵泉，不擇地而出。所謂垂諸文者，正是一種現身說法，更不須如張籍所規，必效法孟軻楊雄，特爲一書，始爲垂諸文，而無實駁雜之譏，亦可不辯自破。蓋此皆學有本源，根茂實遂，即文中不言仁義，而自見爲仁義之言。即文中不論經術，而自是從經術所發。故探討韓公倡爲古文之意見，必至是乃可謂窺其閫奧，而得其淵旨也。

柳子厚亦與韓公持相似之意見，其答韋中立論師道書有謂：

> 始吾幼少，其爲文章，以辭爲工。及長，乃知文者以明道，固不苟爲炳炳烺烺，務采色，夸聲音，而以爲能也。故吾每爲文章，未嘗敢以輕心掉之，懼其剽而不留也。未嘗敢以怠心易之，懼其弛而不嚴也。未嘗敢以昏氣出之，懼其昧沒而雜也。未嘗敢以矜氣作之，懼其偃蹇而驕也。抑之欲其奧，揚之欲其明，疏之欲其通，廉之欲其節，激而發之欲其清，固而存之欲其重，此吾所以羽翼夫道也。本之書以求其質，本之詩以求其恒，本之禮以求其宜，本之春秋以求其斷，本之易以求其動，此吾所以取道之原也。參之穀梁氏以厲其氣，參之孟荀以暢其支，參之莊老以肆其端，參之國語以博其趣，參之離騷以致其幽，參之太史以著其潔，此吾所以旁推交通而以爲之文也。

柳子所言，較之韓公，深淺有異，醕駁有辨矣，要之其主文本於道，文道一貫，則大意無殊。然而所謂文本於道，文道一貫者，此乃即文而見道，非爲文以明道也。爲文明道，乃後人文以載道之說，仍是道與文爲二，而即文見道，則道之自寓於文，乃道與文之爲一。故雖如韓公之爲毛穎傳，亦非無道而爲之，亦可由此而見道矣。

道寓於文之義，韓公又深見之於其送高閑上人序。其言曰：

> 苟可以寓其巧智，使機應於心，不挫於氣，則神完而守固。雖外物至，不膠於心。堯舜禹湯治天下，養叔治射，庖丁治牛，師曠治音聲，扁鵲治病，僚之於丸，秋之於弈，伯倫之於酒，樂之終身不厭，奚暇外慕？夫外慕徙業者，皆不造其堂，不嚌其胾者也。往時張旭善草書，不治他伎，喜怒窘窮，憂悲愉佚，怨恨思慕，酣醉無聊不平，有動於心，必於草書焉發之。觀於物，見山水崖谷，鳥獸蟲魚，草木之花實，日月列星，風雨水火，雷霆霹靂，歌舞戰鬬，天地事物之變，可喜可愕，一寓於書。故旭之書，變動猶鬼神，不可端倪，以此終其身而名後世。今閑之於草書，有旭之心哉？不得其心而逐其迹，未見其能旭也。爲旭有道，利害必明，無遺錙銖，情變於中，利欲鬬進，有得有喪，勃然不釋，然後一決於書，而後旭可幾也。今閑師浮屠氏，一死生，解外膠，是其爲心，必泊然無所起，其於世，必淡然無所嗜，泊與淡相遭，頹墮委靡，潰敗不可收拾，則其於書，得無象之然乎？然吾聞浮屠人善幻，多技能，閑如通其術，則吾不能知矣。

此文列舉堯舜治天下，迄於張旭之治草書，而獨不及文章，然文章自非例外可知。韓公此文所提出之問題，乃向來所辨道與技之問題也。以今語說之，亦可謂是道德與藝術之問題。藝術必表現一內心，內心之所得者是其德，發之於技是其藝。寓其所得於其所發，大者爲道，小者爲術。治天下猶且然，況於爲文章？姚鼐謂韓公此言，本所自得於文事，此言是也。而韓公之所以深斥於佛老者，亦由是而可見。推韓公之意，謂天地間一切道，一切藝，皆由人心生。人心得所養；而外有以合乎天，然後天人相應，而道彰焉，藝美焉。今苟一切遣去其內心，解之釋之，泊然淡然，而幾於頹墮委靡，而轉謂其乃一任乎天，是荀卿之譏莊周，所謂知有天不知有人也。然苟情炎於中，利欲鬭進，有得有喪，勃然不釋，此等心境，張旭以之治草書則可，固不可移之堯舜禹湯治天下。此則道與技之別也。而韓公則固以堯舜禹湯文武周公孔孟之道以治其文者，故曰：行之乎仁義之途，游之乎詩書之源。大本旣立，內有所感，外有所觸，乃一於文焉發之。曾國藩評此文謂：機應於心，熟極之候也，莊子養生主之說也。不挫於氣，自慊之候也，孟子養氣章之說也。又曰：韓公之於文，技也，進乎道矣。曾氏此評，尤爲得之。韓公友李翺習之嘗謂：人號文章爲一藝者，乃時世所好之文，或有盛名於近代者是也。其能到古人者，則仁義之辭也，惡得以一藝名之？此言更可謂深得韓公論文之深旨。後之學韓者，不得其心而逐其迹，則爲皇甫湜孫樵之歸，所謂象之而已者也。或以莊子宋元君畫史解衣槃礴贏之故事說此篇，亦未是。郭象云：內足者神閑而意定。夫內足亦非遺去此心，使之空無所存也。韓公之所內足自慊，則曰仁義之途，詩書之源，此又不可不辨也。

（六）

陳后山評韓公詩，謂詩文各有體，韓以文爲詩，杜以詩爲文，故不工爾。竊謂后山此評，亦未全是。謂詩文各有體，是也。謂韓公以文爲詩，亦是。而因謂韓詩不工，則私人之好惡，歷代好韓詩者，必不以爲然。顧韓公之有大貢獻於中國文學史者，實在文不在詩。而韓公之以詩爲文，向來亦無人道及。此我上文所謂散文短篇體類之新演變也，試再稍申說之。

竊謂韓公不僅以文爲詩，實亦以散文之氣體筆法爲辭賦。試誦韓集諸賦，及其哀辭祭文，乃至碑誌之銘文，及其他頌贊箴銘之類，凡其文體當歸入辭賦類者，韓公爲之，不論用韻不用韻，實皆運用散文之筆法氣體以成篇，而使其面貌一新，迥不猶人，此皆韓公之創格也，而固不能謂之不工。而韓文之神奇變化，開此下散文無窮法門，而能使短篇散文達於海涵地負，放恣橫縱之境界者，尤要則在其書牘與贈序之兩體。

古人散文，除經史百家著爲專書者不論，自餘則爲奏策詔令，此皆原於尙書，當屬政治文件，雖亦於文有工有不工，然題材既先有限制，則不得謂之是純文學。唐人似多於此猶有不辨者。故舊唐書元稹白居易傳史臣曰：

國初開文館，高宗禮茂才，虞許擅價於前，蘇李馳聲於後。或位昇台鼎，學際天人，潤色之文，咸布編集。然而向古者傷於太僻，徇華者或至不經。齷齪者局於工商，放縱者流於鄭衞。若品調律度，揚搉古今，賢不肖皆賞其文，未如元白之盛也。昔建安才子，始定霸於曹劉，永明辭宗，先讓功於沈謝。元和主盟，微之樂天而已。臣觀元之制策，白之奏議，極文章之壼奧，盡治亂之根荄。

贊曰：文章新體，建安永明。沈謝既往，元白挺生。

此一意見，乃承散文舊傳統，以奏議制策之類爲朝廷大述作，西漢賈董匡劉，即以此爲文章宗師，唐史臣之極推元白，着眼亦在此。而韓公之倡爲古文，則其意想中獨有新裁別出，固有非時人所能共曉者。

其次如論辨序跋。此類文字，如作論辨，則不如著專書，如爲序跋，亦僅堪爲原書當附庸，斷不能就此發揚出短篇散文之最高價值。並其體皆限於學術性，亦不能成爲純文學也。

又其次如碑誌傳狀。傳狀之類，既有官史，今以私家短篇散文爲之，亦斷不能有甚高價值。故韓柳二集，所作傳狀，僅有圬者王承福，種樹郭橐駝，以及宋清，童區寄，梓人，李赤，甚及毛穎傳與蝜蝂傳，可知二公之爲此，情存比興，乃以游戲出之，名雖傳狀，實屬新體。此等題材，若承舊貫，當爲一詩，非眞承襲自史傳也。此則已是二公別創新格，運詩爲文之一證矣。

碑誌自東漢蔡邕以下，實成爲一種社會性的應酬文字。故邕之自白，生平爲碑文，無慙筆者，僅郭林宗一碑，此其拘碍於對方請求人之情面者可知。韓公承其家業，亦以能碑文招徠四方之邀乞，當時有劉乂攫取諛墓金之說。此時人亦認韓公碑文爲是一種世俗應酬文字可知也。且碑誌旣縛於題材，礙於情面，又限於文體，蓋碑文當勒之金石，體尙謹嚴，文須韻藻，並不與其他散文同其淵源，亦復與史傳性質有別。而韓公之爲之，乃刻意以散文法融鑄入金石文而獨創一體。其骨格則是龍門之史筆，其翰藻則是茂陵之辭賦。設例取勢，因人爲變。創格造局，錘句鍊響，極行文之能事。可謂前無古人，後無來者。然終以限於體制，以此顯韓公之聖於文而無施不可則可，然若繩以純文學之境界與標準，則終爲有憾。由此而言，正見韓公當時倡爲古文，其實仍是隨順世俗，因變爲新。並不拘拘於必復古之爲尙矣。若必拘拘於復古是尙，則東漢以前，並無碑誌一體。韓公平日所舉，古之豪傑之士，方在早年時，則曰若屈原孟軻司馬遷相如揚雄之徒，其後學養漸深，乃又改稱曰：漢之能爲文者，獨司馬相如太史公劉向揚雄爲之最。試問凡此諸人，無論其爲孟軻屈原，或如兩司馬以下，幾曾有墓誌與碑銘之作乎？故知韓公心中，所謂好古之文者，實自有其一種開新之深見，決非漫曰好古，僅務依倣而已也。此又韓公創意以散文法融鑄入金石文，亦猶其創意以散文爲辭賦之例也。

除上述諸體外，尙有書牘。戰國先秦縱橫游說之辭此不論。厥後以書牘傳者，實寥寥可數。西漢如司馬子長報任少卿，楊惲報孫會宗，劉歆移書讓太常博士之類，皆一時特有所感觸，披暢積蘊，一書必有一書之特殊內容，在作者當時，必感有所不容已於言者，是亦題材先定矣。尤如劉書，討論學術，兼可作政治文件看，此當別論。是西漢一代，惟馬楊兩書，因事抒情，始可謂是文學絕唱。而楊書特模倣其外祖太史公之所爲，故以書牘運入文學，在漢時特太史公始創之，而史公生平亦僅有此一篇，此亦所謂發憤而作，妙手偶得也。故就文學史演進大勢言，如相傳李陵報蘇武書，不僅其文辭可疑，即論其時代，正與太史公報任少卿書略相先後，亦不應同時並現兩奇蹟，有如是之巧合也。

至於有意運用書牘爲文學題材，其事當起於建安，而以魏文帝陳思王兄弟爲之最。此等書札，所以異於前人者，緣其本無內容，並非有一番不容已之言，而特游戲出之，籍以陶寫其心靈。古人云：嗟嘆之不足則詠歌之，此等書札，則辭多嗟嘆，情等詠歌，本亦宜於作爲一詩，今特變其體爲一封書札耳。故此等書札，乃始有當於純文學之條件，而後來嗣響，仍少佳構，必待韓公出，而後書牘一體始成爲短篇散文中極精妙之作品。寫情說理，辨事論學，宏纖俱納，歌哭兼存，而後人生之百端萬狀，怪奇尋常，盡可容入一短札中，而以隨意抒寫之筆調表出之。無論其題目之大小，內容之深淺，正因其乃一書牘之體，而更易使人於輕鬆而親切之心情下接受領會，此實爲韓公創新散文體之一絕大貢獻也。而後之來者，對此一體，亦終少稱心愜意之佳構，足以追隨韓公者。蓋碑誌之難，人所易知，書牘之難，人所難曉。此兩體，一必求其典雅，一必求其自然，又皆不脫應酬人情，世俗常套，故極難超拔，化臭腐爲神奇，自非有深造於文學之極詣者，實不易爲也。

書牘之外，厥爲贈序，此一體創始於唐人。相傳五言詩起於蘇李贈答，此固不足信，然贈答要爲此下詩中最廣使用之一體。故昭明選詩，亦獨以贈答一類爲多。其他如公讌，如祖餞，皆與贈別相近。可證此類本屬詩題，故皆以吟詠出之也。及於唐人，臨別宴集，篇什既多，乃有特爲之作序者，亦有不爲詩而徑以序文代者。今傳李太白文集共五卷，而序文獨占兩卷，實皆贈答詩之變相也。如其暮春江夏送張祖監丞之東都序，乃曰：詩可贈遠，無乃闕乎？秋於敬亭送從姪耑遊廬山序，曰：情以送遠，詩能闕乎？冬夜於隨州紫陽先生飡霞樓送烟子元演隱仙城山序，曰：詩以寵別，賦而贈之。此等皆明以序代詩爲送別也。夏日陪司馬武公與羣賢宴姑熟亭序，曰：千載一時，言詩紀志，此又以序代詩紀公讌也。又如金陵與諸賢送權十一序，曰：羣子賦詩，以出餞酒，仙翁李白辭。此特羣子爲詩而己爲之辭，仍不以其辭爲所以序羣子之詩也。又江夏送倩公歸漢東序，曰：作小詩絕句以寫別意，辭曰：××（此處原缺二字。）漢東國，川藏明月輝，寧知喪亂後，更有一珠歸。是太白此篇，實仍是賦詩贈別，所以謂之序者，詩經三百首，本各有序，婢作夫人，乃徑以序名篇也。又如春夜宴從弟桃花園序，曰：不有佳詠，何伸雅懷，如詩不成，罰依金谷酒數。是席間各約賦詩，而特以序引端也。又如秋日於太原南柵餞陽曲王贊公賈少公石艾尹少公應舉赴上都序，曰：請各探韻，賦詩寵行，此亦與夜宴桃花園序同例，乃以序作前引，隨各賦詩也。太白集所收序文兩卷，惟澤畔吟序一篇，獨爲序跋之序，而亦特以序詩，與序著述專籍者異。此爲唐人贈序新體，其原起乃由詩轉來之明證。太白自負文可以變風俗，如此類，變詩爲文，亦其例乎？

然太白所爲諸序，尋其氣體所歸，仍不脫辭賦之類，其事必至韓公，乃始純以散文筆法爲之。此又韓公一創格也。韓公於李集必甚注意，事無可疑者，是韓公此一創格，尋其淵源，可謂自李集而來也。

蘇東坡嘗謂：

歐陽公言，晉無文章，惟陶淵明歸去來詞而已。余謂唐無文章，惟韓退之送李愿歸盤谷序而已。生平欲效此作，每執筆輒罷，因自笑曰：不若且放教退之獨步。

今按：韓公送李愿歸盤谷序，竟體用偶儷之辭，其實尚是取徑於辭賦，東坡以之擬陶淵明歸去來辭，是也。惟文中遇筋節脈絡處，則全用散文筆法起落轉接，此爲韓公有意運用散文氣體改換古人辭賦舊格之證。此所謂李光弼入郭子儀軍，壁壘猶舊，旌旗全新也。而篇末與之酒而爲之歌，此顯由太白江夏送倩公歸漢東序之體制脫胎而來。更可證韓公所爲贈序新體之淵源所自矣。

又其送楊少尹序，昔人評其文反覆詠歎，言婉思深，此明是一種詩的境界。韓公又曰：楊侯之去，丞相有愛而惜之者，爲歌詩以勸之，京師之長於詩者，亦屬而和之。是他人以詩贈別，韓公乃以序代詩，此亦即太白暮春江夏送張祖監丞之東都序之類也。又如送湖南李正字序，重李生之還者皆爲詩，愈最故，故又爲序云。今按：公亦爲詩送行，是序者，即序其當時之送行詩集也。其他如送石處士序，送温處士赴河陽軍序，送鄭十校理序，諸篇皆是。此則太白金陵與諸賢送權十一序之類也。惟太白集尚自稱其序爲辭，辭體固猶與詩近，而韓公則徑以散文筆法爲之，故遂正式成爲送行詩集之序文，於是遂正式爲散文中一新體耳。

又如上已日燕太學聽彈琴詩序，即太白夏日陪司馬武公與羣賢宴姑熟亭序之類也。贈別有詩，公讌亦有詩，至於唐，皆變而有序，此等序，其實皆詩之變體也。惟韓公深於文，明於體類，故能以詩之神理韻味化入散文中，遂成爲曠古絕妙之至文焉。劉大櫆評韓公送董邵南序，曰：此篇及送王含序，深微屈曲，讀之覺高情遠韻，可望不可及。張裕釗曰：寄興無端，如此乃可謂之妙遠不測。曾國藩評韓公送王秀才含序，曰：淡折夷猶，風神絕遠。其他諸家，尚多以評詩語評韓公贈序諸篇，皆可謂妙得神理。惜乎乃無一人焉能明白言之曰：是乃韓公之以詩爲文耳。

章實齋文史通義有云：學者惟拘聲韻之爲詩，而不知言情達志，敷陳諷諭，抑揚涵泳之文，皆本於詩教，其言是矣，然亦未能明論唐宋諸家之以詩爲文也。余此所論，苟深明於文章之體類流變者，當不斥爲妄言也。

故韓集贈序一體，其中佳構，實皆無韻之詩也。今人慕求爲詩體之解放，欲創爲散文詩，其實韓公先已爲之，其集中贈序一類，皆可謂之是散文詩，由其皆從詩之解放中來，而仍不失詩之神理韻味也。後人學韓者，惟歐陽永叔最得韓公此體文之神髓。歐公之詩，若微嫌於坦直緩散。而歐公之文，尤其贈序一體，其境界絕高者，則皆可謂是一種絕妙之散文詩也。

其他可論者，尚有雜記與雜說。雜記一體，於韓集頗不多見，然細論之，此當分爲兩類，一曰碑記，如汴州東西水門記，鄆州谿堂詩之類是也。此等實皆金石文字，應與碑誌相次。其另一類乃爲雜記，如畫記是也。

蘇東坡謂：世有妄庸者，作歐陽永叔語云：吾不能爲退之畫記，此大妄也。

方苞則曰：

周人以下，無此種格力，歐公自謂不能爲，所謂曉其深處。而東坡以所傳爲妄，於此見知言之難。

張裕釗亦謂：

畫記可追考工。

竊謂韓公於古文，必期能海涵地負，無所不蓄。六經百家，皆歸鎔鑄。如畫記此文，最爲題材所限，本最不宜入文，而韓公故以入文，歐陽永叔於韓集，用力最深，體悟最精，尤於其碑誌贈序諸體，皆能會其淵微，得其神似。故獨於畫記特出，自審力不能及也。東坡爲文，多仗才氣，蓋短篇散文至於東坡之手，而得大解放，恣意所至，筆亦隨之，自謂如水銀瀉地，無乎不達，然已失郤韓公以詩爲文之精意。似東坡於柳氏所謂徧悟文體之說，不加體會，故謂獨不能爲送李愿歸盤谷序，其實衡以韓文神理坡集，於碑誌贈序諸體，所不能造其淵微者多矣。則宜乎其以永叔此語爲妄傳也。

韓集雜記諸文，尚有介乎碑記與雜記之間者，如燕喜亭記，新修滕王閣記諸篇是也。此諸篇雖亦上石之文，乃全以散文筆法出之，此等文字易於模倣，遂亦爲後代開出無窮法門。宋人記亭閣，記齋居，皆摩空寄興，不爲題材所限，尚有運詩入文之遺意，而宋人亦不自知也。後之論詩者，率分唐詩宋詩而爲二，今亦可謂韓公贈序諸篇，皆是唐詩神韻，至於其雜記，如燕喜亭滕王閣之類，則已開宋詩境界矣。然此亦非深於文章神理者不能辨也。

柳集獨於雜記一體頗致力，凡得四卷三十六篇，夥頤多矣。大體論之，皆當歸入碑記之類。尤其山水記遊諸篇，卓絕古今，評者皆謂其導源於酈道元之水經注。竊謂韓柳同時，同倡爲古文，聲氣相通，二公之於運詩入文之微意，蓋有默契於心，不言而相喻者。柳公固精於詩，若是沿襲舊轍，則當爲謝康樂，而柳公顧變體爲散文，於是遂別開新面。然若不如是，則短篇散文，僅沿舊轍，仍是論辯奏議之類，亦決不能深入純文學之閫奧也。後人必分詩文爲兩途，而隔絕視之，故漫不得子厚記遊諸篇之深趣耳。

雜記之外，復有雜說，此於韓集亦不多見，而柳集乃頗盛。所謂說者，漢志九流十家有小說家者流，其書雖不傳，然諸子之書尚多有之，尤以莊子書爲然。亦可謂莊周寓言，皆小說也。若割截莊書，分章分節而觀，則內篇七篇，上起北溟之鯤化而爲鵬，下迄儵忽之鑿混沌七竅，幾乎十九皆小說耳。外雜篇中遇精采者，亦皆小說也。又如策士縱橫游說，見於戰國策者，其文亦多以小說雜厠之。惟此等皆鎔入長篇，不獨立爲文，因此後世遂不見此體，而往往轉化入詩中。蓋中國詩人，自魏晉以下，殆無不沈浸於道家言，尤怡情於莊列。列子僞書，當出於晉，其書亦多小說。詩人之比興，正似小說家之寓言。可知運文入詩，其來久矣。韓公狡獪爲文，又一轉手運詩入文，遂若蹊徑獨闢。今試以韓集雜說龍嘘氣成雲，世有伯樂然後有千里馬兩章，以韻語轉譯之，豈不即成爲太白古風之類乎？故李光地評韓公龍雲篇，亦謂此篇取類至深，寄托至廣，是仍以評詩語評文也。其他如獲麟解，解亦猶之說也，此等皆當屬雜說，姚鼐古文辭類纂以之歸入論說類，實爲失倫。試參之柳集，而再定其歸類之所宜。

柳集有鶻說，有捕蛇者說，有謫龍說，有羆說，有觀八駿圖說，皆雜說之體也。又有三戒，曰臨江之麋，黔之驢，永某氏之鼠。此則顯然介乎雜記與雜說之間矣。其實如韓公之圬者王承福傳，柳公之種樹者郭槖駝傳之類，亦皆小說雜記也。而姚氏古文辭類纂以之歸入傳狀，又失其倫類矣。柳集又有乞巧文，罵尸蟲文，宥蝮蛇文，憎王孫文，逐畢方文，辯伏神文，愬螭文，哀溺文等，總題曰騷，此等就其文辭言，固屬騷體，就其內容言，則亦雜記雜說之類也。柳集以對卷十四，問答卷十五，說卷十六，傳卷十七，騷卷十八，弔贊箴戒卷十九，銘雜題卷二十，相聯編之，最有深義，蓋此等皆雜記雜說也。是非精辨於文章體類之源流變化者不易曉。蓋柳集編次，出於其友劉禹錫，今傳柳集，雖非禹錫手編之舊，然大體尙依稀可見。劉禹錫與呂温二人論文語，皆有極超卓者。想當時與柳公友朋討論有素矣。獨惜李漢之編韓集，乃全不識文章體類，其曰雜著，又有雜文，驅龍蛇而雜之於菹澤之中，最爲無當。今若以柳集分類細闡之，當知雜記雜說，其體皆近小說，亦與辭賦相通。莊屈同條共貫，惟莊爲散文，屈爲辭賦，其外貌雖別，其內情則通。韓非解老喩老，內外儲說說林諸篇，更近散文體製。然其爲接近道家言，則彰著無疑，故其文亦多釆小說。亦與後代雜記雜說之類相似。則此類文不當與論辨相混，亦復與碑記有別，又斷可識矣。

而今人之論韓文者，乃謂韓公古文，特受當時傳奇小說家之影響，則可謂更不瞭於古今文章流變之深趣矣。

今再總括上文而撮述其大意。在韓柳以前，中國文學著述，可分兩大類。一曰散文，以勒爲專書著述者爲主，經史子三部皆是也。其有短篇散作，不爲著述專書而有，則別有其應用之途。其最著者爲詔令與奏議，是爲應用於政治方面者。又爲論辨與序跋，則爲應用於學術方面者。而人情之重視詔令與奏議也則尤甚。復有在社會上普遍流行之應酬文字，則爲碑記碑誌與書牘。其實此等皆爲通俗應用文，而其使用乃愈下愈盛，其勢汗漫不可止。蓋專家著述，自東漢以下而漸衰，而此諸體乃與之爲代興也。至於詔令奏議，則亘歷古今，獨成爲舉世重視之大文章，此一類也。又其一曰韻文，三百首之下有騷體楚辭，演爲漢賦，此一支也。自東漢末季，五言詩興，又爲別一支。此二支者，乃獨被目爲文學焉。魏晉以降，文風既煽，昭明文選，堪爲代表。於是循至專書著述，以及短篇散文，亦皆采駢儷辭賦之體，此唐以前文章之大體演變也。迄於唐人，有意復古，詔令奏議，求能擺脫駢儷，重模典雅，此事自周隋以來已啓其端，然亦終未能饜愜人心，而有以大變乎東漢以下之所爲也。自陳子昂李太白杜子美諸賢之興，而詩體一變，自韓柳之興而文體亦一變。此二者，皆主復古。詩之復古，在求有興寄，勿徒尚麗采。文之復古，則主以明道，而毋徒修辭句，此其要領也。

然韓柳之倡復古文，其實則與眞古文復異。一則韓柳並不刻意子史著述，必求爲學術專家。二則韓柳亦不偏重詔令奏議，必求爲朝廷文字。韓柳二公，實乃承於辭賦五七言詩盛興之後，純文學之發展，已達燦爛成熟之境，而二公者，實乃站於純文學之立塲，求取融化後起詩賦純文學之情趣風神以納入於短篇散文之中，而使短篇散文亦得侵入純文學之閫域，而確占一席地。故二公之貢獻，實可謂在中國文學園地中，增殖新苗，其後乃蔚成林藪，此即後來之所謂唐宋古文是也。故苟爲古文，則必奉韓柳爲開山之祖師。明代前後七子，不明此義，意欲陵駕二公，再復秦漢之古，則誠無逃於妄庸之誚爾。

故韓柳古文之所實際用心努力者，其主要僅亦沿襲東漢乃及建安以下社會流行之諸體。世風衆趨，固難違逆也。如碑誌與書牘，此兩體，實自東漢以下，始盛行於社會者。碑誌爲東漢以下之新興體，可勿待論。即書牘，在古人偶亦有之，然既不視爲篇章著述，亦不引爲文學陶寫。其用於政治場合中者勿論。即其在私人朋友交往間，偶有傑作，間世而出，如司馬公之報任少卿，此乃景星慶雲，不期而呈現耳。必俟東漢建安以下，乃爲有意文學之士所繡采潤色，而刻意求其成爲文學之一體焉。故書牘之入文學，亦新體也。

然韓柳之大貢獻，則尚不在此。以此二體，即書牘之與碑誌，仍限於社會人生實際應用之途，終與純文學之意境有隔也。故韓柳之大貢獻，乃在於短篇散文中再創新體，如贈序，如雜記，如雜說，此等文體，乃絕不爲題材所限，有題等如無題，可以純隨作者稱心所欲，恣意爲之。當知辭賦詩歌與古代散文之不同，正在一可無題，一必有題。有題者有所爲而爲，無題者，無所爲而爲。有所爲而爲者，由其先有一特定之使用，此已失郤文學眞趣。無所爲而爲者，乃本無所用之，而僅出一時作者心靈之陶寫。爲文者必至於能把握到一種無所用之之心情，到達於一種無所用之之境界，而僅出一時偶然之陶寫，乃始有當於文學之深趣。故短篇散文之確能獲得其在文學上之眞地位與眞價值，則必自韓柳二公始之也。

建安以下，知爲文以騷賦詩歌爲尚，此爲中國文學史上文學獨立之一種新覺醒。然騷賦詩歌，必尚辭藻，必遵韻律，爲之不已，流弊所趨，乃競工外飾，忘其內本。唐興，陳李揄揚風雅，高談興寄，正以藥夫其病。至於韓柳有作，乃刻意運化詩騷辭賦之意境而融入之於散文各體中，並可剝落藻采，遺棄韻律，洗脂留髓，略貌存神，而文學之園地，轉更開拓，文學之情趣，轉更活潑。柳公之所見為微遜於韓者，正為其洗汰之未淨，猶多存辭賦痕迹，而轉使後之治文學史者，乃可從柳公之藩籬，而進窺韓公之堂奧。而韓柳二公在當時之一番精心密意，轉得因此而益見其昭晰朗顯焉。鴛鴦繡出，金針未藏，此亦中國文學史上一極值得鑽尋之節目也。

惟文學之為事，終不能無纂組藻采之工。韓柳之於琢句鍛字，布格設色，匠心密運，有更難於尙偶儷者之所為者。北宋諸家繼起，尙為未失榘矱。而新途既開，簡易平淡之風，每趨愈下。至於元明之世而文敝再起。明代前後七子，欲矯之以椲𩟵豪氣，固未得當。而如歸熙甫，僅求於淡泊清淺之中，覓取風神搖曳之致，曾國藩目之為牛蹏之涔，其又何以勝海涵地負之任？人生諸端漸漸游離於古文之閫域，而古文之為用，乃日促日狹。自此以降，乃更無有大力者可以振起之，回視韓柳二公之在當時，其為艱險創闢之功，豈不更可想見乎。

（七）

韓柳二公之在唐，其倡為古文，每主文本於道，文道一貫之說。然二公之於文，則誠足以鑿切人心矣。至論其所得於道者，則終不能無遺後人以未極高深之憾。李太白有言，文可以變風俗，學可以究天人，則試問韓柳二公之究天人之學之所造詣為何如乎？

新唐書韓愈傳謂：

其原道原性師說等數十篇，皆奧衍閎深，與孟軻揚雄相表裏，而佐佑六經。

宋儒石介亦曰：

吏部原道原性原毀行難禹問佛骨表諍臣論，自諸子以來未有。

後人之推尊韓文，必首及原道。原道之言曰：

博愛之謂仁，行而宜之之謂義，由是而之焉之謂道，足乎己，無待於外之謂德。

楊龜山曰：

韓子意曰，由仁義而之焉，斯謂之道。充仁義而足乎己，斯謂之德。所謂道德云者，仁義而已。故以仁義爲定名，道德爲虛位。

然仁義又何自生？韓公則見其說於原性之篇。其言曰：

性也者，與生俱生也。性之品有三，而其所以爲性者五。

又曰：

性之品有上中下三。上焉者，善焉而已矣。中焉者，可導而上下也。下焉者，惡焉而已矣。其所以爲性者五，曰仁，曰禮，曰信，曰義，曰智。上焉者之於五也，主於一而行於四。中焉者之於五也，一不少有焉，則少反焉。其於四也混。下焉者之於五也，反於一而悖於四。

然天之生人，又何爲如是其不齊？朱子曰：

退之說性，祇將仁義禮智信來說，便是識見高處。

又曰：

退之見道處，卻甚峻絕。性分三品，正是氣質之性。至程門說到氣字，方有去着。蓋韓公專以仁義禮智信說性，正是依孟子性善之說來，故曰孟子醇乎醇，荀與揚擇焉而不精，語焉而不詳也。然天之生人，旣有反於一而悖乎四者，則是性不純善，故曰性分三品。則依韓公之說，孟子之主性善，亦未全是也。宋儒張橫渠始提出義理之性與氣質之性之分別，二程深取其說，而朱子曰：氣質之說起於張程，極有功於聖門，有補於後學，前此未曾說到。是亦折衷於孟子韓公，而爲此調停兩可之說耳。

於此當進而涉及韓公之論天，其說乃旁見於柳集之天說篇。曰：

韓愈謂柳子曰：若知天之說乎？吾爲子言天之說。今夫人，有疾痛倦辱饑寒甚者，因仰而呼天，曰：殘民者昌，佑民者殃。又仰而呼天，曰：何爲使至此極戾也！若是者，舉不能知天。夫果蓏飲食旣壞，蟲生之。人之血氣，敗逆壅底，爲癰瘍疣贅瘻痔，亦蟲生之。木朽而蝎出，草腐而螢飛，是豈不以壞而後出耶？物壞，蟲由之生。元氣陰陽之壞，人由而生。蟲之生而物益壞，食齧之，攻穴之，蟲之禍物也滋甚。其有能去之者，有功於物者也。繁而息之者，物之讎也。人之壞元氣陰陽也亦滋甚。墾原田，伐山林，鑿泉以井飲，窾墓以送死，而又穴爲偃溲，築爲牆垣城郭臺榭觀游，疏爲川瀆溝洫陂池，燧木以燔，革金以鎔，陶甄琢磨，悴然使天地萬物不得其情。倖倖衝衝，攻殘敗撓而未嘗息，其爲禍元氣陰陽也，不甚於蟲之所爲乎？吾意有能殘斯人使日薄歲削，禍元氣陰陽者滋少，是則有功於天地者也。蕃而息之者，天地之讎也。今夫人，舉不能知天，故爲是呼且怨也。吾意天聞其呼且怨，則有功者受賞必大矣。其禍焉者，受罰亦大矣。子以吾言爲何如？

按諸柳集此篇，則韓公之論人道，固是粹然儒者之言。而韓公之論天事，則似浸淫於莊子外雜篇之所云。較之荀子天論，激越尤甚。自來治儒家言者，固無如是其言天者也。然則其果然爲韓公之言乎？今考韓公此等議論，實不見於其文集，而似可旁證於其所爲之詩。韓公有孟東野失子詩，當在元和三年。柳劉之貶，在貞元二十一年。距此詩正相近。則柳集所記，豈或在長安時親聞之韓公之口語乎？詩曰：

失子將何尤，吾將上尤天。女實主下人，與奪一何偏！彼於女何有，乃令蕃且延？此獨何罪辜，生死旬日間？上呼無時聞，滴地淚到泉。地祇爲之悲，瑟縮久不安。乃呼大靈龜，騎雲叩天門。問天主下人，薄厚胡不均？天曰天地人，由來不相關。吾懸日與月，吾繫星與辰。日月相噬齧，星辰踣而顚。吾不女之罪，知非女由緣。且物各有分，孰能使之然？有子與無子，禍福未可原。魚子滿母腹，一一欲誰憐？細腰不自乳，舉族長孤鰥。鴟梟啄母腦，母死子始翻。蝮蛇生子時，坼裂腸與肝。好子雖云好，未還恩與勤。惡子不可說，鴟梟腹蛇然。有子且勿喜，無子固勿歎。上聖不待教，賢聞語而遷。下愚聞語惑，雖教無由悛。大靈頓頭受，即日以命還。地祇謂大靈，女往告其人。東野夜得夢，有夫玄衣巾，闖然入其戶，三稱天之言。再拜謝玄夫，收悲以歡忻。

韓公此詩，乃言天地人互不相關，又歷擧物理不齊，故人性亦有三品。而柳集所記，乃若韓公主天人相讐之說，此恐非韓公眞實意見也。然韓公之尊仁義，乃專本之於人道，而更不上推之於天命。亦可謂韓公之論天事，實是采道家之見解，而韓公之論人道，乃始一本於儒家之宗旨也。

柳子之答韓公曰：

子誠有激而爲此耶，則信辯且美矣。吾能終其說。彼上而玄者，世謂之天。下而黃者，世謂之地。渾然而中處者，世謂之元氣。寒而暑者，世謂之陰陽。是雖大，無異果蓏癰痔草木也。假而有能去其攻穴者，是物也，其能有報乎？蕃而息之者，其能有怒乎？天地，大果蓏也。元氣，大癰痔也。陰陽，大草木也。其烏能賞功而罰禍乎？功者自功，禍者自禍，欲望其賞罰者大謬矣。呼而怨，欲望其哀且仁者，愈大謬矣。子而信子之仁義以遊其內，生而死爾，烏置存亡得喪於果蓏癰痔草木耶？

是柳子之言天，實與其所記韓公之說無大殊異，皆可謂不脫莊周之意境也。柳之友劉禹錫見之，曰：柳子之文信美矣，蓋有激而云，非所以盡天人之際也，遂作天論三篇以極其辯。其上篇云：

入形器者，皆有能有不能。有形之大者人，動物之尤者。天之能，人固不能。人之能，天亦有所不能也。故余曰：天與人交相勝耳。天之道在生殖，其用在强弱。人之道在法制，其用在是非。人能勝乎天者，法也。法大行，則是爲公是，非爲公非。天下之人，蹈道必賞，違之必罰。故其人曰：彼宜然而信然，理也。彼不當然而固然，豈理邪，天也。福或可以詐取，而禍或可以苟免，人道駁，天命之說亦駁焉。故曰：天之所能者，生萬物也。人之所能者，治萬物也。法大行，則其人曰，天何預人邪，我蹈道而已。法大弛，則其人曰：道竟何爲邪，任人而已。法小弛，則天人之論駁焉。

其中篇曰：

或曰：子之言，天與人交相勝，其理微，庸使戶曉，盍取諸譬焉？曰：若知旅乎？夫旅者，羣適乎莽蒼，求休乎茂木，飲乎水泉，必强有力者先焉。雖聖且賢，莫能競也。斯非天勝乎？羣次乎邑郛，求蔭於華榱，飽於餼牢，必聖且賢者先焉，强有力莫能競也，斯非人勝乎？是非存焉，雖在野，人理勝。是非亡焉，雖在邦，天理勝。然天非務勝乎人者，人不宰則歸乎天。人誠務勝乎天者，天無私，故人可務乎勝也。

或者曰：若是，則天之不相於人也信矣。古之人曷引天爲？答曰：若知操舟乎？舟行乎濰淄伊洛者，疾徐存乎人，次舍存乎人。風之怒號，不能鼓爲濤也。流之泝洄，不能峭爲魁也。適有迅而安，亦人也。適有覆而膠，亦人也。舟中之人，未嘗有言天者，理明故也。行乎江河淮海，疾徐不可得而知，次舍不可得而必。鳴條之風，可以沃日。車蓋之雲，可以見怪。恬然濟，亦天也。黯然沈，亦天也。阽危而僅存，亦天也。舟中之人，未嘗有言人者，理昧故也。

問者曰：吾見其駢而濟者，風水等耳，而有沈有不沈，非天曷司歟？答曰：水與舟，二物也。物之合并，必有數存乎其間。數存然後勢形，一以沈，一以濟，適當其數，乘其勢耳。勢之附乎物而生，猶影響也。本乎徐者其勢緩，故人得以曉。本乎疾者其勢遽，故難得以曉也。江海之覆，猶伊淄之覆也。勢有疾徐，故有不曉耳。

問者曰：子之言，數存而勢生，非天也，天果狹於勢耶？答曰：天形恒圓而色恒青，周回可以度得，晝夜可以表候，非數之存乎？恒高而不卑，恒動而不已，非勢之乘乎？夫蒼蒼者，一受其形於高大而不能自還於卑小，一乘其氣於動用而不能自休於俄頃，又惡能逃乎數而越乎勢耶？吾固曰：萬物之所以爲無窮者，交相勝而已矣。還相用而已矣。天與人，萬物之尤者爾。

問者曰：天果以有形而不能逃乎數，彼無形者，子安所寓其數邪？答曰：若所謂無形者，非實乎？空者，形之希微者也。爲體不妨乎物，而爲用恒資乎有。必依於物而後形焉。今爲室廬，而高厚之形藏乎內。爲器用，而規矩之形起乎內。音之作也有大小，而響不能踰。表之立也有曲直，而影不能踰。非空之數歟？夫目之視，非能有光也，必因乎日月光炎而後光存焉。所謂晦而幽者，目有所不能燭耳。彼狸狌犬鼠之目，庸謂晦爲幽邪？以目而視，得形之粗。以智而視，得形之微。焉有天地之內有無形者邪？古所謂無形，蓋無常形，必因物而後見爾，焉能逃乎數邪？

其下篇曰：

入乎數者，由小而推大必合，由人而推天亦合。以理揆之，萬物一貫也。今夫人之有顏目耳鼻齒毛頤口，百骸之粹美者也。然而其本在乎腎腸心腑。天之有三光懸寓，萬象之神明者也，然而其本在乎山川五行。濁爲淸母，重爲輕始，兩位既儀，還相爲庸。噓爲雨露，噫爲雷風，乘氣而生，羣分彙從。植類曰生，動類曰蟲。倮蟲之長，爲智最大，能執人理，與天交勝。用天之利，立人之紀。紀綱或壞，復歸其始。堯舜之書，首曰稽古，不曰稽天。幽厲之詩，首曰上帝，不言於人事。在舜之庭，元凱舉焉，曰舜用之，不曰天授。在殷中宗，襲亂而興，心知說賢，乃曰帝賚。堯民之餘，難以神誣。商俗已訛，引天而毆。由是而言，天預人乎？

夢得所論，較之韓柳二公，遙爲深至。其篇中提出數字，勢字，理字，蓋治莊周道家言而落實轉入於人事，則必重此三端矣。又其言天非務勝於人，人則務勝於天，此則更近荀卿天論之旨。亦可謂宋儒格物窮理之說，於夢得之論，亦不能大相違越也。

柳集復有答劉禹錫天論書，謂：

凡子之論，乃吾天說傳疏耳。夫天之能生植久矣，不待贊而顯。且子以天之生植為人耶，抑自生而植乎？若果以為自生而植，則何以異夫果蓏之自為果蓏，癰痔之自為癰痔，草木之自為草木耶？是非為蟲謀明矣，猶天之不謀乎人也。彼不我謀，而我何為務勝之耶？子所謂交勝者，若天恒為惡，人恒為善。余則曰：生植與災荒，皆天也。法制與悖亂，皆人也。其事各行，不相預，而凶豐理亂出焉。若子之說，要以亂為天理，理為人理耶，謬矣。

今按：夢得天論，實為深微，不得謂僅堪為柳氏之說作傳疏也。然柳劉二氏之說，一則以天人為各行，一則以天人為相勝，要之皆分天與人而判言之，則與古人天人合一之旨皆相遠。惟韓公論人道重仁義，夢德言人事重法制，則韓公之所得於儒統者較深。柳劉二人，始終徘徊釋老間，實未能深味儒腴也。

柳劉之友尚有呂和溫叔，有人文化成論，其文大意謂：

一二相生，大鈞造物，百化交錯，六氣節宣，或陰闔而陽開，或天經而地紀，有聖作則，實為人文。

列目舉之，則曰室家之文，朝廷之文，官司之文，刑政之文，教化之文。謂：

文者，蓋言錯綜庶績，藻繪人情，如成文焉，以致其理。然則人文化成之義，其在茲乎。近代諂諛之臣，特以時君不能則象乾坤，祖述堯舜，作化成天下之文，乃以旂裳冕服，章句翰墨為人文也，遂使君人者，浩然忘本，沛然自得，盛威儀以求至理，坐吟詠而待太平，流蕩因循，敗而未悟，不其痛乎？

和叔此篇，亦撇開天道，專重人事，而謂聖人則天以盡文，則其義本諸易傳，惟此可以綰儒道之說而一之，其所窺似較韓柳劉三家為邃矣。又其備舉人文節目之詳，規模之宏，韓之仁義，劉之法制，皆所賅貫。而其重實輕文之意，尤爲獨出同時輩行間。又其送薛大信歸臨晉序有曰：

吾聞賢者志其大者，文爲道之飾，道爲文之本。專其飾則道喪，返其本而文存。琢磨仁義，浸潤道德，考皇王治亂之迹，求聖哲行藏之旨，達可以濟乎天下，窮可以攄其光明，無爲矻矻筆硯間也。

竊謂韓柳劉三家，其論天人之際，皆不免唐忽於天道，而偏重於人事。而其於人事，又不免偏溺於文章。獨和叔乃有意於古之所謂人文，乃注意及於教化政制之本原，其意境殆近北宋范希文歐陽永叔。量其意趣，若獲進進而不已，必當卓然有所到達，以自異於韓柳諸人所建樹者。獨惜其貞元之貶，一蹶不復起，又爲年壽所限，終未見其所欲止耳。史稱和叔亦學文章於梁肅，又極爲柳劉二人推重，此在唐代古文運動中，實爲有意別持一幟之人物也。故爲畧著其梗概焉。

然韓柳師友諸賢，爲此下北宋諸儒所推稱者，則尤在李翶習之。習之文最著者，有復性書三篇。其上篇曰：

人之所以爲聖人者，性也。人之所以惑其性者，情也。雖然，無性則情無所生。性者，天之命也，聖人得之而不惑者也。情者，性之動也，百姓溺之而不能知其本者也。故聖人者，人之先覺者也。覺則明，否則惑，惑則昏。明與昏，謂之不同。明與昏，性本無有，則同與不同二者離矣。夫明者所以對昏，昏旣滅，則明亦不立矣。是故誠者聖人性之也。子思曰：唯天下至誠爲能盡其性，其次致曲，曲能有誠，著則明，明則動，動則變，變則化，唯天下至誠爲能化。聖人知人之性皆善，可以循之不息而至於聖也，故制禮以節之，作樂以和之。故無故不廢琴瑟，循禮而動，所以教人忘嗜欲而歸性命之道也。道者，至誠也。昔者聖人以之傳於顏子。顏子得之，拳拳不失，不遠而復，其心三月不違仁。子思，仲尼之孫，得其祖之道，述中庸四十七篇，以傳於孟軻。軻曰：我四十不動心。遭秦滅書，中庸之不焚者一篇存焉。於是此道廢缺。其教授者，惟節行文章章句威儀擊劍之術相師焉。性命之源，則吾弗能知其所傳矣。

此篇獨舉中庸以闡聖道，謂天命人性，原出一本，而綰其要於一心，其大別則在心之明與昏，以此較之韓公之專言仁義，陳義益爲深入矣。蓋中庸之書，本已兼會儒道，習之又自以所聞釋氏義說之，故獨開宋儒門戶也。

其中篇曰：

或問曰：人之昏也久矣，將復其性者必有漸，敢問其方。曰：弗慮弗思，情則不生。情既不生，乃爲正思。易曰：天下何思何慮。又曰：閑邪存其誠，詩曰：思無邪。

曰：已矣乎？曰：未也。此齋戒其心者也。猶未離於靜。有靜必有動，動靜不息，是乃情也。易曰：吉凶悔吝，生於動者也。焉能復其性邪？

曰：如之何？曰：方靜之時，知心無思者，是齋戒也。知本無有思，動靜皆離，寂然不動者，是至誠也。中庸曰：誠則明矣。易曰：天下之動，貞夫一者也。

問曰：不慮不思之時，物格於外，情應於內，如之何而可止也？以情止情，其可乎？曰：情者，性之邪也。知其爲邪，邪本無有。心寂不動，邪思自息。惟性明照，邪何自生？易曰：顏氏之子，有不善，未嘗不知，知之未嘗復行也。易曰：不遠復，無祇悔，元吉。

問曰：本無有思，動靜皆離，然則，聲之來也，其不聞乎？物之形也，其不見乎？曰：不覩不聞，是非人也。視聽昭昭而不起於見聞者，斯可矣。無不知也，無弗爲也，其心寂然，光照天地，是誠之明也。大學曰：致知在格物。易曰：易，無思也，無爲也，寂然不動，感而遂通天下之故，非天下之至神，其孰能與於此！曰：敢問致知在格物，何謂也？曰：格者，來也，至也。物至之時，其心昭昭然明辨焉，而不應於物者，是致知也。是知之至也。知至故意誠心正身脩家齊而國理天下平，此所以能參天地者也。易曰：與天地相似故不違，知周乎萬物，而道濟天下，故不過。旁行而不流，樂天知命故不憂。安土敦乎仁，故能愛。範圍天地之化而不過，曲成萬物而不遺，通乎晝夜之道而知，故神無方而易無體。一陰一陽之謂道，此之謂也。

曰：生爲我說中庸，曰：不出乎前矣。

問曰：昔之註解中庸者，與生之言皆不同，何也？曰：彼以事解，我以心通也。

此篇又本中庸而旁通之於易傳，於大學，其於聖學之傳，獨推顏子，此皆開將來宋學伊洛之先河也。其言陰陽，亦甚異乎柳劉。若就北宋伊洛以下諸儒意見論之，則韓公之言仁義，柳劉之言陰陽，皆粗迹也。張橫渠正蒙有云：由太虛有天之名，由氣化有道之名，合虛與氣有性之名，合性與知覺有心之名。凡此諸端，唐賢惟習之討論及此。故習之之所陳，可謂已開北宋周張二程之塗轍也。惟考習之復性篇成於二十九歲時，其下殆專意文學於性理之說，不復有所深入。而柳劉天說亦作於壯歲。物不並盛，韓柳諸賢，蓋皆銳志文事，故於義理之學，遂不能與後起宋儒伊洛爭美爾。

本章所述，凡以見唐代之古文運動，不僅下開宋代之文章，即論思想義理，亦已遠抽宋儒之端緒。惟韓公獨尊儒統，力排釋老，又其所謂堯舜禹湯文武周公孔孟之道統相承，仁義詩書之大本所寄，雖由後視前，若不免枝粗葉大，而此後蘊奧之發，終亦無逃於其範圍焉，此韓公之所以終爲羣倫冠冕，卓絕一時，而無與爭此牛耳也。

抑韓公之所以卓絕於一世，而見崇於後人者，復有一節焉，厥爲其盛倡師道。柳宗元則辭避不敢當。其答韋中立書云：

今之世不聞有師，獨韓愈不顧流俗，犯笑侮，收召後學，作師說，因抗顏爲師，愈以是得狂名。

又其報嚴厚輿書有云：

僕才能勇敢不如韓退之，故不爲人師。人之所見有同異，無以韓責我。

則柳子者，僅以文章作負隅，較之韓公，氣魄局度，自當遠遜。故後人論唐代古文運動，終必推韓公爲宗師也。抑余讀呂温和叔集，有與族兄皐請學春秋書，其書曰：

儒風不振久矣！某生於百代之下，凜然有志，翹企聖域，如仰高山。凡學之道，嚴師爲難，師資道喪，八百年矣。夫學者豈徒受章句而已，蓋必求所以化人。夫教者豈徒博文字而已，蓋本之以忠孝，申之以禮義，敦之以信讓，激之以廉恥。魏晉之後，其風大壞，學者以不師爲天縱，獨學爲生知。譯疏翻音，執疑護失，率乃私意，攻乎異端。以諷誦章句爲精，以穿鑿文字爲奧。至於聖賢之微旨，教化之大本，人倫之紀律，王道之根源，則蕩然莫知所措。其先進者亦以教授爲鄙，公卿大夫恥爲人師。鄉校之老人，呼以先生，則勃然動色。痛乎風俗之移人也如是。是以今之君子，其身不受師保之教誨，朋友之箴誡，既不知己之損益，惡肯顧人之成敗乎？而今而後，乃知不師不友之人，不可與爲政而論交矣。且不師者廢學之漸，恐數百年後，又不及於今日，則我先師之道，其隕於深泉。是用終日不食，終夜不寢，馳古今而慷慨，抱墳籍而太息。小子狂簡，實有微志。其所貴乎道者六，詩書禮樂大易春秋，人皆知之。所曰禮者，非酌獻酬酢之數，周旋裼襲之容也，必可以經乾坤，運陰陽，管人情，措天下者，某願學焉。所曰樂者，非綴兆屈伸之度，鏗鏘鼓舞之節也，必可以厚風俗，仁鬼神，熙元精，茂萬物者，某願學焉。所曰易者，非揲蓍演數之妙，畫卦舉爻之能也，必可以正性命，觀化元，貫衆妙，貞夫一者，某願學焉。所曰詩者，非山川風土之狀，草木鳥獸之名也，必可以警暴虐，刺淫昏，全君親，盡忠孝者，某願學焉。所曰春秋者，非戰爭攻伐之事，聘享盟會之儀也，必可以尊天子，討諸侯，正華夷，繩賊亂者，某願學焉。嘗閱雅論，深於春秋，竊不自揣，願執摳衣之禮於左右。朝聞夕死，無以流俗所輕，而忽賢聖之所重也。

詳呂此書，不僅與柳意有別，抑且與韓公亦有不同。韓公自言，世無孔丘，不當在弟子之列，而其爲人師，所重亦在文字間。必如和叔此書，乃粹然見儒家師道之正。下迄宋儒，羣知尊師明道，其風義皆溯源於韓公，而於和叔轉少稱引，爰重爲附著其說於此。

北宋兵制研究

目錄

北宋兵制研究

羅球慶

前言

元脫脫宋史兵志（以下簡稱兵志），篇幅浩繁，約十一萬餘言。於宋代的禁軍、廂軍、鄉兵等組織，召募、訓練、馬政等制度，均有敘述；但讀後對宋代的兵制，却很難獲得一個完整和明確的概念。

原來兵志材料雖豐，皆拼湊而成；敘述雖多，而不能得其關鍵。加以次序顚倒、舛誤重複的地方，常見迭出。（清錢大昕廿二史考異亦曾指出一二。）可見修史者眼前只有一堆材料，胸中並無整個制度。

因此，作者企圖於宋史兵志之外，別尋一貫串宋代兵制發展的線索，進而闡發其竅要。先成北宋兵制研究一篇，以分析北宋兵制的特質，並詳究其轉變之迹；希望由此而明白它的創建眞意與來龍去脈。至於南宋的兵制，當另文考之。

本文取材於宋李燾續資治通鑑長編（以下簡稱長編）和王偁東都事畧(以下簡稱事畧)爲多。——二書記述北宋事，最稱詳審。——更輔以宋人的文集和筆記。至於兵志所詳者，皆不再贅，間或引用其文，但都只是作材料用，以證明所論而已。故述禁軍、廂軍、鄉兵、蕃兵，則指出其兵力重心的轉移，與夫相互間的關係，而畧其組織、番號、與駐地等；述義勇、保甲、置將，則重其法意、來源、與影響，而不縷述其條例。蓋凡組織、番號、駐地、條例等，皆已載於史籍，顯而易見；其關鍵、來源、與影響，則隱而難察，正是應當探討的問題。至若太祖創制的用意，與靖康時在兵制上許多權宜措施、而極關大局者，兵志皆付闕如。本文亦爲之一一指出。

第一章　北宋兵制的建立

> 太祖起戎行，有天下，收四方勁兵，列營京畿，以備宿衞；分番屯戍，以捍邊圉。於時將帥之臣，入幸朝請；獷暴之民，收隸尺籍，雖有桀驁恣肆而無所施於其間。凡其制爲什長之法，階級之辨，使之內外相維，上下相制，截然而不可犯者。是雖以矯累朝藩鎭之弊，而其所懲者深矣。

上面是兵志對太祖建立兵制的經過和用意的全部叙述，其中最扼要的話，可算是「使之內外相維，上下相制」了。然而這兩句話究嫌籠統；兵志在此段文字以後，未有再論；對於太祖何以用這原則來定兵制，更不著一辭。這不能不說是一種缺失。

本文的開端，便以補救兵志此缺失爲目的，故先尋溯太祖兵制的根源，再分論其特質，以求揭開太祖兵制的眞面目。

第一節　陳橋兵變的政治背景與太祖定兵制的關係

在中國歷史上，政局混亂，享國短促的，無過於五代。（註一）考其開國之君，後梁太祖朱全忠與後唐莊宗李存勗，本來都是藩鎭；（註二）後晉高祖石敬瑭，在後唐爲河東節度使，雖曾爲軍士所扶立，但未成功。（註三）他所以終能篡奪帝位者，乃因有契丹爲聲援（許以事成割地爲酬），故仍是以藩鎭入主中原。後漢高祖劉知遠，則以「契丹陷京城，執天子，天下無主」而卽帝位。（見司馬光資治通鑑卷二八六。下簡稱通鑑）至於爲軍士所擁立而開國

的，唯後周太祖郭威而已。（註四）

郭威在後漢隱帝乾祐三年，因鎮州、邢州奏契丹入寇，領兵抵禦，師至澶州，為軍士所擁立，裂黃旗以被其體，擁以南行，遂卽帝位。（見通鑑卷二八九）宋太祖趙匡胤陳橋兵變，便是澶州兵變的重演。長編云：

建隆元年、春、正月、辛丑朔，鎮定二州言：「契丹入侵，北漢兵自土門東下，與契丹合。」周帝命太祖領宿衛諸將禦之。……甲辰、黎明，四面叫呼而起，聲震原野，(趙)普與（趙）匡義入白太祖，諸將已擐甲執兵，直扣寢門曰：「諸將無主，願策太尉為天子。」太祖驚起披衣，未及酬應，則相與扶出聽事。或以黃袍加太祖身，且羅拜庭下，稱萬歲。太祖固拒之，衆不可，遂相與扶太祖上馬，擁逼南行。……（卷一）

試將陳橋兵變與澶州兵變來比較，軌轍幾全相同。第一、郭威與趙匡胤皆以聞契丹入侵而出兵，被擁立而南行；第二、郭威在漢為樞密使兼侍中，趙匡胤在周為太尉、殿前都點檢，皆握兵權，名位已極；第三、擁立的方式相同。由此可知，宋太祖顯然是師周太祖的故智。（註五）但宋太祖也由此認識了軍隊譁變的力量，亟思早為之制。卽位後，首定兵制的規模，立國基礎遂得以鞏固。因此，宋代的兵制，在精神上和五代是絕不相同的。

一種制度的創立，不能憑空而來，一定有舊的根據，再灌以新的精神。這種舊的根據，多是形式上的。考太祖兵制，承五代兵制的形式的很多，如禁軍分隸殿前、侍衛兩司，其將帥的名稱，如都檢點、都指揮使、都虞候等，都和五代相同。又如節度、觀察、防禦、團練、刺史之名，則唐代已然；但是在宋代，實權已迴不相侔了。至於宋代軍隊的來源，雖取非一途，但以招募為主。這仍是五代募兵制之舊。

太祖兵制的新精神，是由軍校專橫和藩鎮跋扈激引而來的。故其建制的思想淵源，有下列兩點：

第一、由陳橋事件引起。

太祖定兵制時，似乎注意三點：一、懷柔兵將：由陳橋事變的成功，太祖深深地了解到懷柔是對付兵將的秘奧；他在即位以前，就曾用這種方法來取得軍心。（註六）二、不使名位已高的武臣領軍：上面說過，周太祖、宋太祖都是名位已高，所以能得天下。後者更能深鑑此弊。三、使文武大臣互相掣肘：宋太祖雖得士心，但若非專掌軍政，（註七）亦不能成帝業。爲了不蹈郭氏的覆轍，宋太祖要使文武大臣互相掣肘。

第二、能深鑑唐末五代之弊。

晚唐五代軍政之弊有三：一、藩鎭專橫跋扈，中央不能制，成尾大不掉的局面，故有朱全忠之篡立。二、士卒驕惰，故有殺一帥立一帥之弊。三、文武職權混亂，節度使常守中書令兼侍中，握軍政大權。如朱全忠、李克用皆是。太祖對這三點都分別加以抑制或改革。所以宋人多謂：「祖宗兵制之精者，蓋能深鑑唐末五代之弊也。」（見陳傅良歷代兵制卷八；王明清揮麈餘話卷一）

太祖定兵制的目的既如是，其所表現出來的特質有下列五點：

一、文武柄的分持；

二、內外兵權的分守；

三、强幹弱枝的兵力分布；

四、對將士的羈縻與懷柔；

五、士卒在精不在多。

前三者所以使將相士卒互相掣肘，杜絕變亂的根源；後二者所以驅策將士，緩急時盡忠效死。這幾點表現出一個精神，就是「互相維制」。

第二節　文武柄的分持

隋、唐行三省制度，以三省長官主理政務。中書主出命，門下主審議，尚書主執行。及後中書門下職權相混，並主決策。至唐代宗永泰中置樞密使，以宦者董秀爲之，（註八）「其職惟掌承受表奏，於內進呈；若人主有所處分，則宣付中書門下施行而已。」（王明清揮麈後錄卷一）樞密使既和君主接近，又爲將士所喜，遂漸握軍政大權，進而侵入中書省權力範圍之內。（註九）

但樞密院和中書省對立，分掌朝政，卻是在樞密使改用士人之後，而始於後唐莊宗用郭崇韜爲樞密使。（註十）五代是將士恣橫、變亂頻仍的時代，掌軍權的樞密使抬頭是必然的結果。這與晚唐樞密使因親近君主而獲權的性質不同。

宋太祖因五代制度而設樞密使，其性質又變。這時，中書樞密的職權劃分得很淸楚，樞密院也正式成了一個與中書省並稱並重的行政機關，專有職掌，凡軍國機務，兵防邊備，戎馬之政令，侍衛諸班直，內外禁兵招募，閱試，遷補，屯戍，賞罰之事皆掌之；並出納密命，以佐邦治。（見宋史卷一六二）而尚書省的兵部，卻只掌兵衛儀仗，鹵簿，武舉，民兵，廂軍，土兵，蕃兵等事。（見宋史卷一六三）這在宋初都不是重要的。於是，「樞密院與中書對持文武二柄，號爲二府。」（宋史卷一六二）在宋太祖之意，是使文武兩權分制，以免集中于少數人的身上。這樣，不但五代樞密使驕橫之弊可免，大臣專政之患亦不會發生了」。

宋太祖不使文武二柄合一，可由下列六點得到證明：

一、太祖每出師，均用樞密使之言，而不詢及宰相。建隆元年四月，昭義節度使李筠叛，反書至，樞密使吳延祚請速引兵擊之，太祖納其言。九月，淮南節度使李重進叛，太祖親征，問樞密使趙普事宜，並用其言。（俱見長編卷一）

二、有關軍政的事，用樞密使言處決。長編云：

初四川戍卒或亡命在賊黨中，有請按其妻子。上以語樞密使李崇矩。崇矩曰：「彼叛亡國當孥戮，然按其籍，死者幾萬餘人。」上曰：「朕慮其間有被賊驅脅非本心者。」乃盡釋弗誅。（卷七）

三、太祖即位，便罷宰相范質、王溥參知樞密院事。范質、王溥在後周爲宰相、參知樞密院事，是握有軍政大權的。故陳橋兵變，「范質下殿執王溥手曰：『倉卒遣將，吾輩之罪也。』爪入溥手，幾出血。溥噤不能對。」（長編卷一）

四、每朝奏事，樞密使與中書先後上所言，兩不相知。（見王明淸揮麈後錄卷二）

五、太祖不喜宰相與樞密使交結。長編云：

樞密使李崇矩與宰相趙普厚相交結，以其女妻普子承宗。上聞之不喜。先是樞密使、宰相候對長春殿，同止廬中，上始令分異之。（卷十三）

趙普與李崇矩，都是太祖的寵臣；但因此事爲太祖不喜。會鄭伸（崇矩門下客）上書發崇矩陰事，遂於開寶五年，出崇矩爲鎭國節度使。（見太宗實錄卷四十三）而對趙普之恩亦漸替。

六、由以後君臣的說話，可見太祖不把文武二柄，專付一人。元豐五年，將改官制，議者欲廢樞密院歸兵部。神宗說：「祖宗不以兵柄歸有司，故專命官以統之，互相維制，何可廢也。」（馬端臨文獻通考卷五八、以下簡稱通考）神宗不使兵部主兵柄，是溯其原意於太祖。哲宗元祐四年七月，知樞密院事安燾以母憂去位，左司諫劉安世議擇大臣兼領樞密院事，他在奏中也說：「國朝以來，初革五代之弊，用宰相以主文事，則建參知政事以爲之貳；命樞密使掌武備，則設副使、簽書以爲之佐。雖員數名品，時或不同，而文武二柄，未嘗專付於一人也。」（盡言集卷九）

由上可以窺見太祖使文武柄分持的意思，所謂「以中書制民，樞密主兵」，（長編卷一二六）使文武大臣互相維制。李燾說：「時機務多歸樞密院，宰相備位而已。」（長編卷六）這裏所謂機務，當然是指軍國邊防的大事。李燾以後來宰相兼理軍民的眼光觀之，當然說宰相是「備位」了。實則太祖朝趙普爲相，對政事的決策很不少呢！

第三節　內外兵權的分守

宋范祖禹說；「祖宗制兵之法：天下之兵，本於樞密，有發兵之權，而無握兵之重；京師之兵，總於三帥，有握兵之重，而無發兵之權。上下相維，不得專制。此所以百三十餘年無兵變也。」（范太史集卷二十六論曹誦劄子）靖康時李綱持此理由，力辭知樞密院事。他說；「祖宗舊法：兵符出於密院，而不得統其衆；兵衆隸於三衙，而不得專其制，今臣既統行營之兵，又制樞密之令。考於舊法，未見其可。」（梁谿全集卷四十三）由此可見太祖不但有意使中書省、樞密院分持文武二柄，而且進一步將武柄分爲內外，不使集中于一。

樞密院的職權，上一節已述及。至於所謂「三衙」，就是殿前司、侍衞馬軍司和侍衞步軍司。其實只有殿前侍衞兩司。（註十一）兩司分掌天下禁兵，職權甚重。殿前司掌殿前諸班直及步騎諸指揮之名籍，凡統制、訓練、番衞、戍守、遷補、賞罰，皆總其政令。入則侍衞殿陛，出則扈從乘輿，大禮則提點編排，整肅禁衞，鹵簿儀仗，掌宿衞之事。侍衞親軍馬軍步軍司，掌馬軍步軍諸指揮之名籍。此外所掌與殿前司同。（見宋史卷一六六）

兩司的將帥，地位很是重要，其官階亦頗高，在太祖建隆初，都副指揮使、都虞候以節度使充。如殿前都點檢慕容延釗領昭化節度使，殿前副都點檢高懷德領義成節度使。（註十二）殿前都指揮使王審琦領太寧節度使，侍衞馬步軍都指揮使韓令坤領天平節度使，侍衞馬步軍副都指揮使石守信領歸德節度使，馬步軍都虞候張令鐸領鎮安節度使，馬軍都指揮使張光翰領寧江節度使，步軍都指揮使趙彥徽領武信節度使等。（見長編卷一）

若邊境有事，則由樞密院命將討捕，立都部署、鈐轄、都監之名，使各領所部以出。事已則復如初。（見洪邁容齋五筆卷三）

凡樞密使（或副使、簽書）出任守臣，便不復預軍政。這種觀念一直到神宗時仍然存在。揮麈後錄云：

熙寧初，韓魏公力辭機政，以司徒侍中判相州。已命未辭，忽報西邊有警，曾宣靖乞召公同議廷中，神宗從之。公辭云：「已去相位，今帥臣也。但當奉行詔書，豈敢預聞國論。」時人以爲得體。元豐末，呂吉父以前兩地守延安，過闕，乞與樞密院同奏事。上親批云：「弼臣議政，自請造前，輕躁矯誣，深駭朕聽。免朝辭，疾速之任。」已而落職，知單州。其後呂吉父貶建州安置，東坡先生行制辭云：「輕躁矯誣，德音猶在。」以謂此也。（卷二）

至於禁衞將帥出任守臣，自然也不能兼管京師的禁旅。我們由下面一段話可見：

周恭帝時，李重進出鎮揚州，領宿衞如故。太祖受禪，命韓令坤代爲馬步軍都指揮使，正是奪其所帶軍職耳。……（程大昌續演繁露）

第四節　強幹弱枝的兵力分布

太祖用趙普的計畫，實行强幹弱枝的政策，多方削奪方鎮的權力。於建隆三年三月，令大辟奏案刑部詳覆，以止藩鎮專殺；十二月，詔諸縣盜賊鬥訟事皆歸令尉，鎮將唯得掌郭下。並逐漸使藩鎮支郡歸轄京師。諸州置通判，既非副貳，又非屬官，實寓監視之意。又於乾德二年，令諸州每歲受民租及筦榷之課，除支度給用外，凡緡帛之類悉輦送京師。（雜見歐陽修歸田錄卷二、司馬光稽古錄卷十七、邵伯温聞見前錄卷一、長編、事畧、宋史等）這麽一來，藩鎮的刑事、經濟、行政等權力，都大大削減，一反晚唐五代藩鎮擁權、外重內輕之局。

上述的强幹弱枝政策，只是就一般情形來說。這裏所注意的乃是太祖兵制受此一政策所影響的措置——强幹弱枝的兵力分布。

此一措置，是將精兵集於京師，成爲中央的軍隊，這便是禁軍。各地的軍隊，或用以供役，如廂軍；或用以固邊防，如鄉兵、蕃兵，戰鬥能力不强，故不爲太祖重視。（註十三）（禁軍、廂軍、鄉兵、蕃兵的組織番號等，詳見兵志）地方需軍隊戍守，便由京師派禁軍前往，故有駐泊、屯駐、就糧之名。通考卷一五二云：

備征伐而出戍邊、或諸州更戍者，謂之屯駐；非戍諸州而隸於總管者謂之駐泊。非屯駐、駐泊而以羅賤而留使廩給，謂之就糧。（兵志一於此但云：「其在外者，非屯駐、駐泊，則就糧軍也。」）

這裏有兩點必須注意：

一、京師兵以能控制各地屯戍兵爲額。宋王應麟玉海卷一三九云：「藝祖平定天下，養兵止二十二萬；而京師十萬餘。明强幹弱枝之勢也。」這是就太祖朝初期來說。揮麈餘話卷一云：「其定荆、湖，取巴、蜀，浮二廣，平江南者，前後精兵不過三十餘萬。京師屯廿萬，足以制外變；外郡屯十萬，足以制內患。京師天下，無內外之患者此也。」這是就太祖整朝來說。由此我們可以看出：太祖朝內外兵數大約是六四之比。

二、各地戍兵不專在一地。因爲專在一地便成州禁軍，故必須更戍。（更戍之制詳見兵志十）這樣，便發展成「兵無常帥，帥無常師。」（通考卷一五二語）自然可以避免地方勢力的長成。

上述兩點都表現出太祖兵制的精神——內外維制。

第五節　對將士的羈縻與懷柔

太祖的兵制，是一種非常靈活的制度，不是一些死條文可比。他一方面對禁衛將帥和藩鎮限制得非常嚴緊，一方面卻給予邊將多方便利。所以，要深切觀察太祖兵制，不能只看一面，也不能只執一端；必須從各方面去究其用意。太祖立制的原則雖然不變，但對內和對外的處理顯然是不同的。

北宋國境，與外夷接壤的，東北有滄州、棣州、齊州等，西有慶州、環州等，西南有辰州、沅州等。這些都可以說是邊要的地方，尤其是西北，要對付狡獪的西夏和强大的契丹，局勢更形重要。這些地方的守將，都可以說是外的；禁衞將帥在京師，可以說是內的。

論者多以爲太祖釋禁衞諸將兵權、（註十四）罷藩鎮爲環衞，（註十五）是一種刻毒的裁將手法。如果我們明白太祖立制的思想淵源，就知道裁將的說法不對。太祖罷石守信、王審琦等禁衞帥權，必須另以劉光義、崔彥進、韓重贇等補其缺的；罷武行德、郭從義、王彥超、白重贇、楊廷璋爲環衞，亦必以向拱、陳思議、符彥卿、馮繼業、袁彥代之。太祖這一措施，純粹是鑒於自己的經歷，謀以後不再有擁立的活劇出現。他對待禁衞將帥的方法，有兩點是值得注意的：

第一，當禁衞將帥名位一高，便設法解其兵權。這可分爲兩步驟：第一步驟是由禁衞將帥出領大藩，如建隆二年，慕容延釗罷殿前都點檢，出爲山南西道節度使；高懷德罷殿前副都點檢，出爲歸德節度使；韓令坤罷侍衞馬步軍都指揮使，出爲成德軍節度使等。第二步驟是由藩鎮罷爲環衞，如開寶二年，以護國軍節度使郭從義爲左金吾衞上將軍，鳳翔節度使王彥超爲右金吾衞上將軍，定國節度使白重贇爲左千牛衞上將軍，保大節度使楊廷璋爲右千牛衞上將軍等。原則上則以爵祿厚爲羈縻。這是針對晚唐、五代驕兵悍將之禍而行的辦法。這種做法，能收防患未然、上下相安之效。

其次，禁止禁衞帥養親兵。長編云：

（乾德元年八月）壬午，殿前都虞候、嘉州防禦使張瓊自殺。瓊性麤暴，多所陵轢。時軍校史珪、石漢卿等方得幸，瓊輕目爲巫媪。珪、漢卿銜之切齒。瓊嘗擅選官馬乘之，又納李筠僕從於麾下。珪、漢卿因譖瓊養部曲百餘人，自作威福，禁旅畏懼；且誣毀皇弟光義爲殿前都虞候時事。時上已下郊祀制書，方欲肅整京都。

召瓊面訊之。瓊不伏。上怒，令擊之。漢卿即奮鐵撾擊其首，氣垂絕，乃曳出。遂下御史府按鞫。瓊自知不免，行至明德門，解所繫帶以遺母，即自殺。上旋聞其家無餘資，止有奴三人，甚悔之。責漢卿曰：「汝言瓊部曲百人，今安在？」漢卿曰：「瓊所養者，一敵百耳。」亟命䘏瓊家，官給喪事。以瓊子尙幼，乃擇其兄進爲龍捷指揮使。然亦不罪漢卿。（卷四）

（乾德五年二月）殿前都指揮使、義成節度使韓重贇罷軍職，出爲彰德節度使。先是有譖重贇私取親兵爲腹心者。上怒欲誅之，謀於趙普。普曰：「陛下必不自將親兵，須擇人付之。若重贇以讒誅，即人人懼罪，誰敢爲陛下將者。」上怒猶未解。普開陳愈切，上納其言，止命重贇出鎭。（卷八）

這兩種措施，都是爲了鞏固統治權而發的。因爲禁衞將帥掌握精兵，駐在京師，權力很大，故不能不嚴加注視。

禁衞帥和邊將同是太祖所看重的，一主內而一主外，因其環境情勢不同，故對待的方式迥異。太祖對邊事，是委權於地位不高的邊將，而不是地位高的藩鎭。由太祖給予邊將所在州軍的租賦與准予便宜行事（說詳下）來看，那些邊要的州軍，實已隸屬中央。太祖對藩鎭的權力務加削減，對禁衞將帥的舉動務加注視；而對邊要州軍的守將却絕對寬厚。所謂：「結之以恩，豐之以財，小其名而重其權，少其兵而久其任。」（事畧卷二十九）（范仲淹在奏議中也說：「祖宗朝任用邊將，賞賜至厚，使用度充足；委信至重，使生殺在己。惟惜官職，不令滿志，恐有懈惰，不思立功。實前王馭將之術也。」）

一、結之以恩。太祖對邊將，凡有可以表示恩惠的，無不爲之。這可分兩點來說：

1. 賜以御用的或不可希冀的物件，使邊將感覺對天子有如父子之親。如董遵誨母在幽州，太祖令人賂邊民使迎之，送於遵誨。遵誨遣其外弟劉綜來貢馬，及還，太祖解所服眞珠盤龍衣使賷賜之。綜曰：「遵誨人臣，豈敢當此賜！」太祖曰：「吾委遵誨方面，不得以此爲較。」（見文瑩玉壺清話卷一，長編卷九與事畧卷二九均載此事）又如太祖命有司爲洛州防禦使郭進治第，廳堂悉用甋瓦。有司言：「唯親王公主始得用此。」太祖怒曰：「郭進控扼西山逾十年，使我無北顧憂，我視進豈減兒女耶？亟往督役，無妄言。」（見葉夢得石林燕語卷三，長編卷十一，事畧卷二九，宋史卷二七三郭進傳）

2.讒謗不入，以示信任。例如：有軍校詣闕告郭進陰通河東劉繼元，將有異志。太祖以其誣害忠臣，命縛其人予進，使自處置。（見歸田錄卷一，羅從彥遵堯錄卷一）

二、豐之以財。邊將應付强敵，最重間諜、斥堠，所以需大量錢財來養士。太祖對此絕不吝嗇，「厚之以關市之征，饒之以金帛之賜。其家之在京師者，仰給於縣官；貿易之在道路者，不問其商稅。」（蘇轍上神宗皇帝書、見欒城集卷七十一）這使邊將一方面貪於貨財而終身効力，一方面有錢措置軍事。

1.賜錢。太祖對文武大臣，常賜錢以結恩，而對邊將尤厚。如李漢超爲關南巡檢使，百姓有訟其貸民錢不還、及掠其女以爲妾的。太祖使人對漢超說：「汝需錢，何不告我，而取於民乎？」乃賜錢數百兩，曰：「汝自還之，使其感汝也。」漢超感泣，誓以死報。（註十六）

2.莞榷之利，悉以與之。北宋初，藩鎭租賦之入，未歸京師。太祖罷石守信等兵權時，便曾說過：「卿等各自擇善地，出就藩鎭，租賦之入，奉養甚厚。」（見王闢之澠水燕談錄卷一，王文正筆錄）邊州的租賦，自然任由守將支配了。如齊、棣有鹽海之利，數倍他郡；太祖卽命何繼筠守棣州，李漢超守齊州，給予一州之賦。（見事畧卷九二）

關南的屬州錢七千萬貫，也一并給了漢超。（見事畧卷二十李繼和所言）郭進在西山，盡得筦榷之利。太祖下荆、湖，以秦再雄爲辰州刺史，亦賜與一州租賦。（見魏泰東軒筆錄卷一）

3.縱邊將貿易黷貨。淸趙翼廿二史箚記卷二十四指出宋初嚴懲贓吏。這只是一面的看法。在另一面，太祖是縱容邊將貿易黷貨的。郭進在西山，可任意貿易。（長編卷二三趙卨言）李漢超在關南，私販榷場，規免征稅。有以此事達於太祖者，太祖卽詔漢超私物所在，悉免關征。（事畧卷二十李繼和言）興州刺史王晋卿以黷貨聞，太祖惜其才，不問。（見長編卷七，宋史卷二七一王晋卿傳）

三、小其名而重其權。擁有兵權和財力的邊將，其職位必不高。這也是維制將帥的方法之一。因爲「位不高則朝廷易制」，（長編卷四五錢若水語）有權力也不足以專橫。故以郭進那樣得太祖寵愛，亦位僅西山巡檢使而已。（宋初邊境諸名將，只有何繼筠爲節度使。）但他們的權力很大。咸平中楊偕上疏，中有云：

臣切見太祖命姚內斌領慶州，董遵誨領環州。二人所統之兵，裁五六千而已。閫外之事，一以付之；軍市之租，不從中覆。用能士卒效命，羌夷畏威，朝廷無旰食之憂，疆埸無羽書之警。（事畧卷四七楊偕傳）

又如太祖除秦再雄辰州刺史，亦使自辟官屬。

至於邊將的親兵，與禁衞將帥的自有不同意義。邊將巡邊，必須有親信保護，其用意完全是對外的，並不致養成威脅中央政府的勢力。故太祖對邊將養親兵，似乎尙能寬容。建隆三年十二月甲辰，他便說過這樣的話：

若分邊寄者，能稟朕意，則必優卹其家屬，厚其俸祿，多得公錢，及屬州課利，使之回圖，將免稅算，聽其招募驍勇，以爲爪牙。（長編卷三）

其後（乾德四年八月）雖詔禁殿前侍衛及邊防監護使臣選軍中驍勇爲牙隊，（見長編卷七）但亦不聞邊將有因養親兵而得罪者。

四、少其兵而久其任。兵少，則不能擁兵以自重；久任，則能知邊情及蕃漢關係。故郭進等所領的兵，「多者不過萬人，少者五六千人」（見蘇轍上神宗皇帝書。曾鞏亦謂姚內斌、董遵誨之兵，率不過五六千人。見元豐類藁卷三十）；而他們的任期，多的竟至二十年。今據長編、事畧、宋史，將太祖時西北邊諸名將的職位任期表列於下：

	防守地名	邊將	職位	任職年數
防契丹	關南	李漢超	太祖建隆二年秋七月，爲齊州防禦使；乾德元年十二月，兼關南兵馬都監；開寶九年十一月，爲雲州觀察使，判齊州，仍護漢南屯兵；太宗太平興國二年九月卒。	十八年
	瀛州	馬仁瑀	開寶四年三月，由密州防禦使徙瀛州防禦使；開寶九年十一月，徙知遼州；太平興國四年，遷朔州觀察使，判瀛州事；七年卒。	十三年
	易州	賀惟忠	宋初知易州；開寶二年六月爲易州刺史，兼易、定、祁等州巡檢使；六年四月卒。	十四年
	棣州	何繼筠	宋初爲棣州刺史；建隆二年十月，爲棣州團練使；三年十月，爲關南兵馬都監；開寶二年四月，爲棣州防禦使，石嶺關部署；八月，領建安節度使，判棣州；開寶四年七月卒。	十二年

防北漢	西山	郭進	建隆元年五月，由洺州團練使升本州防禦使，兼西山巡檢；開寶九年八月，爲河東忻代等州行營馬步軍都監；十一月，領應州觀察使、判邢州、兼西山巡檢；太平興國四年正月，爲太原石嶺關都部署；四月，自縊而死。	二十一年
	隰州	李謙溥	建隆四年，爲慈州刺史，晉隰等州都巡檢；尋遷隰州刺史，晉、隰等州都巡檢；開寶三年八月，爲濟州團練使；六年四月，復爲隰州巡檢使；九年正月卒。	十四年
防西戎	慶州	姚內斌	建隆三年十二月，爲慶州刺史；開寶七年二月卒。	九年
	環州	董遵誨	開寶元年六月，爲通遠軍使，拜羅州刺史；太平興國二年，兼領靈州路巡檢；六年三月卒。	十五年
	原州	王彥昇	開寶二年十二月，由防州防禦使移原州防禦使；七年，以病代還。	六年

此外，太祖對於領兵削平僭僞的主帥，亦待以懷柔之道。如乾德二年，王全斌領兵伐蜀。二月，京師大雪，太祖設氈帷於講武殿，穿紫貂裘帽視事。忽對左右說：「我被服如此，體尚覺寒。念西征將帥，衝犯霜霰，何以堪處？」即解裘帽造中黃門馳驛齎賜全斌。全斌拜謝感泣。（見長編卷五）

太祖對待士卒，亦以此法。如親征澤、潞時，山程狹隘多石，太祖親取數石於馬上抱之。羣臣六軍皆爭負石開道。（長編卷一）親征太原時，屯兵甘草地，歲暑雨，軍士多疾。太祖欲班師，殿前指揮使都虞候趙廷翰上言：「以城壘未下，諸班衞士，願登城死力，以圖攻取。」太祖說：「汝等吾躬自訓練，皆一以當百，所以備肘腋、同休戚也。一旦以小寇未平而欲先登陷敵，吾寧不得太原城，不欲令汝輩蹈必死之地。」左右再拜呼萬歲。（見宋會要兵七，長編卷十，事畧卷二十三）這顯然是用仁愛來收士卒心。又如乾德三年，發兵伐蜀，諸將辭，太祖對他們說：「所破郡縣，當傾帑藏，爲朕賞戰士。國家所取惟土疆爾。」故人皆效命，所至成功。（見宋會要兵七，李攸宋朝事實卷十七，事畧卷二十）而「郊祭赦宥，先務贍軍；衍士金幣緡錢，無所愛惜。」（揮麈餘話卷一）這顯然是用利來收士卒心。

第六節　士卒在精不在多

冗兵是北宋軍政的一個大問題，也是政治、經濟、社會的大問題。它使北宋國威不振，民生凋弊，社會混亂。太祖早就發覺到這問題的嚴重，對士卒的量不務多而質務精，所以注重揀選和訓練（其制詳見兵志八、九），這都是五代所忽畧的。

太祖務去冗兵，由下列三點可以證明：

一、太祖時的兵數不多。仁宗慶曆七年十二月，三司使張方平上言，中說；

伏以太祖皇帝取荆、潭，收蜀、廣，下江南，備晉寇，禦西北二敵，計所蓄兵不及十五萬。國初得周兵十二萬，後平蜀，揀其精兵，祇留一百二十人，及乾德中選練中外之兵，止存十萬，蓋極精銳也，後乃稍增及十五萬人爾。（樂全集卷二十三）

宋朱弁曲洧舊聞卷九云：

藝祖時養兵只二十萬。（玉海卷一三九謂「藝祖平定天下，養兵止二十二萬。」）

嘉祐七年，樞密院上祖宗已來兵數，中有云：

開寶之籍總三十七萬八千，而禁軍馬步十九萬三千。（通考卷一五二）

上面三種說法，好像不同，但都是對的。十五萬是就建隆、乾德間來說，三十餘萬是就開寶以後來說。故揮麈餘話云：「太祖前後精兵，不過三十餘萬。」至於曲洧舊聞所說的二十萬，想是乾德與開寶間禁軍之數。總之，我們可以確信，太祖時絕無冗兵的現象，冗食的問題也不會出現。

二、太祖務去冗兵，不使有傷財之患。長編卷三云：

（建隆三年十一月甲子）上謂羣臣曰：「晉、漢以來，衛士不下數十萬，然可用者極寡。朕頃案籍閱之，去其冗弱；又親校其擊刺騎射之藝，今悉爲精銳。故順時令而講武焉。」詔殿前侍衛兩司將校無得冗占，直兵限其數，著於令。（同見玉海卷一四五）

卷十七云：

上曰：「吾將西遷者無它，欲據山河之勝，而去冗兵，循周、漢故事以安天下也。」（晉）王又言：「在德不在險。」上不答。王出，上顧左右曰：「晉王之言固善，今姑從之。不出百年，天下民力殫矣。」

可見冗兵本是五代時的弊政，太祖有鑒及此，故務去之。汴都無險可守，要維持強幹弱枝的政策，不得不長駐重兵。（李綱論兵，亦曾指出此點。見梁谿全集卷一四八）這樣兵數便很難減省。因此太祖想遷都於險要之地。他本屬意於洛陽或長安，（張方平論京師衛兵事，亦謂太祖修完西京宮內，有建都之意。見樂全集卷二十一）但因「京邑凋弊，宮闕不完，軍食不充，壁壘未設。」（長編卷十七載李符上西幸八難之四）反觀汴渠之漕，歲致江、淮米數百萬斛。（同上）原來自唐安、史之亂後，經濟中心南移，關中已由富庶之區而轉為貧瘠之地。近人全漢昇在唐宋帝國與運河中，指出北宋所以建都汴京，運河實有決定性的作用。為了這一個重大的原因，太祖才不固執遷都之意，但亦已預料到不出百年，天下民力殫乏。所以，如果冗兵是由於都城在汴的關係，這責任應該在太宗以及後來諸帝身上。太祖定兵制的原意，是不容許有冗兵的。

三、大臣論冗兵的，都以修明祖宗舊典，減省兵籍為補救辦法。仁宗嘉祐七年，宰相韓琦上言：

……以祖宗所養之兵，視今數之多少，則精冗易判。裁制無疑矣。於是詔中書樞密院同議，樞密院掇祖宗已來兵數以聞。……自是稍加裁制，以為定額。（通考卷一五二）

英宗治平四年三月，張方平說：

今欲保泰豐財，安民固本，當自中書樞密院同心協力，修明眞宗已前舊典，先由兵籍減省。（樂全集卷二十四）

善制兵的，在精不在多。開寶三年十月，契丹以六萬騎攻定州，田欽祚領兵三千拒之，獲捷。北邊傳言「三千折六萬。」（見宋朝事實卷二十．長編卷十一）故蘇轍元祐會計錄序說：太祖時「士卒精練，常能以少克眾。」（見欒城後集卷十五）熙寧二年蘇轍上皇帝書，又云：「祖宗之兵，至少而常若有餘。」（見欒城集卷二十一）這和眞宗以後，兵日多而戰不克，實不可同日而語。

註 一：後梁享國十六年（由太祖開平元年至均王龍德二年），後唐十三年（由莊宗同光元年至潞王清泰二年），後晉十一年（由高祖天福元年至齊王開運三年），後漢四年（由高祖天福十二年至隱帝乾祐三年），後周九年（由太祖廣順元年至世宗顯德六年），共五十三年。

註二：後梁太祖朱全忠，唐昭宗天復元年爲宣武、宣義、天平、護國四鎭節度使，天復三年進爵梁王。後唐莊宗的父親李克用，唐僖宗中和三年爲河東節度使，昭宗乾寧二年進爵晉王。（雜見通鑑卷二五五、二六〇、二六二、二六四）可見梁、唐之得天下，皆奠基於藩鎭，而非由於擁立。

註三：通鑑卷二七九云：「（後唐潞王淸泰二年）（石）敬瑭將大軍屯忻州，朝廷遣使賜軍士夏衣，傳詔撫諭，軍士呼萬歲者數四。敬瑭懼。幕僚河內段希虎請誅其唱首者。敬瑭命都押衙劉知遠，斬挾馬都將李暉等三十六人以徇。」

註四：廿二史劄記卷二十一，指出五代由軍士擁立的君主，有後唐明宗李嗣源，後唐廢帝王從珂，和後周太祖郭威三人。這裏只論開國之君，故未說及後唐明宗與廢帝。

註五：考郭威討河中李守眞（五代史作李守貞）時，趙匡胤卽在行間（見宋史卷一太祖紀），澶州兵變，或曾目擊身經。故陳橋兵變，師其故智，當毫無疑義。

註六：宋蘇轍龍川別志卷上云：「周顯德中，以太祖爲殿前點檢。功業日隆，而謙下愈甚；老將大校，多歸心者，雖宰相王溥亦陰效誠欵。今淮南都園，則溥所献也。」長編亦云：「士卒服其恩威，數從世宗征伐，洊立大功，人望固已歸之。」（卷一）可見太祖早就善用懷柔的方法。

註七：長編卷一云：「太祖自殿前都虞候再遷都點檢，掌軍政凡六年。」

註八：石林燕語卷四：「據續事始云：『代宗永泰中，以中人董秀管樞密，因置內樞密使。』續事始爲蜀馮鑑所作也。」

註　九：揮麈後錄卷一云：「（唐昭宗光化二年九月）崔允為宰相，與上密謀盡誅宦官；中尉（宦官而握兵權者）劉季述、王仲元，樞密使王彥範、薛齊偓陰謀廢上，請太子監國。已而太子改名縝，即位。十二月，孫德昭、董彥弼、周承誨三人除夜，伏兵誅季述等。翌日，昭宗復位，三人賜姓李，除使相，加號三功臣，寵遇無比。崔允與陸扆乞盡除宦官。上與三人謀之，皆曰：『臣等累世在軍中，未聞書生為軍主者。若屬南司，必多更變，不若仍歸之北司為便。』上諭允等曰：『將士意不欲屬文臣，卿等勿堅求。』於是復以袁易簡、周敬容為樞密使。」可見武人寧願由宦官（樞密使）主軍政，亦不願由文臣（中書）。這樣，軍權便漸漸由中書而轉到樞密使手中。

註　十：揮麈後錄卷一云：「朱梁建國，深革唐世宦官之弊，乃改為崇政院，而更用士人敬翔、李振為使。二人官雖高，然止於承進文書、宣傳命令，為唐宦者之職。今士大夫家猶有梁宣底四卷，其間所載，大抵中書奏請，則具記事，與宗政使，令於內中進呈；所得進止，卻宣付中書施行。其任止於此。至後唐莊宗入汴，復改為樞密院，以郭崇韜為使，始分掌朝政，與中書抗衡。宰相豆盧革為宏文館學士，以崇韜父名宏正，請改宏文為昭文，其畏之如此。明宗即位，以安重誨、范延光為樞密使，二人尤為跋扈。晉高祖即位，思有以懲戒，遂廢之。至開運元年復置，末帝以其后之兄馮玉為之。自是相承不改。」沈括夢溪筆談卷一六亦謂後唐莊宗復樞密使，以郭崇韜、安重誨為之，始與中書分領政事。

註十一：宋初只有殿前、侍衛兩司，眞宗時侍衛司才分為馬軍司和步軍司（見趙彥衛雲麓漫鈔卷五），合殿前司成「三衙」。殿前侍衛的名稱，沿於五代。後梁已有侍衛親軍。舊五代史卷十云：「（梁末帝龍德元年）五月，丙戌，朔，制曰：『……侍衛親軍及諸道行營將士等第，頒賜優當，已從別敕處分。』」後唐明宗始置侍衛親軍馬步軍都指揮使。（見新五代史卷二七、石林燕語卷六）後周始設殿前司。舊五代史卷一一三云：「（周太祖）廣順三年春三月，……丙戌……以殿前都指揮使李重進領泗州防禦使。……」

註十二：自建隆二年閏三月，慕容延釗罷殿前都點檢；七月，高懷德罷殿前副都點檢，此後不除。（見長編卷二）

註十三：（一）太祖設廂軍，目的是用以供役，以漸漸減免人民的力役。長編卷二云：「（建隆二年五月）令諸州勿復調民給轉置，悉代以軍卒。」卷十二云：「（開寶四年三月）發廂軍千人詣京兆修先代陵寢，令勿復調民。自今有當繕治者，以鎮兵給其役。」故太祖朝除了大役（如塞決河）外，很少動用民夫。（二）鄉兵早在周廣順初已有，太祖有意加以放散。長編卷二云：「周廣順初，鎮州諸縣十戶取才勇者一人爲弓箭手，餘九戶資以器甲芻糧。是歲（建隆二年）詔釋之，凡一千四百人。」卷四云：「（乾德元年冬二月）放潭、邵州鄉兵數千人歸農。」又云：「（乾德三年四月）乙丑，放洋洲義軍八百人歸農。」卷九云：「（開寶元年九月）雅州義軍都指揮使權知黎州曹光實入貢京師。自言州境安靜，不須義軍巡警，請罷之，使歸業。上喜謂左右曰：此蜀之俊傑也。令升殿勞問之。」（三）太祖對蕃兵不很重視，亦不願重用。由下面二事可見：建隆三年八月，庚寅，遣引進使郭承遷會秦州吳廷祚率兵往尙書寨，驅蕃卒歸本部。（見長編卷三）乾德元年四月，甲辰，令涇、原、邠、慶州不得補蕃人爲沿邊鎮將。（卷四）

註十四：太祖釋石守信、王審琦等兵權事，發生於建隆二年七月。見於邵伯溫聞見前錄卷一、司馬光涑水記聞卷

一、王文正筆錄、澠水燕談錄卷一等；長編卷二引之，並詳加訂正。

註十五：長編卷十云：「（開寶二年九月）己亥，上宴藩臣於後苑。酒酣，從容謂之曰：『卿等皆國家宿舊，久臨劇鎮，王事鞅掌，非朕所以優賢之意也。』前鳳翔節度使兼中書令王彥超喩上指，即前奏曰：『臣本無勳勞，久冒榮寵。今已衰朽，乞骸骨歸邱園，臣之願也。』前安遠節度使兼中書令楡次武行德、前護國節度使郭從義、前定國節度使白重贊，前保大節度使楊廷璋，競自陳攻戰閥閱及履歷辛苦。上曰：『此異代事，何足論也。』庚子，以行德爲太子太傅，從義爲左金吾衛上將軍，彥超爲右金吾衛上將軍，重贊爲左千牛衛上將軍，廷璋爲右千牛衛上府軍。」（同見邊堯錄卷一，簡較）

註十六：此處據歸田錄卷一及邊堯錄卷一，事畧卷二九、宋史卷二五九皆引之。涑水記聞卷一則以李漢超爲張美，長編用之，並註云：「按漢超在關南，民爲立碑頌德，當不如此。」不過，據宋史卷二五九張美傳，則張美在同州，不取率分錢，頗有廉潔之名。至若民爲漢超立碑頌，則張美在滄州亦以政績聞。且漢超私營榷場，規免征稅，當時人所皆知。故貸民錢不還等事，極可能是漢超所爲。

第二章　北宋兵制的動搖

第一節　太宗欲守太祖成規

太祖太宗，皆目覩五代的政治混亂和軍隊專橫（太宗在周爲內殿祇候供奉官都知），太祖針對這些弊端而建立兵制，太宗自然也有同感。所以，太宗對太祖所定的規模，是有意恪守的。太平興國二年春正月，太宗便曾對侍臣說：「朕以涼德，纘守鴻圖。凡機務邊事，皆奉行先帝成規，不敢輒有改易。」（見長編卷一八，同見遵堯錄卷二）雍熙三年，太宗北伐契丹，獨與樞密院計議，一日至六召，中書不預聞。（見長編卷二七）李昉身任元宰，當北戎入寇，亦不憂邊，致爲翟馬周所訟。（見長編卷二九）端拱二年十二月，右正言謝泌請：「凡政事送中書，機事送樞密，財貨送三司，覆奏而行。」太宗從之，遂著爲定制。（見長編卷三一，宋史卷三〇五）可見太宗能守文武二柄分持之意。

太宗每朝罷，卽於便殿或後苑親閱禁軍，取其伉健者隸親軍，罷其老弱，分配外州。自是藩衞之卒益精。（見長編卷一八，玉海卷一四五）可見太宗尤著意於强幹弱枝之道。

太平興國二年九月，太宗大閱兵，命天武左廂都指揮使崔翰董其事。事畢，太宗密遣中使以金帶賜翰，對他說：「此朕藩邸時所服者也。」（見長編卷一八）太原降將楊業，所戰屢捷，爲契丹所畏，主將戍邊者多嫉之，或潛上謗書，斥言其短。太宗皆不問，封其書付業。（見長編卷二一，宋史卷二七二楊業傳）太平興國四年，太宗親征太原，常親擐甲冑，蒙犯矢石，指揮戎旅。左右有諫者。太宗說：「將士爭效命於鋒鏑之下，朕豈忍坐視。」諸軍聞之，皆冒死先登。（見長編卷二十）可見太宗能懷柔將士。

雍熙元年二月，太宗御崇政殿親閱諸軍將校，按名籍參攷勞績而升黜之，對近臣說：「兵雖衆，苟不簡擇，與無兵同。先帝訓練之方，咸盡其要，朕因講習，漸至精銳。倘統帥得人，何敵不克。」（見長編卷二五）可見太宗不求士卒衆多，而務求精銳。

第二節　削藩與邊患的影響

太宗在意識上是要維持太祖兵制的，但由於削藩與邊患，北宋兵制在不覺中動搖了。這原非太宗想像所及的。

第一，太宗太着意於削減藩鎮之權。初節度使得補子弟爲軍中牙校，太宗即位，即召諸州府籍其名，送闕下，補殿前承旨，以賤職羈縻之。太平興國二年正月，「詔中外臣僚，自今不得因乘傳出入齎輕貨邀厚利，並不得令人於諸處回圖與民爭利；有不如詔者，州縣長吏以名奏聞。」於是藩鎮再不能遣親吏在諸道來回貿易了。又申禁藩鎮補親吏爲鎮將。同年八月，用高保寅與李瀚之言，罷節鎮領支郡，使皆直屬中央。（註一）（雜見長編卷十八，宋朝事實卷九）

太宗一方面使各州不相統隸，一方面於太平興國二年四月，詔轉運使考察諸州，凡諸職任，第其優劣，尋復遣使分行諸道，廉察官吏。（見長編卷一八）轉運使本司漕運之事，至此權力便提高了，諸州長吏皆爲所制。故轉運使又稱監司，爲地方的監察，而那些廉察官吏善惡的使臣，尤爲太宗所信任。長編卷十九云：

嶺南使者言：「知封州李鶴不奉法，誣奏軍吏謀反。」詔誅之，不問狀。

第二、自太平興國四年平定太原，與契丹的衝突更形直接。雍熙三年，北伐無功，驍將楊業戰死，邊患便成了一個很嚴重的問題。

第一點的結果，是太祖對邊將「豐之以財」和「重其權」的精神動搖。此後對待邊將的方法，便與太祖不同。

一、邊將再不能乘傳貿易圖利，這當然是一種政治上軌道的措施，但邊將應付强敵，實需財用，故須從別些途徑上使它們有足够的財用，這就是太祖「豐之以財」的原則。太宗好像沒有注意及此。

二、太宗使轉運使與親信察官吏善惡，邊將亦在廉訪之列。太平興國三年五月，秦州節度判官李若愚之子飛雄，矯稱制以巡邊爲名，掠巡驛殿直姚承；遂至隴州，掠監軍供奉官王守英；至吳山縣，掠縣尉盧贊，皆令從行。時秦州內屬戎人爲寇，都巡檢使周承瑨與田仁朗、劉文裕、王侁、梁崇贇、韋翰、馬知節等受詔屯兵淸水。飛雄矯制奏縛之。仁朗獨號泣求覩詔書。飛雄怒叱曰：「吾受密旨，以汝輩逗撓不用命，且令盡誅汝輩，豈不聞封州殺李鶴邪？詔書豈可見也。」（長編卷一九）李飛雄雖伏誅、但亦可由此見太宗對邊臣控制的嚴緊了。周承瑨、田仁朗等的職位，和太祖時郭進、李漢超等無異，但他們的權力，顯然不及太祖時那麽「專」和「重」了。

上述二事，都是眞宗朝對邊將寡恩與疑貳的先聲。

第二點的結果，是西北緣邊都部署的建立和「文武柄分持」的精神的動搖。

一、太祖朝所倚重的邊將，地位都不很高，如郭進李漢超等，只是沿邊巡檢使。太宗旣下太原，直接與契丹接觸，因此西北沿邊的地方，如高陽關（卽關南，太宗時改此名）、鎭州、定州、滄州等都設都部署。這麽一來，巡樞使那樣的武職，便無關輕重了。這是太祖不使邊將名重的精神的動搖。

二、文武柄分持精神的動搖，就是樞密院職權被侵奪的先兆。這可於下列五事見之：

1. 太宗覺樞密院不足以應付軍政。端拱二年春正月，癸巳，詔文武羣臣各陳備邊禦戎之策。並召大臣至便殿，問以邊事。（見長編卷三十）

2. 大臣上奏指出邊事須與宰相商量。端拱三年，知制誥田錫上疏云：

……臣聞前年出師向北，命曹彬以下欲取幽州，是侯利用賀令圖之輩熒惑聖聰，陳謀畫策，而宰臣（李）昉等不知。又去年招置義軍，簽配軍分，宰相（趙）普等亦不知之。豈有議邊陲、發師旅，而宰相不與聞。若宰相非才，何不罷免；宰相可任，何不詢謀。……乞陛下以軍旅之事，機密之謀，悉與籌量，盡其規畫。……（長編卷三十）

3. 至道二年，太宗以靈州孤絕，救援不及，乃詔令宰相呂端，知樞密院事趙鎔等各述所見利害。（見長編卷二九）

4. 樞密院與中書省的關係漸趨密切。長編云：

（淳化五年十一月）辛亥，舍人院言：「先是除授內殿崇班及諸司副使，只樞密院吏除目，閥閱爵里並不得知。乞自今詔樞密院件析事狀送中書，作詞頭乃付院草制。」從之。（卷三十六）

5. 太宗於太平興國四年，置簽署樞密院事。淳化三年，設同知院事。（見通考卷五八）舊制：樞密院只有樞密使、樞密副使，至是權力乃漸分散。

此外，在太宗朝兵制上出現了兩種趨勢：一是文臣漸握兵權，一是蕃兵和鄉兵漸被重用。前者由於太宗提高文

臣的權力地位；後者由於征伐與邊患的影響，和以夷制夷的政策的運用。（註二）

太祖初用文臣知州，並未及於邊要地方，如雄州、棣州、瀛州、易州、慶州、晉州等皆用武臣守之。（見第一章第五節）太宗朝普遍用文臣知邊州。至眞宗仁宗便發展成文臣節制一路或四路兵將，成爲主帥。而樞密使副，亦多用文臣爲之。

太平興國四年，太宗親征太原，命知府州折御卿攻嵐州，破之。定難留後李繼筠言：「遣所部銀州刺史李光遠、綏州刺史李光憲帥蕃漢兵卒，緣黃河列寨河畧敵境，以强軍勢。」（見長編卷二十）折御卿、李光遠、李光憲等都是蕃族而受羈縻的。太平興國八年四月，壬寅，以豐州刺史王承美爲團練使，沒細都大首領越移爲懷化大將軍，瓦瑤爲歸德大將軍，耶保移邈二族首領弗季克浪買，乞党族大首領歲移，並爲歸德將郎將，以賞其破契丹之功。同年十二月，宥州言：「戎人三萬入寇，巡檢李詢率所部蕃漢卒擊走之。」（見長編卷廿四）可知那時邊境已普遍利用蕃兵作戰。

至於鄉兵之被重用，由太宗置河北忠順軍可見。通考云：

太宗朝以瀛、英、雄、霸州，乾寧、順安、保定軍，家戶置，凡三千人。自泥姑海口九百里爲二十六寨，一百二十六鋪，沿界河分番巡徼，隸緣邊戰棹巡寨司。自十月悉上，人給糧二升；至二月輸半營農。（卷一五六）

這種趨勢，到了眞宗仁宗時便成了一種兵制上的轉變。

註　一：宋太祖時，逐漸將重要州軍直隸京師。據長編，直隸京師的州軍，乾德二年七月有階成二州（卷五），乾德五年二月有慶州（卷八），開寶三年五月有通遠軍（卷十一）等。

註　二：長編卷二五云：「（雍熙元年三月），丁巳，上謂宰相曰：『……朕前後遣師將，皆諭以柔服之旨，戎人畏威，故不煩戰伐，皆相率內附。』」這是以「柔服之旨」待邊蕃。端拱二年，詔文武羣臣陳備邊策，右拾遺王禹偁上奏議，有云：「以夷狄伐夷狄，中國之利也。」（見長編卷三十）太宗用其策。馴至眞宗景德初，西夏李繼遷被殺，也是西蕃博羅齊的力量。（見長編卷五六）故當時西方稍息戎事，不可謂非此政策的成功。

第三章　北宋兵制的破壞

北宋自太祖太宗樹立國家規模，至眞宗仁宗文物大盛，蔚成治世；但是北宋兵制的破壞正在此時進行。考其原因有三：

一、邊患：自太宗太平興國四年以後，頻與契丹交兵；淳化年間，西夏李繼遷或叛或降。眞宗卽位，屢爲二邊所困擾。至景德元年冬，與契丹議和於澶淵；三年，西夏亦稱臣。中國才得到喘息的機會。仁宗寶元元年，西夏元昊反，西邊用兵不已。爲了應付邊患，軍政上便發生了許多變動，兵制自然隨之而變。中書樞密職權混淆，郡國紛置禁軍，以至韓琦刺義勇，王安石置保甲等，都由此而來。

二、和議：趙翼說：「宋之爲國，始終以和議而存，不和議而亡。」（廿二史箚記卷二六）又說：「統宋一代論之，燕雲十六州，淪於契丹，太祖太宗久欲取之，自高粱河，岐溝關兩敗之後，兵連禍結，邊境之民爛焉。澶淵盟而後兩國享無事之福者且百年。元昊跳梁，雖韓范名臣不能制，亦終以歲幣餌之，而中國始安枕。」（同上）此論似是而非，實則元昊之不能制，乃因北宋的兵將不能戰；兵將之不能戰，乃因和議使上下習於苟安。

眞宗與契丹議和，及西夏稱臣，可說是北宋兵制轉變的一個關鍵。起初眞宗尚屢示不忘邊備，（註一）但不久，注意力已放在封禪符瑞的事上，致邊備久弛，人不知兵。當時簽書樞密院事馬知節便大不以爲然。（見宋朝事實卷十）結果，仁宗時元昊叛聲一起，上下震動。歐陽修說：「自眞宗皇帝景德二年盟北虜於澶淵，（按盟事本在景德元年冬十二月，此處誤作二年。）明年始納西夏之欵，遂務休兵。至寶元初元昊復叛，蓋三十餘年矣。上下安於無事，武備廢而不修，廟堂無謀臣，邊鄙無勇將，將愚不識干戈，兵驕不知戰陣，器械朽腐，城郭隳頹……所以用兵之初，有敗而無勝也。」（奏議集卷十八）范仲淹也有同樣的論調，且謂「昔之戰者，今已老矣，少者未知戰事。人不知戰，國不慮危，豈聖人之意哉！」（范文正公集卷七）

慶曆三年元昊納欵順服，仁宗重蹈眞宗覆轍，「被邊長吏，不復銓擇，高冠大袍，恥言軍旅。」（事畧卷四八李彥遠傳引彥遠所言）及至西夏再叛，政府爲了興師討伐，不得已出於募軍及刺民兵二途。冗兵之患，由此發生。

三、重文治：太祖建國，革五代武人跋扈之弊，起用文臣。故北宋文臣操縱政事是必然的趨勢。重文的影響，就是輕武。眞宗以後，朝野大臣，都輕視武人。樞密院爲文臣所控制，武臣任事的漸少，這是和太祖時有點不同的。（註二）不但如此，文臣更進而把邊境軍隊的指揮大權攬於手中。太祖對邊將的懷柔之道，漸被忽畧。眞宗雖亦曾留意保存一二武臣，（註三）但一般來說，對邊臣的恩賞漸薄；而士大夫對武人輕視之心，已根深蒂固，牢不可拔了。

上述三點帶來的後果，是「兵士雜於疲老而未嘗申勅訓練，又不爲之擇將，而久其疆埸之權。宿衞則聚卒伍無賴之人，而未有以變五代姑息羈縻之俗。」（王安石本朝百年無事劄子，臨川先生文集卷四十一）換句話說，就是北宋兵制固有精神的喪失。要知道北宋兵制之所以獨特於異代者，在其互相維制、互相調協的精神。此精神喪失，北宋兵制自必大壞。

第一節　中書樞密職權的混淆

中書樞密職權的混淆，在太宗時已露出端倪。眞宗、仁宗時，文武柄分持的觀念更泯然無存了。唐置樞密院，本意是分中書省之權；至此，則中書省反而侵奪樞密院的職掌。我們由下列四事可以見到：

一、宰臣權同發遣樞密院事與兼樞密使：眞宗咸平三年，因上封者言樞密使王顯「專司兵要，謀畧無所取」，乃命參知政事向敏中權同發遣樞密院事。仁宗慶曆二年，命右僕射兼門下侍郎平章事呂夷簡判樞密院，工部侍郎平章事章得象兼樞密使。後參知政事王舉正言：「二府體均，判名太重，不可不避也。」右正言田況亦以爲言，於是夷簡改兼樞密使。（見長編卷四六、一三七）

二、中書樞密同議軍政：眞宗咸平四年十二月，邊臣請城綏州，未決，詔中書省樞密院會議決之。咸平六年五月，河東轉運副使鄭文寶上言：管內廣銳兵萬餘難得資糧。詔徙置近南諸州。又欲令强壯戶市馬，以備征役。詔中書樞密院參議。仁宗康定元年，用翰林學士丁度與知諫院富弼之言，詔樞密院自今邊事並與宰相張士遜、章得象參議。又從知樞密院事晏殊之請，詔參知政事同議邊事。並詔中書置廳於樞密院之南，與樞密院議邊事。後來雖罷宰臣兼樞密使，但樞密院亦請進退管軍之事，並與宰臣同議。（見長編卷五〇、五四、一二六、一五七）

三、眞宗仁宗皆以爲中書應總文武大政：邊堯錄卷三云：

眞宗自北道用兵，有邊奏至，凡軍旅之事，多先送中書。謂畢士安、寇準曰：「此皆欲卿等先知。中書總文武大政，樞密雖專軍機，然大事須本中書。頃來李沆往往別具機宜上奏，卿等當詳閱之。但於討論者悉言利害，勿以事干樞密而有隱也。」

卷六云：

帝（仁宗）曰：「軍國之事，當盡歸中書，樞密非古官。」

四、大臣皆以爲中書應預邊事，甚至議廢樞密院：眞宗咸平五年，侍御史知雜事田錫說：「賞罰二柄，不必一一問中書：通變萬機，不必一一由密院。」（長編卷五三）仁宗康定元年，翰林學士丁度說：「古之號令，必出於一。今二府分兵民之政，若指揮乖異，則天下無適從，非國體也。請軍旅重務，二府得通議之。」（卷一二六）知諫院富弼說：「邊事系國安危，不當專委樞密院。周宰相魏仁浦兼樞密使，國初范質王溥亦以宰相參知樞密院事。今兵興宜使宰相以故事兼領。」（遵堯錄卷六）西夏首領二人來降，補借奉職，覊置荆、湖。宰相初亦不知。富弼歎道：「此豈小事而宰相不知耶。」（見蘇軾富鄭公神道碑）而晏殊知樞密院事，亦以令參知政事議邊事爲請。慶曆二年，張方平更請廢樞密院歸中書。他說：

臣竊以朝廷政令之所出，萬事之本原，一統於中書。若樞密院，則古無有也。起於後唐權宜之制，因循相承，兵柄寖重，乃與中書對秉衡軸，至於分軍民爲二體，別文武爲兩途。宣敕並行，議論難一，事無任責，更相顧望。目古爲理，患在多門。……謂宜詳求利害，稽復古制，省樞密院歸於中書。若重於改爲，則莫若通樞密院之職事於中書……（樂全集卷二十）

嘉祐三年，詔翰林學士胡宿、知制誥劉敞詳定官制。在他們所上的奏中，有云：

唐制：無公卿爲樞密使。五代用兵，始與中書對掌機密。欲改正官制，當以院事還中書及尚書兵部。（見文恭集卷七、公是集卷三十三）

綜合來說，眞宗以後，君臣上下，皆以爲中書應總文武大政，而樞密非古制。故初而詔宰臣與樞密使同議邊事

（由眞宗咸平至仁宗慶曆初）；繼而宰臣兼樞密使（仁宗慶曆二年）；再而議廢樞密院（慶曆二年以後），但結果沒有實現。

中書樞密職權混淆的直接原因，無疑是邊患。仁宗命呂夷簡兼樞密使，乃出於大將劉平戰死西邊之後。故元昊納款後，宰相便不帶兼樞密使。至其間接原因，則爲相權漸重。慶曆二年，樞密副使任布，便因數忤宰相呂夷簡而罷去。（長編卷一三七）

中書與樞密職權混淆後，不但中書兼握武柄，樞密院亦常參預中書事。嘉祐初，韓琦爲相，或中書有疑事，往往私與樞密院謀之。（見長編卷一〇六）英宗議除曹佾同平章事，先以問宰相韓琦，繼問樞密使富弼，然後決定。（見長編卷二〇一）而軍國大事，多由中書樞密同決定或同取旨。故三省長官與樞密使副，通謂之執政（見澠水燕談錄卷五），在政治上的地位和作用更相近了。

仁宗以後，樞密院的地位雖時抑時張，但中書樞密職權的互通，殆無疑義。今附述其梗概于後：英宗朝宰相韓琦、曾公亮權兼樞密院公事，但爲期甚暫。（見長編卷二〇五）治平四年，詔諸路帥臣及副總管有移易，依慶曆故事，中書樞密參議。（卷二〇九）神宗朝王安石爲相，欲張相權，遂抑樞密院。於熙寧三年五月，與韓絳以審官院爲審官東院，別置審官西院，以差遣使臣。神宗從之。大使臣差遣本屬樞密院，樞密使文彥博反對無效。（卷二一一）元豐四年，既改官制，議者又欲廢樞密院歸兵部，但未成功。（卷三二〇）哲宗初，章惇知樞密院事，頗肆專橫，樞密院的職權，擴至參預除授諫官。諫官有不如意，竟斥其可斬。（卷三六九）雖然章惇卒爲劉摯、王巖叟等所劾去位，但以後樞密院的權力亦稍復。元祐二年二月八日，以太師文彥博之請，詔兵部自今進廂軍兵籍之冊，以其副上樞密院。(見宋會要刑法七，並見兵志七)三年正月，詔令今後文臣換大使臣，並三省樞密同取旨。(長編卷四〇八)閏十二月十四日，詔陝西、河東蕃官蕃兵，三路、廣西、川、陝、荊湖民兵及敢勇効用之屬並隸樞密院，兵部依舊主行其餘路民兵。(見宋會要刑法七，同見長編卷四二〇)元祐五年七月，樞密院言：「諸路主兵官及使臣等犯法，下所屬鞫治，及案到大理寺論法，乃上尚書省取旨。慮有元犯情重，或事干邊防，合原情定罪者。既元自樞密院行下，當申樞密院取旨。」從之。(卷四四五)至徽宗朝，宰相王黼銳意北伐，於三省置經撫房，專治邊事，不復以關樞密院。(事畧卷一〇六)但這只是一種畸形發展而已。

中書參預軍政，在眞宗仁宗來說，不能不算是一種濟時的措施。邊患頻仍，確非樞密院足以應付。但這一轉變，卻發生兩種影響：

第一：中書樞密議事多不合，常使政令不一。事畧卷五九范仲淹傳云：

會盜起淮南，知高郵軍晁仲約度不能禦，諭軍中富民出金帛，具酒肉，使人迎勞，且厚遺之。賊悅徑去。事聞，富弼時在樞府，議欲誅仲約，以正軍法。(范)仲淹(時爲參知政事)欲宥之。弼曰：「盜賊公行，守臣不能禦，又不能守，而使民醵錢遺之，法所當誅也。」仲淹曰：「郡縣兵械足以戰守，遇賊而不禦，而又賂之，此法當誅也。今高郵無兵無械，雖仲約之義當勉力戰守，然事有可恕。戮之恐非法意也。」仁宗從之。仲約由此免死。

揮麈後錄卷一云：

熙寧初，滕達道爲御史中丞，上言：「中書密院議邊事多不合。趙明與西人戰，中書賞功而密院降約束。郭遠修補柵寨，院方詰之，而中書已下褒詔矣。夫戰守大事也，安危所寄，會中書欲戰，密院欲守，何以令天下。欲敕大臣凡戰守除帥議同而後下。」神宗善之。

第二、晚唐五代，樞密院既侵奪了中書的職權，而本身卻未明白劃分職掌，故成了政治上的贅疣。宋太祖定兵制，使樞密院專理軍政，樞密院才成爲一有生氣、有活力的獨立機關。至此，中書復奪其權，樞密院實無設立的必要。但北宋樞密院始終存在，則又成了政治上的贅疣無疑。

第二節　內外兵權的合一

眞宗甫卽位，便遭受到邊患的威脅；至景德元年與契丹議和，景德三年西夏請降，戰事延續達八九年之久。仁宗景祐初，西夏元昊始謀入寇。寶元元年，開始大擧用兵。至慶曆三年，夏人請和，邊患也擾攘了六年。由於邊患嚴重，禁衞將帥紛紛領兵出邊，轉戰經年，旣爲邊境各路都部署，又兼帶禁衞職。於是，太祖內外兵權分守的觀念漸趨淡薄。

第一、禁衞將帥出爲邊境都部署，仍帶禁衞職銜。在出戰期間，兩種職位都可能遷徙或黜陟。長編卷四五云：

（咸平二年七月），以馬步軍都虞候、忠武節度使傅潛爲鎭定高陽關行營都部署。

卷四六云：

（咸平三年正月）鎭定高陽關行營都部署、馬步軍都虞候、忠武節度使傅潛……削奪官爵，潛流房州。

則傅潛由領兵出外以至被貶，皆帶邊職與禁衞職。卷四六云：

(咸平三年正月)以殿前都虞候葛霸為貝冀高陽關前軍行營都部署。

卷四七云：

(咸平三年四月)徙天雄軍都部署、殿前副都指揮使、保順節度使葛霸為邠寧環慶都部署。

卷四八云：

(咸平四年四月)以馬軍都指揮使、感德軍節度使葛霸為幷代行營都部署。

卷五七云：

(景德元年九月)馬軍都指揮使葛霸為駕前西面邢洺路都部署。

考葛霸於景德二年八月解軍職，是則在四五年內，邊職與禁衛職幾經遷徙。卷一二三云：

(寶元二年正月)丙午，以殿前都虞候、邕州觀察使、環慶路副都部署劉平兼鄜延環慶路安撫副使。

卷一二七云：

(康定元年四月)贈步軍副都指揮使、靜江軍留後劉平為忠武節度使兼侍中。

可見劉平在戰死之前，已陞職為步軍副都指揮使。

第二，有本任邊職而入為禁衛帥，再兼邊職者。長編卷一二九云：

(康定元年十月)丙申，環慶部署、忻州團練使、兼知慶州任福為龍神衛四廂指揮使、賀州防禦使……尋命福兼鄜延路副都部署。

又云：

（康定元年十二月）龍神衞四廂都指揮使、賀州防禦使、環慶副都部署任福爲馬軍都虞候。

這是說，任福由邊臣入典禁衞，再兼邊職。慶曆元年，當他戰死好水川時，仍爲馬軍都虞候。

由上述兩點，可見那時內外的兵權，不再像宋初那樣劃分得很淸楚。更有一點，可作此說的旁證。長編卷二〇八云：

（治平三年十月）同簽書樞密院郭逵爲陝西四路沿邊宣撫使兼權判渭州。逵懇辭簽書。上曰：「初欲授卿宣徽使，慮外人以爲罷政，第領樞職，任重使權。」自呂餘慶以參知政事權知成都府，其後見任執政，無守藩者。至逵始以同簽書樞密院事出鎮。

英宗享祚短促，一切政制仍依仁宗，可算是仁宗朝的延續。而以同簽書樞密院事兼判藩鎮，實違反太祖內外兵權分守的原則。爲了此事，侍御史呂景便說過「樞府兵柄，方鎮帶之，於體非便」的話。（見楊仲良續通鑑長編紀事本末卷五十七，以下簡稱長編紀事本末。）雖然這只是偶然發生的事，不成定制，但當時對此觀念的忽視，亦可以想見。

第三節　地方性的禁軍與作戰主力的轉移

太祖制兵，禁軍最爲精銳，駐在京師；地方除戍守駐泊外，沒有禁軍之設；而就糧之兵，亦不甚多。這是强幹弱枝之道，前已詳及。所以眞宗、仁宗時，各地紛置就糧禁軍，實失太祖之意。加以北人事釁，西敵合從，不得不外遣重兵，宿衞之兵日形單薄。難怪張方平恐怕有「尾大不掉」之患了。（見樂全集卷廿一論京師衞兵事）

那時各地所置的禁軍，大都由鄉兵和廂軍升格而成。咸平五年五月，丙辰，遣使往邠、甯、環、慶、涇、原、儀、渭、隴、鄜、延等州，保安軍，選保毅軍取三萬人，各置本州，號振武，升爲上軍。六月，以河東州兵爲神銳二十四指揮，又升石州廳子軍爲禁軍。（見長編卷五二，通考卷一五六，兵志一）

各地紛置禁軍，是由一種邊患日迫、禁軍缺乏的狀況引激而來，（故陳傅良謂：「自元昊叛而西北有保毅，王倫叛而東南有宣毅，於是列郡稍置禁軍。……」見止齋先生文集卷十九）在當時的帝王眼中，是不得已之舉。長編卷五二記咸平五年五月眞宗與輔臣論邊事，有云：

方今州兵不可太盛，須防之於漸。唐自明皇後，藩方逐帥坐邀旄鉞，河朔三鎭，終不能制，此可爲鑑戒也。

又云：

當今邊防闕兵，朝廷須爲制置，蓋不得已也。俟疆埸寧靜，乃可消弭耳。

各地置禁軍後，國計民生頗受影響，宂兵之患更形凸出了。陳傅良說：

自州郡各有禁軍，而三司之卒不出，不出則常坐食於京師；常坐食於京師，則必盡天下之利歸於公上；利盡歸於公上，而州郡之益兵已多，則其勢巧取陰奪而後足。於是養兵始爲大患。……（止齋先生文集卷十九）

各地置禁軍是一種很不尋常的事，而另一不尋常的事也在眞宗仁宗時普遍表現出來。那便是禁軍多怯懦不善戰鬥，作戰主力轉移到鄉兵、蕃兵和廂軍身上。這與太祖兵制更是背道而馳的。（兵志敍述鄉兵、蕃兵、廂軍之事甚詳，但儘管羅列事實，這一種作戰主力的轉移卻沒有看出來。）

北宋的鄉兵，主要的，有河北河東神銳、忠勇（仁宗時久已廢）、强壯（五代時已有，眞宗咸平三年復籍河北河東民爲之），河北忠順（太宗時置）、强人（眞宗時募），陝西保毅寨戶强人（周廣順之制，眞宗咸平五年正月點沿邊丁壯充保毅軍六萬八千七百七十五人）、强人弓手（眞宗時募）、河東陝西弓箭手（周廣順之制，宋太祖建隆二年詔釋之，眞宗景德二年復募），河北、河東、陝西義軍，川峽土丁（神宗熙寧七年募）、壯丁，荊湖南北弩手、土丁，廣南東西路槍手（仁宗嘉祐六年置）、土丁（嘉祐七年置），邕州溪峒壯丁（英宗治平二年籍）等。（據宋會要兵一、通考、與長編）鄉兵在宋初，只是一種後周的殘餘政制，到眞宗以後，才普遍起來；同時也得到發展的機運。

鄉兵中最稱强勁的，是河東陝西弓箭手。弓箭手異於其他鄉兵的地方，是「官給閑田，永蠲其租」，故多募於邊界。給田之議始自曹瑋。長編卷六三云：

（景德二年五月）知鎭戎軍曹瑋言：「邊民應募爲弓箭手者，皆習障塞蹊隧，能解羌人語，耐寒苦，有警可參正兵爲前鋒。而官未嘗與器械資糧，難責其死力。請給以境內閑田，永蠲其租。」……詔人給田二頃，出甲士一人；及三頃者，出戰馬一匹。設堡戍，列部伍，補指揮使以下，校長有功勞者亦補軍都指揮使，置巡檢以統之。其後鄜、延、環、慶、涇、原幷河東州軍，亦各募置。（同見宋會要兵四，兵志四）

眞宗仁宗兩朝的禁軍，已缺乏了原有的特出和勇武的精神，代之而起的是宋初不關重要的鄉兵。眞宗咸平四年九月，曾詔陝西保毅軍與正兵分戍守城壘。（見長編卷四九，同見兵志四）景德三年九月，遣陝西振武鄉兵代戍西邊。（見卷六四）此後鄉兵代替禁軍出戍成了常事。（詳見兵志四、五、六）非但如此，鄉兵在邊境的戰績，實遠勝禁軍，故契丹與西夏兵都畏鄉兵，而不畏禁軍。寶元三年知制誥王拱辰說：

昨奉使時，聞契丹不畏官軍而畏土兵。（宋會要兵一注）

慶曆四年六月，富弼上言：

北敵惟懼邊兵。凡聞以南兵替入內地，敵人大喜，故來則決勝而回。（長編卷一五〇）

通考卷一五五云：

康定初，西夏反叛，禁軍多戍陝西，陝西並邊土兵雖不及等，然驍勇善戰，而以京師所遣戍爲東兵。東兵雖魁碩大卒，不能辛苦，而摧鋒陷陣，非其所長。（三朝名臣言行錄卷一亦如是云云，且謂「賊常輕之，目曰東軍。」）

慶曆四年五月，范仲淹、韓琦上書說：

西戎以山界蕃部爲强兵，漢家以山界屬戶及弓箭手爲善戰。以此觀之，各以邊人爲强。（范仲淹政府奏議卷下陝西攻策）

英宗治平二年八月，司馬光說：

其所以誘脇熟戶，迫逐弓箭手者，其意以爲東方客軍皆不足畏，唯熟戶、弓箭手生長極邊，勇悍善鬥，若先事翦去，則邊人失其所恃。入寇之時，可以通行無礙也。（司馬溫公文集卷三十三西邊劄子）

熙寧二年，蘇轍上書論仁宗時事，亦謂「今世之强兵，莫如沿邊之土人；而今世之惰兵，莫如內郡之禁旅。」（欒城集卷二十一）無怪李綱禦戎論謂「吾之師，獨土兵及熟戶蕃漢弓箭手爲可用」了。（見梁谿全集卷一四四）

禁軍怯懦，與鄉兵善戰，並不是偶然的。今先述禁軍怯懦不能戰的原因：

一、新募之兵，質素欠佳。眞宗仁宗時，募兵多市井無賴之人，加以缺乏訓練，故質素日壞。通考卷一五五云：

康定初，趙元昊反，西邊用師。詔募神捷兵，既而易名萬勝軍，爲二十營。所募多雜市井之人，選懦不足以

備戰守。（同見兵志一）

歐陽修也說：

……其諸路禁兵，共九萬五千餘人，內駐泊兵三萬餘人，惟萬勝最多最不精。……（論宣毅萬勝等兵劄子）

長編卷七七謂莫州順安軍騎捷兵，皆被邊惡少。

二、承平日久，人不習戰：司馬光說：

國家承平日久，人不習戰。雖屯戍之兵，亦臨敵難用。惟弓箭手蕃部皆生長邊陲，習山川道路，知西人情僞，材氣勇悍，不懼戰鬥。從來國賴之以爲藩蔽。（司馬温公文集卷三十三）

三、禁軍的升補標準降低：由於邊患嚴重，原有禁軍不足用。於是廂軍、鄉兵紛紛升爲禁軍，其例見前。此外弓手、役夫等，皆有可能升爲禁軍。現更舉例如下：

章獻后時，丁度請選河北、河東役兵補禁軍。（見宋史卷二九二丁度傳）仁宗天聖五年，詔修河兵夫候功畢日，其少壯願隸禁軍者聽之。（見長編卷一〇五）康定元年，揀在京諸坊監及宮觀雜役、修倉備征措事、河清馬遞鋪卒升補禁軍。（卷一二六）又揀諸路牢城、及强盜惡賊配軍，年未四十壯健者隸禁軍。又詔御輦院揀下都輦官年四十以下爲禁軍。（卷一二七）慶曆二年，升涇原路靜邊等寨新置蕃落指揮隸禁軍　。（卷一三五）這麽一來，禁軍和鄉兵廂軍的性質和能力，已是相差不遠。

四、揀軍者只務多而不務精：太祖揀補之制，頗爲嚴格，（詳見兵志八）至眞仁兩朝，則揀選不精，苟且充數而已。我們由嘉祐六年七月，同知諫院司馬光所上言可見：

臣竊聞朝廷近降指揮，揀選諸指揮兵士，補塡近上軍分，其主兵之官惟務人多，不復精加選擇，其間明知羸弱，悉以充數。（司馬溫公文集卷十八）

禁軍的作戰能力既然日趨下坡，漸亦不爲人所重。故英宗時，知雄州趙滋役使禁軍如廂軍，莫敢有言。（見長編卷二〇一）

此消彼長，禁軍衰而鄉兵興，是當然的道理。考鄉兵勇悍善戰的原因，有下列三點：

一、知山川道路；

二、熟敵人軍情；

三、有愛護鄉土骨肉之心，故戰必盡力。

這三點都是鄉兵特有，而禁軍所無的。富弼說：

夫土兵屬邊，知其山川道路，熟其彼中人情，復諳敵兵次第，亦藉其營護骨肉之心，且又伏習州將命令，所禦必堅，戰必勝也。（長編卷一五〇）

夏竦亦謂：

東兵不慣登陟、耐寒暑，驕懦相習，廩給至衆；土兵便習，各護鄉土，山川道路，彼皆素知。（文莊集卷十四募土兵奏）

因此，眞宗時錢若水、曹瑋；仁宗時韓琦、范仲淹、富弼、夏竦、尹洙、薛向、包拯、司馬光等，都極力主張募鄉兵。除了鄉兵外，眞仁時蕃兵和廂軍的作戰能力亦提高，而且顯得非常重要。尤其是蕃兵，其作用本就和鄉兵一樣，是用來鞏固邊防的。而蕃兵亦有鄉兵一部分特長，熟識敵情與山川道路。故兵志說蕃兵「分隊伍，給旗幟，繕營堡，備器械，一律以鄉兵之制」；因附述於鄉兵之後。但是鄉兵與蕃兵的待遇和制度頗有不同。蕃兵的被重用，是基於以夷制夷的理論。這種理論在眞宗、仁宗時甚囂塵上。眞宗時張齊賢；仁宗時劉平、梅詢、范仲淹等皆主之。但因蕃人性反覆，又不免爲漢人歧視。故戰陣必先驅蕃卒於前，純粹是利用的性質。蕃兵的組織，在眞宗時才由曹瑋制定：

> 屬羌百帳以上，其首領爲本族軍主，次爲指揮使，又其次爲副指揮使。不及百帳爲本族指揮使。其蕃落將校，止於本軍敘進，以其習知羌情與地利，不可徙他軍也。（見事畧卷二七、宋史卷二五八曹瑋傳）

至於用蕃兵作戰得勝的例，更是不可勝數。其中最能表現蕃兵善戰的事，便是狄靑平儂智高，完全是靠着延州舊府蕃落騎兵的力量。（見吳曾能改齋漫錄卷十二）

說到廂軍，早在太宗雍熙三年，張齊賢知代州，便曾因禁軍少而怯懦，屢以廂軍出戰。（見事畧卷三二張齊賢傳）眞宗咸平五年，因緣邊部隊缺乏，帝命劉承珪往環慶等州，選廂軍之材勇者，得四千五百人；付諸城寨，易禁旅歸。部署司使充行陣，皆以爲便。（見長編卷五二）仁宗時，元昊反，張亢爲幷代都鈐轄，因禁軍無鬥志，故募役卒數百擊賊，禁軍慚，始請效死。（見事畧卷六一張亢傳）可見廂軍的作戰能力，已逐漸增强而向禁軍看齊了。

仁宗皇祐中，有所謂教閱廂軍。京東安撫使富弼募饑民爲廂軍，教以武技，其作戰能力與禁軍不相上下。仁宗便「詔以騎兵爲教閱騎射、威邊，步兵爲教閱壯武、威勇。分置靑、萊、淄、徐、沂、密、維揚七州軍，征役同禁軍。」嘉祐四年，復詔「西路於鄆、濮、齊、兗、單州置步兵指揮六，如東路法。於是東南州軍多置教閱廂軍，皆以威勇、忠果、壯武爲號，訓肄如禁軍，免其他役。」（見通考卷一五六，同見兵志三）到此時，廂軍升格爲禁軍便成了必然的趨勢。（熙寧時教閱廂軍升爲禁軍的很多，詳見兵志三）

第四節　邊將權力的低落

太祖對藩鎮務嚴，對邊將尚寬。眞宗以後，走上文治的軌道，知州多用文臣，不愁藩鎮生變；其注意力已轉向邊將身上，自然不能再像太祖那樣寬大了。那時，「一錢以上，皆籍於三司，有敢擅用，謂之自盜。而所謂公使錢，多者不過數千緡，百需在焉。而監司又伺其出入而繩之以法。」（蘇轍上神宗皇帝書，欒城集卷二十一）邊將既無貨財之誘，自然無法得其死力，因此間諜不精，將士不勇。一方面邊將不得久任，「地形山川未及知，軍員士伍未及識，吏民土俗未及諳，已復去矣。將何以服邊境而得稱職？」（慶曆七年二月十六日詔張方平對云，見樂全集卷十八）在這樣的情況下，雖邊境屯百萬之衆，亦不足防寇患了。

此外，眞宗仁宗更多方講求掣肘和控制邊將的方法。總括來說，有下列三點：

第一、用宦官監軍：

用宦官監軍，是晚唐的弊政。眞宗竟亦效尤，用宦官爲鈐轄、都監，以掣肘邊將。長編卷五二云：

（咸平五年）乙亥，以（王）超爲定州路駐泊行營都部署，殿前都虞候王繼忠副之。入內都知韓守英爲鈐轄。上謂守英：「汝心腹之臣，遠戍邊鄙，切須盡心，令上下輯睦。若知敵中事宜，尤當詳審，不可虛發士馬，以致擾動。」

由此可見眞宗對宦官委任之重，期望之殷；實遠非邊臣所可及。

鈐轄、都監雖位次部署，但部領邊兵，地位亦很重要。太祖卽位之初，便曾利用都監來控制藩鎭。（註四）宦官旣在內爲帝王之親信，出外爲鈐轄、都監，自然權勢更重；主將往往被掣肘，而失於應變。仁宗康定元年，劉平、石元孫因延帥范雍、鈐轄盧守懃（宦官）閉門不救，都監黃德和（宦官）引兵先走，以致敗亡。而雍、守懃歸罪於通判計用章，德和反誣劉平降賊。（見事畧卷二〇、六八，同見東軒筆錄卷九）於是掀起文臣反對宦官監軍的浪潮。仁宗以夏守贇爲陝西都部署，以入內都知王守忠爲都鈐轄。知諫院富弼便說：「用守贇已爲天下笑，而守忠鈐轄，乃與唐中官監軍無異。且守懃，德和之覆車之轍，可復蹈乎？」（見蘇軾富鄭公神道碑）詔罷守忠不遣。知樞密院事晏殊亦請罷監軍。（見歐陽修居士集卷廿二晏公神道碑）至此仁宗不能再蔑視大臣的意見，因而稍抑宦官。澠水燕談錄卷二云：

仁宗以問宰臣呂文靖公（夷簡）。曰：「不必罷，但擇謹厚者爲之。」仁宗委公擇之。對曰：「臣待罪宰相，不當與中貴人私交，無由知其賢否。願詔都知押班保舉，有不職與同罪。」仁宗從之。翌日，都知叩首，乞罷諸監軍。士大夫嘉公有謀。

這一次文臣與宦官暗爭，總算是文臣勝利了，宦官自請罷監軍。但不久，宦官出爲鈐轄、都監的更多，至嘉祐更成定制。宋會要職官四十八云：

嘉祐二年九月七日，詔內臣爲鈐轄都監者，逐路止置一員。（通考卷五九同，且云：「祖宗不常置。」）

這便啓以後李憲、王中正之獨攬軍權，童貫、譚稹之紊亂軍政了。

第二、用陣圖控制軍事：

陣圖本來是用來訓練軍隊作戰的方法，歷代都有應用。宋太祖時武捷軍校王明獻陣圖，便得到很優厚的賞賜。（見長編卷四）太宗亦曾製平戎萬全陣圖，親授邊將。（見太宗實錄卷四十一）其用意只是一種作戰方畧的講求。但到了眞宗，卻利用陣圖來控制邊境軍事，盡奪諸將權柄。宋會要兵八云：

（咸平二年）十二月，又以殿前都指揮使王超，權都虞候張進爲先鋒，策先鋒，大陣往來都提點；馬步軍都軍頭呼延贊，馬軍都軍頭王潛爲先鋒；濱州防禦使王榮，馬步軍副都軍頭王繼忠爲策先鋒。內出陣圖，俾識部分。

又云：

咸平四年七月，以山南東道節度使同平章事王顯爲鎭、定、高陽關三路都總管。……十月，……仍列續爲圖，遣內侍都知閤承翰齎示王顯等，且戒之曰：「設有未便，當極言以聞，無得有所隱也。」

長編卷五十云：

王顯上言：「先奉詔令於近邊布陣及應援北平控扼之路。無何，敵騎已越亭障。今前陣雖有克捷，恐未贖違詔之罪。」上慮顯憂懼，卽降手札慰奬之。

宋會要兵七云：

（景德元年十一月）二十五日，給隨駕諸軍介冑，內出陣圖二，一行一止，付殿前都指揮使高瓊等。

眞宗賜諸將陣圖，固能收指控之效；但對作戰方面，很是不利。

其一是諸將死守陣法，智謀無所施，緩急不相救。眞宗問王德用邊事，他就指出這一點來：

咸平景德中，賜諸將陣圖，人皆死守戰法，緩急不相救，以至於屢敗。誠願不以陣圖賜諸將，使得應變出奇，自立異效。（宋史卷二七八王德用傳，並見石林燕語卷九）

其一是易爲敵所乘。長篇卷五六云：

先是以大陣步騎相半，敵諜知王師不敢擅離本處，多盡力偏攻一面。既衆寡不敵，罕能成功。

宋羅從彥對眞宗此舉有很切當的批評，今錄之如下：

……此於制勝一時之策，可謂善矣。然非常行之道也。自古朝廷之事，可付之相；邊事付之將。苟自中制之，立爲陣圖以授之，內外不相及，必有失機會者矣。古人云：閫外之事，將軍主之。此最爲知言也。（遵堯錄卷三）

仁宗時，晏殊亦請「無以陣圖授諸將，使得應敵爲攻守。」（歐陽修晏公神道碑）可見仁宗仍是承襲眞宗的做法。

第三、用文人爲最高統帥：

太祖朝出兵征伐叛逆，總帥爲都部署，以武人爲之。曾任此職的，有石守信、慕容延釗、王景、王全斌、李繼勳、韓重贇、曹彬、潘美、党進等。太宗朝因邊患嚴重，西北邊境，皆設都部署，亦以武人爲之。如郭進、曹彬、潘美、崔亮、李漢瓊、崔彥進、米信、劉廷讓、郭守義等，皆曾爲之。眞宗咸平年間，曾任都部署的有傅潛、石保吉、高瓊、葛霸、康保裔、王顯、王漢忠、桑贊等。這些都是武將。

但自眞宗咸平年間，設宣撫使、安撫使、經略使、安撫經略使，以後兵權便漸由武將手中轉到文臣身上來。宣撫使、安撫使、經略使等，初不常置，其身份爲使臣，其職務是爲帝王訪尋民間疾苦，賜犒地方官吏，宣布德澤而已，並未參預軍事。由大臣担任，出使之期甚暫。我們可由下列諸條見之：

長編卷四七云：

（咸平三年六月）上以大兵（王均之亂）後，議遣重臣巡慰兩河。初命宰相張齊賢，辭不行。丁卯，命參知政事向敏中爲河北、河東宣撫大使，樞密直學士馮拯、陳堯叟爲副大使，發禁兵萬人翼從。所至訪民疾苦，宴犒官吏。（同見宋會要職官四十一）

又云：

（咸平三年十月）丙寅，命翰林學士王欽若，知制誥梁灝分爲西川及峽路安撫使；國子博士袁及甫，秘書丞李易直副之，閤門祇候李承象同勾當安撫事。所至錄問繫囚，自死罪以下得第降之。上諭欽若等曰：「朕以觀省風俗，尤難其人。數日思之，無易卿等。各宜宣布德澤，使遠方知朕勤卹之意。」

卷四九云：

（咸平四年八月）辛丑，命兵部尙書張齊賢爲涇、原、儀、渭、邠、寧、鄜、延、保安、鎭戎、淸遠等州軍安撫經畧使，知制誥梁灝副之。卽日馳騎而往。

自咸平五年張齊賢爲邠、寧等州經畧使後，經畧使才專管軍馬，但亦任期不久。長編卷五一云：

（咸平五年正月）甲辰，以右僕射張齊賢爲邠、寧、環、慶、涇、原、儀、渭、鎭戎軍經畧使、判邠州。令環慶、涇原兩路及永興軍駐泊兵並受齊賢節度。

又云：

（咸平五年正月）癸亥，改命張齊賢判永興軍府兼馬步軍部署，罷經略使之職。

是則張齊賢爲經略使，爲時不足一月。長編卷五二云：

（咸平五年七月）丙申，以鄧州觀察使錢若水爲幷、代經略使，判幷州。上新用儒將，未欲使兼都部署之名，而其任實同也。

卷五四云：

（咸平六年）五月，庚寅，召錢若水歸京師。

則錢若水經略幷代，亦不足一年。

眞宗景德三年，因雄州位當要衝，故置河北緣邊安撫使，用雄州守臣爲之。雄州守臣率皆武將，故任河北緣邊安撫使的，亦是武臣。長編卷六二云：

（景德三年四月）乙酉，置河北緣邊安撫使、副使、都監於雄州，命雄州團練使何承矩、西上閤門使李允則、權易副使楊保用爲之，幷兼提點諸州榷場。……

河北緣邊安撫使的任務，除指揮軍事外，主要是招誘邊民。權力卻不很大，常爲朝臣所掣肘。長編卷六三云：

（景德三年五月）庚午，河北安撫使何承矩等言：「昨準詔緣邊人戶自修好後未復業者，令安撫司招誘之。臣慮北境猜忌，以爲招誘陷敵之人，事體非便，輒增水旱逃移等語，使彼不疑。」上覽之，謂王欽若等曰：「可諭承矩：自今宣敕如有未便，非機宜急速，當具事疾置待報。」欽若因曰：「朝廷比置安撫司，固將招誘流民，俾復農業，而承矩等不能勤官思職，茲又擅改詔文，援漢汝南太守蟲皇柔及太常周仲居不收赤仄錢故事，請罪承矩等。」上以承矩任邊有功，特優假之。

大中祥符元年五月，置河東緣邊安撫司，令河北安撫副使、都監一員掌其事。（見長編卷六九）此外，陝西沿邊諸州，亦設安撫使。（見通考卷六一）

以上是北宋經畧安撫等使的草創階段，總括來說，要點有二：一、如是安撫官民性質的，用文臣充任；二、如是管軍事的，則不限於文臣。

但發展到仁宗，情形便有些不同了。寶元中，因夏人入寇，乃命陝西沿邊守臣兼經畧、安撫、招討等使。及西事已平，因而不廢。那時邊要州軍的守臣，多是文臣，故經畧安撫使，都用文臣直秘閣以上充。（見通考卷六一、六二）而經畧安撫使又往往兼爲都部署。副使及副都部署，則多由武臣充任。我們由王堯臣的奏中可以見到：

自陝西用兵，夏竦、陳執中並以兩府舊臣爲陝西經畧、安撫、招討使，韓琦、范仲淹止爲經畧安撫副使（按陝西經畧、安撫、招討使爲四路總帥，職權甚重，故其副亦文臣。）既而張存知延州，王沿知渭州，張奎知慶州，俱是學士待制之職，亦止管司事。及竦、執中罷，四路置帥，遂各帶都總管（即都部署，治平初以避英宗名改此，見揮麈後錄卷二。仁宗時當仍稱都部署。）及經畧安撫等使，因而武臣副總管亦爲副使。

（宋史卷二九二王堯臣傳）

韓琦在定州閱古堂記中說得更清楚：

慶曆八年夏五月，天子以河朔地大兵雄，而節制不專，非擇帥分治而幷撫其民不可，始詔魏、瀛、鎭、定四路悉用儒帥，兼本道安撫使。……（韓魏公集卷一）

當時人的觀念，認爲主帥應是文臣，武臣不能獨當一路。所謂「邊疆宿衞，皆得士大夫爲之。」（王安石上仁宗皇帝言事書，見臨川先生文集卷三十八）慶曆三年七月，仁宗命龍神衞四廂都指揮使郭承祐爲眞定府定州路馬步都部署，以諫官歐陽修的反對而罷。（見長編卷一四二）十月，步軍副指揮使李昭亮爲眞定府定州路都部署，歐陽修亦極論其不可。（詳見奏議集卷五論李昭亮不可將兵箚子）慶曆四年六月，詔狄青知渭州，諫官余靖說：「今來以青獨當一路，豈不憂偏裨不服，而敗國家之事。」（長編卷一五〇）皇祐時儂智高反，宋軍不利，仁宗遣狄青爲宣撫使，諫官韓絳說：「武人不宜專任。」後以宰相龐籍力主乃行。（見澠水燕談錄卷一及司馬光龐公墓誌銘）狄青以武人而能專兵討伐，可算是一件很例外的事。宋王應麟困學紀聞卷二十很明白地說：

> 祖宗之制，不以武人爲大帥，專制一道；必以文臣爲經畧以總制之。

所謂「祖宗之制」，實在就是仁宗以後之制。

眞宗、仁宗對待邊境帶兵的武將，非事關緊急，不許便宜從事。（查宋會要兵十四所載眞仁兩朝武臣之得便宜從事者，王超、曹利用、狄青而已，而文臣則比比皆是。）但自文臣爲經畧安撫使兼都部署以來，朝臣都以大帥得便宜行事爲應當之事，且極力爭取帥臣的權力。仁宗以韓琦、范仲淹爲招討使，而以王堯臣乘傳安撫涇原。堯臣還奏曰：

> 陛下以邊事屬仲淹等，而盛其備涇原，誠得制勝之要，賊必不敢動矣。然軍貴神速，不容呼吸。願委以便宜，毋令中覆。（劉敞王公行狀，見公是集卷五十一。）

慶曆四年正月，范仲淹爲滕宗諒、張亢獲罪事，上奏云：

> ……且遣儒臣，以經畧部署之名重之，又借以生殺之權，使彈壓諸軍，禦捍大寇，不使知其乏人也。若一旦

以小過動搖，則諸軍皆知帥臣非朝廷心腹之人，不足可畏，則是國家失此機事，自去爪牙之威矣。（政府奏議卷下）

假如是武臣爲經畧、安撫、都部署，相信王堯臣、范仲淹都沒有上面那樣的說話。宋趙昇朝野類要卷四云：「安撫之權，可以便宜行事，如俗謂先施行後奏之類是也。」這話雖未必盡然，但在文臣力爭之下，安撫使多得到便宜從事是可能的。

總之，文人爲大帥的制度，發軔於眞宗，而極盛於仁宗。邊將的權力愈來愈低落，實在已由被掣肘而變成被驅策了。

第五節　士卒的宂濫

照史實來看，北宋的軍隊，是隨著時間的過去而增加的。太祖時兵最少，亦最精銳；眞宗以後兵數開始銳增，而且漸趨疲弱，不善戰鬥。量的多與質的精剛成反比例。今據通考卷一五二，（兵志一同）將太祖、太宗、眞宗、仁宗、英宗五朝的兵數列表如下：

帝王	年號	兵總數	禁軍	其他軍隊	備考
太祖	開寶	三十七萬八千	十九萬三千	十八萬五千	三司使張方平言：太祖所蓄兵，不過十五萬。當是指剛得國時言。（見樂全集卷二十三）

太宗	至道	六十六萬六千	三十五萬八千	三十萬八千	張方平又言：太宗平太原時，兵不過四十餘萬。太宗平太原時爲太平興國四年；所謂四十萬之兵，當是承開寶末年之兵數。
眞宗	天禧	九十一萬二千	四十三萬二千	四十八萬八千	張方平又言：咸平中，募戰士至五十餘萬人。
仁宗	慶曆	一百二十五萬九千	八十二萬六千	四十三萬三千	張方平又言：景祐以前，兵五十萬。至慶曆間增置禁軍約四十二萬餘人。通三朝舊兵且八九十萬人。
英宗	治平初	一百一十六萬二千	六十六萬三千	四十九萬九千	

由上表可知冗兵在眞宗時才顯得嚴重。考其原因有三：

第一、和議與邊患的影響：

本章的開端，已指出眞宗、仁宗自與遼夏和好以後，軍政武備有弛廢的趨勢。今更以數事證之：眞宗時，「天下久罷兵，有言霽廐馬者。（楊）崇勳曰：『馬者，兵之用而戰之備也，雖無事其可去耶？』議遂格。」（事畧卷五十楊崇勳傳）仁宗天聖中，李淑上時政十議，其八爲「閱武」。他說：「開寶通禮，有四時備武儀。國初疆埸未平，多親閱試，按礮角射。太平興國年間，築台楊村，備大閱之禮。咸平初，闢埸東武原發卒會射。其後再幸飛山教場，躬親訓練。今兵革不試三十年矣，士不聞鉦鼓之聲，人不識行伍之列。願陛下按通禮厲兵講事而躬閱之。」（卷五七李淑傳）文彥博知益州，以本道兵馬久不習戰，爲立訓練之法。（卷六七文彥博傳）嘉祐六年，胡宿奏云：「今三邊武備多弛，牧馬著虛名於籍，可乘而戰者百無一二。」（卷七一胡宿傳）所以，說到武備廢弛，則仁宗更甚於眞宗。

由於邊備不修，兵不習戰，不幸戰事再爆發時，便覺得兵不足用，而有增兵的必要。事略卷五二張士遜傳云：

時西邊弛備已久，人不知兵，識者以爲憂。旣而和事一絕，元昊遂入寇，西鄙用兵。士遜議揀輦官爲禁軍，於是輦官皆謀訴待漏院。士遜上馬將朝而遮道不得進。馬駭墮地。士遜年老不自安。乃七上章請老。

爲了應付邊患，邊境的許多城壘，便需大量戍兵防守和役兵修築。因此只有出於增兵一途。長編卷五二云：

時（咸平五年）緣邊禁旅多分守城寨，而帥臣以部隊鮮少爲言。

兵志三云：

……而河北及熙河路修城壘，河北所募兵五千人，熙河亦三千人。修京城，以廢馬監兵置廣國保忠凡十指揮，亦五千人。湖南徭人平戎瀘軍興，洮河轉漕又皆增置焉。

眞宗雖然不想多築城壘以增勞費和戍兵，（見長編卷五二）但是邊境舊存的城壘，一定不少。一旦爆發戰事，便不能不增兵戍守了。及至邊事旣平，已增的兵，便不能汰。（見蘇轍元祐會計錄序）在這樣的情況下，宂兵自然發生。

第二、募兵的流弊：

北宋的募兵者，所在設旗給賞，長吏都監專視之。（見通考卷一五二）「慶歷中，元昊叛，西邊用兵，朝廷廣加召募，應諸州都監監押，募及千人者皆特遷一官。」（司馬溫公文集卷三十三招軍箚子）募兵者爲了得賞，難免濫加招募。歐陽修說：

數年以來，點兵不絕，諸路之民，半爲兵矣。其間老弱病患短小怯懦者，不可勝數。是有點兵之虛名，而無得兵之實數也。（居士集卷四十六準詔言事上書）

北宋的募兵還有一點弊害，足以使冗兵發生。錢師賓四在中國歷代政治得失中把它明白指出來：

一個士兵募了來，不脫行伍，直養到六十歲，還在軍隊裏。其間只有二十歲到三十歲這十年可用，三十歲到六十歲這三十年，他已老了，而且在軍伍十年，精神也疲了。這樣的軍隊，有名無實，於是祇有再招新的。因此軍隊愈養愈多。

第三、天災的影響：

在募兵制度下的軍隊，一定多各方無賴不逞之人；安份的農民，很少應募。但如發生天災，農民失業，流離失所，便成了招募的對象了。眞宗、仁宗時每遇天災，或歲穀不登，政府一方面爲了設法安置那些難民，一方面爲了實際需要，便廣泛地招募他們爲軍隊。長編卷一三九云：

（慶曆三年正月）庚寅，募關中流民補振武指揮。咸平初選鄉兵爲振武，後益衰耗。至是歲穀不登，因有是詔。

卷一六四云：

（慶曆八年七月）詔河北水災，其令州縣募饑民爲軍。

通考卷一五六云：

仁宗皇祐中，京東安撫使富弼上言：「臣頃因河北水災，農民入京東者三十餘萬。臣旣憫其濱死，又防其爲盜，遂募伉健者以爲廂兵。

募饑民爲兵的害處，便是兵冗而怯懦。故司馬光竭力反對。（見司馬温公文集卷三十三招軍劄子）

冗兵的弊害，論者多極言之。簡要來說，則有兩點：

一、在經濟上言，冗兵使國計民生爲之窒息。治平四年三月（神宗即位未改元），翰林學士承旨張方平把冗兵所費衣糧分析得很清楚。他說：

畧計中等禁軍，一卒歲給約五十千，十萬人歲費五百萬緡。臣前在三司勘會慶曆五年禁軍之數，比景祐以前增置八百六十餘指揮，四十餘萬人，是歲增費二千萬緡也。太祖皇帝制折杖法，免天下徒，初置壯城、牢城，備諸役使，謂之廂軍。後乃展轉增創軍額，今遂與禁軍數目幾等。此其歲增衣糧幾何，是皆出於民力，則天下安得不困。………（樂全集卷廿四論國計事）

所以，當他論國計出納事時，便曾沉痛地說：「……今禁兵之籍，不啻百萬人，坐而衣食，無有解期。七八年間，天下已困，而中外恬然不知云救。萬一因之以寇戎，加之以饑饉，臣恐智者難以善於後矣。」（樂全集卷廿二）

二、在戰鬥上言，冗兵不足以禦外侮，大凡選兵嚴則必不多；募兵多則必不精，故慶曆間新募的兵，多市井無賴之徒，實不能戰，尤其是上述的萬勝軍，是當時最不能戰的軍隊。范鎮東齋記事卷一云：

慶曆初，萬勝軍皆市井罷軟新應募者，西賊易之，而素畏虎翼。是時麟府路兵馬鈐轄張亢修建寧寨，更其旗幟，賊見萬勝軍旗幟，不知其虎翼軍也，而先犯之，萬弩齊發，賊奔潰，斬首二千餘級，遂築建寧、清塞、百勝、中候、鎮川五堡。亢之智謀大率如此。（註五）

慶曆四年正月，崇政殿說書趙師民上疏，也曾慨而言之：

兵興以來，招募尤廣。縣官所養，浮宂者衆，皆不棄之徒，無所教之法。可戰之士，十無二三。諸路本城，復非戰卒，虛設班行，亦數十萬。仰費公廩，坐殫國財……此承久之斁也。（長編卷一四六）

註一：宋朝事實卷十六：「石熙政知寧州，上言：『昨清遠軍失守，蓋朝廷素不留意，因請兵三五萬。』眞宗曰：『西邊事，吾未嘗忘之，熙政遠不知耳。』……」長編卷八一：「（大中祥符六年七月）乙未，上謂王欽若曰：『訪聞河北州軍城池廨宇，頗多摧圮，皆云赦文條約，不敢興葺。今雖承平無事，然武備不可廢也。宜諭令及時繕修，但無改作爾。』」可見眞宗初非完全忘懷邊備，只以事勢與人心的發展，是向着苟安之途，眞宗漸亦任之而無法矯正。

註二：太祖朝主樞密院的，實多武臣，若吳延祚、李崇矩、王仁贍、楚昭輔等。至若趙普、沈義倫，雖非武臣，但也非文臣，只是幕府之才罷了。太宗朝的樞密使副：曹彬、王顯，皆武臣；周瑩、張遜、石熙載、弭德超、柴禹錫、趙鎔，皆太宗未即位時給事左右、應對書記之臣(其中周瑩、張遜且歷任武職)；張齊賢爲西都布衣；王沔、趙昌言、張宏、温仲舒、寇準、向敏中、錢若水皆進士出身。由此可知太宗時文臣在樞密院已漸抬頭。到眞宗朝，王欽若、陳堯叟領樞密使後，武臣任樞密使副的寖少。即或有之，亦爲文臣所輕。如寇準輕視曹利用。仁宗朝繼承此風氣，武臣在樞府的益少。天聖三年十二月，張耆由淮南節度使拜樞密使，便爲樞密副使晏殊所反對。（見長編卷一〇五）宰相王曾亦輕視他，說他只是「一赤脚健兒」。（見事畧卷五一王曾傳）明道二年四月，帝拔王德用爲簽書樞密院事，德用亦謝云：「臣武人，幸得以馳驅自効，賴陛下威靈，待罪行間足矣。且臣不學，不足以當大事。」（宋史卷二七八王德用傳）皇祐五年五月，狄青以平儂智高大功除樞密使，曾薦引他的宰相龐籍便力以爲不可。（見澠水燕談錄卷一）御史中丞王舉正亦力爭，不能奪，甚至請解言職。（見長編卷一七二）歐陽修也說：「武臣掌機密而得軍情，不唯於國不便，亦於其身未必不爲害。」（論狄青劄子，見奏議集卷十三）那時文臣已把持樞府，武臣難以插足。是以王德用終以「宅枕乾岡，貌類藝祖」之譖而去位（見長編卷一二三，事畧卷六二王德用傳），狄青亦以「家數有光怪」而出鎮。（見事畧卷六二狄青傳。東軒筆錄卷十謂狄青家有光怪，實「夜醮」而已。）至英宗治平三年，殿前都虞候郭逵爲同簽書樞密院事。知制誥邵必說：「逵武力之士，不可置廟堂。」及逵入西府，衆多不服，或以咎韓琦。韓琦說：「吾非不知逵望輕也。故事：西府當用一武臣。」（見長編卷二〇八）故仁宗以後武臣即使入西府，亦「備位」而已。

註　三：宋史卷二七二：「帝（眞宗）謂宰相曰：『（楊）嗣及（楊）延昭並出疏外，以忠勇自效，朝中忌嫉者衆，朕力爲保庇，以及於此。』」宋王君玉國老談苑卷二云：「李允則守雄州，匈奴不敢南牧，朝廷無北顧之憂。一日，出官庫錢千緡，復斂民間錢起浮圖。即時飛謗至京師，至於監司，亦屢有奏劄。眞宗悉封付允則。然攻者尙喧沸，眞宗遣中人密諭之。允則謂使者曰：『某非留心釋氏，實爲邊地起望樓耳。』蓋是時北鄙方議寢兵，罷斥堠。允則不欲顯爲其備。然後謗毀不入，畢其所爲。」

註　四：太祖初平天下，即利用監軍以察方鎭的動靜（時方鎭尙擁兵權）。監軍位固卑於方鎭，但受帝命，權反出其上。察方鎮之功過，若有反側之意，便進而圖之，竟握生殺之權。在長編中，發現下列數事，可以爲證：

初成德節度使金城郭崇聞上受禪，時或涕泣，監軍陳思晦密奏其狀。且言常山近契丹，崇懷怨望，宜早爲之所。上曰：「我素知崇篤於恩義，此蓋感激所發耳。」然亦遣使偵之。……（卷一）

保義節度使河東袁彥性凶率，政出羣小，陝人患之。及聞禪代，日夜繕甲治兵。上慮其爲變，命潘美往監其軍，遂圖之。美單騎入城，諭令朝覲。彥卽治裝上道。上喜謂左右曰：「潘美不殺袁彥，成我志矣。」丙子，徙彥爲彰州節度使。（卷一）

（楊）庭璋（建雄節度使）姊故周祖妃，上疑有異志，命鄭州防禦使信都荊罕儒爲晉州兵馬鈐轄，使伺察之。罕儒每入府中，從者悉持刀劍，庭璋開懷接納，不設備，罕儒亦不敢發。（卷一）

上初卽位，（孫）行友（義成節度使）不自安，累表乞解官歸山，上不許。行友懼，乃繕治甲兵，將棄其孥，還據山寨以叛。兵馬都監藥繼能密表其事。……（卷二）

（侯）仁矩在雄州日，方飲宴，敵騎數千，白晝入州城，居民驚擾。延廣（其子）引親信數騎馳出衙門，射殺其酋一人，斬首數級，悉擒其餘黨，持首級以獻。仁矩喜撫其背曰：「興吾門者必汝也。」監軍李漢超以其事聞，詔書褒美，賜錦袍銀帶。（卷十一）

太祖利用監軍以察方鎮，此乃統一之初，欲鞏固政權之必然措施。

註

五：夢溪筆談卷十三謂取萬勝旗付虎翼以制虜，爲狄青寶元中事；與東齋記事不同。考萬勝軍募於康定初（見通考），在寶元之後。狄青寶元中無用之之理。故以東齋所載爲合。宋曾鞏隆平集卷十九所載，亦與東齋同。

第四章　北宋兵制的變革

在北宋發生了兩次政治上的大變革：一是仁宗慶曆時由范仲淹提出的（註一），一是神宗熙寧時由王安石策動的（註二）。兩次變革的規模和影響，雖有大小的不同，但它們的意義和背後推動的力量是一樣的。錢師賓四說：北宋慶曆熙寧的變法，是士大夫的自覺與政治革新運動。（見國史大綱第三十二章）士大夫的自覺，成了政治革新的背後推動的力量。這是研究北宋政治所不能忽畧的。

現只就兵制來說，眞宗、仁宗時已到了破壞的階段（詳見上一章），故兵制成了兩次變革的目的之一，士大夫都自覺到兵制和軍政的隳壞不足以禦外侮，紛紛提出變革的方針。其中最主要的問題有三點：一是冗兵，一是募兵，一是弱兵。由於冗兵的弊害日顯，便激起了裁兵運動；由於募兵的流弊太多，便發生了刺義勇、置保甲的徵兵制；由於弱兵的缺乏戰鬥能力，便出現了以訓練士卒爲主要目的的置將法。

裁兵運動在慶曆變政以後很積極進行，刺義勇是仁宗康定初（註三）和英宗治平初的大事，置保甲和置將是熙寧新法的一部分。總之，北宋兵制的變革，和這兩次變法有莫大關係。

第一節　裁兵運動

范仲淹於慶曆三年九月上的十事疏中，雖沒有明顯指出裁兵的必要；但和他站在同一政治陣線上的韓琦，卻極力主張裁兵，並且實行把羸弱老兵揀退。三朝名臣言行錄卷一說：

（韓琦）又以兵數雖多而雜以疲老，耗用度，選禁軍不堪征戰者停放一萬二千餘人。

按長編卷一四五把這事排在慶曆三年十二月，在范仲淹執政以後。（註四）這是北宋第一次大規模裁兵的序幕。

在韓琦之前，並非沒有提出裁汰冗兵的，但都未能積極地成爲一種運動。早在太宗時，何承矩上疏，已提出：「簡其精銳，去其冗繆。」（宋史卷二七三何承矩傳）眞宗卽位，王禹偁上疏請減冗兵。（見事畧卷三九王禹偁傳）咸平二年，朱台符上疏說：「不任人無以安邊，不安邊無以省兵，不省兵無以惜費，不惜費無以寬民，不寬民無以致治。」（長編卷四四）景德罷兵，張耆、曹瑋、李神祐、岑保正等都請汰疲癃之兵。（見宋史卷二九〇張耆傳）天禧二年三月，向敏中等說：「……陛下以德綏懷，遠無不服，邊境妥安，而兵數未減。慮冗費之間，尤宜節省。」眞宗說：「今京師兵可議裁減，存其精銳。」敏中等說：「軍額漸多，農民轉耗。近準詔已住召募。或斥疲老，則冗食漸少。」帝曰：「卿等常宜講求，務在經久也。」（見長編卷九一）仁宗寶元元年，宋祁上疏論三冗三費，其中一冗便是「天下廂軍不任戰而耗衣食」。（見景文集卷廿六）慶曆三年十一月，諫官孫甫說：「朝廷若減冗兵，罷不材之將，爲持久之計以待之，何患賊之不困也。」（長編卷一四五）

在韓琦以後，諫官余靖（慶曆四年）、眞定府定州路安撫使田況（慶曆五年）、御史中丞魚周詢（慶曆八年）等，都倡汰兵之議。（見長編卷一四七、一五四、一六三）到了慶曆五年二月，仁宗正式接納韓琦等的提議，「詔選汰諸路羸弱兵；京東西、淮南、兩浙、荊、湖、福建諸州宣毅，過三百人者無得更募。」（稽古錄卷二十）

第二次大規模的裁兵運動，在皇祐元年，由樞密使龐籍與宰相文彥博主持。長編卷一六七云：

（皇祐元年十一月）壬戌，詔陝西保捷兵，年五十以上及短弱不任役者聽歸農。若無田園可歸者減爲小分。

凡放歸者三萬五千餘人。……初，樞密使龐籍與宰相文彥博以國用不足，建議省兵。衆議紛然陳其不可，緣邊諸將爭之尤力。且言：「兵皆習弓刀，不樂歸農。一旦失衣糧，必散之閭閻，相聚爲盜賊。」上亦疑焉。彥博與籍共奏：「今公私困竭，上下皇皇。其故非他，正由養兵太多爾。若不減放，無由蘇息。萬一果聚爲盜賊，二臣請死之。」上意乃決。於是簡汰陝西及河北、河東、京東西等路羸兵無慮八萬人，其六萬有餘悉放歸農，其二萬有餘各減衣糧之半。

此外，楊偕、何郯、包拯、范鎮、司馬光等大臣，都附和裁兵之議。

神宗卽位，王陶、王舉元等紛紛請求汰兵。（見事畧卷八五王陶傳）於是第三次裁兵運動在積極地進行。通考卷一五三云：

熙寧元年，詔諸路監司察州兵，揀不如法者按之，不任禁軍者降廂軍，不任廂軍者免爲民。七月，手詔揀諸路半分年四十五以下勝甲者陞爲大分，五十以上願爲民者聽之。……二年，詔併廢諸軍營，陝西馬步軍營三百二十七，併爲二百七十，馬軍額以三百人，步軍以四百人。其總兵之撥併者，馬步軍五百四十五營，併爲三百五十五。而京師之兵，類皆撥併畿甸諸路，及廂軍皆會總畸零，各定以常額。

熙寧三年十二月，神宗召樞密使文彥博等對於資政殿，定各路兵額。（見長編卷二一八，同見兵志一）各路兵既有了定額，便可以阻止軍隊的增加。

綜觀北宋自仁宗慶曆始開大量裁兵，歷英宗、神宗兩朝而不輟。所裁減的兵，應是不少。但結果裁兵運動不能持久，而兵數屢減屢增。其原因有二：

第一，邊事未了，邊臣屢請增兵。故雖今日減兵，明日便即增募。結果，「欲減冗兵而冗兵更多」。司馬光曾把這一點指出來：

> 蓋邊鄙之臣，庸愚懦怯，無他材畧，但求添兵。在朝之臣，又恐所給之兵，不副所求，他日邊事或有敗闕，歸咎於己。是以不顧國家之匱乏，只知召募，取其虛數，不論疲軟，無所施用。……（司馬溫公文集卷三十三招軍劄子）

第二，裁兵運動的阻力很多。其中最主要的是邊臣藉口恐怕退兵作亂。慶曆五年，田況議汰兵，便說過：「議者必曰兵驕久，一旦遽加澄汰，則恐立以致亂。此慮事者之疏也。」（長編卷一五四）皇祐四年，龐籍、文彥博議裁兵，反對者也說：「兵皆習弓刀，不樂歸農，一旦失衣糧，必散之閭閻，相聚爲盜賊。」（長編卷一六七）而事實上，在裁兵運動中，亦曾經發生過軍士怨恨的事。長編卷一九〇云：

> （嘉祐四年七月）時河北都轉運使李參簡退諸軍老羸者萬餘人，軍士頗出怨言。

於是，軍士怨恨裁兵成了裁兵運動的一塊絆脚石。

由於反對裁兵的很多，主張裁兵的偶一鬆弛，政府隨即增募軍隊。因此軍隊的數目始終不能減少。

總括來說：裁兵運動可算是北宋士大夫自覺的一種具體表現，可惜這運動是失敗了。

第二節　義勇保甲與兵農合一的理想

北宋的募兵制，產生了冗兵；冗兵帶來經濟的崩潰。爲了挽回這既倒的狂瀾，北宋的士大夫，便有了一種「兵農合一」或「兵民合一」的理想。他們以爲這是三代的遺法。

先是范仲淹提出恢復隋唐的府兵制，但未成功。（註三）「兵農合一」的理想只得在另一種方式下求實現。那就是仁宗、英宗時刺義勇和神宗時置保甲。於是，徵兵制在北宋普遍實行起來。

宋人「兵農合一」的理想，很早已經孕育着。眞宗咸平二年閏二月，朱台符上疏云：

古者井田之法，兵則民也，民則兵也，出則戰，入則耕，人各自供，宜無所贍。今農不習戰，士不務農，離爲二途，絕不相用。臣愚以爲古制不可全取，宜參驗當今便利酌中而漸制之。（長編卷四四）

這是比較中和的理論，仁宗和英宗時刺三路義勇便是這一理論的實現。

在宋人心目中，義勇的立法根源，就是唐的府兵制。故韓琦和范仲淹說：「今河北所籍義勇，雖約唐之府兵法制，三時務農，一時教戰……」（見范文正公政府奏議卷下）熙寧初，令呂大忠條陳義勇利害，他也說：「義勇近於府兵。」（見事畧卷九一本傳）

「義勇」不是全國性的，在仁宗、英宗兩朝，只有河北、河東、陝西三路點刺。這同時也是由於實際的需要使然，因爲三路要對付强大的遼和夏，不得不講求强兵之道。

慶曆二年二月，詔選河北强壯爲義勇。三月，選河東鄉弓手爲義勇。（見宋會要兵二，稽古錄卷二十）河北路總十八萬九千二百三十人，河東路總七萬七千七十九人。（據長編卷一三八）

治平元年十一月，英宗用宰相韓琦之議，命屯田郎中徐億、職方員外郎李師錫、屯田員外郎錢公紀刺陝西諸州軍百姓爲義勇，並定下了點刺的法則：

凡主戶家三丁選一，六丁選二，九丁選三，年二十至五十材勇者充，止刺手背。以五百人爲指揮，置指揮使幷副二人，正都頭三人，十將、虞候、承局押官各五人。歲以十月番上閱教，一月而罷。

又詔秦州成紀等六縣有買保毅甲承名額者三丁刺一，六丁刺二，九丁刺三，悉以爲義勇，人賜錢二千。其後又詔秦、隴、儀、渭、涇、原、邠、寧、環、慶、鄜、延十二州義勇召集防守，日給米二升，月給醬菜錢三百。（見長編卷二〇三）

以上是治平元年刺陝西義勇的大概，那一次共得義勇十五萬六千八百七十三人。（據長編卷二〇三）人數雖未及慶曆初所刺的義勇那麽多，但所遇到的阻力很大。知諫院司馬光便曾聲嘶力竭地反對這一措施。

韓琦的刺義勇，背後雖有一個崇高的理想；但實行起來，卻是「人情驚擾」。這是由於古代的社會制度和宋代的不同。古代可以行兵民合一之制，而宋代則覺不便。司馬光說：

古者兵出民間，民耕桑之所得，皆以衣食其家。故處則富足，出則精銳。今既賦斂農民之粟帛，以贍正軍；又籍農民之身以爲兵。是一家獨任二家之事也。如此民之財力安得不屈。豈非名與古同而實異乎！（司馬温公文集卷三十二）

這可以說是切中肯綮的話。此外，司馬光指出刺義勇的流弊還有以下兩點：

一、康定、慶曆間，由於正兵缺乏，籍陝西之民，三丁選一充鄉弓手，當初明出勅牓，說只是守護鄉里，必不刺充正軍，屯戍邊境。但牓猶未收，便卽盡刺充保捷指揮，於沿邊戍守。人民既害怕名在兵籍，又多因此而破產。故一聞刺義勇，便互相驚擾。（見司馬温公文集卷三十一、三十二）

二、人民平生所習的，只是桑麻耒耜的事；至於甲胄弩槊，雖日加教閱，還是不免生疏。而且資性愚戇，加之畏懦。臨敵之際，得便即思退走。這樣不但自喪其身，兼更拽動大陣。故義勇未必能戰。（同上）

刺義勇本基於一種「以民兵代正兵」和「兵農合一」的理想，用義勇來運糧戍邊是必然的結果。（長編紀事本末卷五六云：「其後十年，義勇運糧戍邊，率以爲常矣。」）但因義勇不能戰，正兵便不可廢，於是義勇成爲多餘。故治平以後，不再刺義勇。神宗時置保甲，便是對這理想作更進一步的努力，在元豐四年，義勇亦悉改爲保甲。（見宋會要兵二）保甲雖與義勇有規模大小和法制繁簡的不同，但它們的目標是一樣的。故宋會要兵三謂：熙寧以後，當併義勇保甲爲一門。

神宗與王安石君臣二人，都深信保甲可以漸代募兵，並寄以很大的期望。長編卷二二一云：

　上言：「久遠須至什伍百姓爲用，募兵不可恃。」安石曰：「欲公私財用不匱，爲宗廟社稷久長計，募兵之法，誠當變革，不可獨恃。」上曰：「密院以爲必有建中之變。」安石曰：「陛下躬行德義，憂勤政事，上下不蔽，必無此理。」

又云：

　（安石）又曰：「今所以爲保甲，足以除盜。然非特除盜也。因可漸習其爲兵。既人人能射，又爲旗鼓。變其耳目，漸與約免稅上番，代巡檢下兵士。又令都副保正能捕賊者獎之，或使爲官，則人競勸，然後使與募兵相參，則可以消募兵驕怠，省養兵財事，漸可復古。

由神宗罷招缺額禁軍，而以其「請受」充訓練保甲之費；（見長編卷三四六）可見他重民兵而輕禁軍。

話雖如此，保甲最初的制置，是爲了防禦盜賊。這也是不可抹煞的。

我們如果要溯源上去，則眞宗咸平二年十月，刑部員外郎、直史館陳靖已建議行「伍保之法」，以檢察姦盜，籍游惰之民而役作之。京西轉運使耿望亦附和此議，但卒不果行。（見長編卷四十五）這可說是北宋保甲制度的濫觴。仁宗時，夏竦所至立「伍保之法」，盜賊不發。（見事畧卷五四夏竦傳）吳育知蔡州，亦嚴保伍之法，以檢制盜賊。（事畧卷六三吳育傳）至神宗時，同管勾常平事趙子幾請因舊保甲重行釐括，將逐縣主客戶兩丁以上，結爲大小諸保，各立首領，使相部轄；無非也是因爲地方的耆長壯丁，勢力怯弱，不足以禦盜，故立此法以爲補救而已。（詳見長編卷二一八）

這樣看來，置保甲的初意是防禦盜賊。熙寧三年十二月，司農寺制定的畿縣保甲的條例，也是以此爲目標。（其條例見於長編卷二一八，宋會要兵二。兵志六全錄之。）——保甲先行於京畿，再推廣至各路。

在條例中，規定保長保正都選有物產的人充任，他們既有物產，自須注意防盜，且亦不輕易爲害閭里。但是，熙寧置保甲的目的和保甲的作用決不止此。我們由保甲的嚴受軍事訓練與出戍運糧，可知它是有着另一重大的使命的。

欲使保甲代替正兵，必須保甲本身具備戰鬥能力；因此保甲的教閱非常重要。熙寧四年，開始詔畿內保丁肄習武事，歲農隙所隸官期日於便村都試騎步射。並以射中親疏遠近爲等，而多方加以獎勵誘勸。第一等保明以聞，引見於庭，天子親閱之，命以官。第二等免當年春夫一月，馬藁四十，役錢二千，本戶無可免，或所免不及，聽移他戶而受其直。第三、第四等視此有差。（見通考卷一五三）元豐二年十一月二十九日，詔開封府界教大保長充教頭，其提舉官以王中正、狄諮爲之。三年，此法並推行於河北、河東、陝西三路，詔各選文武官一員爲提舉官。（雜見於

宋會要兵二、兵志六）

保甲有了戰鬥能力，便可以代正兵上番、運糧和戍守，這是必然的措施。熙寧五年，因知制誥、判司農寺曾布之議，令保甲分番隸巡檢司、尉司，以備巡警，月給口糧薪菜錢。（見通考卷一五三）元豐六年二月，詔熙河蘭會經畧制置司，如自熙州摺運事力不足，即發義勇保甲。（見長編卷三三二）元豐七年七月，知太原府呂惠卿言：「麟府豐州守禦人缺，已牒提舉保甲司發保甲。」（見同書卷三四七）八月，又詔河東陝西發保甲，給路費遠近有差。（見同書卷三四八）於是，保甲正式負起了捍衛國家的責任。

保甲初隸於司農寺，熙寧八年改隸兵部，而政令聽於樞密院。（見通考卷一五三）元豐五年，更令緣邊義勇保甲事並隸樞密院。（見長編卷三二九）由此可以推想當時的執政者對保甲的重視。最初以其可以實現「兵農合一」的理想，故隸司農寺；後以其在地方禦盜，故隸兵部；再後希望其能代替正兵，故隸樞密院。

置保甲不但在兵制上是一件很大的變革，在北宋的政治上也是前所未有的創舉，當然持相反意見的人很多。在神宗時便有韓維、文彥博屢言其擾民。長編卷二二一云：

（熙寧四年三月）權知開封府韓維等言「諸縣團結保甲，鄉民驚擾。……」時府界初行保甲，鄉民或自傷殘以避團結。

樞密使文彥博更謂民有因此而「截指斷腕」的。神宗也說：「中官歷十三縣問得如此。」（見長編卷二二一）蘇轍民賦序，指出當時人民「嫁母贅子，斷壞支體，以求免丁。」（見欒城後集卷十五）元豐六年十二月，提舉開封府保甲劉琯上言：「諸縣保甲戶，有年已成丁，尙爲稚小以避役者。」（見長編卷三四一）由此可見至少有一部分人民對保甲懷着恐懼之心。這與刺義勇時的反應如出一轍。

在哲宗初，司馬光、呂公著、王巖叟、呂陶、范純仁、劉摯、蘇轍、孫升等極陳保甲之弊，並請罷去。他們所指出的保甲的流弊，總括來說，有下列五點：

一、鄉村之民，二丁取一爲保甲，便是農民半爲兵。而保甲五日一教，自然無暇再顧耕耘收穫稼穡之事。故保甲有妨農業。

二、巡檢指使，按行鄉村，往來如織；保正保長，依倚弄權，坐索供給，少不副意，便妄加鞭撻。中下之人，罄家所有，亦無法供億。故保甲使人民困弊。

三、朝廷時遣使者徧行按閱，所至犒設賞賚，耗費金帛以巨萬計。故保甲虛耗財用。

四、人民生長太平，服田力穡，雖敎以武藝，遇敵時亦不免潰散。故緩急時保甲不能用，仍須倚賴正兵。

五、置保甲後，悉罷三路巡檢下兵士及諸縣弓手，而易以保甲，令主簿兼縣尉，但主城市，以裏鄉村盜賊，悉委巡檢，而巡檢兼掌巡按保甲敎閱，無暇捕盜。更壞的是保甲中又有自爲盜的。故保甲非但不能制盜賊，反而使盜賊滋生。

上述五點，是根據司馬光於元豐八年四月（哲宗即位未改元）上的乞罷保甲狀。（見司馬溫公文集卷四十六）此狀論保甲之弊，搜羅殆盡，足以代表當時反對保甲者的意見，故引述之。

我們試細看上述保甲的弊害，可以發現保甲制度失敗的三個關鍵：第一點、第二點、和第四點，與司馬光論義勇之弊差不多，可見義勇與保甲的性質相同，而其失敗的原因也是一樣。此其一。第二點與第五點流弊的發生，顯然是用人不當所致。此其二。第一點與第四點，神宗與王安石雖曾討論及之，（註四）但王安石剛愎自用，不暇深究其利弊，急於以民兵代募兵。結果，「正兵不可代，而保甲化天下之民皆爲兵。於是虛耗之形見，而天下之勢弱矣。」（葉適兵論，見水心集卷五）這和義勇不能代正兵同出一轍。此其三。

保甲法雖在元祐時成了司馬光等攻擊的箭垛，結果卻仍未全廢。當時只作了兩種改變：

一、罷保甲團教及提舉官。元豐八年十月，詔提舉府界三路保甲官並罷，令逐路提刑及府界提點司兼領。所有保甲，止冬教三月，自來年一月施行。又詔逐縣監教官並罷，委令佐監教。十二月，詔府界三路保甲第五等兩丁之家免冬教。元祐五年八月，詔自今開封府界保甲並免冬教。（見長編卷一五三、三六〇、三六二、四四六）計由止令開封府界保甲冬教起至全部免教，前後凡四年。

二、招保甲爲禁軍。這是用蘇轍、劉摯等的建議。（見欒城集卷三十六、三十七，忠肅集卷六）元祐元年二月，樞密院言：「河北路保甲已令寄招充塡在京禁軍人，若神龍衞年二十已下，中軍已下年二十五已下，雖短小一指並許招刺。」五月，樞密院又提及河北州軍寄招保甲塡在京禁軍缺額事。（見長編卷三七三、三七七）

前者是想避免擾民；後者是想恢復禁軍，而漸去民兵。

保甲免教閱，漸不能戰鬥，雖名存而實亡。元祐諸大臣既自稱深明保甲之弊，而仍許其存在，這是令人不解的。徽欽時緩急用保甲守城，便如司馬光當初所言，一戰而潰。這些事，元祐諸大臣實應負其咎。

第三節　置將與訓練

上一章說過，眞宗仁宗時士卒冗濫，缺乏訓練，到神宗時便有了一個補救的辦法。——那便是置將法。通考卷一五三云：

其後又團結諸軍，置將分領，謂之「將」云。

這裏沒有明顯地說明置「將」是以訓練士兵爲目的，也沒有指出「將」是訓練士兵的單位；但如果我們深究置將法的根據、源始、和內容，便可以得到這種觀念。

一、置「將」的根據，是九軍陣法。事畧卷五三蔡延慶傳云：

延慶嘗得安南九軍法，讀之，謂諸將曰：「漢蕃兵馬未整，幸今無事，可依此團結，以備調發。」乃以正兵弓箭手人馬，團爲九將，合百隊，分四部，爲左右前後，而隊有駐戰拓戰之別，步騎器械，每將皆同。又以蕃兵人馬爲別隊，各隨所近，分隸諸將。諸將之數，不及正兵之半，所以制之也；處老弱於城砦，使漢蕃不相雜，所以防其變也。書成上之，會鄜延亦分畫兵將，延慶條上鄜延所奏未便者，神宗是之。

依九軍陣法團結將兵，就是用九軍陣法來訓練士卒。神宗很是看重九軍陣法，熙寧中，使六宅使郭固等加以討論，著之爲書，頒下諸帥府，副藏秘閣。又使沈括加以詳定。（詳見沈括補夢溪筆談卷三及長編卷二六〇）元豐四年三月，以九軍法一軍營陣案閱於城南好草陂。（見長編卷三〇二）而元豐三年五月，韓存寶奉命經制瀘州夷賊事，所領正兵萬五千人，亦依九軍陣法，分隸行營四將。（見宋會要兵十）

二、置「將」的源始：在仁宗時，知延州范仲淹分州兵爲六將，以便訓練和禦敵。歐陽修范文正公神道碑云：

自邊制久隳，至兵與將常不相識。公始分延州兵爲六將，訓練齊整，諸路皆用以爲法。（並見遵堯錄卷六。事畧卷五九范仲淹傳引此事，且謂每將三千人。）

這可以說是置將的先聲。

神宗熙寧七年，樞密副使蔡挺提出置將，其要旨乃在訓練士卒。事畧卷八二蔡挺傳云：

神宗問挺涇原訓兵之法，召部將按于崇政殿，以爲諸路牙校法。北虜議雲中地界，久不決。挺請盡召還河北緣邊戍兵，示以無事，兼可積蓄邊儲。因奏乞置三十七將，將有正副，及畿縣，及諸道兵分肄，皆給虎符，以河北路次第爲額，又以河北兵數教習不如法，緩急不足用，奏乞於陝西選兵官訓練。……從之。

蔡挺涇原之法，就是置將法的雛型。他的方法是這樣的：

涇原路內外凡七將，又涇、儀州左右策應將，每將皆馬步軍各十陳，分左右各第一至五閱一陳，此其大概也。

河北置將，實在是涇原訓兵之法的正式推廣實行罷了。

三、置將法的內容。諸軍團結以便訓練謂之「將」，或稱「將兵」；而各「將兵」的負責人亦稱「將」，或稱「將官」（其副稱「副將」）。通考卷一五三云：

凡諸路「將」各置副一人，東南兵三千以下唯置單「將」。凡將副皆選內殿崇班以上嘗歷戰陳親民者充，且詔監司奏舉。又各以所將兵多寡，置部隊將，押隊使臣各有差。又置訓練官，次諸將佐。春秋都試，擇武力士凡千人，選十人，皆以名聞，而待旨解發。其願留鄉里者勿強遣。此將兵之法也。（同見兵志二）

我們由「將」內有訓練官及「春秋都試」，更可證明置將是爲了訓練軍隊無疑。（兵志雖沒有指出這點，但關於置將的許多材料，都列入訓練之制中。）

將兵雖然總隸於三衙，但分駐在外。將官的權力很大，諸州長吏不能干涉。這也是爲了便利訓練士卒的緣故。

我們由元豐八年四月（哲宗卽位未改元）司馬光上的疏中可見：

先帝欲征伐四夷，患諸州兵官不精勤訓練，士卒懈弛。於是有建議者請分河北、陝西、河東、京東、京西等路諸軍若干人爲一將，別置將官，使之專切訓練。其逐州總管以下及知州、知縣皆不得關預。及有差使，量留羸弱下軍及剩員以充本州官白直及諸般差使，其餘禁軍皆制在將官，專事教閱。（司馬溫公文集卷四十七）

雖然州郡長吏不能關預「將兵」，但中央對諸「將」非常注視，其目光也是集中在軍隊的訓練上。其一是派教頭指導訓練。長編卷二九七云：

（元豐二年四月）京西第五將言：「昨奉詔遣教頭二人教習馬軍，各已精熟。」

卷三〇三云：

（元豐三年三月）詔開封府界京東西諸將下弩手每五十人差教頭一人。

「將」下軍隊經過訓練後，武藝精熟，便具姓名人數聞奏，聽旨呈驗，然後遣還本「將」下。（見長編卷三一〇）

其次，朝廷遣使前往按閱諸將所教軍隊，更是常事。兵志九云：

（元豐）二年四月，遣內侍石得一閱視京西第五將所教馬軍。五月，得一言其教習無狀。詔本將陳宗等具析，宗等引罪。帝責曰：「朝廷比以四方驕悍爲可虞，選置將臣，分總禁旅，俾時訓肄，以待非常。至於部勒規模，悉經朕慮，前後告戒，已極周詳。使宗等稍異土石，亦宜畧知人意；尸祿日久，既頑且慵。苟遂矜寬，實難勵衆。可並勒停。」

要收到訓練士卒的效果，必須將官與士兵合作，因此宋初「兵不知將，將不知兵」的分戍制度便要打破。眞宗仁宗時，許多地方已有禁軍（見上一章），但只是就糧性質，還未成爲純粹的地方武力；神宗置將，顯然是更進一步，將與兵打成一片，成爲純粹地方性的軍隊。於是，太祖時有事由中央遣兵出戍的制度，一變而爲有事由各地遣兵了。通考卷一五三亦云：

神宗卽位，乃部分諸將兵，總隸禁旅，使兵知其將，將練其士。平居知有訓厲，而無番戍之勞；有事而後遣焉。（同見兵志二）

神宗熙寧置將，不是將全國軍隊都團結爲若干將，只是把各邊要地面的軍隊團結，此外還有許多不係於「將」的軍隊。今據長編、通考、玉海、兵志，將熙寧元豐間所置諸「將」表列如下：

路名	將數	各「將」分駐地	備註
開封府畿、京東西、河北路	37	河北四路（第一至第十七）府畿（第十八至第二十四）京東（第二十五至第三十三）京西（第三十四至第三十七）	1.熙寧七年九月置。2.玉海卷一三九云：共領兵二十萬。3.長編、通考與玉海均謂京東九將，京西四將；事畧卷八則謂京東十將，京西三將。
鄜延	9		附漢蕃弓箭手
涇原	12	渭州（第一、第二）原州（第三）綏甯寨（第四）鎭戎軍（第五）彭陽城（第六）德順軍（第七）水洛城（第八）靜邊寨（第九）隆德寨（第十）永興軍奉天縣（第十一）隴山（第十二）	1.第一將至第十一將的駐地，據長編卷二九九。（元豐二年七月定）2.兵志四云：「元豐四年，詔將隴山一帶弓箭手人馬別置一將管幹，仍以涇原第十二將爲名。」

環慶	8	慶州（第一） 環州（第二） 大順城（第三） 淮安鎮（第四） 業樂鎮（第五） 木波鎮（第六） 永和寨（第七） 邠州（第八）	環慶各將駐地據長編卷二九六。（元豐二年二月定）
秦鳳	5		
熙河	9		以上五路四十二將（涇原第十二將除外）是熙寧八年三月置，各七八萬人。（見玉海）
東南諸路	13	淮南東路（第一） 淮南西路（第二） 兩浙西路（第三） 兩浙東路（第四） 江南東路（第五） 江南西路（第六） 荊湖北路（第七） 荊湖南路（第八） 全邵永州應援廣西（第九） 福州路（第十） 廣南東路（第十一） 廣南西路（第十二） 邕州（第十三）	1. 元豐四年二月置。 2. 兵三千以下唯置單將。

在有些「將」兵中，雜有禁軍、鄉兵和蕃兵等。元豐六年，熙河蘭會路經略安撫制置使李憲謂蕃漢雜爲一軍，

嗜好言語不同，部分居止皆不便。故請本路蕃兵自置將，五州軍各置都同總領蕃兵將二員以統領之。（詳見長編卷三三七）

哲宗卽位，司馬光、孫覺等以置將爲熙豐新政之一，亟請罷去。他們指出將官的流弊很多，綜合來說，則有四點：

一、置將使兵卒疲於訓練，緩急時不能得其死力。元祐元年四月，右司諫蘇轍上言：

右臣竊見諸道禁軍，自置將以來，日夜按習武藝劍槊擊刺弓弩斗力，比舊皆倍。然自比歲試之於邊，亦未見勝敵之效。蓋士卒服習，止軍中一事耳。至於百戰百勝，則自有道。不可不察也。臣訪聞凡將下兵，皆蚤晚兩教，新募之士，或終日不得休息，士卒極以爲苦。頃歲西鄙用兵，士自內郡往卽戰地，皆奮踴而去，以免教爲喜。……今平居無事，朝夕虐之以教閱，使無遺力以治生事，衣食殫盡，憔悴無聊，緩急安得其死力。臣請使禁軍除新募未習之人，其餘月止一教，使得以其餘力爲生，異日驅以征伐，其樂致死以報朝廷，宜愈于前日也。……（欒城集卷三十七）

二、置將養成士卒驕惰，本意想訓練武藝，而結果竟孱弱不知戰。司馬光云：

又自祖宗以來，諸軍少曾在營，常分番往緣邊及諸路屯駐駐泊，蓋欲使之均勞逸，知艱難，識戰鬥，習山川。自置將官以來，苟非有所征討，全將起發，與將官偕行外，其餘常在本營，不復分番屯駐駐泊，飽食安坐，養成驕惰之性，歲月滋久，恐不可復用。……」（司馬溫公文集卷五十二）

而將官不得人，乃是將兵訓練失敗的主要原因。長編卷三一〇云：

（元豐三年十二月）客省副使王淵言：「近按閱河北第十二將軍馬，多不應格。其將官段懷德，副將王用，兼押隊供奉官苗遇、楊立，殿直石舜封全不曉軍中教閱次第。其押隊使臣，試以弓馬，又不諳習。」詔將副段懷德、王用各特追兩官、勒停；押隊苗遇、楊立、石舜封全特勒停。

將兵訓練的法則雖然周到，但因所用未盡得人，故收不到預期的效果。到了徽宗時，東南十三將「類皆孱弱，全不知戰」，以致「寇盜橫行，流毒一方」。（童貫語，見兵志二）這又斷非置將之初所想像得到的。

三、將官侵害地方權力，州縣長吏及總管等，對所部士卒，不相統攝，往往不得差使，有事時地方反無武備。哲宗初司馬光上疏云：

今爲州縣長吏及總管等官，而於所部士卒，有不相統攝，殆如路人者。至於倉庫守宿街市巡邏，亦皆乏人。雖於條有許差將下兵士者，而州縣不能直差，須牒將官，往往占護不肯差撥，萬一有非常之變，州縣長吏何以號令其衆，制禦姦宄哉？……今歲諸處多闕雨澤，盜賊頗多。州縣全無武備，長吏侍衛單寡；禁軍盡屬將官。將官多與長吏爭衡，長吏勢力，遠出其下。萬一有如李順、王倫攻城陷邑之寇，或如王均、王則竊發肘腋之變，豈不爲朝廷旰食之憂！（司馬溫公文集卷五十二）

四、置將使官吏重設，虛破廩祿。元豐二年，定州路安撫使薛向便說過：置將官後，公使錢不能贍，乞加公使錢。（見長編卷三〇一）司馬光也說：

又每將下各有部隊將準備差使之類一二十人，而諸州總管、鈐轄、都監、監押員數亦如舊，設官重複，虛費廩祿。（同上）

憑著這幾點理由，司馬光、孫覺等亟請罷去將官，但結果未能成功。而四點弊端中，亦只有後二者稍爲得到改善。元豐八年八月（哲宗即位未改元），詔諸將副押隊訓練官非教閱事有違法者，許本州長吏覺，監司點檢。（見長編卷三五九）十月，令逐將下公事，並本處知州同管，在縣即知縣同管。（見卷三六〇）這可說是稍抑將官，而提高地方長吏的權力。元祐元年，稍省諸路鈐轄及都監員數，仍以將官兼都監職事。（見通考卷一五三、兵志二）這可說是補救官吏重設的措施。此外，將官的訓練，則未見改善。馴至徽欽用兵，便見驕弱不足用了。

註一：慶曆三年七月丁丑，仁宗以樞密副使、右諫議大夫范仲淹爲參知政事，資政殿學士、侍讀學士、右諫議大夫富弼爲樞密副使。（見長編卷一四二）九月，開天章閣召對賜坐，給筆札使疏於前。仲淹、弼退而列奏十事：一曰明黜陟，二曰抑僥倖，三曰精貢舉，四曰擇官長，五曰均公田，六曰厚農桑，七曰修戒備，八曰減徭役，九曰覃恩信，十曰重命令。仁宗悉用其說，當著爲令者皆以詔書畫一次第頒下，獨府兵輔臣共以爲不可而止。（見長編卷一四三）這便是所謂慶曆變政。

註二：宋神宗熙寧二年二月，王安石拜參知政事，始議「變風俗，立法度」。於是設三司條例司，而農田、水利、青苗、均輸、保甲、免役、市易、保馬、方田諸法相繼並興，號爲新法。（見宋史卷三二七王安石傳）

註三：仁宗慶曆三年九月，范仲淹上十事疏，在第七事「修武備」中，提及唐代府兵，很是推崇；並請約唐之法，先於畿內幷近輔州府，召募强壯之人，充京畿衛士，三時務農，一時教戰。（見長編卷一四三）慶曆四年正月，又請建置府兵。（見同書卷一四六）但爲諫官余靖所反對，理由是「農夫失業，北敵慢書亦隨而至。」（見同書卷一四九）結果，范仲淹建府兵之議沒有得到施行。

註　四：長編卷二一八云：「上曰：『民兵雖善，止是妨農事如何？』（王）安石曰：『先王以農爲兵，因鄉遂寓軍旅。方其在田，什伍已定，須有事乃發之以戰守，其妨農之時少。今邊陲農人，則無什伍，不知戰守之法，又別募民爲戍兵。蓋邊人耕織不足以給衣糧，乃至官司轉輸勞費，尙患不足。遇有警急，則募兵反不足應敵；無事則百姓耕種，不足以給之。豈得爲良法也？』上曰：『止是民兵未可恃以戰守，奈何！』安石曰：『唐以前未有黥兵，然可以戰守。臣以爲募兵與民兵無異，顧所用將帥如何爾。將帥非難求，但爲人主能察見羣臣情僞，善駕御之，則人材出而爲用，而不患無將帥；有將帥則不患民兵不爲用矣。』」

第五章　北宋兵制的崩潰

第一節　宦官弄權與軍政紊亂

太祖的兵制，雖破壞於眞宗仁宗，再變於神宗；但都含有積極的理性的改良意味。因爲那時主持改制的，是滿腹經綸的文臣。發展至徽宗，由佞幸近嬖得寵的宦官把持軍政，對祖宗兵制，隨意妄加改易，北宋兵制便淪於崩潰的地步，而宋室亦不能不南渡了。

太祖深以前代宦官之禍爲戒，曾刻石禁中，令後世子孫毋以內臣主兵。（見聞見前錄卷一）故北宋開國之初，宦官鬱鬱不得志。事畧卷一二零說：

太祖開基，所用宦者不過五十人，但掌宮掖之事，未嘗令采他事也。嘗有中黃門因禱祠山川，於洞穴中得怪石形類羊者，取以爲獻。太祖曰：「此墓中物爾，何以獻爲？」命碎其石，杖其人。

太宗時，稍用宦官指揮軍事，但不倚重，更隄防他們參預政事。如竇神寶、王繼恩都曾立戰功（見宋史卷四六六宦者傳），但神寶位不過鈐轄、巡檢，繼恩亦止授宣政使。（註一）

眞宗、仁宗時普遍用宦官爲鈐轄、都監，宦官勢力漸抬頭，幸文臣的力量還可以把他們制維。（見第四章第五節）澠水燕談錄卷二云：

眞宗朝宦者劉承珪以端謹侍上，病且死，求爲節度使。上促授之。王魏公旦執不從，曰：「復有求爲樞密使

者，何以絕之。」（同見遵堯錄卷五）

眞宗防閑宦官之心，日趨鬆懈；但文臣掌握大權，宦官仍未能得意。

神宗用宦者李憲、王中正爲帥，節制諸將，宦官氣燄漸張，但也遭受到不少阻力。如交州叛，神宗以趙卨爲安南招討使，李憲爲副。趙卨亟以爲不可。熙寧九年，以李憲計議秦鳳熙河路經畧司邊事，御史中丞鄧潤甫、御史周尹、蔡承禧等說：「自詩書以降，迄於秦、漢、魏、晋、周、隋，不聞有以中人爲將帥者，唐明皇時覃行章亂黔中，始以楊思勗爲招討使，唐之禍萌於此。代宗時魚朝恩幾禍社稷，憲宗時用吐突承璀，卒以輕謀弊賦得罪後世。陛下其忍襲唐故迹而忘天下之患乎？」又說：「鬼章之患少，用憲之患大；憲功不成其禍小，有成功其禍大。」（見事畧卷一二〇宦者傳）神宗雖卒用李憲、王中正等，但亦可見文臣勢力仍强。李憲、王中正雖在邊煊赫一時，其位亦團練、觀察、留後而已。（註二）

到了徽宗時，宦官的氣派和勢力，便高張到驚人的地步。宋徐夢莘三朝北盟會編卷二引政和八年五月二十七日安堯臣所上書，把當時宦官跋扈情形痛快淋漓地指出來：

宦寺之數，不知其幾；但見腰金拖紫，充滿朝廷。處富貴之極，忘分守之嚴；專總威權，決議中禁；蔽九重之聰明，擅四海之生殺。懷諂諛之心、曲媚營求者，則舉而登用；勵匪躬之操、直情忤意者，則旋見排斥。以致中外服從，上下屏氣。府第羅列大都，親族布滿丹陛。南金和寶、冰綃霧縠之積，富侔天子；嬙媛侍兒、歌童舞女之玩，僭擬後宮。狗馬飾彫文，土木被緹繡，更相援引，同惡相濟。一日再賜，一月累封，爵位極矣，田園廣矣，金繒益矣，奴婢官矣，搢紳士大夫盡出其門矣，非復向時掖廷永巷之職，閨牖房闥之任也。皇綱何由而振耶！

在徽宗以前，宦官沒有做節度使的。徽宗時，內用梁師成，外用童貫、譚稹等。（註三）於是宦官紛紛建節鉞，任要職，「宰相奉行文書而已。內而百司悉以宦者兼領，外而諸路則有廉訪承受之官。」（見事畧卷一二〇）其甚者如童貫，眞可說是權傾當代，一時無兩。（註四）

徽宗政宣年間宦官所以得勢，乃由於文臣勢力逐漸降低，執政的權臣，都是倚仗宦官爲助的。因此宰相不能不憚宦官，宦官亦由是奪政柄。如王黼之與梁師成，二人之家連牆，穿便門往來。王黼身爲宰相，竟以父事之，每折簡必稱爲恩府先生。（見事畧卷一〇六王黼傳）又如蔡京之與童貫，狼狽爲姦，（見事畧卷一〇六蔡京傳，卷一二一童貫傳）亦爲當時人所齒冷。（註五）

徽宗既重用童貫，內使領樞密院事，外使爲宣撫使；內則軍政，外則指揮軍隊大權，集中一身，大大違反了太祖制兵的原則。而童貫欺君罔上、攬權專恣、紊亂軍政、破壞兵制的地方，其禍更不止此。事畧卷一二一童貫傳云：

（蔡京）既相，始開邊議收復青唐。起王厚爲經畧使，合諸道兵十萬，用李憲故事，命貫爲監軍。師行及敵，會禁中火，徽宗以手書驛止貫。貫視之，遽納靴中。厚訪其故，貫曰：「上促成功耳。」竟出師。……

由此可見，童貫心目中已無徽宗在。安堯臣指出他紊亂軍政的事很多，如：

虛立城砦，妄奏邊捷，以爲己功。汲引羣小，易置將吏，以植私黨；交通饋遺，鬻賣官爵，超躐除授，紊亂典常。……有自行伍不用資格而得防團者。……兵法：將士躬冒矢石，傷有金帛之賜，死有褒贈之榮，自兵

> 權歸貫，紛更殆盡。傷戰之卒，秋毫無所得；死者又誣以逃亡之罪。賞罰不明，兵氣委靡。凱還未久，書品已崇。庖人廝卒、掃門執鞭之隸，冒功奏賞，有馴致節鉞者。名器一何輕哉？山西勁卒，貫盡選爲親兵，實自衛也。方戰伐之際，他兵躬行陣之勞；班師之後，親兵冒無功之賞。意果安在？……每得內帑金帛，以濟軍需，悉充私藏；乃立軍期之法，取償於州縣……（三朝北盟會編卷二）

牟潤孫師在折可存墓誌銘考證兼論宋江之結局一文中（文史哲學報第二期），論童貫冒功偏私之事甚詳，且謂「當夫靖康之際，宋軍士氣之不振，實造因於童貫賞功之偏私。」足見童貫的紊亂軍政和靖康之禍有很大關係。事畧卷一二一童貫傳又指出他破壞蕃官的遷補法與把弓箭手徙居新邊：

> 祖宗法：屬官不授漢官，有功則於蕃官轉遷；至是則引拔之，或至節度使。弓箭手有分地得以保其鄉里墳墓；至是則皆使居新邊。禁軍逃亡者罪至死不貸，至是則許改刺別官。邊備軍政，自貫壞矣。

此外，宦者納契丹常勝軍與在邊置義勝軍，都遺禍很烈，簡直把北宋引入衰亡的道路上。這將在下一節詳述之。

宦官雖在徽宗時權傾中外，但反抗的勢力仍在。如崇寧初，殿中侍御史侯蒙請求「毋與政閹寺」。（見事畧卷一○二侯蒙傳）而蔡卞、朱勔雖是奸邪，亦力排童貫、梁師成。（見事畧卷一○一蔡卞傳，卷一○六朱勔傳）那時宦官氣勢正盛，故顯得這些反抗力量很是微弱。但一到欽宗即位，形勢大變。靖康元年正月，便將竊弄權柄的梁師成貶死八角鎮；八月，將招致外患的童貫誅死南雄州。監察御史余應求、胡舜陟等紛紛上疏，請求抑制宦官。（見靖康要錄卷六）而士人憤恨宦官之情，亦到處流露出來。事畧卷一○八聶昌傳云：

> 李綱之罷，太學生陳東及士庶十餘萬人撾鼓伏闕下，經日不退。遇內侍輒殺之，殺三十餘人，擘裂無遺體。

府尹麐之不去。（聶）山（後改名昌）出諭旨，相率聽命而退。（李綱靖康傳信錄謂「不期而集者數十萬人……殺傷內侍二十餘人。」見梁谿全集卷一七二）

北宋宦官雖未致成禍，但紊亂軍政，隨意改制，直接使兵制崩潰，間接使宋室南渡，亦足爲後世鑑戒。當時李綱便曾慨歎地說：

自崇觀以來，政出多門。閹宦恩倖女謁，皆得以干朝政。所謂宰相者，保其身固寵，不敢以爲言，遂失其職，法度廢弛。馴致靖康之禍，非一朝一夕之積也。（梁谿全集卷五十九）

第二節　招邊民爲軍與京師缺兵

政和七年，王黼、童貫用燕人馬植之謀，建議聯金伐遼，徽宗從之。京師的禁兵，多調上前綫；而且唯恐不足，更納遼常勝軍，招山後漢兒爲義勝軍。形成外駐重兵、京城空虛的危險現象。一旦與金人破裂，舊有兵不能戰，常勝軍、義務軍又叛，金人便勢如破竹，直搗汴京。京師缺兵，自然不能堅守。故宋室南渡，實由於軍隊的「內重外輕」轉變爲「外重內輕」所致。

自宣和北伐以來，軍隊開邊的很多。三朝北盟會編卷五云：

（宣和四年）四月十日，戊戌，太師領樞密院事童貫爲陝西河東河北路宣撫使，勒兵十萬巡邊。

卷九云：

（宣和四年六月）童貫、蔡攸自瓦橋關莫州回至河間府，忽知中山詹度奏耶律淳死。燕人越境而來者，皆以契丹無主、願歸土朝廷爲言。朝廷猶豫未決間，太宰王黼欲功高蔡京，力主再興師議，手詔優允。於是悉諸道兵二十萬，期九月會三關，詔貫、攸毋歸。異議者斬。於是伐燕之議成矣。

計前後開上前綫的軍隊已達三十萬。

正兵大量戍邊，童貫、譚稹等尚嫌不足，以燕雲之人，勇悍可用，故有納常勝軍和置義勝軍之舉。這便鑄定了不可補救的錯誤。因爲燕雲之民，雖是漢人，但久陷契丹，多已同化，幾與蕃人相若，失去了原有的忠君愛國之念，視易主投降爲等閒。徽宗不察，竟重用之，怎能不踏上悲慘的道路呢？

常勝軍是宣和四年八月二十三日，契丹涿州留守郭藥師帶領來降的。三朝北盟會編卷十云：

常勝軍本謂之怨軍。遼人始以征伐女眞，爲女眞所敗，多殺其父兄，乃立是軍，使之報怨女眞，故謂之怨軍。然怨軍初未嘗報怨，每女眞兵入，則怨軍從而爲亂；女眞退，則因而復服，常以爲苦。天祚與羣下謀殺怨軍除其患，故其中郭藥師等反殺其首領而降都統蕭幹，遂拜金吾大將軍，俾守涿州，屢以勝我。及九大王死，蕭后立，藥師知燕中勢將亡，遂決策首以涿州來降。則常勝軍實反覆之徒，然虜中號健鬥者也。其副曰張令徽，下又有四將，號彪官，每彪五百人，則常勝軍本二千人。本朝收復之後，因增至二萬，其後又增號五萬，實燕人之先以城降者，故朝廷寵異之。

義勝軍之設置，却是爲了掣肘常勝軍。因那時常勝軍漸漸表現出驕橫難制。三朝北盟會編卷十九云：

（宣和六年）三月，譚稹奏置義勝軍。譚稹初至燕山，聞常勝軍恣橫，藥師輩不爲約束。稹慮生事，奏朝廷乞於河東別創一軍，分作權勢。如雲朔之人，以五萬爲率，屯於州縣要徑處，號爲義勝軍。令李嗣本、耿守忠爲帥，欲俾常勝軍有所畏懼，朝廷從之。

可是，義勝軍和常勝軍同是一丘之貉。他們都是邊境燕雲之民，有着同一的氣質，雖然勇悍善戰，但反覆無常，不忠不義。有事時非但不能倚靠，而且反爲所害。故徽宗取邊民爲軍是很不智之舉。考其弊有三：

一、這些新納和新招的軍隊，待遇都很優厚，以致政府大傷財用。事畧卷一二五附錄三云：

凡常勝軍計口給錢糧，月費米三十萬石，錢一百萬緡。河北之民，力不能給。朝廷下諸路起免夫錢六百二十萬緡（李心傳建炎以來繫年要錄卷一作六千二百餘萬緡）以助之。於是天下民力竭矣。

而義勝軍的請給優厚，則又超過常勝軍。三朝北盟會編卷十九云：

既而（李）嗣本、（耿）徽忠（義勝軍帥）選歸朝人中少壯者籍其姓名，其月糧衣賜，倍於他軍。後常勝軍知其請給豐厚，往往潛來投附……

二、北宋到了徽欽，經濟亦瀕於崩潰。朝廷既重視常勝軍和義勝軍，對他們待遇優厚，便不能不減削了原有兵的衣糧。既而常勝軍和義勝軍的衣糧亦不能贍足。因此兩種軍隊都感覺不滿，而生離異之心。三朝北盟會編卷二四引秀水閑居錄云：

（郭藥師）所領常勝軍等至十萬，皆給家口食，河北諸郡收市牛馬殆盡，至四萬餘騎，朝廷竭力應副，自京師漕粟之大河轉海口以給之。內地所遣戍兵，初亦數萬人，衣糧既爲常勝軍所先，皆饑寒失所，或逃或死，不能久駐。於是藥師一軍獨擅邊柄。

靖康要錄卷十二云：

（義勝軍）皆山後漢兒也，實勇悍可用。其河東者約十萬餘人，以饑而怒，出不遜語。我軍所請皆陳腐，亦怨。道路相逢，我軍輒辱罵之曰：「汝蕃人也，而食新；我官軍也，而食陳。吾不如蕃人乎？我將誅汝矣。」漢兒聞之懼，其心益貳。（並見三朝北盟會編卷二三）

這兩點的結果，便是遇敵時舊有兵不能戰，新招兵迎降。後者更是北宋軍事和政治的致命傷。早在宣和六年十二月，常勝軍在郭藥師率領下投降金人。（見三朝北盟會編卷廿三）此後金人入寇，便勢如破竹，「所至徑趨其所」，李綱謂「實藥師導之」。（見靖康傳信錄）宣和七年十二月，金人南犯朔州，「漢兒」即開門獻之。至武州，「漢兒」亦為內應。於是金人佔朔、武，長驅至代，「漢兒」又擒守將李嗣本以降。金人至石嶺關，「漢兒」耿守忠啓關以獻。靖康元年正月，金人至平陽關，守將劉嗣初領「漢兒」義勇四千人迎降。因此，當時的人一面驚惶地逃走，一面憤恨地大聲叫道：「奸臣置漢兒內地，今果墮其計中！」（詳見三朝北盟會編卷二十三，長編紀事本末卷一百四十四，靖康要錄卷十二）

由於徽宗重視所招的「漢兒」，多用以防守邊要地方。而「漢兒」易降，金人便很容易長驅南下。京城藩籬盡撤，不得不靠本城力量防禦。可是，那時重兵在外；京師守備廢弛，缺乏兵將、李心傳建炎以來朝野雜記卷十八云：

國朝舊制，殿前侍衛馬步三衙禁旅合十餘萬人。宣和間，僅存三萬而已。京城之破，多死於敵。

說徽宗時京城禁軍僅存三萬，也許是誇張的說法。但欽宗靖康時，京城的正兵想亦不會超過十萬，而且多是老弱不能戰的，能戰者可能真的只有三萬而已。靖康傳信錄云：

……後方治都城四壁守具，以百步法分兵備禦，每壁用正兵一萬二千餘人，而保甲、居民、廂軍之屬不與焉。……又團結馬步軍四萬人，爲前、後、左、右、中軍，軍八千人，有統制、統領、將領、步隊將等，日肄習之。……

每壁兵各一萬二千餘人，四壁兵是五萬人左右；再加上前、後、左、右、中軍四萬人，共約九萬人。這便是靖康時京師的兵數。

再由用保甲、弓手守城，和倉卒募民爲兵二事，可以證實那時京師缺兵。靖康要錄卷十三云：

（靖康六年閏十一月）京師之兵不滿十萬，秦元所教保甲雖衆，然怯懦無足用。嘗有五千餘人聚食昭陽門外，胡騎六七疾驅其前，衆棄兵潰走，賊亦知我之虛實，無所憚。

又云：

……京畿提刑秦元集保甲三萬，先請出屯，自當一面，朝廷不從。虜兵簿城，又乞行訓練，乘間出戰。守禦使劉韐奏取秦元保甲自益，元謀遂塞。

又云：

（靖康元年閏十一月）二十三日，遣京畿弓手出戰，敗死千餘人。

正兵不足，便要用保甲；保甲不足，繼之以弓手；弓手亦不足，只有出於大量募民爲兵一途。通考卷一五三云：

時京城……黃旗滿布，應募者悉傭丐寒乞之人，全無鬥志。何㮚用王健募奇兵。操瓢行乞羸劣之人，皆躍然應募，倉卒未就紀律。（同見兵志七）

建炎以來繫年要錄卷一云：

> 金之再圍城也，何㮚等得殿前司剩員郭京，擢爲大將，使募市井游惰爲六甲神兵。（同見事畧卷一〇七劉延慶傳）

靖康要錄卷十二云：

> （靖康元年十一月）十九日，郭京募百姓兵萬二千人。

由於那時京城兵微將寡，故郭京之徒得用；而所募之兵，質素太劣，保甲亦素失訓練。在這樣的情勢下，雖孫、吳復生，京城亦不能保。

考徽、欽時京師缺兵的原因，共有三點：

第一、士卒逃亡。

逃兵在北宋是一個很嚴重的問題，太宗以下各朝都有發生，不過在徽欽時最顯得嚴重，尤其是京師兵的逃亡很多。事畧卷一〇九程振傳載，開封尹程振捕得亡命卒數千人。宣和三年四月一日，戶部尙書沈積中亦奏云：

> ……夫禁軍逃亡，罪亦重矣，然將副則遷就歲終賞罰之格，軍校則利其每月糧食之入，往往逃亡者，並不開落，獲者亦不行法，至有部轄人糾率隊伍，公然私竄。其中冒名代充者，比比皆是。（宋會要刑法七）

第二、禁軍缺額不補。

禁軍缺額不補的原因，其一是營房毀壞。宋會要兵六云：

> 徽宗大觀二年七月一日御筆：闕額禁軍，久不招塡，其營房必久不修治，在京仰工部，在外仰提刑提舉司，

限兩季完葺了當。

其次由於封樁缺額禁軍錢以備上供。封樁庫設於太祖，本意是備欵以恢復燕雲。（註六）神宗時才把缺額禁軍請受封樁，以作訓練保甲和按閱將兵之費。（註七）至徽宗時更以爲上供之用，因而忽畧了禁軍的招補。建炎初李綱上乞募兵劄子，中有云：

臣竊以祖宗建國，以兵爲重。熙寧盛時，內外禁卒，馬步軍凡九十五萬。承平既久，闕額三分之一，失於招塡，比年西鄙喪師，江浙山東寇作，繼之以燕山陷沒，所失亡者又半……（梁谿全集卷六十一）

第三、禁軍多習奇巧，身爲戰士，而攻守不預。

早在崇寧元年九月十七日，尙書省臣僚上言：「竊以朝廷置兵，本備戰守，約束稍緩，游藝寖多，率以工匠之名，影占身役，主兵之官，差在本廳，則利於役使；習學之人，得預占破，則利於偸安。又其甚者，巡檢士兵占充樂人，有妨巡邏。……」（宋會要刑法七）其後變本加厲。靖康要錄卷十云：

臣僚上言：祖宗以來，天下禁兵，皆使之習攻守戰陣之法，挽强擊刺之利。至於它技，未嘗習也。用心專而藝能精。近年以來，上之帥臣監司，下之守倅將副，多違法徇私，使禁卒習奇巧藝能之事，或以組繡而執役，或以機織而致工，或爲首飾玩好之事，或爲塗繪文鏤之事，皆公然占破，坐免教習。名編卒伍，而行列不知；身爲戰士，而攻守不預。……欲乞鑲兵合用匠外，如有尙襲故態，輒敢占破禁兵爲匠作者，嚴行禁止。奉聖旨依奏。

上述三點原因，總括來說，就是軍政敗壞的惡果。這惡果不是徽宗時一朝一夕突然發生的，而是由以前幾朝逐漸累積擴大而成；不過到徽宗時才發潰流膿罷了。

第三節　勤王兵與四道都總管

紊亂的軍政和敗壞的兵制，把北宋國運帶入黑暗悲慘的境域。我們由徽、欽時金人大軍壓境，北宋君臣手足無措的情形，可以想見。

靖康元年正月六日，金人初圍京師，京師缺兵，危如累卵，非倚仗各地的勤王兵不可。幸而那一次勤王的兵也不少。正月六日，閤門宣贊舍人吳革自關中帥師勤王入城；二十日，京畿河北路制置使种師道與統制官姚平仲以騎兵三千、步兵一千入援；統制馬忠、熙河路經略使姚古、秦鳳路經略使种師中、與折彥質、折可求、劉光國、楊可勝、范瓊、李寶等紛紛領兵而至。各路勤王兵號二十萬。二十五日，至京的又有鄜延張俊、環慶韓時中、涇原馬千等。到那時，京師人心才稍覺安定。（見三朝北盟會編卷二八、三〇）

各路兵逐漸雲集京師，必須設法統制。那時本有親征行營使司統制京城兵將，當正月二十日种師道、姚平仲的勤王兵到後，便另置宣撫司來處置勤王兵。（註八）

二月十二日，金人得割三鎮之詔及肅王爲質，便連忙退軍。宋室既得暫延殘喘，亦罷諸道勤王兵。而於九月二十三日，設置四道都總管，以謀長久抵抗金人，使各地兵緩急時易於應援京師。

三朝北盟會編卷二六，把「臣寮劄子乞置四總管」繫於宣和七年十二月二十九日內，並把臣寮所條具的四總管細則排在同年月的二十五日內；都說「聖旨依奏」。靖康要錄卻說置四道都總管是靖康元年九月二十三日的事。試考之，則要錄是而會編非。其故有三：

第一、三朝北盟會編卷二六，並未指明是何人提議置四總管。事畧卷一〇八、宋史卷三五三何㮚傳、卷三五七譚世勣傳都明白地說是欽宗時何㮚建議。考何㮚在靖康元年三月爲尚書右丞，八月進中書侍郎，閏十一月爲右僕射。他能主持置四道都總管，當在執政以後。

第二、三朝北盟會編自卷二六說過置四總管後，一直到卷五一才說：「（靖康元年八月）二十日，癸丑，詔四總管許自選將兵以禦都城。」卷五六却說：「（靖康元年九月二十一日）措置守禦京師，置四道總管。」先說宣和七年十二月聖旨依奏置四總管，後說靖康元年九月置，可見自相矛盾。雖然可以說前者是提議，後者才是實行，但又怎會在靖康元年八月詔四總管守禦都城呢？這顯然是弄錯了。

第三、四道都總管的北道都總管趙野，在宣和七年爲尚書左丞，靖康元年正月爲門下侍郎，四月罷政，出知襄陽府。故宣和七年趙野沒有爲北道都總管之理。

因此，四道都總管的設置，當在靖康元年九月，而非宣和七年十二月。

四道都總管的權力很大：「事得專决，財得通用，官得辟置，兵得便宜。」（事畧卷一〇八何㮚傳云）據靖康要錄卷十一，靖康元年九月二十三日所定的四總管細則是這樣的：

一、以三京幷鄧州爲四帥，各帶都總管。北京帥總北道，河北東路，京東東路；西京帥總西道，京西北路，陝西、京北、秦、鳳、環、慶路；南京帥總東道，京東西，淮南東西路；鄧州帥總南道，京西西南路，荆湖北路。仍各置副一員，出則留守，事平日依舊。

一、四帥分總四道，止爲警急，帥所部勤王差撥兵馬，移運錢糧，令所部州軍，各聽節制，相爲應援。其餘事並依舊法。

一、四帥舊係帥府處自依舊，非帥府處，幕府官屬依帥府差辟置罷。

一、合用兵馬並令所部州召募訓練，以備差發，仍於所差處，不限文武，選有謀畧忠勇官統制。合用錢糧，並令所部州縣，不限高卑，選用曉財用官，以遠及近，攢移運別項樁管充差發兵馬之用，取進止奉聖旨。

靖康時外重內輕，已是太祖中央集兵的反面；設四道都總管，更與太祖强幹弱枝政策大相逕庭。故當時反對者譚世勣說：「裂天下付四人，而王畿所自治者，才十六縣爾，獨無不掉之虞乎？」（事畧卷一〇九譚世勣傳）

置四道都總管雖說是一種爲勤王而設的權宜辦法，但因那時兵制蕩然無存，中央缺乏維制的力量，地方出現離心的趨勢，所以結果對勤王絕無補益。當靖康元年十一月二十五日，金人再度圍京時，僅有南道都總管張叔夜於二十八日以兵一萬三千人前來勤王。西道都總管王襄則以「賊兵甚盛，不可往也」而勒兵不前。（見三朝北盟會編卷六五）北道都統管趙野將大兵自衛，迂迴不進。（見宗澤與北道總管趙野約入援京城書）東道都總管胡直孺領兵一萬來勤王，遇金「鐵鷂子」百餘，不戰而潰，致被金人生擒。（見三朝北盟會編卷七二）這樣便證實了四道都總管對勤王沒有多大作用。而汴京終亦於那年閏十一月二十五日被金人攻破。此後，復國勤王的責任，便落在以康王、陳遘、汪伯彥、宗澤爲首的大元帥府了。（註九）

註　一：宋史卷四六六王繼恩傳：「李順亂成都，命（王繼恩）爲劍南、兩川招安使，率兵討之。……五月，至成都，破賊十萬餘，斬首三萬級，獲順及鎧甲僭僞服用甚衆。朝議賞功，中書欲除宣徽使。太宗曰：『朕讀前代史書，不欲令宦官預政事。宣徽使，執政之漸也。止可授以他官。』宰相力言繼恩有大功，非此任無足以爲賞典。上怒，深責相臣，命學士張洎，錢若水議別立宣政使，序位昭宣使上，以授之。」

註二：李憲在神宗時爲景福殿使、武信軍留後，哲宗時降宣州觀察使，又貶右千牛衞將軍。（見宋史卷四八七李憲傳）王中正在神宗時爲金州團練使，哲宗元祐初兩次貶秩，紹聖初復嘉州團練使。（見宋史卷四八七王中正傳）

註三：事畧卷一二一梁師成傳：「徽宗凡有御筆號令，皆命主焉。」卷一〇九譚世勣傳：「而宦者梁師成貴幸，諂事者皆是也。獨世勣不附阿諛，六年不得遷。」卷一二一童貫傳：「會方臘叛，命貫南討，以爲江、浙、淮南等路宣撫使，傾所聚兵以往，徽宗以賊熾爲慮，親握貫手送之曰：『東南事盡以付汝，不得已者徑以御筆行之。』」可見徽宗對宦官的專任與倚重。

註四：據事畧卷一二一宦者童貫傳，童貫先爲熙河蘭湟秦鳳等路經畧安撫制置使，累遷武康軍節度使，中太一宮使。政和初，領六路邊事，以太尉爲陝西河東河北宣撫使，遷開府儀同三司，權簽書樞密院河西河北兩房事，後改爲權領樞密院事，拜太保，河中節度使；遷太傅。歷山南東道劍南東川二鎭，封益國公。方臘叛，貫爲江浙淮南等路宣撫使以討之。叛平，進太師，封楚國公。後宣撫陝西河東河北路。北伐後，爲眞太師，加封徐豫國公。越兩月致仕。明年，復起領樞密院事，河北燕山府宣撫使。又明年，封廣陽郡王。……

註五：在徽宗以前，大臣也有勾結宦官的，（如丁謂之與雷允恭，呂夷簡之與閻文應，皆見於事畧卷一二零宦者傳。此外，賈昌朝、陳升之都以交結宦者而受攻擊，詳見事畧本傳。）但純粹是利用性質，絕不受其掣肘；與王黼、蔡京之憚梁師成、童貫不同。

註六：澠水燕談錄卷一云：「太祖討平諸國，收其府藏，貯之別府，曰封樁庫，每歲國用之餘皆入焉。嘗語近臣曰：『石晉割幽、燕諸郡以歸契丹，朕憫八州之民久陷夷虜，俟所蓄滿五百萬緡，遣使贈北虜，以贖山後諸郡；如不我從，卽散府財募戰士，以圖攻取。』會上宴駕，乃寢。後改曰左藏庫，今爲內藏庫。」（王文正筆錄畧同）

註七：神宗著重軍隊的訓練，而務去冗兵，故把缺額的禁軍錢封樁，作爲訓練保甲和將兵的費用。長編卷三三八云：「（元豐六年八月）詔按閱開封府界將兵賞物並支封樁禁軍闕額錢。」卷三四六云：「（元豐七年六月）詔河東路銷廢五指揮禁軍錢糧，卽非一路兵額偶有闕數衣糧之比，並封樁以給提舉保甲司起教之費。」

註八：靖康元年正月三日，欽宗下詔親征。五日，議決固守，以尙書右丞兼知樞密院事李綱爲親征行營使，主管侍衛步軍司曹曚爲副使，置司於大晟府，辟置官屬，許便宜從事。二十日，种師道、姚平仲等勤王兵至京師，李綱慮節制不一，乞令師道、平仲聽其節制。欽宗欲以師道爲親征行營副使，但有宰執以爲不可。於是別置宣撫司，以師道簽書樞密院事、充河北、河東、京畿宣撫使。平仲爲宣撫司都統制，應西兵及四方勤王之師並隸宣撫司，又撥前後軍在城外者屬之。而行營使司所統者獨左右中軍而已。二月初，由於姚平仲劫金人寨不克敗績，罷李綱行營使，因廢行營使司。越日，李綱復用，則改充京城四壁守禦使。（詳見

靖康傳信錄）

註　九：靖康元年閏十一月二十日，欽宗用殿中侍御史胡唐老、右僕射何㮚之議，遣武學進士秦仔齎蠟書往河北，除康王兵馬大元帥，陳遘兵馬元帥，汪伯彥、宗澤兵馬副元帥，應辟官行事並從便宜，以領兵入衛。十二月一日，兵馬大元帥開府於相州，傳檄天下兵勤王。（雜見宋史卷三五三何㮚傳，三朝北盟會編卷六八、七〇、七一，建炎以來繫年要錄卷一）明年五月，康王即位南京，是爲高宗。

第六章　結　論

北宋承五代積弱之局，開國卽見國勢不振，北有强大的契丹，西有善變的党項、吐蕃。自太祖至徽欽，一百六十多年間，無時不因邊患而惴惴惶惶，終亦不免靖康之禍。

論者多以北宋積弱，歸咎於兵制。北宋的宂兵和邊費，將政府和人民的財力物力，耗費殆盡。這是讀史者最易看到的事實。但如深究下去，則北宋的宂兵所以發生，決非由於兵制的不良，而是根於兵制的破壞。太祖的兵制，是以務去宂兵爲原則的。宂兵的問題，在眞宗、仁宗以後，才顯得嚴重。那時大臣論邊事，紛以太祖兵制爲言，隱然有今非昔比之歎。（註）可見太祖的兵制，在宋人眼中，是一種良法美意；絕非後人所說的致弱的根源。李燾在長編中，更誇張地說：「太祖兵制，使百餘年天下無事，雖漢唐盛時不可以爲比。」（卷三〇一）

再觀太祖一朝，外拒契丹，內平僭僞，國勢雖未臻至盛，但亦沒有以後的亂局出現。這便是太祖制兵的效果。或謂太祖時外敵不强，故太祖可以從容應付；及後則遼夏寖盛，故邊事不可收拾。考之史實，亦不盡然。太祖既立制禦之方，太宗踵之，猶能平太原、伐幽燕，雖未能竟全功，亦足以寒敵膽。眞宗澶淵一戰，射殺契丹驍將，使其俯首就盟。故知邊患雖强，非不可拒。而自眞宗與契丹定盟後，上下皆務苟安，雖曰治世，而兵制已大壞。在軍力上說，遼夏愈强而北宋愈弱了。設若眞宗仁宗能謹守太祖規模，又怎會至此呢？

制度不能一成不變，太祖的兵制不能持久，是必然的發展。但可惜愈轉變而兵制愈壞。就算間有雄才大畧之君，忠心輔國之臣，奮起針對時弊，而加以改革或創置，亦只是頭痛醫頭，脚痛醫脚，此病未除，他病又起。如仁、英時韓琦之刺義勇，神宗時王安石之團結保甲、置將官，都是爲了事實需要而行，怎料流弊更甚！因此，北宋兵制愈發展下去，就愈趨紊亂了。

北宋兵制，在眞仁時一大變，神宗時再變，徽欽時又變，終至隤然崩潰。其間影響兵制轉變的重要人物有兩種：一是文臣，一是宦官。宋太祖重用士人，但初意不是使他們主軍政，而是使他們治國安民，因爲太祖對治軍治民是分得很淸楚的。太祖對宦官，更以晚唐閹禍爲戒，竭力加以抑制隄防。眞宗以後，文臣在政府的地位，固然很高；而閹宦的勢力亦漸抬頭。眞宗至神宗期間，文臣壟斷軍政，節度指揮之權，都握在手中；武臣供驅策而已。於是文武二柄，由分而合；作戰重心，由禁軍而轉爲鄉兵。眞宗用宦官監軍，神宗用宦官爲帥，都不至成禍，乃因文臣勢力尚能加以抑制。徽宗時，宦官羽翼已成，文臣非但不能制，反而附之，如蔡京之於童貫，王黼之於梁師成，類皆狼狽爲奸，紊亂內外政事。自童貫主軍政，銳意開邊，內外兵力漸不能均衡，由强幹弱枝而轉爲枝幹皆弱。故北宋雖無藩鎭之禍，但有蒙塵之辱了。

註：眞宗卽位，王禹偁上疏云：「太祖所蓄之兵，銳而不衆；所用之將，專而不疑。」（事畧卷三九王禹偁傳）咸平二年十一月，知開封府錢若水上言：「安邊之術，太祖朝制置最得其宜。」（宋史卷二六六錢若水傳）四年十二月，知鎭戎軍李繼和請以太祖爲法，擇武臣守靈武，高官厚祿，不吝與之。（長編卷五十）楊億上疏，引太祖待姚內斌、董遵誨事，請以爲法。（事畧卷四七楊億傳）仁宗慶曆二年十月，賈昌朝請如太祖待李漢超之道待武臣。（長編卷一三八）熙寧四年，王安石與神宗論及郭進事，亦深以太祖「將所收租稅付之」爲得法。（長編卷二二二）

十七、八世紀之會安唐人街及其商業

目錄

十七、八世紀之會安唐人街及其商業

陳荊和

前言

現今國人之談論越南者，誰都瞭解南圻提岸（Cholon）爲華僑商業及僑居之中心，却很少人知道十七世紀初葉，南圻尙屬一片荒野時，廣南之會安（Hôi-An）已有了一條唐人街，且爲華船通販要津之史事。會安又稱會舖（庯），歐人稱爲Faifo或Faifoo（註一），位置於廣南（Quang-Nam）城東約八公里之秋盆河（Sông Thu-bôn）畔，離河口約五公里，向爲廣南首要門戶。自十六世紀後葉，華商湊集此埠，外舶迭至，因而商業殷盛，與北圻之舖憲（Phô Hiên）並稱（註二），爲十七、八世紀越南代表之貿易港。及一七七三年（乾隆三十八年），西山阮氏倡亂，戰火漫延，會安亦遭破壞，商業爲之一蹶不振，華僑之損失亦不可勝計。於西山之亂期間（一七七三——一八〇二），南圻嘉定成爲廣南阮王復興及抗拒西山之基地，因而吸引了不少華商南移，柴棍（卽今提岸）之華僑街亦在腥風血雨之中建立（註三）；迨一八〇二年（嘉慶七年）嘉隆王（卽阮福映）擊滅西山阮氏而大定三圻，華人之南赴嘉定從事開拓及營商者更形擁擠，日後南圻華僑發展之基礎就此奠定。然一方面，嘉隆王之設都於順化（卽富春）無不促使會安之復興，使其商業漸告恢復，華僑之歸還者亦日多，惟其情形不及往年之盛，重要性亦頗爲減少。雖是，於整個十九世紀當中，會安猶不失爲中圻首要港口，並維持了相當可觀的戎克船貿易。維新三年（一九〇九）撰成之大南一統志（中圻）卷五，廣南省，市舖，會安舖條曰（註四）：

會安舖在延福縣，會安、明鄉二社，南濱大江岸，兩旁瓦屋蟬聯，淸人居住，有廣東、福建、潮洲、海南、嘉應五幫，販賣北貨，中有市亭會館，商旅湊集，其南茶饒爲南北船艘停泊之所，亦一大都會也。

十九世紀末年會安之繁榮，由此可窺見端倪。然自越南隸法後，順化爲「安南王國」首都，且爲法國理事長官常駐之地，一面會安之河道日漸狹淺，殊不適於近代火輪之航運，在如此先天條件之下，會安之貿易亦不免衰落，於是華僑漸漸離開會安，遷移南圻或集中順化營商，至今順化乃成爲中圻華僑之中心，我國政府亦設領事館於此。

近代華人之移住廣南，顯然與阮氏之鎭守順化有密切關聯。至若考其動機及時代背景，則應從黎朝之建立談起。玆就有關史事畧予概述。一四二八年（宣德三年）藍山土豪黎利（Lê Loi），經多年積極奮鬥，終能廹使明人撤離越境，而重獲獨立，乃將國號改稱大越，並卽位稱帝，是卽黎朝之肇始，且爲越南近代史之開幕。黎利（太祖）卒後，太宗（一四三四——四四二）、仁宗（一四四三——五九）及聖宗（一四六〇——九七）諸王均爲繼成之良主，在內則致力於內政之整頓，在外則相機擴張疆域，國力蒸蒸日上。黎朝武功之中，以一四七一年（成化七年）聖宗之占城遠征尤爲著聞；此次遠征事實上消滅了「占婆王國」，結果，一千多年來越占兩民族間和戰不常之局面不但因而消逝，且爲越人開闢了一條指向安南關（Porte d' Annam）以南地域拓展之宏路。可惜聖宗卒後，庸主繼立，廷臣權力增大，一五二七年（嘉靖六年）遂爲莫登庸所簒，至是黎朝一度中斷，自太祖登極以來整整一百年。

未幾，黎朝遺臣阮淦（Nguyên Kim）擁立莊宗（聖宗玄孫）於哀牢（卽今寮國），並連結哀牢主乍斗以圖謀恢復黎氏社稷，從此於淸化、義安一帶年年與莫兵相戰不已。一五四五年（嘉靖二十四年）阮淦被暗殺後，其婿鄭檢代領兵馬，不久，攻取淸化爲復興基地。檢死，子松又繼之，誓矢復國，經過五十年爭戰，終於一五九三年（萬曆二十一年）鄭松光復昇龍（卽今河內）而迎世宗還都，黎朝之復興於是告成。然在鄭氏偉功之背後，却醞釀着新的政治危機。這就是鄭阮兩家間所發生之猜忌、反目及明爭暗鬥所釀成之緊張局面，而其直接的結果就是一五五八年（嘉靖三十七年）阮淦之子潢率故鄉宋山之鄉曲及清化之義勇莅南任爲順化鎮守一事。順化爲現今中圻首府，俗稱Huê，考其名原出自陳代之順、化兩州。溯自一三〇六年（元大德十年），陳英宗爲聯合占城以共防元人之南侵起見，將皇妹玄珍公主嫁給占王制旻，占王亦割烏、里兩州予越以示報謝。英宗乃將其地分割順、化兩州（約當中圻承天府及廣南省一帶），設官駐防，招民墾殖。惟因歷代疆吏多不得其人，加之災禍頻仍，故民不聊生，十室九空；及黎朝復興，莫氏殘黨亦時常出沒，時人視爲偏境僻地。阮潢之自願任順化鎮守，原爲逃避其姊夫鄭檢日益加深之忌妒，但其結果却引起了清、義人民之南進及中國人大批之移民，於越南近代史上實佔有特殊意義。

阮潢莅南後，乃安撫軍民，輕徭薄賦，將所徵貢賦每歲繳納於昇龍，並事事折衷遷就，以維持與鄭氏之親誼。當鄭兵光復昇龍，潢卽率舟師往見世宗致賀，並留北凡七年，至一六〇〇年（萬曆二十八年）始藉故返南。一六一三年（萬曆四十一年）潢卒，子福源（卽熙宗，俗稱佛王，一六一三——三五）繼任鎮守。從此，阮氏自立之傾向日甚，鄭阮兩氏之敵對益爲露骨，至一六二七年（天啓七年）雙方軍事衝突遂起，越南史上南北分爭（或稱鄭阮對立）時代由此揭開。戰事於南布政一帶時斷時續拖延了四十多年，至一六七二年（康熙十一年）雙方始偃旗息鼓，並劃瀘江（卽今洞海北方之Sông Gianh）爲界，維持約一百年之和平。其間，北方之鄭氏則逐漸掌握所有軍政大權，致使歷代黎王空擁虛位，南方之阮氏則在表面上雖尚奉黎朝正朔，但稱主，稱王（註五），實際上已形成一獨立主權之國家，此卽我國及日本所稱之廣南國，亦係歐人所稱之交趾支那。

廣南並非富庶之區，其環境背山臨海，地瘠民貧，不可能與北圻之紅河三角洲媲美，故歷代阮王爲對抗鄭氏計，無不致力於國土之開拓及擴張。時南境占人已顚沛流離，高棉（即柬埔寨）國內亦不時杌隉不安，阮氏利此情勢，力求南進，及十七世紀末葉，自廣治以南遠至湄公河三角洲之地均歸所屬。

阮氏創業於廣南不久，即逢明清鼎革，因明鄭之抗清及三藩之亂，兵連禍結，華南大亂，而明朝遺臣及台灣鄭氏所部之逃逸於越南者亦不可勝數。因北圻接連西南諸省，中國境內政治、軍事之一起一伏均與北圻之命運息息相關，故鄭王面臨如此趨勢，由於特殊之政治考慮作梗，對明遺臣及一般難民之入境頗持警戒態度，並採取種種處置以取締僑民。諸如，外國客人之區處，强迫入籍，甚至强迫改從越俗等，皆係此種態度之表現（註六）。反之，廣南距中國較遠，既非中國之藩屏，亦無直接之利害關係，故阮王乃大事招納這批中國難民，以利其人力及物力爲建設廣南之新力量。

一六八八年（康熙二十七年）英人淡比爾(W. Dampier)於航往東京（即北圻）途中，曾由一英國船長 Captaine Tiler 聽到交趾支那中國難民之消息；渠曰（註七）：

此等中國難民，皆係韃靼人（即清人）征服中國時，逃出海外者。因彼等頗受交趾支那人歡迎，並在彼等之中隨來不少工匠，故彼等乃向其投靠之將軍們傳授種種有益的工藝之形式。

一七五〇年（乾隆十五年）曾抵會安之柯索(Robert Kirsop) 亦曰（註八）：

交趾支那政府之形態幾與中國相同；官吏之階級及職務亦然；其大多便是韃靼征服時避難來此之中國人之後裔。

康熙三十四年（一六九五）訪問廣南報聘之釋大汕亦於其著海外紀事(卷二)之中云：

方言中華皆稱大明，惟知先朝猶桃源，父老止知有秦也。

凡此史文均可顯示明末清初之中國難民予廣南社會莫大之影响及貢獻。不過，阮王對於來歸華人之安置事實上也煞費苦心的。譬如，賢王（卽太宗，福瀕，一六四八——八七）對於一六八二年及一六八三年（康熙二十一，二十二年）來歸之台灣鄭藩水軍，楊彥迪、黃進、陳勝才（上川）及陳安平所部三千餘人，六十餘艘大批艦隊，則設法將之安插於南圻美湫(My-Tho)及邊和(Biên-Hoa)，藉以開拓湄公河下游，前江以北所謂東浦之地(註九)；一面對於文人墨客之來依者，則盡量收用於王廷，如一六五七年(永曆十年)賢王之檄取「中原識字人」而强徵適寓居會安之朱舜水(瑜之)，後爲舜水之堅決不屈而未果，當屬其特殊之一例(註十)。又對於萬里投荒之中國海客及商旅則予以種種方便及保護。例如康熙二十二年(一六八三)抵日交易之咬𠺕吧(卽爪哇)船主林宗娘於同年十一月廿一日携銀四百餘貫目，駕船離長崎南返，繼十二月十九日於廣南附近「萬里之嶋」(卽南沙羣島)觸礁失事，船貨兩失，所幸船客及水手七十六名怒海逃生，於翌年（一六八四）元旦飄至廣南。他們在會安除受到相識僑商們之救援外，「廣南屋形」(卽廣南王，指賢王)亦認其處境確屬可憐，而賞給銀十貫目，相識之僑商亦以銀八貫借給船主以下四名商客；林宗娘等乃以此銀買船並招商客及商貨，於六月廿五日由廣南起程，七月十七日安抵長崎(註十一)。又如康熙二十一年(一六八二)七月初一由柬埔寨出航返國之一艘廣東船，於七月初五爲柬埔寨近海之中國海賊所襲，船隻及所載貨物均被搶劫，船客逃至廣南；賢王聞訊便設法取回船隻，並將之交還船客，俾使他們於二十二年(一六八三)六月廿五日能駛離廣南返國(註十二)。這些表現固出自賢王當仁不讓之精神，然尋根就底，還是爲了提高廣南之國際信用，爲了廣南貿易之前途，質言之則爲了吸引中國商客而採取之措置甚明。

當然在廣南活躍之華人不祇這批明人及鄭氏殘部，其實，自從清朝威權奠定之後，航至廣南經商或報聘之淸人亦不可勝計，而事過境遷，舊客對淸朝之警覺漸釋，新客亦未恃勢而驕，南渡華人均以同鄉同祖爲重，終能同舟共濟，建立了一個溫和儒雅之華僑社會，並伍於葡、荷、英、法等歐人之間積極爭利，爲國人之海外發展史上寫下光榮的一頁。

關於十七、八世紀華商在廣南發展之史事，迄今未爲我國學者充分注意，其主因當是史料之稀少及難得，致使史家不易從事有系統、且綜合性之硏究。本文之作乃根據幾年來筆者蒐集之史料，擬就這一段時期在廣南華商及華舶動態之一斑畧予闡明，以仰同道之士賜予斧正。

一、會安唐人街之槪況　附沱瀼及順化之華僑區

於十六世紀後半之中南關係史上，我們不難認出兩種重要史事：一則一五五八年（嘉靖三十七年）阮潢之涖任順化，並開始積極經營廣南；再則一五七一年（隆慶五年）西班牙人勒嘉斯比（Miguel Lopez Legaspi）之佔據呂宋島馬尼拉，以爲經營菲律賓之首府；此兩件史實顯然均促進了中南貿易急速的發展。正如馬尼拉成爲中菲及中墨貿易之要衝（註十三），廣南之會安亦提供華南之商賈以一個有利的新市場，並吸引了不少華舶每歲南航貿易。

會安貿易發展之要因，應首推阮潢之善政及保護。大南寔錄前編（卷一）太祖（卽阮潢）壬申十五年（一五七二）條曰：

上在鎮十餘年，為政寬平，軍令嚴肅，民皆安居樂業，市無二價，人不為盜，諸國商船湊集，遂成一大都會焉。

此文雖出自阮朝官方史家之筆，但其所言似非純然之讚辭；當時廣南治安之好歹暫且不談，至少貿易之盛是不可否認的。譬如，萬曆五年（一五七七）三月，漳州海澄縣商人陳賓松等曾載運銅、鐵以及瓷器等貨航抵順化交易，但在陳船到達時，福建船之來商者已多達十三艘，致北貨過剩，無人問津，陳賓松等苦於載貨未能暢銷，便雇一交趾小船，於同年五月十九日轉赴廣南（即會安）以便銷其貨（註十四）；這段史事當可證其實。

會安貿易發展之第二個要因，應是隆慶元年（一五六七）明穆宗之解除海禁。溯自洪武四年（一三七一）明太祖命靖海侯吳禎嚴禁沿海人民私出海外以來，歷時約二百年，明廷固執了寸板不下海之政策，直至隆慶元年，穆宗聽從福建巡撫塗澤民奏請，始准許商民出洋互市。但此令適用之範圍只限於南海方面之出船及貿易，至於日本方面之渡海及銅、鐵、硝黃等重要物資之出口仍在嚴禁之列（註十五）；結果促使日本當權者之豊臣秀吉及其後繼者德川家康自一五九三年（萬曆二十一年）繼續頒發所謂「御朱印狀」給日本西南方面之「大名」及豪商們，鼓勵他們差遣商船至廣南（會安）、馬尼拉或暹羅阿瑜陀耶（即大城）與南航之華船從事交易，並由此獲得日本所需之物資（註十六）。明末，何喬遠於其開洋海議中曰（註十七）：

日本國法所禁，無人敢通，然悉奸闌出物私往交趾諸處，日本轉乎販鬻，實則與中國貿易矣。

自一五九五年（萬曆二十三年）六月至一六〇三年（萬曆三十一年）七月服務於菲律賓之西吏摩爾嘉（Antonio de Morga）亦在其著菲律賓羣島誌中曰（註十八）：

日本向馬尼拉輸出物之大宗為麵粉，銅鐵次之；馬尼拉向日本之出口貨便是中國產生絲、絲織物、金塊，鹿皮及蘇木，均爲來菲日舶採購之對象。

十七世紀初年，耶穌會之巡察使葡人高爾寶（Valentin Carvalho）亦曰（註十九）：

於一六〇〇年及一六〇二年，日人之出洋者寥寥無幾，僅有數艘日舶裝運麵粉抵馬尼拉而已。一六一二年葡船僅輸入了一・三〇〇公担（Quintal）之生絲，但別的商貨暫且不談，日本、馬尼拉及華人之戎克船却輸入了五・〇〇〇公担之生絲（於日本），此乃葡人未能如前被重視之一因。最近在交趾支那亦開始了（對葡人）尤爲不利之貿易，就是華商載運大批生絲抵其地，而日人南航予以搜購以携回日本。

自一六一八年（萬曆四十六年）至一六二一年（天啓元年）之間居留會安之耶穌會義藉傳教師保爾里（Cristoforo Borri）則認爲（註二十）：

中日兩國人係每年在交趾支那之一港口開催並延續約四個月之定期市（Foire）之主要商賈。後者（卽日人）以其船隻携來價值四、五萬之銀貨，而前者（卽中國人）則以一種稱爲「舢」（Sômes卽戎克船）之船舶裝載大批良質生絲及其他該國特產物而來。國王由此市之徵稅而獲鉅額收入，全國亦受到莫大利益。

右擧諸文均可揭露中日間之斷交及禁運反而促進中日商人紛至馬尼拉及會安交易，並使這些港口成爲變相的中日貿易中繼站之事實。會安之能夠急速繁榮，率多部份實由這種客觀條件所助成。

跟着廣南貿易之殷盛，南渡中、日商客之中，留寓該地者逐漸增加，也是一件極其自然之事。據管見，這種須要留寓廣南之華商中當可認出兩種類型：其一，因風期不順，或因商務拖延而趕不上七、八月間之西南季風，因而不得不在此越年，等待明年風期始返北者，卽所謂爲「押冬」（註二十一）而逗留者。其二，異於這種暫時性之滯留，自願作永久性或半永久性之僑居者。他們多屬船主之經紀或買辦，經常駐留會安，以替其老闆們一面推銷其船之殘貨，一面從事生絲、琦璃、糖、胡椒、燕窩、魚翅、蘇木等主要土產之預購，以確保明春南航之船舶所需充分貨物。對於如此初期華僑，阮王本着獎勵貿易之政策，非特不反對其居留，進而劃定土地以供中日兩國僑商建設居留地。至於初設之年代，保爾里神父所著交趾支那王國耶穌會士新傳道誌曰（註二十二）：

交趾支那王爲了上述大定期市之方便計，曾准許華人及日人選擇一適當地點以建設市鎮。此鎮稱爲會舖（Fai-fo）；因其地甚爲寬濶，幾可令人認出兩街：一爲華人街，另爲日人街，各街分置頭領，而依據各自習俗生活；華人依照中國固有之法律及風俗，日人則依照其固有者。

按此文所言之「交趾支那王」除非佛王（福源）莫屬，其視政年代爲一六一三——一六三五年，而保爾里神父之留越期間爲一六一八——一六二一年，是則會安唐人街及日人街之創設當在一六一三年（萬曆四十一年）至一六一八年（萬曆四十六年）之間殆無容置疑。

按會安原爲青霞（Thanh-Ha），錦庯（Câm-Phô），茶饒（Tra-Nhièu），古齋（Cô-Trai），會安（Hôi-An）及明香（鄉）（Minh-Huong）等社之地，其中最重要且最熱鬧之商業區爲明香社，卽本文所謂之會安唐人街。阮紹樓（Nguyên-Thiêu-Lâu）氏曾根據會安明香社之地簿及舊家族譜等資料而推論該社創設之經緯（補註一）。據其所考，在十六世紀當中，明香社及其附近已爲中國商客南來交易之處，但彼時之華商多在每年春季南渡，夏季則原船返帆，鮮有僑居之人；該地之成爲名符其實之華僑區乃在十七世紀初年，尤以明末大批中國難民到達以後之事。相傳曾有十位浙江及福建籍之明人（分屬魏、吳、許、伍、邵及莊六個家姓）避亂走抵廣南。明香社人稱此十位明人爲「十老」或「前賢」，視爲該社之創建人物。阮氏未說明「十老」是集團而來者，抑個別南渡者，不過彼等首印足跡之地並非會安，實是離會安南十五、六公里之升平（Thang-Binh）。彼等抵此販賣藥種，其中若干人則爲風水師。經過一段時期，十老從升平遷往茶饒社，於此建立了一所關帝廟。此乃廣南華僑移住史上最早遺址之一。後因茶饒之碼頭爲泥砂沮塞，十老復遷往青霞社，於此他們又營建一所共同的祠堂，稱爲「祖亭」，因祖亭位於青霞社及錦庯社之界，故亦稱爲「錦霞宮」。不久，青霞之河道亦日益淤淺，十老復遷往錦庯，會安及古齋等社。在此三社之接境地方，十老收買了十四畝半（合七公畝餘）之土地爲共同之居地（此乃明香社最早之土地），並在其東境建立關聖廟，西境建日本橋祠，北境建萬壽亭，而秋盆河爲其天然之南境。十老定居於此後，由中國又來了三位人物；社人稱爲「三家」，卽洗國公、吳廷公及張宏公。他們來越之年代未詳，然其屬於十七世紀初葉，殆無疑問。其事績之首要者，就是由於他們之申請，順化之阮府始正式承認明香社爲華僑之居留地，而「明香社」之名則約在十七世紀中葉始告出現。

關於十老之傳承，阮紹樓氏曾顧及（一）彼等於比較短促的期間不易有四次之遷移，以及（二）茶饒與青霞兩處河道之沮塞需要長久時日之事實，因而提議應將十老視爲自十六世紀以來陸續赴越，並在十七世紀初年定居明香社以前遷移好幾次的許多中國移民之代表者，易言之，則十老之事績不外爲這些中國移民歷史之摘要。

吾人認爲阮氏上述之見解頗爲妥當，但仍感尙有商榷之餘地。今據十老之事績，他們遷移之過程爲升平—茶饒—青霞—明香；其範圍除升平外，均在秋盆河下游，會安周圍之地；再考其原因，除升平遷往茶饒之動機未詳外，自茶饒遷至靑霞，自青霞再遷明香之動機均是河道淤淺，該地河岸不便於帆船之出入及運貨。然據一六九五年釋大汕之實地見聞(詳於下文)，當時之茶饒爲「洋艚所泊處」；又上引大南一統志(卷五)廣南省會安舖條亦云茶饒猶爲「南北船艘停泊之所，亦一大都會也」，足見直至十九世紀末年茶饒未曾爲泥砂所冲積，易言之則未曾生起迫使華商由茶饒遷走之絲毫理由。以此事推之，所謂十老之事績應加重新檢討，至少可推想其一再遷移决非基於河道之沮塞或淤淺，而似爲人口之增加或爲交易之方便所致。據管見，這篇故事祇可告知吾人阮主鎭守順化初期（卽十六世紀後半），以十老爲代表的華商曾在升平，茶饒及青霞諸社居留營商，然至十七世紀初年則逐漸集中於錦庯，會安及古齋諸社；於此僑商收買土地，建置舖市，再經「三家」之苦心經營而成立「明香社」(補註二)，並獲阮府承認爲純然之華僑居留地。此事當與保爾里神父之傳道誌所載交趾支那王允許華人及日人建立華人街及日人街之事頗爲相符。

關於會安唐人街初期之人口，保爾里神父並未提及，但據僑居該地十年之一位日人教友（長崎人）法蘭西斯哥．五郎右衞門(Francisco Groemon)於一六四二年（崇禎十五年）五月二十八日向荷印公司所提出報告，當時在會安之日人，除了做官者外，約爲四、五十名，而華人則除了仕於官途者外，總數約爲四、五千名（註二十三），總之，華僑人口約等於日僑之一百倍。這種現象顯然係一六三九年（崇禎十二年）日本德川幕府所採取「鎖國」政策所引起之結果；蓋自此年起，幕府嚴禁天主敎之傳布及日人之出洋，也不准海外日人返國，僅許華船及荷船至長崎交易，所以會安之日僑也日漸減少，不出幾年，只剩下一批逃出海外之敎友及若干商賈，而中日僑民數目上之距離亦仍然存續。

一六五一年（永曆五年）十二月十二日航抵會安之荷蘭船 Delft Haven 號船長非爾斯得漢（Willem Verstegen）之日記曰（註二十四）：

會舖（Pheij-pho）之街路並無幾條，主要之大路乃沿河而走，而石造之耐火房屋蟬聯兩傍。這兩排房屋之中，除了六十多間爲日人所居外，其餘都是華商及華工之家，其間鮮有交趾支那人居住。

自一六九五年（康熙三十四年）八月逗留會安達數月以調查廣南商情之英人寶依亞（Thomas Bowyear），於其翌年（一六九六）四月三十日致馬德拉（Madras）英印公司評議會之信函亦就會安之情况作如下之叙述（註二十五）：

會舖位置於離河口之沙洲三里（Lieue，約合四公里）之處。這是一條沿河大街，夾路房屋相連，爲數一百間內外，除四、五家日僑之外，皆爲華人所居。往昔，日人爲此地重要之居民，且許多人曾任港務官，而今則人口銳減，生活窮苦，所有貿易均爲華人壟斷。

關於當時會安唐人街之情形，釋大汕之海外紀事（卷四）也有一段精采的記述。其文曰：

蓋會安各國客貨馬頭，沿河直街，長三四里，名大唐街，夾道行肆比櫛而居，悉閩人，仍先朝服飾，婦人貿易，凡客此者必娶一婦以便交易，街之盡爲日本橋，爲錦庯，對河爲茶饒，洋艚所泊處也，人民稠集，魚鰕蔬果早晚趕趂絡繹焉（註二十六），藥物時鮮，順化不可搆求者，於此得致矣。

按釋大汕之逗留會安是自康熙三十四年六月二十七日至七月十九日（即陽曆一六九五年八月六日至二十八日），爲返粵途中於此待船者。其間大汕及其隨從下榻於會安之彌陀寺（註二十七），而據其所誌，「寺之右有關夫子廟（註二十八），嵩祀最盛，閩會館也」，「大唐街」景觀之一斑由此可見。

關於唐人街及日人街之位置，保爾里、保依亞及非爾斯德漢均未講明，然茲有一件日本史料可資我們揣測唐人街之位置。一六七〇年（康熙九年）僑寓會安之日商角屋七郎兵衛曾營造一寺於日本街之西郊，名爲松本寺（松本乃其家姓），因此致函故鄉伊勢松坂之親族，託以訂製懸掛該寺之寺額及梵鐘，並將該寺之坐落表示如下（註二十九）：

川上也

○西　唐人町

○河　南　寺　但シ南向き也　此寺にかかり申がくに候　○北　ハ村　安南町

○東　日本町

川下也

原注：但ゝ寺は南向ニ御座候。ラレろは北也。寺の前にき川御座候。

據岩生成一教授推考，日本橋之中心乃今會舖市日本橋（Pont Japonais）一帶之地，而松本寺之位置亦應在此橋之傍。據管見，岩生氏如此見解恐未充份妥當。按日本橋又名來遠橋，大南寔錄前編（卷八）顯宗（卽明王）己亥二十八年（一七一九）春三月條曰：

上幸廣南營閱士馬，尋幸會安舖，因見舖之西有橋，以其地商船湊集，名來遠橋，御書金匾以賜之。

而釋大汕海外紀事亦曰：「（大唐）街之盡爲日本橋」；又據上述十老之事績，明香社之西境確爲日本橋（卽來遠橋）。以上面所考再與角屋七郎兵衛信函之圖示及現今會安市街圖對照，可知會安大唐街應指現今會安市之「日本橋街」（Rue de Pont Japonais），卽自日本橋以東之區域（參看附圖：會安），而日本街則位於大唐街之東鄰（或東部）沿河之地甚明（決非以日本橋爲中心之區域）。吾人不難推想當十七世紀初年，大唐街與日本街顯爲個別之區域；繼自一六三九年日本德川幕府嚴格執行「鎖國」政策後，會安日僑之數目日漸削減；及至一六五一年，據菲爾斯得漢所誌，大唐街與日本街之區別已相當漠然，但日僑房屋尚有六十餘間；一六七〇年角屋七郎兵衛之函雖證實日本街猶成一區劃，然至一六九五年，據寶依亞所誌，日僑房屋僅剩四、五家，而釋大汕則完全未提及日僑之事，可知日本街幾爲大唐街淹沒之事實（補註三）。

此後約五十年間，關於會安之情況幾無史文可徵。直至一七四九年（乾隆十四年），於此年八月廿九日來抵廣南之法商波武爾(Pierre Poivre)始留下若干記述。渠曰（註三十）：

（交趾支那）第二且最後之都會就是距順化(Huhay)十五至十八里處之會舖，是爲中國戎克船及土著船舶出入之港口……會舖亦是交易期間商業最盛之區，爲中國及交趾支那所有商貨之集散地，而其人口甚爲稠密，尤以營商之華人特多。

又曰：

「占」(Thiam)省（即指廣南營）之會舖爲所有商貨之總匯，它位置於一條大河之畔，距河口約兩里；於此，中國帆船及土船均可容易靠岸，並在船艙及河岸之間直接裝貨或卸貨。此城乃中國人買辦(Courtier)及一切從事交易之土著商賈居留之所。

波武爾文中已不再提及會安之日僑，可見日人已消聲匿跡，會安已成爲純然之中國城矣。不過有一事值得注目者，就是會安之人口在交易時期及非交易時期顯然存着相當的差異。當時之會安可見許多專供每年南航華商宿泊之房屋，當爲一證。一七五〇年（乾隆十五年）抵會安考察商務之柯索曰（註三十一）：

> 會舖之市鎮無異是一條狹長的街路；其靠近河岸之一邊便是一排幾無立錐餘地之房屋；街路之另一邊則可見爲租給中國商客而建造的頂好房屋，於交易期間，每間可攫取兩百至五百貫之租金；此外尚有較小，但充分可適之房屋，每月以八至十二貫則可租到。

關於十八世紀中葉會安之情形，自一七四〇年至一七五五年（乾隆五年至二十年）於順化王宮充武王（即阮福濶，一七三八——六五）侍醫之克弗拉（J. Koffler）亦曰（註三十二）：

> 商業最殷盛之區莫過爲港口之附近。該地祇住有中國商客及交趾支那人，稱爲會舖（Phai-pho），其義與吾人之「古玩市」（Marché de vieilleries）相近。我曾述及中國人，蓋因彼等誠如猶太人，散居於交趾支那之每一個角落以從事交易。其人口當不下三萬之數。

又關於會安之建築物，亦曰（註三十三）：

> 王宮乃以甎蓋成，並以瓦蔽頂，會舖市場亦然，蓋顧及房屋之密集及火災之危險故也，這些建築物經常繞以外墻，並有人看守。

克弗拉筆下之三萬華人，當然指廣南全境之華僑總數而言，那末當時會安華僑數目如何？茲有一篇可認爲一七四四年（乾隆九年）撰寫之報告文曰（註三十四）：

> 會舖爲交趾支那商業最繁榮之處，經常有六千左右華人居住，彼等均爲巨商，於此成婚，並向國王繳稅。

布蘭卡爾（P. Blancard）著中國及東印度商業指南亦曰（註三十五）：

> 在會舖可見六千左右之華人，彼等都是國內最大之商家，均於此地結婚，並向國王繳納貢稅。

一七八三年（乾隆四十八年），曼德爾(M. Mentelle)所編之史地文選（第三卷、第三章）所附錄一篇匿名P氏(M. P.)之交趾支那觀察談則曰（註三十六）：

會安(Hué-Hâne)城祗有商人居住；當一七五〇年時，可見既婚的，且繳納貢稅的一萬華人居留此地。

如上文所述，一六四二年時會安華僑概數爲四、五千名，而一百年後之一七四四年爲六千名左右，足見南渡華人並未曾集中會安，總之，會安華僑之增加率並不怎樣高。然自一七四四年至一七五〇年之六年間，其數目竟增至一萬，不免令人有突如其來之感；但如顧及當時廣南之政治環境，似也可尋出若干原因。按一七四四年爲第八代阮王福濶（即世宗、俗稱武王，一七三八——六五）正式即位稱王之年。此乃阮潢以來，阮氏首次的稱王。武王稱王後，重劃疆域，整頓政制，改鑄錢幣，奬勵商業，並參酌歷代制度，改衣服，易風俗；又大興土木以營造都城。大南寔錄前編（卷十）世宗甲戌十六年（一七五四）春三月條曰：

上既正王位，始營治都邑……都城上下各設軍舍及諸公侯第宅，井列碁布，城外市舖聯絡，喬木陰森，魚艇商船往來如織，爲一大都會，文物聲容之盛，前世所未有也。

此文雖未言及會安，然當時廣南上下歌頌泰平之氣象由此可見。逢着如此廣南國力鼎盛時期，往販廣南之華船及華商必定大爲增加，致令會安華僑人口亦爲之急速膨脹。

十八世紀中葉，除會安外尚有許多華人寓居廣南各地之事實亦曾引起波武爾之注意。渠曰（註三十七）：

自古華人就與從前爲中華帝國之一部，因而彼等相信享有特權之交趾支那通商……不管土著人對他們所懷之嫌惡及交易時挑起之麻煩，華人之數目仍與日俱增，至今在王國內地，甚至在柬埔寨，占城及老撾，到處可見許多華人。以其刻苦耐勞及先天之商業精神，彼等利用庸俗且未知自享其利之土著民之愚蠢，而控制輕車熟路的國內商業最重要之部份。

今就會安所屬之廣南營而言，黎貴惇所著撫邊雜錄（註三十八）已列舉「附僑居屬四十八坊」之名單，此當指廣南營內華僑之寓所。至於廣南營以外之華僑居留地，則應該提及沱灢（Tourane）及順化。

沱灢位置於錦荔江（Sông Cam-lê）江口，面臨沱灢灣，距會安北約二十四公里，為廣南天然之良港（註三十九）。關於十八世紀時沱灢及會安兩港之相依關係，上引P氏之觀察談曰（註四十）：

> 會安（Hué-Hane）地方之首邑，華人稱為會舖（Fai-pho），是王國第二都會，而商業最為殷盛。這條「安河」（Hane，筆者注：即今秋盆河，或稱會舖河）乃由兩個主要河口注海。「占」（Kiame）島（筆者注：即指岣嶗占）則位置於兩河口之中間，而在東北形成「安灣」或稱沱灢（Tourane）灣之良好港口，在西南則構成稱為會安或會舖之港口。後者對於大船之出入實不如沱灢灣之妥當，可是對於吃水十尺(Pied，約三十三公分)至十二尺之中國戎克船則頗為適合，使之可直駛會安貨棧之前靠岸。

由此文我們可清楚沱灢為吃水較深之歐船停泊之處，反之，會安則專為中國帆船出入之港口，來航歐船雖在噸位及載貨量皆比中國戎克船為大，但從整個廣南貿易之觀點看起來，論船數，論貿易額，都遠不及華船貿易之龐大，所以沱灢之發展亦自然受到許多限制，一面歐船舶載貨物之推銷及回貨之購買，實際上亦須經華商之手，無形中又加上會安繁榮之條件，無怪乎十七、八世紀荷文史料之稱沱灢為 Dorp（村落），而稱會安為 Stadt（城市）；岩生教授亦認為沱灢是船舶暫時的泊所，而會安則永久性的，以交易為主的商業都市（註四十一）。不過，為了風勢之轉變或其他臨時之事故而收入沱灢之華日商船亦時時有之，致自十七世紀初年沱灢也有了中日商客及船戶寓居之區域。保爾里神父上引書曰（註四十二）：

> 交趾支那王經常對來商之葡人表示友誼，迭次設法於沱灢港附近提供三、四（方）里之土地，俾使葡人一如華人及日人所爲，建設彼等之居留地。

此文並未直接言及沱灢之唐人街，但可視爲消極的證實其存在了。

當時沱灢之概况亦可由日本名古屋情妙寺所藏「茶屋又次郎新六卷物」窺見一斑。茶屋又次郎新六爲十七世紀前葉之一位日本船主，而此「卷物」（連繪）乃繪示其船正駛入交趾國「とろん」(Toron 即沱灢）港之景。今檢該卷物，可見圖上約當沱灢灣岸之處，繪有六把展開之日傘及若干人物，傍注曰：「獵師濱並萬市町」（即漁家灘及市場），其稍後，繪有一排房屋，並註曰：「日本町兩端三丁餘」，即「日本街，兩端約爲三丁（三二〇公尺）許」；一面，在隔河之對岸則可見三排簡陋之茅屋，分別注曰：「寄舟こや」及「寄舟唐人町」，即「船戶小屋」及「船戶唐人街」（註四十三），由此可知沱灢之唐人街規模頗小，似僅爲船戶及過境商客暫時留住之處，所在僑民似多與船務或港務有關之人員，其位置應在錦荔江之東岸，即今沱灢市隔河之對岸（參看附圖：沱灢及會安圖）。

其次，關於順化之唐人街，我們也有若干史文可考。關於十八世紀中葉順化之情况，波武爾曰（註四十四）：

> 順化(Huhay)與其說是都會，不如說是一團亂立於河川兩岸之竹屋之集成。街路甚爲窄狹，且在洪水期則淹水。惟唐人街最爲整齊，所有房屋均依照中國樣式，並造有一條宏壯之敷石大路。……此城之人口似相當稠密，如將在河上以舢板形成第二個都會之船戶包括在內，當有六萬之衆。

按自一七四九年九月二十二日波武爾抵達順化，卽由越人通事美契爾・龍(Michel Ruong)陪往唐人埠並宿泊於一間寬闊之中國房屋，因此波武爾對順化唐人街之印象似特別清晰。他在同年十二月五日之日記中又曰（註四十五）：

> 余寓於衆人稱爲「舖」(Phô)之處，是爲商業區……此爲王都中建置最講究之地方。所有房屋都以甎瓦蓋成，廳室之佈置亦純屬中國樣式，房屋聯絡，形成一條敷石大街……

再據匿名P氏所述，順化城共劃十二區，其中除正府(Phou-King)，上府(Phou-Hen)，禁府(Phou-Cama)及池府(Phou-Aô)等王宮及其周圍之四區外，其餘八區均以各區內特殊之行業爲名，如Tho-doue(筆者注：今稱Tho-duc)爲鑄錢區，而「舖」(Phô)卽外國商業區（註四十六）。此文中之「舖」當然與波武爾所言者相同，均指順化河清庯，卽華商客寓之區甚明。至若鑄錢區，黎貴惇撫邊雜錄（卷六）亦曰：

> 順化有錢坊，在富春河南岸，皆雜居僑寓。

可知此區裡面亦住有不少華僑。

二、會安貿易之變遷及阮府之艚務

據張燮東西洋考（卷一交趾條），在十七世紀初年華舶往販之廣南所屬港口，除順化、廣南（卽會安）外，尚有新州及提夷兩港（註四十七）。新州卽同書(卷九)舟師考西洋針路所見之新州交杯嶼，乃指現今歸仁(Qui-Nhon)，已由伯希和(P. Pelliot)及山本達郎兩氏先後考定（註四十八）。歸仁之古稱爲「鹹水」港，上引P氏觀察談亦曾提及。其文曰（註四十九）：

由廣宜(Quang-Glio，今作 Quang-Ngai)省，南至歸仁省(Coui-Gnigne)，卽可抵「鹹水」港(Neue-Mane)。Neue (今作 Nuoc) 爲「水」義，而 Mane(今作 Măn) 乃「鹹」之義。這是歸仁省最美麗之宏大海港，惟因其遠離王廷，少有商舶往販。蓋國王（筆者注：卽指阮王）爲國內首要商人，而舶主們被迫續航至王廷通商，故商客多湊集靠近首都之會安港。鹹水港位置於北緯十三度十分，於此建造許多船隻，且其水手乃與會安之水手同爲全國最能幹。彼等每歲前往距廣南海岸二十至三十里之島嶼及岩礁製造醃魚，採集燕窩及拾集遭難船舶之殘骸。

其次，關於提夷，東西洋考（卷一）交趾條僅曰：「亦交趾屬縣」，其位置向未考定。今按大南一統志(卷九)平定省附圖，於圖上施耐海口（卽歸仁）及安裕海口之中間，見有「提夷海口」之名，爲淡水潭之入口；同卷平定省關汛條，提夷海汛名下亦注曰：

在符吉縣東，廣十一丈，潮深六尺，汐深四尺，西有淡水潭，商船多泊于此……守所舊在光安村，今罷。

提夷海汛及淡水潭之名又見於同慶御覽地輿誌圖（昭和十八年、東洋文庫刋）上冊第一圖平定省轄全圖、第二圖懷仁府轄全圖及第六圖符吉縣轄全圖,可知東西洋考之提夷(越音：De-di)乃指平定省懷仁府符吉縣淡水潭入口處之提夷汛(今稱Degi)而言（註五十）。

如上文所述，於十七世紀初葉，中、日人爲往販廣南之主要外商，而值得注意的就是在廣南與這些商客們周旋之土著商人則多爲婦女。東西洋考（卷一）交趾交易條曰：

順化多女人來市，女人散髮而飛旁帶，如大士狀，入門以檳榔貽我，通慇懃。

上引海外紀事之文亦曰：「婦人貿易，凡客此者必娶一婦，以便交易」；海國圖志（卷五）所引外國史畧亦曰：「女乏貞節，代男苦勞，以養其家」，迄今婦女營商之傾向猶頗普遍。

除中、日商船外，每年來航外船之重要者就是由澳門開來之葡萄牙船。按葡船始販廣南之年代，一般認爲十七世紀初年，但也有論者，如佛德伍德氏（Birdwood）推論早於一五四〇年（嘉靖十九年）左右葡人卽與廣南建立通商關係（註五十一）；其所論之當與否且不談，葡人爲最早與廣南通商歐人却屬無容置疑之事。總之，每歲常有一艘或若干艘葡船於十二月或正月之間航抵廣南。其商業方式頗肯入境問俗，着重實利，並効倣華商，與土著官紳多事勾結。因葡人未曾組織如荷、英、法諸國人之「東印度公司」，故亦未曾開設固定之商館於廣南，惟派買辦或商務代表常駐廣南，以採購生絲、胡椒、沉香等物資及在交易時期充當通譯或聯絡官衙而已（註五十二）。其貿易額雖時有增減，但葡商與廣南官憲之間頗能合作，通商關係亦未曾間斷。

據梅奔氏(Ch.-B. Maybon)氏所舉，十七世紀前半於會安所集散之商貨，土產方面有，生絲、絲織物、黑檀、沉香、糖、麝香、肉桂、胡椒、米等。華船及歐船所舶載者，有粗細瓷器、紙料、茶、銀塊及銀貨、武器、硫黃、硝石、鉛、生銅及西洋雜貨（註五十三）。此名單雖未十分周全，但也可說包括了當時主要之貿易品。茲有一實例可資參考：一六三七年（崇禎十年）由廣南曾有四艘華船駛抵長崎，舶載絲織物、小批生絲、黑糖、沙魚皮、高棉胡桃(檳榔?)、漆料、婆羅洲之樟腦、琦琳及數量可觀之中國瓷器等計七千五百銀両價値之貨物。同年九月六日，該四艘華船離崎返南，載有四萬五千両馬蹄銀(Shuitzilver)、兩百萬小錢(Zenes)、六百担鐵、二百樽日本酒及其他零碎貨項（註五十四）。

關於十七世紀初葉之廣南吸引衆多中國商客之主因，揞克氏(W.J.M. Buch)將之歸於該國可提供便於連絡鄰近諸國各埠之一個商業中心之事實。例如，由巴淋邦(Palembang)、彭坑(Pahang)及其鄰接地域來了胡椒；由婆羅洲來了樟腦；由其他各地來了蘇木、象牙，serong-bourang，漆料及琦璃，而華商則以其南京棉布(Nankins)、粗瓷及其他華貨與之交易。如尚有餘資，彼等則加辦胡椒、象牙及小豆蔻等貨，務使返航時有充分回貨（註五十五）。在廣南市場受歡迎之華貨，在上述生絲、絲織物、棉布及瓷器外，我們尚可追加至少兩種，卽中國書籍及紅銅。東西洋考（卷一）交趾交易條曰：「土人嗜書，每重貲以購焉」；又大南寔錄前編（卷二）熙宗（卽佛王）丁巳四年（一六一七）正月條曰：「順廣二處惟無銅礦，每福建、廣東及日本諸商船有載紅銅來商者，宜爲收買，每百斤給價四五十緡」，當爲其證。

自十七世紀初葉，廣南華僑與暹羅之間也建立了通商關係。自一六二九年至一六三四年（崇禎二年至七年）任荷印公司暹羅商館館長之范・符立特(Van Vliet)所著暹羅王國誌曾就當時暹羅與遠東各地通商之情形敘述如下（註五十六）：

> 雖然暹羅位置於交通之要衝，且歷代國王均爲巨商，但暹人古來未曾駛往遠國交易。暹王、王弟及王子每年差遣一艘船裝載有價值之貨物至廷那悉林(Tenasserim)及箇羅曼底爾(Coromandel)，一艘至廣東，兩三艘至中國其他港口。又時常派出較小戎克船至交趾支那、班惹馬神（Benjermassingh）、占卑（Jambi）及六坤(Ligoor)各埠以輸入僑居華人所需用之良質黑胡椒………僑居（暹羅之）華人亦每歲派出一至三艘裝運蘇木、鉛、米、穀子及其他土產之小型戎克船赴交趾支那互市……前此，漳州(Chin-cheeu)及交趾支那之中國

人曾與暹羅維持比現時較為大規模之通商關係，彼等常運各種華貨來此以交易大批蘇木、鉛及其他商貨。由此文可知十七世紀初葉廣南所需之蘇木、鉛及米穀均由廣南僑商之船隻輸入之事實。繼自一六三九年（崇禎十二年）日本實施鎖國，日舶不再南航之後，日本所需之暹羅產鹿皮及沙魚皮亦由廣南華商來接濟。據荷印公司暹羅商館之日誌，於一六四四年二月二十三日有一艘華舶由廣南航抵暹羅大城。隨船有僑居廣南之華商及兩名日商携款來採購鹿皮及沙魚皮等貨；又據彼等所言，該船曾於前年（一六四三）赴日貿易，返航廣南後，再來暹羅（註五十七）。此當僑居廣南之華商及日僑來辦向日本貨項之一例。

十七世紀前半荷印公司與華商在廣南之交易及合作亦値得注意。早在一六一七年（萬曆四十五年）佛王就致函荷印公司北大年及六坤商館之代表，以强調廣南港灣之良好，土產生絲之精繊及華商、葡人交易之重要性，並勸荷印公司派船來商（註五十八），但未為公司當局十分注意，一面又為葡人阻難，因而荷人來商事遲遲未得實現。及一六三二年（崇禎五年）荷船 **Warmond** 號由巴達維耶駛往日本途中，八月二日於高棉近海拿捕了一艘葡萄牙帆船，乃撥六名荷人駕駛該船一齊赴日；那知，不出幾天，該葡船遇風飄往廣南海岸，船中葡、荷、日人均被禁錮，船貨則被充公。佛王原擬將彼等送至高棉，以引渡給該地葡商館。後有一華人舶主名 **Tétsi cha**（戴七舍?）者力勸佛王釋放荷人，並提議以其船將之送返吧城；佛王姑從之，並附一親函致荷印總督以表明歡迎荷船來商之意。**Tétsi cha** 之船乃於一六三三年（崇禎六年）五月三日載四名荷人（兩名已死亡）航抵吧城（註五十九）。緣有此事，一六三六年（崇禎九年）荷印總督狄門(**Anthony van Diemen**)派遣大克爾(**Abraham Duijcker**)抵廣南首設商館，於是荷印公司與廣南之貿易順利開幕。

據掊克氏所考，荷船所載來爪哇物產在當時之廣南暢銷者，首推鉛，每年可銷約兩百担；其次爲胡椒，如果在夏期季風之開始前趕抵廣南,則可向華商賣四、五百担。一面華舶則經常向荷船供給生絲、紅色gilams、白色腰布、藍天色布料、紅白繻子、粗質緞子及瓷器（註六十）。除了上述交易之外，華商亦屢替阮王及荷印商館聯絡公事及商務。譬如，一六三六年五月十日曾有一艘華舶携廣南公上王(即神宗，福瀾，一六三五——四八)之函而抵爪哇吧城（註六十一）。翌一六三七年荷印公司會安商館長克撒(Cornelis Caesar)，鑑於該年末有荷船赴日之便，乃將該商館所購買黑糖一批三百五十七担寄託華商Simsingh（愼生?）之船，另一批六百三十七担則寄託華商Bij quan(白官?）之船載往日本（註六十二）。惟荷印商館開設不久，公上王懷疑荷人暗結北圻鄭王，因而壓迫日加，任意拿獲荷船，荷人不堪其苦，於一六四一年關閉商館，商務一度斷絕。及一六四八年（永曆二年）賢王繼立後，復力促吧城荷印當局派船來商，保證好遇荷人，因此一六五一年（永曆五年）十二月荷代表菲爾斯德漢來越，與賢王簽訂恢復通商，並重開會安商館，但未幾因阮王顧忌過多，致一六五四年雙方商務又告停頓，荷人再度撤離廣南，從此不再來商（註六十三），華商與荷人之商務關係亦隨之日就疏遠。

及明清鼎革，順治十八年（一六六一）清廷於東南沿海實施立界，康熙十七年（一六七八）又强行遷界，凡此處置，目的固在防遏明鄭勾結東南人民以獲兵糧，然結果反使鄭氏商舶遠航日本、東京、廣南及暹羅各地積極貿易。當然自順治十八年前後直至康熙二十四年(一六八五)海禁之解除爲止，每歲往販南洋各埠或從事日本南洋間貿易之船隻十九屬於鄭氏，商客則多爲福建人；而此等所謂「東寧船」之中來航廣南者似有兩種任務。其一爲採購米糧以充東寧軍民之用。譬如，據天和三年（癸亥，一六八三）十六番廣南船（船主謝春官，七月初二抵長崎）船客們之「申口」（口述），此年曾有三艘東寧船航抵廣南以採購食米；其中一艘業於閏五月廿四日啓行返東寧，其餘兩艘則擬在謝春官船起程後始北返（註六十四）。其二爲從事日本、廣南間之航運及貿易。其交易之方式及所辦貨項當與一般「廣南船」（卽專做日本、廣南間貿易之華船）相同，就是在廣南採購日人所珍視之琦𤥭香（沉香）、砂糖、沙魚皮及蘇木等土產以運往長崎交易日本之金、銀及銅料。例如，貞享元年（甲子，一六八四）十一番廣南船（七月十七日或十八日抵長崎）原爲東寧船，前一年（一六八三）自長崎直駛廣南，携有銀四十多貫目以充雜用及購琦𤥭（日名又稱伽羅）運日，惟因此年琦𤥭之出產特少，又例年大批輸日之砂糖亦因此年應市過晚，故未及裝載該船運日（註六十五）。

際此時期僑寓會安或與會安通商之明人或明商頗多，其中較著聞者，不外爲朱舜水及魏九使兩人。朱舜水（之瑜，一六〇〇——一六八二）自隆武元年（一六四六）至永曆十二年（一六五八）僑居會安，惟其事績與廣南之商務不甚關聯，待日後另文再述，茲僅就魏九使之行跡畧事介紹。魏九使（一六一八——一六八九），籍貫福州，諱之琰，字雙候，號爾潛，九使乃其排行，又稱九官。永曆七年（一六五三）冬隻身東渡長崎，幫其兄六使（諱之瑗，字毓禎）從事日本東京間之貿易。翌年（一六五四）六使客死東瀛後，九使卽南渡會安，娶越女武氏誼爲妻室，並煞費經營日本廣南間貿易，不出幾年蓄積巨富；至康熙五年（一六六六）偕其二子高及貴離會安赴長崎，從此留日，六年後（一六七二）得官府許可歸化日本，並以魏氏出處，改姓爲「鉅鹿」。九使寓住會安先後十二年，其間與阮府顯要交誼至篤，又定居長崎後，仍然與廣南維持商務，並常通音信。譬如康熙十二年（癸丑，一六七三）竟有「安南國太子」（卽賢王世子演）（註六十六）遥函九使，以懇求借款白銀五千両之事。此項借款之成否，雖無史文可考，但於中越關係史上不失爲一有趣之史事，値得畧予敘述。該函之歲次爲癸丑年（一六七三）仲夏拾壹日，內稱：

安南國太子，達書於大明國魏九使賢賓，平安二字，歡喜不勝，蓋聞王者交鄰，必主於信，君子立心，尤貴乎誠，曩者賢賓遙臨陋境，自爲遊客，特來相見，深結漆膠之義，未歷幾經，再往通臨日本，不穀于時口囑買諸貨物，以供其用，深感隆恩，自出家貲代辦，一一稱心，希望早來，得以追還銀數，怎奈寂無音信，其願望之情愈切。

魏九使與阮世子交誼之深，由此可想見。又關於借欵事，該函續曰：

茲者不穀，時方整閱戎裝，脩治器械，日用費近于千金，遙聞賢賓，有道治財，營生得理，乃積乃倉，餘財餘力，姑煩假以白銀五千兩，以供需用，却容來歷時候，舸艦臨邦，謹以還璧，豈有毫厘差錯，如肯放心假下，當謹寄來商艚主，幷吳順官遞回……（註六十七）

按前一年（卽康熙十一年，一六七二）六月，北圻鄭柞親統十萬雄兵南征，而阮兵亦堅壁淸野，負嵎頑抗，結果同年十二月南北兩軍休兵講和，並劃濾江爲界。時兵火甫息，敵方眞意未悉，阮方正需養精蓄銳以防鄭兵再度南犯，廣南世子之求援於魏九使實基於如是國情無疑。

及康熙二十二年（一六八三）鄭克塽歸服滿淸後，靖海侯提督施琅曾差遣使官至廣南以招撫鄭氏商船。記明台灣鄭氏亡事（平定海寇方畧）卷四，康熙二十二年十月丙寅命嚴察海寇餘黨條云：

尚有鄭克塽等興販外國過船艘，已遣「官」外委守備曾福等往察，悉令返棹，上諭施琅遣官「前」往察「調取」諸處船兵「悉令返棹歸誠」具見籌畫周詳可嘉……

照此文文意，施琅差遣之官員不祗曾福一人，似乎也不限於一個地方，但據管見所及，這種招降鄭氏商船之使官祗抵廣南而已（註六十八）。今據貞享元年（一六八四）一番廣南船（船主林宗娘）船客們口述，於此年曾有兩艘船由東寧奉派抵廣南，並有使官三名隨船南來；彼等持有向躲避於各埠之東寧商船勸告速返福州歸正之「條印」（即諭令）以擬招回去年（一六八三）自長崎分往各地之東寧船（註六十九）。再據同年十二番廣南船船客們之口述，東寧秦舍（鄭克塽）降服大淸後，施琅曾派一艘船載兩位使官抵廣南：一曰楊安舍，爲賞功廳官員，另曰蔡榮官，爲副使；其目的不外招諭十餘艘疎散於海外之「秦舍」商船，後因彼等所乘之船業已歸航厦門，故該兩位官員乃搭乘此船赴日以轉告留崎鄭船早日歸誠（註七十）。凡此史事所揭曉者不外於廣南便於連絡南洋各埠，爲明鄭商船經常來往之處，且明遺臣及鄭氏黨人避居者特多等事實。鄭氏垮台後十年，會安「大唐街」之居民猶「悉閩人，仍先朝服飾」之實情尤值得注意。

康熙二十四年（一六八五）淸廷撤消遷界令，解除海禁，中南間商業關係也隨之完全改觀。從此，東南沿海官民代替鄭氏商號，陸續艤船出洋，駛往長崎及南洋各港口，公開的積極的從事貿易，結果出洋商船之數目及貿易額均告膨脹。此種遠東情勢之改變，當然促進了廣南貿易之發展。貞享三年（丙寅、一六八六）之七十三番、七十六番、八十七番及九十四番廣南船商客之口述均言及此年春間由福建（厦門）及廣東往販廣南之商船特多（隻數未詳）因而廣南熱鬧異常之事（註七十一）。

關於十七世紀末年，來往長崎、會安間華船所交易之貨項，寶依亞曰（註七十二）：

航往日本之戎克船經常不作一定的航海，尤自日本皇帝禁止銀兩之出口後（註七十三），則不再直返其母港

（筆者註：卽會安）。她們（駛離長崎後）先抵中國交易，以載運種種商貨，尤其重要者就是在（會安）市場足以維持一担（Picul，卽一百斤）二十兩（Taël）價格數量之紅銅。這些戎克船普通經由寧波，以裝載蒟醬（Bétel）、布料（Goelongs）及其他絲織物；由廣東，她們載運厚利可圖之銅錢（Cashes）及各種綢緞、布料、紗（Seyas）、瓷器、茶、白銅（Tutenaque）、水銀、人蔘、Casumber 及各種藥味……廣南則供給黃金、鐵、生絲及各種生絲加工品、琦璛、沉香、糖、氷糖、棕櫚糖（Jagary）、燕窩、胡椒及棉花。

至於來商華船之數目，竇依亞曰（註七十四）：

每年至少有十艘至十二艘戎克船從日本、廣東、暹羅、柬埔寨、馬尼拉及（最近亦從）巴達維耶航此貿易。

與竇依亞同年（一六九五）抵廣南之釋大汕所舉之數目則稍異。海外紀事（卷三）六月初三（筆者注：卽康熙三十四年，一六九五）條曰：

辭王，定於十五日下會安料理歸程，趂立秋風信，王（筆者按：卽顯宗，俗稱明王，一六九一——一七二五）留齋，每至話別輒慘焉，哽咽言自老和尚到來，果叨風調雨順國泰民安八箇字之惠，況往年洋船所到多不過六、七艘，今歲十六、七艘，國用饒益，咸賴福庇也。

按竇依亞所舉者（卽例年至少十至十二艘）係除中國（廣東）外，還包含暹羅、柬埔寨、馬尼拉及吧城方面來航之華船；一方面，海外紀事文中之數目（卽例年多不過六、七艘）係由明王親口道出，其價值非同小可，我們不得不予以重視，然其所指者似僅限於中國各港口來販之華船。筆者如此看法乃基於下面史實。今據華夷變態所收錄廣南船商客們之口述，於一六九五年之前後幾年，卽一六九〇、一六九六、一六九七及一六九九之四年（康熙二十九、

三十五、三十六及三十八年）由中國港口往販廣南之華船數目如下：

（歲　次）	（船數及船籍）	（卷數及典據）
一六九〇（庚午）年	八艘（廣東、廈門）—	卷十七之四，午年八十九番廣南船唐人共申口。
	約十艘（寧波、福州、泉州、廈門）—	卷十七之四，午年九十番廣南船唐人共申口。
一六九六（丙子）年	五艘（福建、浙江）—	卷二十三之上，子年四十八番廣南船唐人共申口。
一六九七（丁丑）年	八艘：抵會安者四艘（廈門二艘、寧波二艘）—	卷二十四之下，丑年九十八番廣南船唐人共申口。
	抵占城者四艘（廣東二艘、廈門二艘）—	卷二十四之下，丑年九十六番占城船唐人共申口。
一六九九（己卯）年	三艘（寧波）—	卷二十六之下，卯年六十一番廣南船唐人共申口。

如求這四年間之平均，可知每年爲六、七艘，正與明王之所言相符。

自十八世紀初年，遠東商業又起了重大演變，結果直接間接地促進廣南戎克船貿易更大之發展。其間原因繁多，然其首要者不外爲下面兩種：

一、自康熙十二年（一六七三）至乾隆三十九年（一七七四），分據越南南北之鄭王及阮王互不相犯，維持了一百年的和平共存。因鄭、阮均不再迫切需要外援，故對歐商之來越者漠然視之；一面自十八世紀初年，列强東印度公司在廣東之商務漸有起色，以「十三行」所代表之廣東行商在國際市場之地位及聲價提高，遂產生洋人商務集中廣東之傾向：著名之公行（Co-hang）於康熙五十九年（一七二〇）創立，爲十三行衆商之公同組織，並由行商之船隻一面供給歐商以越南物產，一面供給越南以其所需之華貨及西洋製品（註七十五）。

二、正德五年（康熙五十四年、一七一五）德川幕府公佈了所謂「正德新例」以限制每歲販日之華船總數爲三十艘，貿易銀額爲六千貫目。如將此與元祿元年（一六八八）來崎華船總數爲一百三十一艘（其中原船載回者六十八艘），進口貿易總額一八、九九四貫二四〇匁之數目相比（註七十六），實不禁有今昔之感。從此，通販日本之許多船隻乃放棄日本市場而陸續改駛南洋各埠以從事中南貿易。

基於如此原因，十八世紀初葉往販廣南之華舶日就增多，致造成一七五〇年（乾隆十五年）前後之會安貿易鼎盛時期。自一七四〇年（乾隆五年）起逗留廣南達十五年之克弗拉曰（註七十七）：

每年約有八十艘中國戎克船由各地來商，如顧及尚有由澳門、吧達維耶及法國來航之船，則可瞭解此乃該地商業殷盛之明證。南北貨物之交易更增加商業之重要性。各種貨物由海陸流入首府，於此商客們從事買賣。

又關於一七五〇年左右往販廣南之華船數目，法商波武爾曰（註七十八）：

亞洲人及歐洲人在此所營之商業遠不如華人之所營者。吾人可見每期多達六十艘之中國商舶由中國各港口駛抵此地。廣東之船主爲了須要一百八十里之航海及八個月後始可返濟之一次冒險企業，而不惜傾注其存貨之百分之三十五；此證實該項貿易利潤之厚。

可知距釋大汕之廣南旅行五十年，每年販廣南之華舶已由十艘未滿之數膨脹至六十至八十艘之多了。

其次，關於客商們在廣南交易之貨項、華舶船期及購貨之方法，波武爾曰（註七十九）：

彼等（華商）運抵交趾支那之進口貨爲白銅（註八十）、生銅及紅銅、從荷人轉買的 **Calaim**、紙料、粗茶、小碼之緞子、鉛及大批青瓷等……而其回貨為黃金、生絲、沉香、生象牙（Morphil）、白糖、冰糖、胡椒、檳榔及家具用材木。中國戎克船普通於正月或二月駛抵廣南，貿易時期就此開幕，並繼續至九月間。這些戎克船都派買辦分駐於國內各商業地區，俾使彼等預購所需物資，並準備隨時可發運。

又關於華商推銷商貨之方法，波武爾亦曰（註八十一）：

至於商貨之販賣，華商會連絡生財有道之(廣南)官員們；而事實上，此等官員們收購最多且最名貴之商貨，對於次要之商貨，華商擁有精通生意之可靠婦女們，依照可分享之利潤來負担一批或兩批貨。此外還有若干商賈代為推銷貨物以獲少許報酬。

在當時之廣南市場交易數量最大者，似乎是白銅及糖。據柯索所誌，華商舶來之貨多為白銅（Tootenaque）、瓷器、茶及大批藥根及藥草；南來貨物之中錫可以每担二十二至二十五貫之價格售出；白銅則盡歸國王收購，價格每担十三至十四貫；廣南土產最佳者就是糖；糖於六、七、八三個月間登場，盛產之期係在七月底，亦即客商忙於搜購以運回中國之時（註八十二）。

黎貴惇撫邊雜錄（卷四）亦引一廣東商客之言，就十八世紀會安交易之貨項及價格予以詳述，其文曰：

廣東商船客有陳姓者慣販賣，伊言自廣州府由海道往順化處，得順風只六日夜，入埉海門至富春河清庯，入大占海門到廣南會安亦然。自廣州往山南(筆者注：即北圻舖憲)只四日夜餘一更（註八十三），但山南回帆只販禹(鬻)餘糧一物，順化亦只胡椒一味，若廣南則百貨無所不有，諸蕃邦不及，凡升華、奠盤、歸仁、廣義、平康等府及芽莊營所出貨物，水陸船馬咸湊集於會安庯。此所以北客多就商販回唐，曩者貨產之盛，蓋雖巨艚百隻一時運載亦不能盡。問試舉物名與買平價言之，伊云，廣南俗稱百斤爲一謝(筆者注：越音ta)，檳榔三貫一謝，胡椒則十二貫一謝，荳蔻五貫，蘇木六貫，砂仁十二貫，烏木六陌，紅木卽楛山（筆者注：gỗ son）一貫，花梨卽楛側（筆者注：gỗ chắc）一貫二陌，犀角五百貫，燕巢二百貫，鹿筋十五貫，魚翅十四貫，乾蝦六貫，香螺頭十二貫，瑁玳一百八十貫，象牙四十貫，波羅廐（蜜？）十二貫，氷糖四貫，白糖二貫，其滑石、鐵粉，海參各次，及土藥數百味不可勝計。至如琦璃香重一斤則值錢一百二十貫，黃金一笏値錢一百八十貫，縉（繻？）絹一匹則三貫五陌，肉桂、沉香珍味最好，價之高下多少不定。紫檀木有之，不及暹羅爲佳。問自唐帶來諸貨名目如何，到此間有滯貨否，伊云，轉販流通，脫貨快利，無有滯積不售，所帶者五色紗緞、錦緞、布疋、百味藥材、金銀紙、線香各色、紙料、金銀線各色、絲線各色、顏料各色、衣服、鞋襪、哆囉絨（出咬留巴）、玻瓈鏡、紙扇、筆墨、針紐各樣、檯椅各樣、紗抄各樣、錫銅器各樣、磁器、瓦器；其飲食物則芙茶葉、柑、橙、梨、棗、柿、餅、線麵、灰麵、餅食、鹹欖、菜頭、鹹油、姜醬、甜醬、豆腐、金針茶、木耳、香信之類，彼此有無，互相貿易，無不得其所欲也。

上舉廣南物產之重要者似爲阮王獨佔販賣權。一六七一年(康熙十年)抵廣南，並於此逗留十四年之巴黎外方傳教會會士巴舍（Bénigne Vachet）於其手記中曰（註八十四）：

若干貨項，如琦璃、黑檀、燕窩、胡椒、琥珀、眞珠及其他寶石類爲國王所保留……每年外商以大批由日本、亞齊島（卽蘇門答剌）、暹羅及馬尼拉携來之銀貨採購這些貴貨返國。

又據波武爾，於十八世紀中葉，因若干名貴土產，如黃金、沉香、象牙及絹布之交易頗受限制，致使一般貿易變成甚艱難。爲獲得這些物產，必須用陰謀及秘密之聯絡，奔走取得官員及首長們之歡心，將之買收，不然可能被搶空或遭受種種莫大的障碍（註八十五）。波武爾此言無不證實重要物資爲阮王控制之事實，同時也充分揭露人生地疏之歐商在會安商場之困惑。

百舍及波武爾所列物產之中，琦璃（即沉香）爲占城屬地所產，向爲廣南向日本輸出貨之大宗，也爲華船搜購之主要對象。因此阮府對此項之管制似特別留意。譬如，據甲戌年（一六九四）七十三番廣南船（船主，曾允官）船客們之口述，於此年閏五月初，占城引「羅宇」（即今寮國）援兵而叛變，阮兵南討，通商路因而杜絕，致「伽羅」（琦璃）及「鮫」（沙魚皮）之出貨銳減，曾允官等乃向廣南王（明王）申請將其「藏元」（即貨棧或倉庫）所屯積琦璃之一部予以撥賣，以載往長崎交易（註八十六）；又據甲申年（一七〇四）八十三番廣南船（船主，黃禮甫）船客們之口述，該年廣南之琦璃奇少，其因乃該地官員舞弊發覺，廣南王（即明王）對該項貨物嚴加管制之故；卒使客商們不能盡量採購上品琦璃（註八十七）。

至於阮王對華船之管理及徵稅之概況，最早之史料當推東西洋考。該書（卷一）交趾交易條曰：

> 賈舶既到，司關者將幣報酋，舶主見酋，行四拜禮，所貢方物具有成數，酋爲商人設食，乃給木牌於廛舍，聽民貿易，酋所須者輦而去，徐給官價以償耳，廣南酋號令諸夷，埒於東京，新州、提夷皆屬焉，凡賈舶在新州、提夷者必走數日程，詣廣南入貢，廣南酋亦遙給木牌，民過木牌，必致敬乃行，無敢譁者，斯風稜之旁震矣。

由此條文不難想見十七世紀初年阮氏威風之大，以及此種法三章式的木牌貿易於開拓事業初上軌道之廣南可產生之實際効果。

阮府管理一切船務及對外交易之官長稱爲「該艚」（cai-tau）。此職似自國初就有，而值得注意者，就是該艚亦兼管僑居華人。朱舜水安南供役紀事丁酉年（一六五七）二月初八日條注文曰（註八十八）：

該艚者專管唐人及總理船隻事務，以該舶爲之。

可知至少在十七世紀中葉仍然如此。

關於外舶抵達時，向官方須贈之禮物，東西洋考上引文只云：「所貢方物具有成數」，未詳其具體內容。此後經過一百多年之經驗及改進，迨十八世紀中葉，外舶須辦之手續及禮物之成數已頗周備。關於一七五〇年（乾隆十五年）時之情形，波武爾曰（註八十九）：

當外國商船駛進港口，即有土著領港引導進港。此等領港爲官員，奉令監視並待機使外舶容易進港。船停妥後，船主與若干高級船員即登岸詣王府提出舶載貨物之總目錄及船主應向國王貢献之禮物。值得注意者就是在此國土裏，所有契約及商務之開始及終結都須伴隨餽贈。所以對國王務須呈献適意之物品，蓋因如他滿意，他可能准以免繳碇泊稅。此稅者相當可觀，其數額依照進口商貨之質量而增減。華商乃根據一種決定所有北貨價格之古時物價表而繳納其載貨之十分之一之稅。船主自王府辭出，即回船卸貨，並將所有貨物存置於貨棧。至是，稅關官員前來訪問，目的祇在檢視有無國王或貴顯適意之珍奇物品；蓋彼等已將擬好的欲購貨項名單預先交給該官員。若在舶來商貨中尋得名單所列之物，該官員即將之携出，並與船主議價；價定，暫交船主以一張契券，等兩三月後始付欵（註九十）。在此訪問之前，船主不得售出任何東西，並不要忘記將船上所有物品載明於呈上國王之名單。假使在稅關吏之名單中發現船主之名單未交代之任何物品，即官員們可能挑起麻煩。船主還要向王叔、王弟、大臣及稅關長贈送若干禮物。稅關長在交趾支那是一有力之大官，稱爲「翁該部艚」(ông cai bô tau)（註九十一）。

波武爾之所述已夠令人推見阮王艚務之概要，然其內容還不如撫邊雜錄之詳盡。據該書（卷四）所誌，艚務官員設有該艚、知艚各一員，該簿艚、該府艚、記錄艚，守艚各二員，該房六人，令史三十人，全銳兵五十名，艚另（即艚兵）四隊七十名及通事七名；而這些通事乃由明香、會安、嶗占（註九十二）、錦庸及廊鈎等社供出。至於外舶進港時的手續、各種進禮之定例及應付各種船舶之處置等項，黎貴惇均予敘述。茲引其文（卷四）於下：

阮家艚例務，常年正月艚司、該簿、知部、令史、記錄各名入廣南會安庯，分差屬軍通異語者守峋嶗占與沱瀼海門，見有諸國商舶到此，一一譏察，果是商賣，爰將其船長財副入會安庯，呈該簿查實具啓，幷申該艚官，傳巡押司，押附壘民護送伊入海門泊巡所，令史與各衙就看船長財副計開貨數，照目訖，始令過巡所，上庯津住。其船長撰報信禮，遞阮令（筆者注：即指阮王）茶三斤，四柱文班與太監守艚務及該簿各一斤，知簿、該府、記錄各半斤，開軍差調納在正營，阮令看閱，始照發各官。其船長又具進禮或錦緞綾紗玩物菓子各項，計呈該簿，差軍遞該艚官，始納阮令，其禮亦無定限，大約當錢五百貫，亦有進一二物以適志，傳免稅，不爲例。進禮訖，船長計開艚內貨物，一項一帖，如有隱匿一物以上，察出盡收入官，仍照國律治罪。阮令欲買某物，傳該官據帖調納，公庫收貯，船長，財副從入秤斤，其無買者亦許貿易，有鳴官買減價大過，亦許增錢。諸客行李有玩物，一體計遞，看官買若干，幷除港稅，存欠若干，許發賣後完納。其呈面禮，該艚視進禮減半，該簿各衙差等，係上海、廣東、福建、瑪羔各艚並有進禮，海南艚無之，回帆之日有進禮者，隨其厚薄，例有發許，或許銀五笏、絹五疋、錢五十貫，米五包，或許銀三笏、絹三疋、錢三十貫、米三包，或銀二笏、絹二疋、錢二十貫、米二包，亦無定準。如上國（筆者注：卽指中國）奉差艚官遞漂民交還，例許奉差與本船錢五十貫，民丁水手每人一貫，其差商船交漂民，因而貿易者，免其港稅。凡各艚有載本地貨物者，單呈該簿，付各驗看，差軍押調就船，不得擅行私載，有滿載者，船長呈單，照到日客數就船，點日付屬軍及巡司押附壘民護送出港。至商賣別國，遭風漂入，乞暫泊修補，許泊韓門與峋嶗處，修船既訖，守軍及接近民驅逐出洋，有欲入販賣者，該簿及各艚司屬軍，就驗貨物多少，轉啓，貨多者三分免一分之稅，少者免半分，無貨並免（註九十三）。欲擡載客貨者，單呈，差看何處人戶與船大小，載客多少，定取稅例，方許借載，亦間有不爲例。其遭風破壞，查照客數，該簿交會館看守，給發官錢月粮，每人五陌，待順風期，配附他船回唐（原注：此間謂中國爲唐，亦如番戎呼中國爲漢矣），或在別處，隨所在官司發回籍。

按黎貴惇於景興三十六年十二月（一七七六年正月——二月）曾赴鄭軍佔領下之順化，任順化參視，與裴世達共理軍務，至三十七年八月（一七七六年九月——十月）奉召返北（註九十四），其間親自涉獵阮府檔案又諸種記錄以編著撫邊雜錄，所以其所載無不出自確實之來源，可認爲西山之亂寸前一七七〇年（乾隆三十五年）左右之實況。

除上述報信禮、向阮王之貢物及呈面禮等公開乃至半公開餽贈外，所有商舶須要另繳港稅。保爾利神父曾言及中日賈船湊集交趾支那每年召開之大市，並云：國王由此市之徵稅而獲巨利（詳於上文）；大南寔錄前編（卷十）

世宗（即武王）乙亥十七年（一七五五）夏四月條也見有「上謂羣臣曰，商船之稅國初已有定額，所在官司不過照例徵收云云」之語，可見自十七世紀初年阮氏基業初建即向外舶徵稅（包括港稅）之跡象，惟因史料缺乏，未能通觀沿革。目前，我們僅知至十八世紀中葉，廣南港稅已分爲到稅及回稅兩種，且按照商船之起航地而稅額亦分別有差而已。其體制亦見於撫邊雜錄（卷四）。其文曰：

其到稅、回稅定例有差，歲周通幷得錢若干，以六分納充港稅，存四分，官吏軍民各照多少均分，如有艚飄風漂到，無有貨物，難受稅例，船長單呈，即傳守海門巡衙並屯守看過，許買柴米，留二、三日，驅逐出洋，不許入港，以免生事，然亦作爲漂到暫住潛搬貨物上庯，而後乞受少稅者，法外之奸固無可盡防也。查前艚司令史武直代計類稅例，上海艚到稅例錢三千貫（缺文），廣東艚到稅例錢三千貫，回稅例錢三百貫，福建艚到稅二千貫，回稅二百貫，海南艚到稅五百貫，回稅五十貫，西洋艚到稅八千貫，回稅八百貫，瑪羔艚到稅四千貫，回稅四百貫，日本國艚到回稅例亦如之，暹羅艚到稅二千貫，回稅二百貫，呂宋艚到稅二千貫，回稅二百貫，舊港處艚到稅五百貫，回稅五十貫，河仙艚到稅三百貫，回稅三十貫，山都客船到稅三百貫，回稅三十貫。

在此稅例之中，除西洋船及瑪羔船分別爲歐洲船及葡萄牙船外，其餘地方之商船均爲華商或華僑之船舶，同時可認出歐洲船舶之到回稅特高。皇淸通考四裔門廣南條亦曰：「紅毛人以不見廣南山爲幸，他國商船入廣南者稅物加倍」（註九十五）。其餘中國商舶之稅率則似依照貿易額及船隻之大小而有差，但所繳回稅則一律爲到稅之十分之一。關於上海艚，原注曰：「上海者浙江船，有時天朝奉差官採買」；海南艚，原注曰：「海南者瓊州船」；瑪羔艚，原注曰：「瑪羔者和蘭船」，按瑪羔爲 Macao 之譯，卽澳門，「和蘭」當卽「佛郎（機）」之異譯，而指葡人。舊港處係蘇門答剌東南部之巴淋邦(Palembang)；河仙，淸人亦稱「港口」，歐人稱 Cancao 或 Pontéamas，爲今南圻暹羅灣岸之 Ha-tien，於十八世紀中葉以華裔鄚琮（天賜）之勵精圖治而名譟一時（註九十六）。至於山都，越音 Son-do，筆者擬爲暹羅靠近暹綿國境之占澤問(Chantaboun)港。

同一個稅例又見於大南寔錄前編（卷十，26b－27a），其數目與撫邊雜錄完全相同(只貨幣單位改爲緡)，並附曰：「隱匿貨項者有罪，船貨入官，空船無貨項者不許入港，大約歲收稅錢少者不下一萬餘緡，多者三萬餘緡，分爲十成，以六成登庫，四成以給官吏軍人」，其文之抄自撫邊雜錄一目瞭然。關於此稅例之年代，寔錄編者以此視爲「國初商舶稅法」，其實不然。據撫邊雜錄上引文，此稅例明明爲「前艚司令史武直代計類」者，就是出自定王（卽睿宗，一七六五——一七七八）時代之一艚司官員之口，那末其實施之年代也只可認爲十八世紀中葉而已。不過，這種稅例並非硬性之規定。如波武爾及黎貴惇所言，舶主向阮王及艚司官員之餽贈實際上可影響該船應繳港稅之數額，全免或削減多由阮王恣意決定（註九十七）；再由種種政治及經濟原因而稅率亦隨時可變改；因此，今日我們可利用之史料內容亦頗爲紛岐，令人難於握住具有關聯性之史實。例如，一七二九年(雍正七年)，巴爾彼奈(L. G. de la Barbinais)所編世界旅行新誌曾云（註九十八）：「交趾支那之到稅、回稅及碇泊稅均甚微少，而關稅則不過百分之三或百分之四而已」。波武爾並未言及港稅及其稅率，然於一七五〇年（乾隆十五年）柯索則曰（註九十九）：「約五百噸之澳門船每年（除私輸於官員者外），須繳三千貫，並按照國法，就所有進口貨須繳百分之十二之稅，但初到時之到稅則可免除……每艘中國戎克船都持有一張通行證，而每年須繳一千至兩千貫之稅」。

再據柯索所獲一篇西班牙文之商務報告鈔本，廣南所有進口貨之稅率爲百分之十二，但貨主須申報貨數，並同意每次船隻進港時繳納一定之稅欵（即到稅？）。葡船每年繳三百（三千？）貫；中國商人則依照其戎克船之大小，須付一千五百至兩千貫；其稅額經常載明於國王所給執照(chap)之上（註百）。又一七五二年（乾隆十七年）荷船 **Tulpenburg** 號來商會安時，曾繳八千貫之港稅，此外還向國王之親信遞禮物，並以八千貫分贈稅關官員（註百一）。右舉諸例之中，除荷船之八千貫與撫邊雜錄之西洋船到稅額相符外，瑪羔船(葡船)及一般華船之稅率均畧低，可知葡船及華船稅率具有較大之通融性。

波武爾及柯索離越十五年，於一七六五年（乙酉，乾隆三十年）五月武王去世，權臣張福巒矯遺命，擅立武王第十六子福淳（即定王），自任「國傳掌戶部事管中象奇兼艚務」，一門貴寵權傾中外，又引其黨蔡生等分據要津以壟斷貿易，橫行無忌，民心思變（註百二）。迨一七七三年（乾隆三十八年）歸仁府符離縣西山村之阮文岳、文惠及文侶三兄弟以除君側之奸爲號，舉兵攻據歸仁；時僑寓清人集亭（即李阿集）及李才分別組織忠義軍及和義軍響應，所向無敵，未幾廣義以南延慶、平康均爲西山所佔。翌年（一七七四）五月北圻之鄭森圖乘機滅阮，乃命黃五福爲統將，裴世達爲副將，督大軍南進，十一月鄭森亦親率舟師入義安爲後援，至十二月鄭軍遂攻陷阮王都城之順化，定王經廣南奔於嘉定（註百三）。從此戰亂頻仍，歷時近三十年，直至一八〇二年（嘉慶七年）嘉隆王阮福映一統三圻，越南全局始告鎭定。

際此空前動亂，會安亦未能脫避戰禍之蹂躪，其商業亦受到重大打擊，華僑之罹難者更不知其數。黎貴惇撫邊雜錄（卷四）於上引港稅稅例之後，接着曰：

辛卯年（乾隆三十六年，一七七一）諸處商艚到會安十六隻，稅錢三萬八百貫，壬辰年（乾隆三十七年，一七七二）十二隻，稅錢一萬四千三百貫，癸巳年（乾隆三十八年，一七七三）八隻，稅錢三千二百貫。

可見，爲了張福巒一派之跋扈，早自西山之亂勃發之三年前，南航華船已逐漸遞減之現象（註百四）。

關於西山之亂時期之會安，一七七八年（乾隆四十三年）爲建立英國東印度公司與廣南之商務關係而來抵鄭軍控制下之會安之英人卓曼（**Ch.Chapman**）曾誌其印象云（註百五）：

吾人抵達會舖，只看到往年甎屋櫛比且敷石路整然的大都會之一片廢墟而不禁吃驚。此等房屋所遺留者僅爲外墻而已；而在殘墻之後，當年瓊樓玉宇之主，今竟置身於稻草及竹造之陋屋以遮風雨。

一七九三年（乾隆五十八年）於訪問中國途中，自五月廿四日至六月十六日逗留沱瀼之巴勞（**John Barrow**）亦提及當時爲西山阮氏佔據下之沱瀼及會安之情形。渠曰（註百六）：

雖然吾人未曾期待在沱瀼之附近看見大都會或宏麗之宮室，但顧及此地曾爲交趾支那與中、日兩國通商之要津，而今排在吾人眼前者僅爲若干村落而頗感失望。村落之最大者，也不過一百家，且多爲茅屋。此地慘遭革命之浩刧一事，可從比現存者更大且更佳建築物之廢墟，或由從前爲城墻及砲壘之不平坦地表看得出來；再據曾被俘之我國軍官所言，這種情形在會舖更爲顯著且廣泛。

誠然會安在戰時之破壞甚爲慘重，然其對華貿易並未爲之完全停頓。於一七七八年八月間，卓曼曾在順化目擊約二十五隻中國戎克船停泊於該地（註百七）；又曰（註百八）：

經年累月棄故國以僑居交趾支那之中國人繼續與中國之諸港口維持聯絡。由他們之方便，茶、瓷器及其他吾人可供應此國之商貨，當可以物美價廉之情況下由戎克船載運進口，蓋因中國人免繳像被課於歐人那樣莫大稅欵。

五年後，巴勞則認爲（註百九）：

最近之革命及多年來蔓延於此國之不安局勢並未杜絕農業及商業之活動。每歲航抵會舖之若干中國戎克船，偶爾一艘中立國船，或由歐洲東航而掛中立國旗之英國船，一、兩艘由印度方面駛來之船，同樣一、兩艘載運中國市場殘貨而來之澳門葡船，這些船隻形成了目前交趾支那之對外貿易。

附註

一、據 **A. Chapuis** 氏所考，**Faifo** 係由「海舖」(Hai-phô) 之名演變；惟越南史書及地誌均不見此名，未詳其論據。(A. Chapuis, Les noms annamites, Bulletin des Amis de Vieux Hué, xxxe année, No. 1, jan.-mars, 1942, P. 55-104; 大原利貞氏書評，南亞細亞學報，第二號，頁二六三）。

二、正名爲「憲南」(Hiên-nam)，舖憲乃俗稱，又稱 **Hean**，爲上山南之首府，今興安 (Hung-yên) 稍北之地。參看Ch.-B. Maybon, Histoire moderne du pays d'Annam, P.408,N.3.

三、關於柴棍之建置及其前後史事，參看拙文「鄭懷德撰嘉定通志城池志注釋——十九世紀初年之南圻與華僑——」，南洋學報第十二卷，第二輯，頁一——三一。

四、越南阮朝官撰之大南一統志存有兩種刊本。其一爲嗣德三十五年（一八八二）撰成，包含三圻，並收錄截至嗣德十八年（一八六五）之沿革；其二爲維新三年（一九〇九）所撰，範圍限於中圻，所載內容爲成泰十八年（一九〇六）以前之沿革。本文所利用者爲日本東京印度支那研究會刊行本，乃屬第二種。

五、一六九二年（康熙三十一年），卽第六代明王繼立之翌年，阮氏始稱「國主」，並於一七〇五年（康熙四十四年）鑄造國璽「大越國阮主永鎭之寶」。及一七四四年，第八代武王（卽福濶，一七三八——六五）始在富春（順化）正式卽位稱王，新鑄王印，以居府改稱「殿」，「申」改爲「奏」，但所有公文仍用黎朝年號。參看大南寔錄前編，卷八及卷十；Paul Boudet, Les Archives des Empereurs d'Annam et d' Histoire annamite, xxxlx e cahier de la Société de géographie de Hanoi, 1942.

六、大越史記本紀續編，黎紀十，玄宗景治元年（一六六三）八月條曰：「令旨各處承司察屬內民，有外國客人寓居者，各類以聞，隨宜區處，以別殊俗」。三年後，黎朝對外僑之居留採取更積極之管制。潘輝注著歷朝憲章類誌（卷二十九）丁戶之籍，景治四年（一六六六）條曰：「命諸外國人寓居入籍，其衣服、居處與國俗同，咱所在社村庄崗冊類入戶籍」。再據高朗所編歷朝樵記（卷一），於永治十七年（一六九六）七月十六日，鄭根再公佈更詳細的華人統制令。其文曰：「府僚奉傳，北國人原已入籍在我國某社村者，其言語衣服當遵我國俗，不得妄爲異器異服，違者許鎭守提領官體察拿來，處杖五十，其各商船客人就寓我國各處販賣，常入京城，有所職人經引者，不在此禁，若無人經引而擅入京城者，亦許拿治如法」。

七、W. Dampier, Un voyage au Tonkin en 1688, Revue indo chinoise, 1909, P.589.

八、Robert Kirsop, Some accounts of Cochinchina, 1750, A. Dalrymple, Oriental Repository, vol. 1,

London, 1793, P.250.

九、據大南寔錄前編（卷五）所載，楊彥廸一行歸依廣南阮氏之年代爲太宗（賢王）己未三十一年（卽康熙十八年、一六七九），但據筆者所考，其抵達南圻之年代應在康熙二十一、二十二兩年（一六八二、一六八三）較爲合理。關於此問題，容日後另文詳考。

十、其始末詳於朱舜水，安南供役紀事，朱舜水先生全集，頁五四一——五六五。

十一、參看「甲子年一番廣南船唐人共申口」，華夷變態，卷九。

十二、參看「甲子年五番廣東船唐人共申口」，華夷變態，卷九。

十三、勒嘉斯比佔領馬尼拉之始末及初期中菲貿易發展之情形，詳於拙著「林鳳襲擊馬尼拉事件及其前後」（學術季刊，第二卷第一期，頁五六——七一），「八聯市場之設立與初期中菲貿易」（上、下）（大陸雜誌，第七卷，第七、八期）及「十六世紀末年之菲律賓與潘和五事件」（學術季刊，第四卷第五期，頁九三——一一二）諸文。

十四、侯繼高，全浙兵制考，二、附錄，近報倭警。陳賓松船於赴廣南途中，遭倭船刼掠，致船客朱均旺等人被拉致於日本薩摩。

十五、佐久間重男，「明朝之海禁政策」，東方學，第六輯，頁四九——五〇。

十六、自一六〇四年至一六三四年（萬曆三十二年至崇禎七年）御朱印狀之發行總數爲三三一張，其中一六二張乃發給通販東京、廣南（占城）及柬埔寨（高棉）之商舶。其詳情如下：

	（一六〇四——一六）	（一六一七——一六三四）	（計）
東京（北圻）	一一	二四	三五
交趾支那（廣南）	四五	三六	八一
占城	四	一	五
柬埔寨	二三	一八	四一

可見通販廣南之船舶佔了絕大多數，而值得注意者，就是這些船舶之中也見有三官、四官、五官、六官及華宇等留日華商之船。參看岩生成一，南洋日本人町の研究，一九四〇，東京，頁二——五，二〇。

十七、何喬遠，鏡山全集，卷二十四，議，開洋海議。

十八、Antonio Morga, Sucesos de las Islas Filipinas (Blaire & Robertson, The Philippines Islands vol. XVI, P.183-184)；幸田成友，日歐通交史，昭和十七年，頁四〇三——四〇四。

十九、Léon Pagés, Histoire de la religion chrétienne au Japon, t. II, Annexes. Paris, 1870, P.164-165.

二　十、Cristoforo Borri, Relation de la nouvelle mission des Pères de la Compagnie de Iesus au royaume de la Cochinchine, Lille, 1631, P.383.

二十一、鄭懷德，嘉定通志，山川志，邊和鎮，巨磧石條注文曰：「凡唐船必以春天東北風乘順而來，夏天南風亦乘順而返，若秋風久泊，秋到冬，謂之留冬亦曰押冬」。

二十二、C. Borri, op. cit., P.98.

二十三、W. J. M. Buch, De Oost-Indische Compagnie in Quinam, De Bekreckingen der Nederlanders met Annam in de XVII e Eeuw, Amsterdam, 1929, P.122；岩生氏上引書，頁三五。

二十四、Dagelycxe aenteeckeninge vant voorgevallen op de vayagie Van Batavia naer Tonkin, Tayouan ende Quinam, gedaen bij de E. Willem Verstegen (Kol. Archief 1074)；岩生氏上引書，頁三三。

二十五、Abstract of Letter from Mr. Thomas Bowyear to the President and Council of Madras, dated Foy-Foe 30th April 1696, Factory Records, China and Japan, vol.5.

二十六、一七二九年，法人巴爾彼奈稱會舖之魚市塲爲世界上規模最大者。L. G. de la Barbinais, Nouveau Voyage autour de Monde,……et deux mémoires sur les royaumes de la Cochin-chine, de Tonquin et de Siam, Paris, 1728-29, Vol. 3. P.302.

二十七、大南一統志（卷五）廣南省，寺觀，彌陀寺條曰：「在東安洲，先朝勅賜金扁金聯，今廢。」

二十八、此當卽「十老」所建之關聖廟，也是大南一統志（卷五）廣南省、寺觀，所見之關公祠。名下注曰：「在會安舖，明鄉人（筆者注：卽華裔人）建，規制壯麗，明命五年南巡，過其祠，賜銀三百兩」。同條又見有天妃祠，名下注曰：「在延福縣會安明鄉社，祀天妃林氏」。

二十九、函中，日文部份之中文譯文如下：

寺，但向南也，乃懸於此寺之額也。原注：但寺之坐落是向南也，背北，臨河。參看岩生氏上引書，頁三四。

三十、H. Cordier, Voyage de P. Poivre en Cochinchine, Description de la Cochinchine, 1749-50, Revue de l'Extrême-Orient, t. Ⅲ, Paris, 1887, P.98, 117.

三十一、R. Kirsop. loc. cit., P.249. 布蘭卡爾（P.Blancard）著「中國及東印度商業指南」亦曰：「會舖鎮中可見到出租之商館，其最寬濶者，每一季風期間之租金普通爲一百元(Piastre)」。參看註三十五。再據柯地業(L. Cadière)神父之解說，一貫(ligature)等於六百鉛錢(Sâpèque)，卽十錢(tien)。Les Européens qui ont vu le Vieux Hué: Thomas Bowyear (1695-96). trad. de. Mne Mir, annotations de L. Cadière BAVH., avril-juin, 1920. P.229.

三十二、J. Koffler, Description historique de la Cochinchine, traduit par V. Barbier, Rev. indoch. mai, 1911 P.460.

三十三、Ibid., loc. cit., P.462.

三十四、此文見於Abbé Rochon, Voyages à Madagascar et aux Indes orientales, Paris, 1791, P.307. 本書刊年雖在一七九一年，但有關廣南部份實根據一篇一七四四年時之報告，例如該書第二九二頁述及武王正式稱王，而謂其事「在本年一七四四年」，當爲其證。

三十五、P. Blancard, Manuel du commerce, des Indes orientales et de la Chine, Paris, 1806, P. 359. 本書有關商業之記載多爲Abbé Rochon上引書所收「交趾支那概觀」(P.289-313)之抄襲，因可認爲其所據者亦是十八世紀中葉之材料。

三十六、M. P. Observations faites en Cochinchine, et réponses aux questions faites par M. Mentelle, sur la géographie de ce royaume de l'Asie orientale, supplément au Chap. III. de tome III. Choix de lectures géographiques et historiques par M. Mentelle, Paris, 1783. P.461. 據曼德爾之注文，此匿名人士P氏(M.P.)曾長年居留交趾支那，也迭次赴印度，然據管見此人當不外爲一七四九年抵廣南之法商波武爾(P. Poivre)其人。

三十七、H. Cordier, loc. cit., P.107.

三十八、全書六卷，著者自序之歲次爲景興三十七年八月十五(卽一七七六、九、廿七)，爲鄭軍佔領下之順化及廣南地方之地方志。本文所引者爲巴黎亞洲學會架藏故馬司培羅氏舊藏鈔本，架藏號碼爲H.M. 2108。黎貴惇（一七二六——八三），字允厚，號桂堂，山南（今太平省）延河縣延河社人；景興十三年（一七五二）應試及格後，在黎朝官場漸露頭角，於北圻之內政、軍事、外交各方面屢建奇功；除撫邊雜錄外，先後著有大越通史（三十卷）、北使通錄（四卷）、見聞小錄（三卷）、芸台類語（四卷）。詩有桂堂詩集（四卷）及全越詩錄（十五卷）。關於其履歷及著作，參考 E. Gaspardone, Bibliographie annamite, BEFEO., t. XXXIV, P.18-29.

三十九、沱瀼，越名又稱「流淋」，華僑稱「蜆港」。沱瀼之名實由「闥韓」(Cua Hán，卽韓海口)蛻變；因海口之守軍稱爲「守韓」(Thu-Hán)，葡人稱爲Touron，再訛爲Tourane。參看 A. Chapuis上引論文；南亞細亞學報，第二號，頁二六三。

四十、M. Mentelle, op. cit., tome Ⅲ, P.461.

四十一、岩生氏上引書，頁二五。

四十二、C. Borri, op. cit., P.101.

四十三、關於此卷物之內容及解說，參考N. Peri, Essai sur les relations du Japon et de l'Indochine aux XⅥ e et XⅦ e siècles, BEFEO., t. XXⅢ, 1923, P.73-75 et pl. XⅢ.

四十四、H. Cordier loc. cit., P.97-98.

四十五、Ibid., Voyage de Pierre Poivre en Cochinchine, Journal d'un voyage à la Cochin-Chine, depuis le 29 août 1749, jour de notre arrivée, jusqu'au 11 février 1750, Revue de l'Extrême-Orient, t. III, Paris, 1887, P.373, 444-445.

四十六、M. Mentelle, op. cit., t. III. P.459.

四十七、在東西洋考（卷一）交阯條下，張燮共舉淸華、順化、廣南、新州及提夷五個港口，其實淸華（化）並非阮氏所屬，又張燮誤以廣南港（即會安）考爲舊義安府，即隋唐時之驩州，玆幷誌之。

四十八、P. Pelliot, Deux itinéraires de Chine en Inde à la fin du VⅢ e siècle, BEFEO., t. Ⅳ. P.205；山本達郎，安南史研究，頁一一六——一一七。

四十九、M. Mentelle, op. cit., t. Ⅲ. P.462.

五十、十七世紀初年之占城雖未爲廣南阮王充分控制，但也是華船通販之要衝。其代表的港口就是潘里及潘郎。

照岩生教授之研究，占城末期之都城會在平順省城東南禾多縣永安社，而Sông Luy河口之潘里(Phan-Ri)則爲其門戶，亦約當東西洋考（卷九）舟師考西洋針路之赤坎山（原注：宋時占城王常避交人徙居茲山）。雖然東西洋考（卷二）占城國交易條曰：「國人狼而狡，貿易往往不平，往販者少」，但一六〇七年十月十七日曾抵此地之荷蘭艦隊司令Cornelis Matelif de Jonge却曰：「此地每歲有許多華人來商，亦有一兩艘葡船來航，以裝載沉香、琦瑜、蠟、象牙及黑檀，同時舶來棉布、金、銀及胡椒」。平順稍北之潘郎(Phan-Rang)即唐書（卷九十七）眞臘傳之奔陀浪州，宋代屢通中國，爲中印交通必經之地，亦即東西洋考(卷九)之羅灣頭。十七世紀初葉此地之貿易亦相當可觀。一六二二年五月廿六日Cornelis Reyerssen所率荷蘭艦隊抵此時，曾遇見兩艘漳州船停泊於此；據其船客所言，彼等於三月前離漳州南航，目的是要採購黑檀、犀角、象牙及其他土產。參看岩生成「占城國末期の國都と貿易港について」，東洋學報，卷三十九，頁一二〇——一二一，一三二——一三三；拙著「林邑建國之始祖人物；區連、區憐」，學術季刊，第五卷第二期，頁一〇三。

五十一、Birdwood, Report on the miscellaneous old records at the India Office, P.175; Ch.-B. Maybon, op. cit., P.50, N. 3.

五十二、Maybon, op. cit., P.54-55。關於十八世紀中葉葡船來商之情形，布蘭卡爾云：「大批華舶常抵該地（會安），亦可見來自澳門之若干葡船，不過這些葡船皆駛入沱灢港，以採購米、糖及檳榔等貨」。參看Blancard, op. cit., P.359.

五十三、Maybon, op. cit., P.52-53.

五十四、W. J. M. Buch, La Compagnie des Indes néderlandaise et l'Indochine, BEFEO., t. XXXVII, P.158.

五十五、Ibid., loc. cit., P.159.

五十六、Ieremias van Vliet, Beschryving van het Koningryk Siam. Leiden, 1692, P.90-91; L. F. van Ravenswaay, Translation of Jeremias Van Vliet's Description on the Kingdom of Siam, The Journal of the Siam Society, vol. VII, part I, Bangkok, 1910, P.92-93.

五十七、Daghregister van het Comptoir Siam sedert 15 en Januarij tot 3 Junij 1644(Kol. Arch. 1057);岩生氏上引書，頁六八。

五十八、Maybon, op. cit., P.55-56.

五十九、Buch, loc. cit., BEFEO., t. XXXVI, P.122.

六　十、Ibid., loc. cit., P.130.

六十一、Ibid., loc. cit., P.140.

六十二、Ibid., loc. cit., P.158.

六十三、Maybon, op. cit., P.56, 59-61.

六十四、華夷變態，卷八之下。

六十五、參看華夷變態卷九，「甲子年十一番廣南船唐人共申口」及同卷「在津之唐船弍拾壹艘船頭共江累年より遲く入津仕候様子承候口上之覺」（子八月十八日）。

六十六、演又名漢，爲賢王（卽太宗福瀕，一六四八——八七）之長子，初立世子，封掌營福美侯，至太宗甲子三十六年（一六八四）卒，年四十五。演死後，賢王乃立次子（福）溱爲世子，卽日後之義王。參看大南寔錄前編卷五及卷六。

六十七、參看園田一龜，「安南國太子から明人魏九使に寄せた書翰に就いて」，南亞細亞學報，第一號，昭和十七年，頁四九——七〇；該函乃託吳順官携至長崎。吳順官係會安出生之日越混血兒，父爲角屋七郎兵衞，生母爲越女阮氏。參看岩生氏上引書，頁六九。

六十八、記明台灣鄭氏亡事同條又云：「據劉國軒云，僞禮武鎭總兵楊彥廸一隊船躲在廣南、柬埔寨……臣惟柬埔寨屬外國，當俟正月間遣人調回……」，再據陳倫烱海國聞見錄（藝海珠塵，史部地理類）自序（歲次雍正八年庚戌仲冬望日），倫烱之父，陳昂曾於施琅進取澎湖時建立奇功，又「奉施將軍令出入東西洋招訪鄭氏有無遁匿遺人凡五載」，可見施琅對鄭氏各種殘存份子之追求是頗爲費力的。

六十九、華夷變態卷九。

七　十、此結果，貞享元年（一六八四）來販長崎之九番廣東船、十一番廣南船、十四番暹羅船、二十番暹羅船之四艘（均爲鄭氏所屬之東寧船）先後駛抵厦門，向施琅投誠。參看貞享二年（乙丑、一六八五）十番厦門船唐人共申口，華夷變態，卷十之上。

七十一、參看各船唐人共申口，華夷變態卷十三中及卷十一上。

七十二、Mme Mir et L. Cadière, loc. cit., P.200-201. 英印公司雖自一六七三年（康熙十二年）得北圻鄭柞之允許，在舖憲開設商館，一六八三年(康熙二十二年)又設土庫及商館於昇龍（今河內），但因葡、荷人之暗中阻碍，商務未見進展，至一六九七年乃關閉東京之商館。當考慮放棄東京市塲時英人曾向廣南作一試嘗，此即保衣亞之奉命赴廣南。保衣亞於一六九五年八月十八日抵岣嶗占，携有英印總督 Nathaniel Higginson 致明王之函，以要求准英船在廣南交易及明年再度來航之許可，但保衣亞之使命實在調查廣南商情。關於其使命之始末，參看 Maybon, op. cit., P.70-75.

七十三、當指貞享二年（一六八五）德川幕府之設定所謂「御定高」以限制唐船貿易歲額爲八千貫，荷船貿易歲額爲金五萬兩之史事。參考拙著「清初華舶之長崎貿易及日南航運」，南洋學報第十三卷，第一輯，頁三。

七十四、Abstract……Factory Records, China and Japan, vol. 5.

七十五、Maybon, op. cit., P.149-150.

七十六、岩生成一，近世日支貿易に關する數量的考察，史學雜誌，第六十二編，第十一號，頁一九。

七十七、J. Koffler, loc. cit., P.585.

七十八、P. Poivre, Mémoire sur les royaumes de Cochinchine et du Cambodge……, Revue indoch., 30 juillet, 1904, P.95. 按歐洲列強之中，法國之通商越南爲時最晚。自一六六九年起僞裝商賈之巴黎外方傳教會傳教師們迭次抵北圻，又有法商 Chappelaine 之企圖（一六八〇——八一），但均無足言之成績。迨一七四四年留在廣東之法商 de Rothe 始差遣一代表者 Friel 至廣南考察商情，結果 de Rothe 力勸法印總督 Duplex 派船抵廣南交易。當 Duplex 籌備派船時，在巴黎則由一位里昂之能幹商人波武爾（P. Poivre）促進另一計劃：其要點乃建立與廣南之通商關係，設商館及由荷人手中搶奪香料貿易獨佔權。抱此野心，波武爾於一七四九年八月廿九日航抵沱瀼。關於波武爾之企圖、在廣南之活動及其報告之概要，參看 Maybon, op. cit., P.159-165.

七十九、H. Cordier, Voyage de Pierre Poivre en Cochin chine……, P.107-108.

八　十、據波武爾所誌，白銅（toutenaque）係於一七四五年（乾隆十年）由華商首次舶來廣南。(Cf. Ibid., loc. cit., P.108)

八十一、Mémoire de P. Poivre sur la Cochinchine, écrit en 1744, commanté par H. Cordier dans Revue d'Extrême-Orient, t., II, 1884, P.331-332; cité par L. Cadière dans BAVH., avril-juin, 1920. P.219-220.

八十二、R. Kirsop, loc. cit., P.244-247.

八十三、海國聞見錄云：「每更約水程六十里，風大而順則倍累之，潮頂風逆則減退之。」

八十四、L. Cadière, Mémoire de Benigne Vachet sur la Cochinchine, 1674, Bulletin de la Commision archéologique de l'Indochine, 1913, P.31.

八十五、Maybon, op. cit., P.163.

八十六、華夷變態，卷二十一下。

八十七、華夷變態，卷三十一下。

八十八、朱舜水先生全集，（卷二十八），頁五四五。

八十九、H. Cordier, Mémoire de P. Poivre sur la Cochinchine,……Revue d'Extrême-Orient, t. II, 1884, P.331-332; L. Cadière, BAVH., avril-juin, 1920, P.219-220. 關於華船進港時之手續及交易之方法，布蘭卡爾亦有言及（Blancard, op. cit., P.363-365），惟其文多抄襲，恕不贅。

九　十、廣南官方對於收購貨物付欵之遲晚似爲當時擧世共知之事；在東西洋考(卷一)，巴爾彼奈(Barbinais, op. cit., Vol. 3, P.292-293）均言之如出一口。

九十一、「該」爲越語 cai 之音譯，義頭目、首領、隊長，爲古來越南官職名中屢見之稱。「翁」（ông）乃第二及第三人稱敬稱；所以 ông cai bô tau 可譯作「艚部該官閣下」。

九十二、卽東西洋考（卷九）西洋針路中之占筆羅山，釋大汕海外紀事作尖碧蘿，均爲越名岣嶗占（Culao Cham）之譯。又稱大占嶼，古來爲往返廣南之船舶必經之處。大南一統志（卷五）廣南省，山川，大占嶼名下注曰：「一名尖筆峯，古名占不勞山，俗名劬勞，在延福縣東海中，古號臥龍嶼，爲大占海口鎮山……本國與外國越海者以此爲準，往返皆停泊取薪水，有祠三，伏波將軍祠、泗陽侯祠、碧僊祠（下畧）」。

九十三、事實上並不盡然，陳倫烱海國聞見錄云：「商船非本赴廣南者入其境以爲天賜，稅物加倍，均分猶若不足，比於紅毛，人物兩空」。

九十四、E. Gaspardone, loc. cit., P.22.

九十五、紅毛船卽指荷蘭人。廣南搶刼紅毛夾（甲）板船之事見於清通考四裔門、海國聞見錄、郁永河裨海紀遊等書。按自一六五四年（永曆八年）會安之荷蘭商館關閉後，荷印公司轉而按近北圻鄭王，並屢予物質上援助，因廣南阮王不時敵視荷印公司船隻。上面諸書之所載當指荷印公司及廣南交惡之一端。

九十六、關於河仙鄚玖、鄚天賜父子之事績，參看拙文「河僊鎮叶鎮鄚氏家譜注釋」，文史哲學報，第七期，頁七七——一三九。

九十七、玆舉一實例以資參考：一六八九年（康熙二十八年）澳門之市評議會議決以該市之經費購買兩門靑銅砲贈予交趾支那王（卽義王，福溱，一六八七——九一）以換取葡船在廣南交易時免繳若干稅欵之許可。參看 Maybon, op. cit., P.99.

九十八、G. de la Barbinais, op. cit., vol. Ⅲ, P.291-292.

九十九、R. Kirsop, loc. cit., P.242-24.3

百、Ibid., loc. cit., P.243, Note a.

百一、W. J. M. Buch, loc. cit.,t. XXXⅧ, P.153.

百二、大南寔錄前編，卷十一。

百三、岩村成允，安南通史，頁二六〇。

百四、巴勞(John Barrow)之交趾支那旅行記云：「直至最近交趾支那之叛亂（筆者注：卽西山之亂）以前，據說每年計有兩百艘中國戎克船來商會舖」(John Barrow, A Voyage to Cochinchina in the years 1792 and 1793, London, 1806, P.350）。如以上引克弗拉，波武爾及撫邊雜錄之所誌較諸巴勞之所言，可知後者之數目過於誇大，未便十分置信。

百五、Ch. Chapman, Description d'un Voyage en Cochinchine, dans Malte Brun, Aunales des voyages de la géographie et de l'histoire, vol. 7, Paris, 1810, P.43.

百六、John Barrow, op. cit., P.310-311.

百七、Ch. Chapmen, Narrative of a Voyage to Cochinchina in 1788, The Asiatic Journal and Monthly Register for British India and its dependencies, Vol.IV, July 1817, P.17.

百八、Malte Brun, op. cit., vol. 7, P.71.

百九、John Barrow, op. cit., P.349-350.

補註一　Nguyên-Thiêu-Lâu, La formation et l'évolution du village de Minh-Huong (Faifoo), Bulletin des Amis du Vieux Hué, 28e année, No.4, oct.-déc., 1941, P. 359-367.

補註二　阮氏以「明香社」名稱之出現推爲十七世紀中葉，但未說明其所根據之史料。據管見，明香社之名在撫邊雜錄（卷四）之中與會安、嶗占、錦庯及廍鈎等社名並稱，確爲會安鎭最古社名之一，其出現之年代似可溯至十七世紀初年。而値得注意的，就是此名始終與華僑及華裔不可分之史實。嘉定通志(卷三，疆域志)孝明皇帝（卽明王）戊寅八年(一六九八)條畧曰：「以農耐地置嘉定府…… 斥地千里，獲民逾四萬戶……設置社、村、邑、坊，分割地方，徵占田土，准定租庸，纉修丁田簿，於是唐人子孫居鎭辺（筆者注：卽今辺和）者立爲清河社，居藩鎭（筆者注：卽今嘉定）者立爲明香社，並爲編戶」。大南寔錄前編（卷七）顯宗戊寅七年（一六九八）二月條亦曰：「初置嘉定府……又以清人來商居鎭辺者，立清河社，居藩鎭者，立爲明香社，於是清商居人悉爲編戶矣」。在上引史文中之「明香社」顯然與會安之明香社同名；至於「清河」社之名，其越讀音爲 Thanh Hà，與會安明香社隣近「青霞」社名之音相同。按青霞社亦可認爲十六世紀以降華僑居地之一，已詳於上文，而至十九世紀初年該社名亦作「清河」（參看大南寔錄正編第一紀卷四，嘉隆九年三月條）。綜觀上面所考，可知明香、清河兩社名，不管其淵源怎樣，早自十七世紀初年就被公認爲華僑社村之名，故當一六九八年南圻首設府治時，阮王仍沿用此兩名爲辺鎭及藩鎭兩地新設華僑社村之名稱。此後在整個十八世紀，此兩名，尤其明香，爲廣南各地陸續新設置之華僑居地之名稱，致使「明香人」或「明香民」等詞，由「明香社籍民」之原義而轉爲「歸化中國人或其後裔」之特殊意義。各地之明香社於明命八年（一八二七）七月一律改爲「明鄉社」（大南實寔正編第二紀卷四十七），嗣自紹治二年（一八四二）起，明鄉社復被賦與新的行政機能。大南會典事例（卷四四，戶部清人）云：「（紹治）二年議准，凡諸地方如有清人投來，卽遵例定，登入幫籍，受納稅例，該幫人所生之子若孫，均不得薙髮垂辮，係年到十八者，該幫長卽行報官，著從明鄉簿，依明鄉例受稅，不得仍從該祖父著入清人籍，除何省原有幫人，又有明鄉社民者，其該幫人之子孫卽由明鄉社登籍外，余何省只有清人幫而無明鄉社者，其該幫人之子若孫，一辰登續現得五名以上，卽聽別立爲明鄉社，儻僅只一二人，不及五人者，未應別立一社，聽併於幫籍後，另著爲明鄉社（若）干名，湊足五名之數，卽別建爲明鄉社，仍由該地方官繕冊到部，照例受稅」。據此文，華僑在越南所生之子（當然大多爲中越混血兒）年達十八歲即須離開「清人籍」而取得「明鄉籍」，又在若干場合則可新設明鄉社。此種措置實無異於土生華僑之强廹入籍，爲阮廷對於十九世紀中葉急速增加之華僑所採取管制政策之一；同時可知「明鄉」一詞成爲專指「入籍的中越混血兒」或「越籍土生華僑」之名稱。參看藤原利一郎，安南阮朝治下之明鄉問題，東洋史研究，卷十一、二號；同氏，安南「明鄉」之意義及明鄉社之起源，文化史學，第五號，頁六一——七三。

補註三

會安明香社（即唐人街）之地積，自十老創設時代以後，由個人之贈與，或新埔地之生起，或隣社之合併而逐漸擴張。據阮紹樓氏所考，當十七世紀前半阮府承認明香社時候，有一華僑富孀吳氏禮（越名婆禮 Ba Lanh）以許多田地及金錢贈予該社。再據嘉隆十三年（一八一五）撰修之地簿，當時明香社之全部地積，連宅地與寺廟，共達十七畝七篙十尺，且分爲香定處及香勝處兩區。一面由於秋盆河泥砂之冲積，明香社之面積亦不斷擴大。紹治元年（一八四一）秋盆河之新生地一畝三篙九尺容許該社在日本橋街之南，開一條與之並行的新街，名「新路」（Tân lô），是即現今之「廣東街」（Rue des Cantonnais）。嗣德十七年（一八七八）會安西南河岸復得擴張一畝一篙十四尺之埔地；八年後（一八八六）在新路之南，與此並行，新開了一條街路，此乃現今之碼頭。又明香社東北隣之古齋社居民古來多爲漁家；此等漁民因明香社之商業繁榮而不易接近河川，故相率遷往別鄉，致該社人口日漸減少，迨嗣德三十六年（一八八三）由古齋社里長李有興之提議，明香社遂將該社予以合併，因此，明香社又增加了五畝之社地(Cf. Nguyên-Thiêu-Lâu, loc. cit., P. 364-365）。

（一九五七，九，二十初稿；一九五八，六，廿七修補）

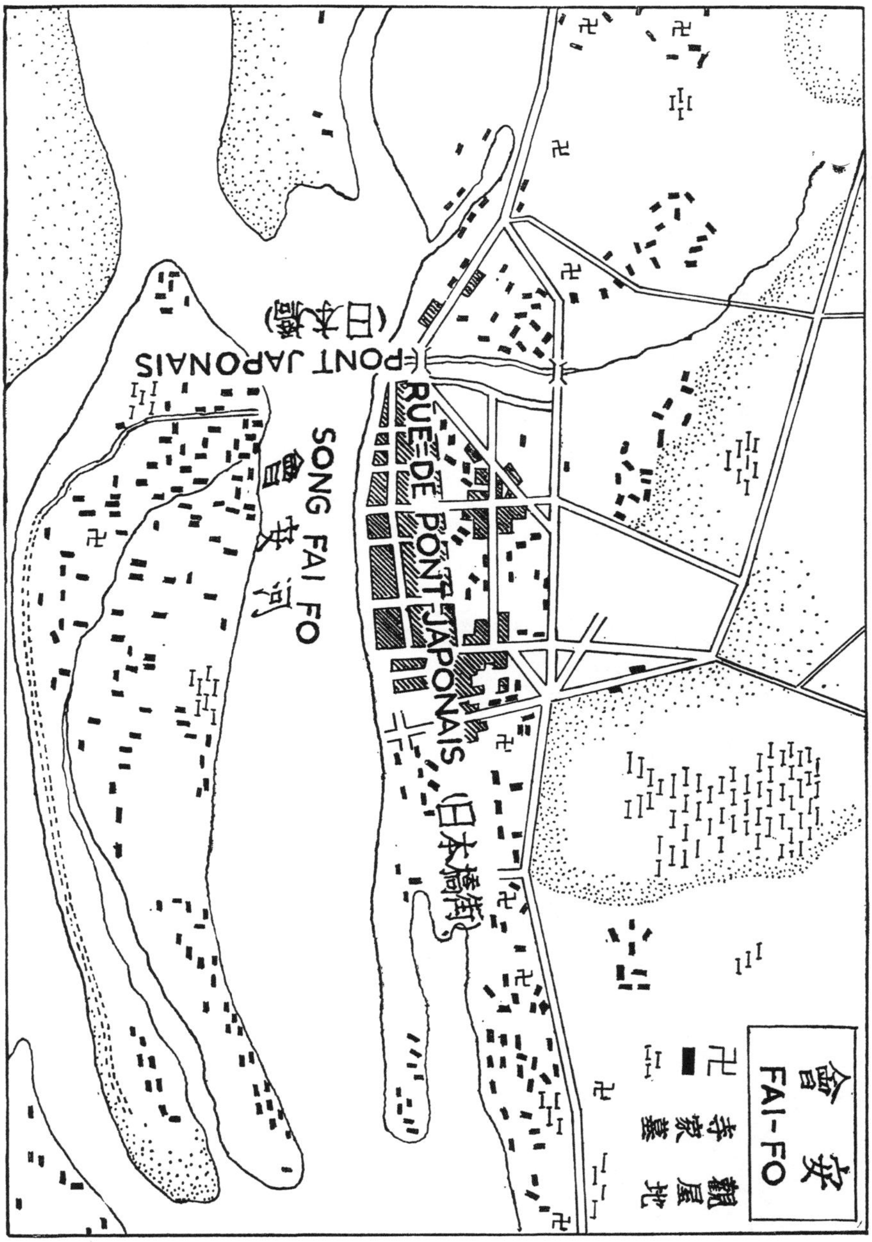
會安
FAI-FO
卍 寺觀
■ 家屋
墓地
PONT JAPONAIS
(日本橋)
RUE DE PONT JAPONAIS
(日本橋街)
SONG FAI FO
會安河

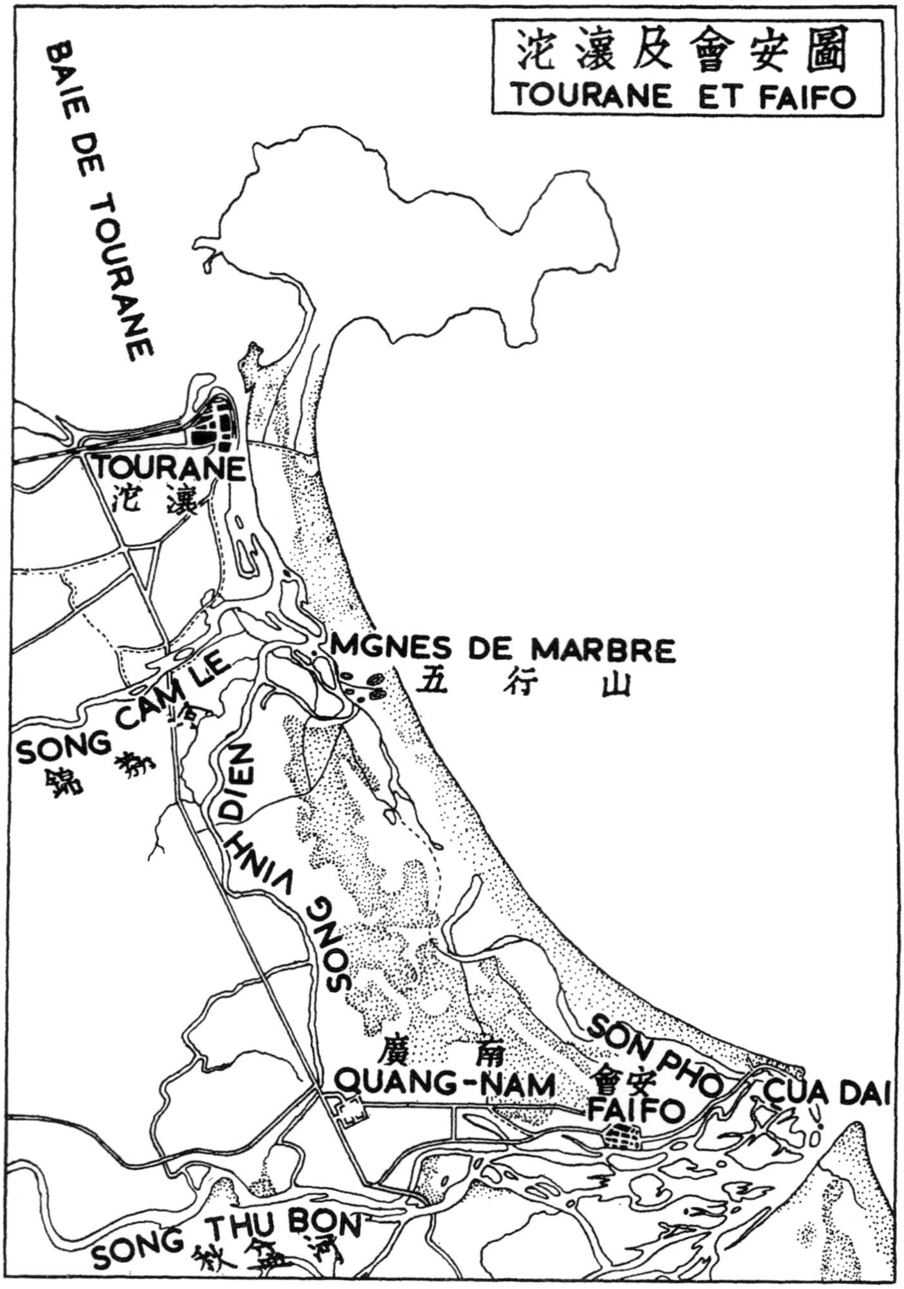
沱瀼及會安圖
TOURANE ET FAIFO
BAIE DE TOURANE
TOURANE
沱瀼
MGNES DE MARBRE
五行山
SONG CAM LE
SONG VINH DIEN
廣南
QUANG-NAM
SON PHO
會安
FAIFO
CUA DAI
SONG THU BON
秋盆河

敦煌本文選斠證（一）

饒宗頤

敦煌莫高窟石室所出唐人文選寫卷，羅叔言影入鳴沙石室古籍叢殘者，有西京賦、東方朔答客難、揚雄解嘲，此三種俱有李善注；又任昉王文憲集序、沈約恩倖傳論至范曄光武紀贊，則爲白文。日本神田喜一郎影入敦煌秘籍留眞新編者，有揚雄劇秦美新、班固典引、王儉褚淵碑文，俱白文無注，及文選音一種。余旅法京時，每日至國家圖書館，館藏有關文選各寫卷，紬讀殆遍。又倫敦大英博物院藏亦有文選殘卷三種，爲成公綏嘯賦，答臨淄侯、陽給事誄殘簡，幷爲影錄。計英法所庋敦煌文選寫本，共得十六，茲依今本卷次表列如下：

	卷次	篇名	行數起訖	編號
1	卷末題「文選卷第二」一行，與今本善注合。	**張衡西京賦。**	三百五十三行。由「井幹疊而百增」起，至賦末李善注。字裏行間偶注反切	伯希和目二五二八
2	今本卷第十一。	**王粲登樓賦。**	共十四行。	伯希和目三四八〇
3	今本卷第十八（原卷題文選卷第九，知爲昭明舊「三十卷」本）。	**成公綏嘯賦。**	共四十一行。起「自然之至音」，終「音聲之至極」句。	斯坦因目三六六三

4	今本卷第三十八	**謝靈運樂府一首，**（會吟行）**鮑照樂府五首。**（出自薊北行、結客少年場行、東門行、苦熱行、白頭吟）。	存六十五行，起「以秋芳來日苦短」句。	伯希和目二五五四
5	今本卷第四十	**答臨淄侯**	存二行「而辭作暑賦彌日……而歸憎其皂（即皃字）者也伏想……」十六字。	斯坦因目六一五〇
6	今本卷第四十五	**東方朔答客難、揚雄解嘲**（李善注）	存一百二十行。起「不可勝數」句，終「釋褐而傳」。	伯希和目二五二七
7	今本卷第四十六	**王融三月三日曲水詩序。**	存十行。起「共也我大齊之握機」句，至「普汎而無（私）」句。	伯希和目二七〇七
8	同上	**同上**	存五十四行。起「用能免羣生于湯火」句，訖王文憲集序開端兩行。	伯希和目二五四三

9	同上	**任昉王文憲集序。**	存八十行。起「之旨沈鬱澹雅之思」句訖「弘量不以容非攻乎異論歸之」句。	伯希和目二五四二
10	今本卷第四十八	**揚雄劇秦美新**（後段）**班固典引**（開端）。	存二十七行。	伯希和目二六五八
11	今本卷五十（原卷題「文選卷第廿五」知爲昭明舊三十卷本）	**沈約恩倖傳論**至**范曄光武紀贊**末。	存六十七行。	伯希和目二五二五
12	今本卷五十三	**李康運命論。**	存三十四行。	伯希和目二六四五
13	今本卷五十五	**陸機演連珠。**	存百四十五行。	伯希和目二四九三
14	今本卷五十七	**顏延年陽給事誄。**	存七行，起「貞不常祐義有必甄」句。	斯坦因目五七三六
15	同上。	**同上。**	存三十五行。起「受陷勍寇」，訖篇末幷陶徵士誄篇題。	伯希和目三七七八

16　今本卷五十八　**王儉褚淵碑文**（後段）。　存五十四行。　伯希和目三三四五
原卷末題「文選
卷第二十九」知
亦昭明之「三十
卷」本。

此外與文選有關之寫卷又有：

(一)**雜詩二首，潘岳悼亡詩四首，石崇王明君辭一首**　刊伯希和目二五〇三，此卷乃玉臺新詠，羅氏古籍叢殘已印出。

(二)**文選音**　刊伯希和目二八三三，存二十三節末，至第廿五節開端。敦煌秘籍留眞新編已刊出，周祖謨有文研究，載輔仁學誌。

(三)**李陵蘇武往復書**　巴黎所藏有三卷：其一列伯目二四九八，爲天成三年戊子歲（九二八）正月七日，學郞李幸思寫本，其一列伯目二八四七，爲丁亥年（九二七）二月三日，蓮臺寺比丘僧靜惠寫本。其一列伯目二六九二，爲壬午年（九二二）二月二十五日，金光明寺學郞索富通寫本。倫敦所藏亦有二卷：一列斯坦因目一七三，一列斯目七八五。此皆唐人託諸蘇李之作，與文選所收答蘇武書不類。

上舉十五種文選寫卷，大別言之：

(甲)**白文無注三十卷本**　此類卽梁書隋志所云之文選三十卷本，乃昭明原來編第，李善作注，始析爲六十卷。

倫敦藏之嘯賦、巴黎藏之劇秦美新典引、恩倖傳論至光武紀贊、與褚淵碑文幷著卷數于末，葢卽三十卷本。

(乙)**李善注本**　此類祇見兩卷，卽巴黎藏之永隆鈔本西京賦，及答客難解嘲，劉師培幷撰有提要。其中有原屬一卷，裂爲數段可以綴合者，如伯目二七〇七、二五四三、二五四二諸卷是。登樓賦同卷又鈔唐人落花詩，則非文選原本，乃偶筆錄王仲宣此文者耳，姑併列于此。

茲十數卷，俱唐人或更早之寫本，吉光片羽，彌覺可珍，持與扶桑所傳百二十卷本之文選集注，及宋刊、胡刻諸本，參互校覈，創獲殊多。清代學者于選學致力至勤，惜限于聞見，如許密齋（巽行）平生校讐蕭選，至七十二歲，凡十三次，始成定本，而所見不出汲古閣本。（見許氏文選筆記卷一密齋隨錄），益嘆今人眼福，迥非前賢之所能及。茲就勘校所及，依各卷次第，記之于後。

一、永隆寫本　西京賦薛綜李善注

此卷羅氏影入鳴沙石室古籍叢殘，末有「永隆年二月十九日弘濟寺寫」一行。寺在長安，此當出寺僧手錄。永隆爲唐高宗年號（六八〇），倫敦所藏寫卷列斯坦因目一八三五號者，末亦題永隆元祀，與此堪稱雙璧。善上文選表，在顯慶三年（六五八），至永隆相去二十二年，考善卒在載初元年，（卽永昌元年武后年號西六八九）是此永隆卷繕寫時，善尙生存。李匡義資暇錄謂：「李氏文選有初注成者，覆注者，有三注四注者，當時旋被傳寫，其絕筆之本，皆釋音訓義，注解甚多。」此永隆寫本未知爲初注抑覆注本，然距善之卒，僅九年耳。

蔣黼跋此卷云別有校勘記，原文未見；惟劉師培則撰有提要（劉文有誤處，如謂「少君已見西都賦，各本復注少君事，」然西都賦但注少翁事耳。）高閬仙文選李注義疏，已盡將此注異文錄入，（間有微誤者，如此卷「窮身極娛」，而高氏以爲當作「窮歡」，不知窮身語乃見楚辭大招。）兩家辨訂異同,頗爲詳備,茲之考校，多所采摭。又日本上野精一氏藏有舊鈔文選白文，中有西京賦，故并入校，即文中所稱上野本者也。

井幹疊而百增　唐永隆年弘濟寺寫本文選殘卷張平子西京賦起此，「井」字已漶，「幹疊」二字餘左半。「增」字，永隆本各刻本並同，惟漢郊祀志顏注引作「層」。顏注又云「幹或作韓，其義並同」。

臣善曰漢書　永隆本注前半行,存此五字，以刻本校之，無薛注「崛高貌」三字。「曰」下無廣雅六字。「漢書」下接「孝武立神明臺」。字數殆與四部叢刊景宋六臣本同（以下簡稱「叢刊本」），知此行共十二字。永隆本凡善注皆作「臣善曰」，後不再舉。

又曰武帝作井　永隆本後半行注存此六字，以位置推之，其下應是「幹樓高五十丈」，即此行同前行各十二字，而叢刊本尚有「輦道相屬焉」，爲永隆本所無。〇以上善注二段，胡刻作「神明井幹已見西都賦」。其非善注原貌可見。

（跱遊極）於浮柱　永隆本上三字已漶滅。

置浮柱之上　永隆本注後半行僅存此數字，「之」字爲各刻本所無。

（兩頭受櫨）者　永隆本此句止存一「者」字，其上漶，其下接正文。知胡刻廣雅以下十六字爲永隆本所無。

累層構而遂躋　「躋」永隆本注作「隮」，各刻本文注並作「隮」。

躋升北辰極也 永隆本注止此，「升」下無「子奚反」，「極」上無「北」字，胡刻本叢刊本同有，又有善注山海經八字，但「經」下並脫「注」字。

集重陽之清瀓

雰埃 此上無「消散也」三字。

下地之垢穢 「垢」字各刻本作「埃」。

之中也 「也」字與叢刊本同有，胡刻無之。

上爲陽淸又爲陽 永隆本叢刊本同，胡刻「陽淸」二字誤倒。

故曰重陽 叢刊本脫「曰」字。

入帝宮 「入」上各本有「而」字。

宸音辰 胡刻叢刊本此上並有「雰音氛」三字，永隆本無。

瞰宛虹之長鬐

「宛」字與日本上野氏藏古寫本同，各刻本作「宛」。案宛爲宛俗字，說文兔部「宛、屈也，兔在冂下不得走，益屈折也」。又雨部「霓，屈虹」。此宛虹爲屈折之虹也。又揚雄解嘲「談者宛舌」，師古曰「宛，屈也」。故宛與宛通。

鬐渠祇反 永隆本止存此注末四字，其上漶者當是薛注及善曰十六字，其下無廣雅以次三十字。又永隆本切音皆稱「反」，後不再舉。

瑤光與玉繩

永隆本正文作「瑤」，注作「搖」。「玉」字古寫無旁點。

第七日搖光　馬國翰輯本運斗樞，引曲禮正義、檀弓正義、史記天官書索隱、及藝文類聚、太平御覽、皆作「搖光」，惟西京賦注作「瑤光」。不知永隆本正作「搖」，與各本引合，文選刻本涉正文而作「瑤」耳。

怵悼慄而慫兢　龍龕手鑑云：正作「慫」，今作「慫」。叢刊本作「聳」乃借字。

言恐墮也　永隆本「言」上無怵恐也以次十字。

方言曰慫悚也先拱反　各刻本「方」上有廣雅六字，此下有怵音六字，「悚」作「慄」。案方言十三：「聳悚也」，永隆本與之合，兩刻本並誤。叢刊本又誤薛注之「慄」爲「悚」。

增桴重棼　「增」字與叢刊本同，胡刻作「橧」，考異謂尤氏之誤。案禮記禮運「夏則居橧巢」，釋文云：「橧本又作增，又作曾，同則登反」。是橧增字通用。

反宇業業　叢刊本「反」下校云「五臣作及」。

屋扉邊頭瓦　「扉」字各刻本並作「飛」。

旗不脫扃

熊虎爲旗　此句之上，永隆本無「爾雅曰」三字，各刻本有。案句見周禮春官，非爾雅文，刻本誤。

左氏傳曰　文見宣十二年，釋文、正義並云：「張衡西京賦云，旗不脫扃，薛綜注云，扃所以止旗」。今各本此段薛注止云「扃關也」，無止旗句。知崇賢所謂「舊注是者因而留之」，蓋有刪節。永隆本「關」字多誤作「開」。

蘄巨衣反　永隆本此句居末，蓋順序爲注，各刻本誤倒在楚辭上。

櫟輻輕鶩 胡刻「櫟」字誤从車旁，但注从木旁與各本同。此節注乃薛注，叢刊本置于「善曰」之下，誤。

連閣雲曼 「連」字永隆本先作「途」，後改「連」。胡刻作「途」。叢刊本作「連」，校云「善本作途」，胡紹煐曰「作連是」。「曼」字與上野本同，刻本正文與注並作「蔓」。

門千戶萬

說文曰詭違也 永隆本「西都」上無此六字，各刻本並有。案此非說文語，說文言部「詭責也」，心部「恑變也」，應如本書辨亡論上善注「說文曰恑變也，詭與恑同」，方合。但永隆本既無此語，當是後人混增。

轉相踰延

移賤切 永隆本無此三字，胡刻混入他本音切，誤與薛注相連。

望叫窱以徑廷 「叫」字永隆本與上野本同。叢刊本作「窌」，校云「五臣本作叫」。胡刻作「窌」。胡紹煐謂叫蓋窈之假，後人加穴。

方万反 永隆本「方」上脫「返」字。

墱道麗倚以正東 「墱」字各本皆同，叢刊本校云「五臣本作隥」。「麗」字各本作「邐」，注亦各隨正文。

一屋一直 永隆本「屋」乃「屈」之譌。

乃從城西建章館而踰西城 「城西」二字及「而」字乃永隆本所獨有。

墱都亘切 「西墉」下永隆本無此四字，刻本並有。

橫西洫而絕金墉

洫城池也 永隆本「墉」上無此四字，因已見本篇上文「經城洫」句下薛注，有者殆非善留薛注原貌。

墉墻謂城也 永隆本有「墻」字，各本並無。

似此山之長崖 永隆本「崖」字各本作「遠」，案賦云「遐坂」，則注作「長崖」正相應。

洫已見上文 句與胡刻同，指上文「營郭郛」句下善注，叢刊本複作「周禮曰廣八尺深八尺謂之洫」，疑荼陵陳氏所謂增補六臣即屬于此類，叢刊景印宋建陽本，亦增補本也。

城尉不強柝

「強」字永隆本胡刻本同，叢刊本文注並作「弛」。

鄭玄周禮注（凡十八字） 永隆本無，刻本並有。

柝音託 刻本作「柝與㰂同音」。永隆本無鄭注㰂字，故云「柝音託」。然刻本之㰂，亦與今周禮天官之柝所見異本。

前開唐中彌望廣潒

各本並同，叢刊本校云：「唐五臣作堂」，「潒五臣作象」。

漢書曰建章宮其西則唐中數十里 永隆本有此十四字，胡刻作「唐中已見西都賦」，蓋已見从省例。叢刊本則增補此注，尚有「如淳曰唐庭也」六字，概从西都賦注節取。

又曰五侯大治第室連屬彌（望） 「又曰」二字跟上文「漢書曰」來，胡刻已省去漢書建章宮一節，故「又曰」二字改作「漢書曰」三字。叢刊本已增補上節，而此節複作「漢書曰」，非善注之例，蓋增補時失檢。〇「彌」下永隆本脫「望」字，各刻本並有。〇「彌望」下，胡刻有「彌竟也言望之極目」八字，乃顏監漢書注，或後人混入，永隆本叢刊本並無之，考異云「袁茶本無此八字，是。」

字林曰激水潒也　此永隆本引文，下四字有誤。胡刻作「潒，水潒瀁也」，與說文合。任大椿字林考逸六水部「潒，水潒漾也」，說文釋例云「漾即瀁之篆文」，是任氏所據文選與說文合。叢刊本「潒瀁」作「潒潒」，袁、茶本同，案廣雅釋訓「潒潒流也」，是作「水潒潒」者義亦可通，但異于所引字林原文矣。

顧臨太液（二句）

漢書曰建章宮其北治太液池　永隆本叢刊本同，胡刻作「已見西都賦」，但永隆本「治」字與漢書郊祀志合，胡刻西都注，叢刊本西都西京兩注皆誤「治」作「沼」。

漸臺立於中央（二句）

漢書（十五字）　永隆本叢刊本有此十五字，胡刻作「已見西都賦。」

眇赤文也　永隆本作「眇」，乃「盿」之譌。正文仍作「盿」。

清淵洋洋

「淵」字避諱缺末筆，以下多同，從畧。

峩峩高大也　永隆本此句在「臣善曰」之下，是善注也。胡刻在「善曰」之上，叢刊本亦作薛注。

三山已見西都賦　永隆本胡刻本同，叢刊本引漢書十八字與西都賦注同。○此節注永隆本特多誤筆，如「三輔」脫「三」字，「清淵海」下衍「三」字，「三山」又誤作「波山」。

齬音吾　永隆本注作「齵」，正文則爲「齬」。其言音某者止此三字，胡刻此上有疊音等十一字，永隆本無之，叢刊本則二字反切、單字注音，並分系正文各字之下，其與胡刻幷有者，如「齬」下系「音吾」二字則相同，「嶵」下止系一「罪」字，與胡刻作「音罪」二字者不同，又「嵒」下系一「巖」字，而胡刻則無「嵒音巖」三字，此種紛歧，頗難究詰。

長風激於別島 永隆本先作「隯」字，後乙去，旁作「島」字。上野本及各刻本並作「隯」，叢刊本校云「五臣作島」。隯與島同。

水中之洲曰隯 永隆本止改正文，注仍作「隯」。又各刻本「隯」下有「音島」二字，永隆本無。

濯靈芝之朱柯 「之」字永隆本上野本同，各刻本作「以」，叢刊本校云「五臣作於」。

北海中 「北」字各刻本並作「皆」。

海若遊於玄渚

無馮夷 各刻本「無」作「舞」。

水一溢一否爲渚 永隆本此句，與經典釋文毛詩音義引「韓詩云一溢一否曰渚」相合。各刻本並誤作「水一溢而爲渚」，陳喬樅韓詩遺說攷並引釋文及善注，而釋之云「謂一溢而一涸」。

三輔三代舊事 各刻本脫「三代」二字。

中坂蹉跎 此下各刻本有「廣雅」以次八字。永隆本「蹉」字作「嗟」。

采少君以端信 「以」字上野本及各刻本並作「之」，與永隆本異。

少君欒大已見西都賦 胡刻本叢刊本「欒大」上並有史記三十一字述少君事，永隆本無之。〇叢刊本節引漢書四十一字述欒大事，不作「已見西都賦」。案西都賦五利下刪引漢書，胡刻叢刊並于「曰」上脫「大」字，致誤欒大語爲武帝語。而叢刊本補錄此注則作「大曰」，不誤。

屑瓊蘂以朝飡 「飡」從冫，永隆本上野本並同，各刻本從歺，高步瀛謂「當作餐，亦作湌，饔飧字從夕不從歺，作飧者誤」。

精瓊靡以爲粮 各刻本誤「精」爲「屑」，又以「糧」爲「餦」。永隆本「精」字不誤，「粮」乃「餦」之誤。

美往昔之松橋 永隆本「橋」字，各刻本並作「喬」。

列仙傳曰赤松子 永隆本此段凡十七字，叢刊本句末多「以教神農」四字。

又曰王子喬 永隆本此段凡二十二字，叢刊本同。連上二段胡刻作已見西都賦，其西都賦「松喬羣類」下善注，與叢刊本同。

天路隔無相期 「相」字永隆本引枚乘詩誤衍。又此句下永隆本無「要烏堯反」四字，殆非善注，刻本誤以他注混入。

韋照曰 韋曜本名昭，史爲晉諱改作曜。永隆本或作「照」，間或作「昭」，各刻本概作「昭」。

想升龍於鼎湖

下迎黃帝上騎龍乃上去 此段善注引史記封禪文書有刪節。永隆本不復「黃帝」字，應從刻本加；刻本「騎」上無「上」字，應從永隆本加；文義乃足。

如脫屣耳 「屣」字乃漢書郊祀志文，封禪書作「躧」，漢地理志顏注云：「躧字與屣同」。

若歷世而長存 永隆本「世」字不缺筆。

言若歷世不死而長存　永隆本此句，當是善初注原貌。胡刻本叢刊本並作「言若歷代而不死」，殆是後注曾刪潤。

街衢相經

一面三門　胡刻本叢刊本「一」上並有「街大道也經歷也」七字，又有善注四十七字。永隆本並無之，且但作「面三門」，無「一」字。

厘里端直

永隆本正文與注並作「厘」，上野本作「纏」，（西都賦「傍流百厘」又作「厘」）各刻本並作「廛」。

都邑之宅地曰厘　永隆本「宅」字各刻本作「空」。案周禮地官載師「以廛里任國中之地」，鄭注：「鄭司農云：廛，市中空地未有肆，城中空地未有宅者。玄謂廛里者，若今云邑居里矣，廛、民居之區域也，里、居也。」孫詒讓曰：「通言之，廛里皆居宅之稱；析言之，則庶人工商等所居謂之廛，士大夫所居謂之里。」薛注作「宅地」，蓋不用先鄭說。

以廛里任國中之地　刻本並脫「里」字。

當道直啓

故曰第也　各刻本此下並有北闕以次八字。

期不陁陊

永隆本上野本同作「陀」，各刻本同作「陁」，但永隆本注又作「陁」。

好工匠　各刻本無「工」字。

方言曰陁式氏反　各刻本「陁」下並有「壞也」二字，案方言六：「陁壞」，郭注：「謂壞落也」，永隆本蓋有誤脫。

說文曰陊落也 各刻本並誤「陊」爲「陁」。

土被朱紫

此句下永隆本止有薛注，各刻本多善注十二字。

設在蘭錡

永隆本正文作「蘭」，而注作「闌」，各刻本文注並從艸。

武庫天子主兵器之官也 永隆本「武」上無「錡架也」三字，此殆後人所加。如薛注原有，則應順文次序，不在武庫之上。「官」字各刻本作「宮」。

劉逵魏都賦注曰 案魏都賦「附以蘭錡」句下，吳都賦「蘭錡內設」句下，並引西京賦句。吳都注在劉曰之下，魏都注在善曰之下，然並無注釋，不見此處所引十餘字。善于兩京賦薛注已有去留，則於三都賦之劉注或張注有所刪汰，並不足異。

非石非董疇能宅此

二「非」字上野本各刻本並作「匪」。永隆本初脫「能」字，後淡墨旁加。

因顯自決 各刻本「自」作「口」。案漢書佞幸傳宋本今本並作「白」，應照改。

詔將作爲賢起大第 各刻本「將作」下有「監」字，漢書原作「將作大匠」。

木土之功 「木土」二字永隆本與漢書合，各刻本倒作「土木」。

廓開九市

闤中隔門也 各刻本此句下有崔豹釋闤闠十四字，或疑薛綜不能引崔說，因謂崔說應在善曰之下，然善順文作注，又不應在九市之上，殆後人混入。

漢宮闕疏曰長安立九市其六市在道西三市在道東　永隆本叢刊本同有此，胡刻本作「九市已見西都賦」，案西都賦九市開場下注同。又「道東」下各刻本有蒼頡篇七字，永隆本無。

俯察百隧

隧列肆道也　刻本無此句，胡刻于善注末作「隧已見西都賦」。案西都賦「貨別隧分」下注引此五字，上冠「薛綜西京賦注曰」，前後自能照顧，即「重見者云見某篇亦從省也」之例。叢刊本薛注無此五字，而善注內作「薛綜西都賦注曰隧列肆道也」十二字。

周制大胥

「胥」作「胥」，與漢韓勑碑同。

今也惟尉

爲三輔更置三輔都尉　此節善注引漢書凡二十六字，乃删節百官公卿表內史條文，以三輔都尉釋賦文「今也惟尉」，其義甚明，五臣翰注即用其說，高步瀛據玉海引黃圖曰「以察貿易之事，三輔都尉掌之」，更可互證。今胡刻及叢刊本無「更置三輔都尉」六字，而易以「市有長丞」十六字，反與賦文不相照，殆後人誤改，而翰注襲用者乃未誤改之本也。

瑰貨方至

「瑰」字永隆本文注幷同，各刻本注作「瑰」，而正文則作「瓌」。

鳥集鱗萃

言奇寶　胡刻六臣幷誤脫「言」字。

鱗之接也　「接」字他刻本作「萃」。

鬻者兼羸　「羸」乃「贏」之譌，注同。

匱也　匱下脫「乏」字。

裨販夫婦

以自裨益者　薛注止此，各本無「者」字，下有「裨，必彌切」。四字，叢刋本注中已有此四字，正文「裨」下又系「必彌」二字，知薛注混入之音切，殆在增併六臣注之前。

日夕爲市　周禮地官原文爲「夕時而市」，永隆本微誤，各刻本亦以「而」作「爲」。

販夫販婦爲主　永隆本六臣本同，與周禮地官司市合。胡刻誤作「裨販夫婦爲主」。考異知尤本與袁本茶陵本不同，尚未勘周禮原文。

嵩眩邊鄙

以欺或下土之人也　胡刻叢刋本「或」作「惑」，無「也」字。惑或字通。

而買之　與周禮天官典婦功合，胡刻叢刋本並誤「賈」爲「買」。

鄭司農曰　胡刻叢刋本並誤作「鄭玄」。又各本此下有引蒼頡篇廣雅左傳注共二十四字，永隆本並無。

優而足恃

昏勉也　胡刻叢刋本此下並有「邪僞也」三字，永隆本無，高步瀛云：疑後人竄入。

麗靡奢乎許史　「靡」與上野本同，各本作「美」。又各本此句下有薛注十四字，永隆本無。

生元帝帝封外祖父廣漢爲平恩侯　各本無「生元帝」三字。○案此注節錄外戚傳文，據傳，乃宣帝立元帝爲太子時封太子外祖父廣漢爲平恩侯，及元帝卽位，廣漢已前卒，復封廣漢弟子嘉爲平恩侯，奉廣漢後，善注不了了。

壯何能加

漢書曰翁伯以敗脂而傾縣邑　刻本「漢書」下有「食貨志」三字，案所引漢書乃貨殖傳文，此後人以旁批誤混者。永隆本「敗」乃「販」之譌。

質氏以洫削而鼎食　「洫」乃「洒」字形近之誤，下文「洒」字不誤，各本上下文並作「洗」，與漢書原文不合。

以爲翳　「爲」乃「馬」之譌，「翳」乃「醫」之譌。

晉灼曰胃脯今太官常以十月　各本脫「常」字，又「月」誤作「日」。胡刻「太」誤作「大」。

以末椒薑坋之訖　「訖」字與史記索隱引同，漢書注無。

擬跡田文

箭張禁酒趙放　此節引漢書王尊傳文，今本漢書「箭」作「翦」，宋祁曰「江南本浙本並作箭」，是永隆本幷可爲宋祁校漢書之證。胡刻叢刊作「箭張回酒市趙放」，乃混入漢書游俠萬章傳「箭張回酒市趙君都」語，誤。顧炎武云：「王尊傳箭張禁酒趙放，晉灼注此二人作箭作酒之家，今箭張回卽張禁也，君都亦卽放也，名偶異耳，」〇刻本注末有「一云張子羅」以下十七字，永隆本無之。

趬悍虓壑

「趬」字與漢書衛青傳顏注同，刻本文注並作「趫」。

虓呼交反　胡刻脫「虓」字。叢刊本以「呼交」二字夾入正文「虓」下，故善注無此四字。

睚眦蠆莽

「莽」乃「芥」之譌。

僵仆也　此三字薛注，永隆本無。

涉好煞　刻本「涉」下有「外温仁內隱忍」六字。

睚眦于塵中獨死者甚多　「獨」字與漢書原涉傳合，各刻本皆作「觸」。王念孫曰「獨當爲觸，言涉于塵市中數以睚眦之怨殺人」，其引證爲荀悅漢紀載原涉事雖作「獨」，而載郭解事則作「觸」；又范書王允傳「睚眦觸死」，章懷注引前書原涉傳正作「觸死」。高步瀛謂永隆本作「獨」，案此字犬旁甚分明，以爲從手者，乃傳會之談。

而公孫誅

安世者京師大俠也　刻本無「者」字以次六字。

上書告敬聲　「告」字刻本作「曰」字。

父子死獄中　「死」上各刻本有「俱」字，案連上三條永隆本與漢書公孫賀傳合，刻本誤。又各本注末有「陽石北海縣名」七字，誤，蓋陽石不屬北海，殆以銑注混入。

剖析豪氂

「剖」字上野本作「割」，「豪氂」二字各本文注並作「毫釐」。

五縣謂長陵安陵陽陵茂陵平陵　此注胡刻作「五縣謂五陵也，長陵、安陵、陽陵、武陵、平陵、五陵也，已見西都賦」，「武」乃「茂」之譌。（袁本亦誤作武）叢刊本作「五縣謂五陵也，漢書曰：高帝葬長陵，惠帝葬安陵，景帝葬陽陵，武帝葬茂陵，昭帝葬平陵，五陵也。」案「高帝」至「平陵」即西京賦注，荼陵本所謂增補者也。

擘破裂也　「擘」字各本文注並同，案周禮考工記旅人鄭注：「辟，破裂也，」不作「擘」。說文手部段注云：「辟乃擘之叚借，西京賦李善引周禮注作擘，豈其所據與今不同歟？」

所惡成創痏

「創」字叢刊本作「瘡」。

蒼頡曰　「曰」上各本同脫「篇」字。

郊甸之內

五十里爲近郊　「近」字胡刻誤作「之」。

百里爲甸師　此句各本並同，高步瀛曰：「師字衍，百里上當有『二』字。」又曰：「甸師官名，見周禮天官序官，師爲衍字明矣。」又曰：「二百里爲甸，與盧植禮記注合。」

五都貨殖

王莽於五都立均官，更名雒陽、邯鄲、淄、宛、成都、市長皆爲五均司市師也　「淄」上脫「臨」字。漢書食貨志下云：「遂于長安及五都立五均官，更名長安東西市令，及洛陽、邯鄲、臨淄、宛、成都、市長皆爲五均司市，稱師。」王念孫曰：「稱字涉下四稱字而衍，司市師，即所云市令、市長。」案宋本漢書已有稱字，今永隆本無「稱」字，正可爲王說佐證。此注「市長」與「長安」之「長」字，易混，故胡刻與叢刊各有舛誤不可句讀處。○胡刻本注云五都已見西都賦，檢西都賦「五都之貨殖」注同永隆本此說，然「成都」誤作「城都」，「市長」下誤衍「安」字。叢刊本此注同永隆本而無「司市師也」四字，然「成都」誤作「城郭」，「市長」下衍「安」字與胡刻同誤，其西都賦注引食貨志原文，注首多「于長安及」四字，下至「皆爲五均司市稱師」止，然「更名」下刪「長安東西市司」六字，「市長」下仍衍「安」字，此皆不明當時制度，不知洛陽等五都各有市長，及長安東西市各有市令，王莽既立五均官，遂易此七地之市長市令爲五均司市師也。○各本注末尚有遷謂以次十二字，永隆本無。

隱隱展展

重車聲也　考異謂袁茶本無「車」字。薛注末胡刻有「丁謹切」三字，叢刊本正文「展」下夾注同，乃他注混入，永隆本無。

方轅接軫

永隆本此節無薛注。

隱軫幽輵　四字與古文苑蜀都賦合，刻本並作隱隱展展。

封畿千里

永隆本善注首無「毛詩」以下十一字。

地絕高日京　叢刊本「高」下衍「平」字。

百卌五

「卌」各本並作「四十」，容齋隨筆五云：「今人書二十字爲廿，三十字爲卅，四十爲卌，皆說文本字也，卌音先立反，今直以爲四十字。案秦始皇刻石頌德之辭，皆四字一句，泰山辭曰：皇帝臨位，二十有六年，史記所載，每稱年者輒五字一句，嘗得石本，乃書爲廿有六年，而太史公誤易之，其實四字句也。」永隆本之「卌」，乃所謂「直以爲四十」者，如依泰山石刻讀一音，則不合本賦句法。○此節薛注末有「

也」字，善注末無「所」字，與各本異。

右極盩厔　永隆本注作「庢」，正文作「屋」，各本文注並作「厔」，王先謙漢書補注曰：「厔從广，俗從厂，非也。」

漢書右扶風　「書」下各本誤衍「曰」字。

盩厔山名（七字）　永隆本無，高步瀛曰：「盩厔非山名，無者是。」

遂至虢土

華陰（七字）　永隆本薛注無此七字。

右扶風有虢縣　各本並同，姚鼐曰：「善注非是，此當引地志弘農郡陝縣故虢國，」高步瀛曰：「右扶風虢縣在今寶鷄縣，與上言左暨不合，姚說是也。」案漢書地理志弘農郡陝縣下云：「北虢在大陽，東虢在滎陽，西虢在雍。」善引右扶風虢縣，是後漢倂入雍縣之西虢，賦言左暨河華，應指大陽之北虢及滎陽之東虢。

上林禁苑　「菀」字各本作「苑」，「菀」「苑」字通用。

禁人妄入也　各本複「禁」字。

邪界細柳

皆地名　「地」字各本並同，高步瀛曰「尤本地名誤作池名。」

聯五柞

云有五株柞樹也　叢刊本脫「五」字。

鄭玄（九字）　永隆本無善注鄭玄以下九字。

款牛首　「款」字各本並同，許巽行謂「俗多誤作欸」。

甘泉宮中有牛首池　「池」字各本並作「山」，今本黃圖無此文。又高步瀛曰：「上林賦張揖注：牛首池在上林苑西頭，亦不在甘泉宮中。」

繚亘綿聯　「亘」字文注並同，上野本亦同。各本皆作「垣」，魏都賦善注引此句亦作「垣」。

繚亘猶繞了也　「亘」字各本並作「垣」。

四百苑之周圍　「百」下各本有「餘里」二字。

臣善曰亘當爲垣　此句各本作「今並以亘爲垣」，案善注，永隆本與他本文句雖異，其意則一。因善據薛本作「亘」，薛幷以亘本義繞了釋之，而善意則以垣墻爲義，故云當爲垣也。若作「以亘爲垣」，雖不失李注指爲叚借之意，而劉申叔則認爲非李注。至五臣本則作「垣」，故銑注「垣墻也。」今各本賦文已作「垣」，而又載善注以亘爲垣，是文注不照。案說文云：「亘，求亘也，從二從囘，象亘囘形。」說文句讀曰：「亘囘者，囘環也。」說文釋例曰：「囘，祇向一面旋轉，亘，求亘也，展轉囘環，上下求之，故象其兩面旋轉。」此亘之本義，卽薛注猶繞了意。又說文云：「垣，墻也，從土，亘聲。」是亘又可借聲作垣用，此善訓垣墻而云以亘爲垣也。其意仍本諸西都賦「繚以周墻四百餘里」二句，諸家說幷不了了。

北至甘泉　「至」字胡刻誤作「有」、

動物斯止

植猶草木動謂禽獸　「猶」「謂」二字各本並作「物」字。高步瀛謂永隆本二字皆作「謂」，亦一時目誤。

臣善曰周禮曰　永隆本分節錄注，于繚亘綿聯二句作一節，植物斯生二句又作一節。叢刊本併四句爲一節，以兩節中薛注歸薛，善注歸善，亦無錯誤。胡刻已併四句爲一節，又但照注之先後直錄，致此節居先之薛注接于上節善注之下，又此節注引周禮之上未刪善曰，令一節中善曰複出，此尤本剔注時失檢。

動物宜毛物植物宜皂物也　此周禮地官大司徒文，兩句並無「也」字，注末之「也」，乃注文用爲止截詞。胡刻及叢刊本兩句並有「也」字，似周禮原文如此，此傳寫時淺人所加。「皂物」與相臺本周禮同，釋文八出「早物」字，注云「音皁本或作皁」，是永隆本又勝陸氏據本矣。

羣獸否騃

韓詩曰　當從各本作「薛君韓詩章句曰」。

趍曰否否行曰騃騃　各本「否」作「駓」，又「否」「騃」二字不重，陳喬樅未見永隆本，故韓詩遺說攷引此注亦不重否騃二字。高步瀛曰「作否未必是，而駓騃二字則各宜複與毛詩同」。

聚似京洔

「洔」字正文及注皆從水，此爲永隆本保存善注本眞貌之一特點。上野本從足旁，胡刻及叢刊本文注皆從山。案本書二十二謝叔源西池詩「褰裳順蘭沚」，善注云「潘岳河陽詩曰歸雁映蘭洔，沚與洔同」。此李善沚同洔之說也。而卷二十六河陽詩次首云「歸雁映蘭時」，叢刊本「時」下校云「五臣作洔」，善注「韓詩曰宛在水中沚，薛君曰大渚曰沚」，經典釋文二九爾雅釋水出「沚」字，注云「本或作洔，音同」。

此善以韓詩之沚釋潘詩之洔，而釋文可證其相同也。又薛綜謂水中有土曰洔，薛君章句謂大渚曰洔，穆天子傳一郭注謂水岐成洔，洔、小渚也，經典釋文五謂水枝成渚，此又洔與沚皆訓小渚之說也。毛詩傳及爾雅皆謂小渚曰沚。（陳奐以薛君之「大」字爲誤）○胡刻「似」作「以」。

善曰峙直里切　胡刻叢刊並有此注，永隆本無。

不能紀

夷堅聞而志之　永隆本叢刊本及考異所見袁茶本並無此句，惟胡刻有之，或後人照列子湯問篇加入。

世本曰　「世」字缺筆作「廿」。

黃帝史　叢刊本「史」誤作「吏」。

林麓之饒

木藂曰林　「藂」字各本作「叢生」二字。

林屬於山爲麓　句與穀梁傳合，傳原作「鹿」，借字。各本誤「爲」作「曰」。

注曰麓山足　胡刻有此句，乃穀梁僖十四年范注原文，但永隆本叢刊本袁本茶陵本並無此句。

梓棫楩楓

楓楓香也　各本作「楓香木也」。

爾雅曰梅柟　各本「柟」下有郭璞以次十三字。又叢刊本正文「柟」作「楠」，故善注「爾雅」上有「楠亦作柟」四字，袁茶本同。

櫻子公子柟音梓音姊棫 下「子」乃「反」之譌，「梓」上脫「南」字，「棫」下脫「音域」二字。

嘉卉灌藂 「藂」字文注並同，各本概作「叢」。

蔚若鄧林

灌叢蔚皆盛皃 各本「蔚」下並衍「若」字。

與日競走 「競」字各本皆同，山海經海外北經原作「逐」。

渴飲河渭河渭不足 複「河渭」字，與山海經合，各本脫此二字。

道渴而死 「而」字與山海經合，各本脫。

橚爽櫹槮 胡刻善注凡舉「蕭」「橚」「櫹」「槮」四音，永隆本無「蕭」音，叢刊本有「蕭」「橚」二音，餘皆并注正文本字下。

草則葴莎菅蔽 「蔽」字各本並作「蒯」，王先謙漢書補注司馬遷傳下云：「古蒯字本作蔽」。

菅茅屬也 各本無「也」字，而下有「古顏切」三字。

胡郎反 「胡」上不出「苀」字，胡刻有。○叢刊本錄各家注中之字音多移于正文之下，而注中從省，如善注「苀」字，胡刻有「胡郎反」三字，而叢刊本無，但正文「苀」下系「胡郎」二字，是其例。然亦有不盡省者，且有注中之音與正文下不一者，如此句「蒯」字，善注內已有「苦怪切」三字，正文下又注「古壞」二字。殆未細辨原注與後人混加之注也。

戎葵懷羊 叢刊本此句下注云「皆草名」，此非薛、李注，不知如何混入，永隆本胡刻本並無。

菁莪葵　「菁」字及下文「音肩」之「肩」字，與爾雅合。各刻本概誤作「菅」與「眉」。

彌皐被岡

覆被於皐澤　「臯」字各本並誤作「高」。高氏義疏本作「皋」而無校正語。

編町成篁

篠簳也　各本「篠」下有「竹」字，又句下有「蕩大竹也」四字。

尚書曰　各本「曰」下衍「瑤琨」二字。

泱莽無疆　各本「莽」作「漭」，「疆」作疆。

言其多　各本「言」上有泱漭以次七字。

黑水玄阯　叢刊本「阯」下校云「五臣作沚」。案釋名釋水四曰「小渚曰沚」，又釋丘五曰「水出其前曰阯」。

高步瀛曰：「諸沚字，以沚爲本字，阯借字」。

靈沼之水沚也　「沚」字從水，各本並同，考異謂當作阯。

水色也　此三字各本並作「水色黑，故曰玄阯也」。

樹以柳杞

山海經曰杞如楊赤理　永隆本善注末無此九字，各刻本並有，高步瀛謂後人所加。

揭焉中跱

「跱」字各本作「峙」。高步瀛曰「說文字作峙，跱峙並同。」

豫樟觀　「樟」字各本作「章」。

織女處其右

漢宮閣疏曰　「閣」字各本作「闕」。此注凡十七字，胡刻作「已見西都賦」，案西都賦「右織女」下注卽此十七字。叢刊本兩處皆注此十七字。

日月於是乎出入

日出湯谷　「湯」字各本作「暘」，今本淮南子及類書所引多作「暘」。

出自湯谷　「湯」字與楚辭天問同，胡刻作「陽」。洪興祖楚辭補注云：「書云宅嵎夷，曰暘谷。卽湯谷也。說文云：暘，日出也，或作湯，通作陽」。

次於濛汜　「次」字各本誤作「入」。又胡刻善注末有「汜音似」三字，疑後人以洪氏楚辭補注混入。叢刊本則注于正文下，永隆本無。

鮪鯢鱨魦

「魦」字與叢刊本袁本茶本並同。考異謂「尤作『鯋』，誤」。今本毛詩爾雅並作「鯊」。

脩頟短項

「頟」字各本作「額」。

皆魚之形也　「之」字各本並脫。

山海經注曰　各本誤脫「注」字。

爾雅曰鱧鮦也　各本並同，高步瀛云：「曰」上應有「注」字。

毛萇詩傳曰鮪似鮥　「鮥」字各本並誤作「鮎」，致考異別生枝節，然永隆本「鮥」字明與毛詩衛風碩人傳「鮪鮥也」及周頌潛鄭箋同，善注「似」字殆因傳鈔者與下句相混而又有脫誤所致，此處應依毛傳原文，餘詳下條。

鮎奴謙反　此句及上下文永隆本與各本並同。案賦文與注並無「鮎」字，何以忽出此音。又賦云「鮪鯢鱨魦」，今此注之前釋鮪，其下釋鱨，則中間應有釋鯢之注。檢爾雅釋魚郭注有「鯢魚似鮎」之文，似爲善所引用。但傳鈔者既因鮥鮎形近而混，遂致上下文有混有脫，今假擬上條及此條注爲：「毛萇詩傳曰：鮪，鮥也，于軌反。爾雅注曰：鯢似鮎，鮎，奴謙反」。則順賦作注，文無疑誤，即此本「似鮥」之「似」字應刪，「鮥」下應加「也」字，又「鮎」字之上加「爾雅注曰鯢似鮎」七字。

又曰鱨揚也魦鮀也　此注各本並同，文見毛萇詩傳魚麗篇，如照上條補回爾雅注，則「又曰」應作「毛萇詩傳曰。」〇胡氏考異明於此注脫誤，但未見永隆本之「鮥」字，故所訂仍有未洽，此古鈔本所以可貴也。

駕鵝鴻鶤

「駕」或作「鴐」，或又謂當作「鳭」，異說紛紜，案左傳：唐宋石經從馬，而刊本于定元年及襄廿八年則從馬與從鳥互用，史記漢書亦混用不分，詳見拙著楚辭書錄。

又曰鶤鷄（共十一字）　永隆本無，胡刻叢刊並有。

鴰鴇二鳥名也　胡刻作「鴰鴇已見西都賦」，案叢刊本增補西都賦「鶬鴰鴇鶂」下注凡三十三字，此云已見西都賦，即「凡魚鳥草木皆不重見」之例，叢刊本全錄之，即「增補」之例，然永隆本初注如此，則前條十一字及此條從省者，當是後注時所增刪。然有可疑者，乃鴰鴇駕鵝之次序，何以不順賦文作注耳。〇又各本「鴇」字，永隆本文注並作「鳵」，上野本同。

鶤音昆　胡刻有此三字在注末，永隆本無，叢刊注本文下。

季秋就温

孟春鴻鴈來　胡刻脫「鴈」字。

禽獸之知違就温　「知」字各本作「智」。〇「違」下脫「寒」字。

集隼歸皃　「集」字各本誤作「奮」，叢刊本校云「五臣作集」，上野本及考異所見袁本並作「集」。

沸卉軿訇　「軿」字與上野本同，各本作「軿」，叢刊校云「五臣作砰」。

奮迅聲也　永隆本薛注此四字在「沸卉軿訇」下，釋「沸卉軿訇」爲「奮迅聲也」，不必重舉正文，如「連閣雲蔓」下直注「謂閣道云云」，「橚爽櫹槮」下直注「皆草木盛皃」，是其例。呂延濟注卽襲薛義，考異以袁茶本無此四字爲是，說不可据。〇又各本此句下有「隼小鷹也」四字，乃他注混入，永隆本無。

寒風肅煞　「煞」字各本作「殺」，上野本作「𢑚」。

善曰……（共十七字）　各本有善注十七字，永隆本無之。

寒氣……（共七字）　各本薛注「孟冬」之上有此七字，乃他注混入，永隆本無之。

冰霜慘烈

善曰李陵書……（共十字）　各本薛注後有善注十字，案與本書李陵文不合，疑他注混入，永隆本無之。

剛蟲搏摯　叢刊本「摯」下校云「五臣作鷙」，然濟注作「摯」。

禮記……（十一字）　各本善注毛詩下有禮記十一字，永隆本無。

迺振天維　各本「迺」上有「爾」字，上野本則校筆旁加「尒」字。又「迺」字各本並作「乃」。

⿰扌衍地絡永隆本手旁與木旁多因連筆不分明，玉篇手部：「⿰扌衍申布也」。與薛注合，各本作「衍」，上野本「衍」上有校語云「玉篇入手部」。

⿱艹⿰其皮林薄　「⿱艹⿰其皮」從艸，上野本同，案隸書從竹從艸之字多混用，今本概作「簸」。

草木俱生也　「俱」字各本並作「叢」。

蕩動⿱艹⿰其皮揚　各本「動」下「揚」下並有「也」字。

寓居穴託

苟寄値穴　各本「寄」下有「而居」二字，「穴」下有「而託」二字。

在靈囿之中　「於」字上野本同，胡刻作「彼」，叢刊本「彼」下校云「五臣作於」。

毛詩曰王在靈囿　胡刻此句作「已見東都賦」，案東都賦「誼合乎靈囿」下善引毛詩二句，叢刊此處所補亦毛詩二句。

出于無垠鄂門　各本「門」上有「之」字。

許愼曰垠鄂端崖　永隆本賦文作「垠鍔」，而所引淮南子及許注則並作「垠鄂」，此各依所據本也。各刻本許注作「垠鍔」，則與淮南「垠鄂」原文不照，殆後人因賦文而誤改許注。據陶方琦高步瀛諸氏所說：則「咢」爲正字，咢鄂堮鍔皆假借字。

虞人掌焉

善曰周禮……（十六字）　各本薛注後有善注凡十六字，永隆本無。

柞木翦棘　叢刊本「柞」下校云「五臣作槎」。

國語注曰　各本誤脫「注」字。

槎斫也　與國語魯語韋注合，各本「斫」上多一「邪」字。

左氏……（八字）　永隆本無此八字。

迒杜蹊塞

迒兎道也　各本脫「兎」字。

駢田偪仄　叢刊本「仄」下校云「五臣作側」。案永隆本字亦作「側」。

麀鹿麌麌　此毛詩吉日句，各本誤作「麀鹿攸伏」，乃靈臺句。金甡諸氏譏李注何不引吉日成句，不知永隆本正引吉日也。

駕雕軫　「雕」字與叢刊本同，胡刻作「彫」。

古今注……（二十五字）　永隆本無此二十五字。胡刻在薛注之末，善注之前。高步瀛則移「善曰」于古今注上，作爲善注。

倚金較

猗重較兮　「猗」字叢刊本作「倚」，考異云：「袁茶本猗作倚是也」。案考異之說，殆謂正文作「倚」，則注應同作「倚」耳。阮元毛詩注疏淇奧篇校勘記云「猗字是，猗、倚假借也」。〇「兮」下胡刻有「音角」二字，叢刊本無此二字而正文「較」下注「角」字。

說文曰較車輢上曲銅也　永隆本此注與說文小徐本全合。大徐本「銅」字合而「輢」作「騎」。文選則各刻本概作「鈎」不作「銅」，卷三十四七啓「俯倚金較」下善注「說文較車上曲鈎」，亦不作「銅」。初學記十二引作「較車輢上曲銅鈎」。案「輢」字：因考工記鄭注及廣韻韻會所引相同，故諸家注說文尚未概改爲「騎」。若「銅」字，則各家並舍大小徐本而據文選誤本改作「鈎」字，惜乎其未見永隆本也。

璿弁玉纓　句與說文引春秋傳合，叢刊本「璿」下校云「五臣作瓊」，與今本左傳僖二十八年文合。阮元左傳注疏校勘記云「淳熙本瓊作璚，案璚與瓊同」。

又髦以璿玉作之　「又」字各本並同，考異謂當作「乂」。

纓馬鞅亦以玉飾　各本「鞅」下有「也」字，無「亦」字，「飾」下有「之」字。又薛注首「弁馬冠」三字六臣本無，而良注云「弁馬纓冠也」。

建玄戈　「戈」字先作「弋」，後加濃筆作「戈」，但注中「弋」字尚未改。上野本作「戈」，各刻本文注概作「弋」。案「玄戈」星名，史記漢書天文志注並作「玄戈」。晉書天文志亦曰「其北一星名玄戈，皆主胡兵」。後漢書馬融傳作「玄弋」誤。

北斗第八星名爲矛　各本「矛」下有「頭」字，高步瀛曰「頭字誤衍」。

今鹵簿……（十四字）　胡刻叢刊並有此十四字，永隆本無。

招搖在上　永隆本脫「上」字。

以起居堅勁　「居」字與曲禮鄭注合，各本誤作「軍」。案孔疏云「故軍旅士卒，起居舉動，堅勁奮勇，如天帝之威怒也」。明指起居說。

象天帝也　「帝」叢刊本誤作「師」。

棲鳴鳶

棲謂畫……（八字）　各本薛注「鳴鳶」下有此八字，疑他注混入，永隆本無之。高步瀛曰「考工記梓人，張皮侯而棲鵠。賈疏曰，綴于中央，似鳥之棲，詩賓之初筵鄭箋引梓人此文釋之，曰：棲，著也。此棲字意同，非謂畫于旗上也」。

旌旗之流飛如雲也　「流」字胡刻同，叢刊本作「旒」。

弧旌枉矢

弧旌枉矢以象弧　此考工記輈人文，各刻本「象弧」誤作「象牙飾」。

虹旌已見上注　本賦上文「亘雄虹之長梁」句下善注「楚辭曰建雄虹之采旄」，此云已見，蓋從省之例。刻本乃重出楚辭九字，殆六臣本概行增補，而尤氏從六臣本剔出時失檢耶。

高唐賦曰蜺爲旌　刻本此注並作「上林賦曰拖蜺旌」。案上林賦善注仍引高唐賦句。此節善注，自「牙飾」以下疑六臣併注時有誤，此又永隆本未經混亂之可貴處。

天畢前驅

叢刊本「畢」下校云「五臣作罼」。

載獫猲獢

上野本同，叢刊本「猲」下校云「五臣作『獥』」，胡刻亦作「獥」，案毛詩作「載獫歇驕」，釋文云：「歇本又作猲，驕本又作獢」，永隆本善注引毛詩字用原文，刻本改毛詩字以就賦文。

古今注……（二十一字） 永隆本善注無此二十一字。（刻本注內「同」乃「周」之譌）

漢書音義曰大駕屬車八十一乘 胡刻作「已見東都賦」，案東都賦「屬車案節」下引同，但「乘」下多「作三行」三字。叢刊本東都賦注與胡刻同，而此節注則非用東都賦注增補，乃別作「漢雜事曰：諸侯貳車九乘，秦滅九國，兼其車服，故大駕屬車八十一乘」。

本自虞初

厭効之術 「効」字各刻本作「祝」。

凡九百卌篇 「卌」字各本作「四十三」。

漢書曰虞初周說九百卌三篇 此句爲藝文志文。胡刻此下有「初河南人」以下二十三字，乃藝文志注文，但中多一「初」字，不合顏注體例，又多「乘馬衣黃衣」五字，可證其非直錄舊注。叢刊本先注虞初洛陽人，後乃用藝文志此句。愛日齋叢鈔五節引此注似從六臣本出，又作「黃衣使者」而不作「黃車」。案善引藝文志止取虞初一句，各本或連注文，或雜他說，紛歧如此，而概括于「漢書曰」三字之下，明爲他注所混亂。故永隆本乃善注眞皃，後人欲據此誤本選注以補漢書，皆未細考。

小說家者盖出稗官 「稗」字漢書從禾。○胡刻「者」下有「流」字，「出」下有「於」字，盖藝文志原文。考異謂袁茶本無「流」「於」二字，與永隆本同。又各本「官」下有應劭以次十字，永隆本無。

寔侯寔儲

皆當具也 「當」各本作「常」。永隆本薛注止此，無善注十九字。

善曰……說文曰儲具也　案說文人部：「儲偫也从人諸聲」，又：「偫待也从人从待。」據諸家所舉西京賦羽獵賦左思詠史曹植贈丁翼諸注，儲字無一同義，既皆作說文曰，而又無一與今本說文相同，段茂堂謂爲兼舉演說文語，猶是調停之說，縱使崇賢所見說文多異本，亦不應無一相同，而前後又絕不作照應語也。未經混亂之永隆本已無此文，則爲他注混入無疑，故據文選誤注以刪改其他古籍，乃屬險事。

奮鬣被般

長毛曰鬣　「長毛」二字兩刻本同誤作「毛萇」。考異謂「萇」當作「長」，不爲無見。

般與斑古字通　「斑」各本作「班」。高步瀛曰：「斑、辬之或體，作般、作班、作斒、皆借字。」

螭魅蝄蜽　叢刊本「螭」作「魑」，胡刻「蝄蜽」作「魍魎」。高步瀛曰「离本字，魑俗字，螭借字也。」又曰「蝄蜽與淮南子國語同，杜注左傳作罔兩，周禮春官作方良」。

左氏傳　應同各本「傳」下有「曰」字。

鑄鼎蒙物　「蒙」乃「象」之譌

莫能逢之　「之」與左傳宣三年文同，各本涉賦文誤作「旃」，阮元左傳注疏校勘記引誤本文選注「旃」字作異文，不知永隆本原與傳同作「之」也。

杜預曰（若順也）螭山神獸刑　永隆本無「若順也」三字。「刑」乃「形」之僞。案此節皆杜預宣三年左傳注文，各本「螭」上有「說文曰」三字乃誤衍，許嘉德知非說文之文，而不悟爲杜預注。

毛萇詩傳曰旃之也　永隆本無此注，胡刻叢刊並有。盖魏風陟岵傳文，或以釆苓鄭箋當之，誤。

禁禦不若　阮元左傳注疏校勘記引惠棟說：據張平子賦及爾雅釋詁郭注，知今本左傳「不逢不若」句，乃晉後傳寫之譌，應从張郭作「禁禦不若」。

正壘壁乎上蘭　上野本「乎」作「于」。

漢書曰……（共十九字）　胡刻作「飛廉上蘭已見西都賦」，案西都賦「披飛廉」下注同此十九字，但「曰」上有「武紀」二字，叢刊本从西都注補此注，亦有「武紀」二字。

結部曲

善注引司馬彪（凡二十九字）　案此注已見西都賦「部曲有署」句下，胡刻不云已見从省，似尤氏从六臣注分剔時失檢。又叢刊本「軍候」之「候」字誤脫。

駭雷鼓　「駭」字刻本並作「駴」，叢刊本校云「五臣作駭」。

燎謂燒也　「也」各本作之

善曰周禮曰鼓皆駴凡十八字末云「駭與駴同」　永隆本無此注，案注謂賦文之「駭」與周禮之「駴」字同也，各本倒轉賦文作「駴」而周禮作「駭」。

赴長莽

方言曰……（十一字）　永隆本薛注無此十一字，刻本並有。

迾卒清候　高步瀛曰：「迾」本字，「列」乃通假字。

鄭箋（十字）永隆本注末無此十字，刻本並有。

緹衣韎韐　「韎」字从末，說文段注曰「許云末聲，廣韻音末，諸經音莫介反者从之，鄭謂當从末聲，周禮音妹者从之。」○「韐」字永隆本文注从夾，而引毛詩从合，刻本並从同。

睢盱跋扈　「跋」字刻本並作「拔」，叢刊本校云「五臣作跋。」高步瀛曰「陳孔璋檄李注引作跋，是李與五臣同，六臣校語不足據。」阮元詩經注疏校勘記云拔跋古字通用。

毛萇曰韎者茅蒐染也　此毛詩小雅瞻彼洛矣傳文，「韎」下無「韐」字，「染」下無「草」字，此六字可證今本毛詩之失，幷可止王氏經義述聞紛如之說。

無然畔換鄭玄曰畔換　「畔換」二字，今本毛詩皇矣篇詩、傳、箋、釋文、並作「畔援」，叢刊本同。胡刻引毛詩作「畔援」，鄭箋作「畔換」。案說文通訓定聲：「援」字「換」字下並云：「援叚借爲換，詩皇矣無畔援，漢書叙傳注引作換」。

光炎燭天　胡刻同，叢刊本「燭」作「爥」，**銑**注同。又「炎」下校云「五臣作焰」。

囂讙也　叢刊本「讙」誤作「權」。

吳岳爲之陁堵

有岳山吳山　此善注節引漢書郊祀志「自華以西名山七」之文，即志中列舉之華山薄山岳山岐山吳山鴻冢瀆山共七山也。注止引吳山岳山以釋賦文「吳岳」，即與上句「河渭」對舉，蓋吳山在汧縣，岳山在武功縣，明是二山各別。但吳山又有吳岳之名，致異說紛歧。此注五字，胡刻本叢刊本並作「一曰吳山郭璞云吳岳別名」十一字，訓詁未諦，乃不明地理者妄改，此亦永隆本未經混亂之可貴。至吳山與岳山之別，分詳漢書郊祀志地理志王先謙補注中。

騤瞿奔觸

白虎通（十四字） 各本羽獵賦下字音上有此十四字，永隆本無。

羽獵賦曰虎豹之淩遽 「豹」字筆微誤。「淩」字與第八卷羽獵賦同，刻本正文及薛注作「悽」，引羽獵賦作「陵」。

失歸忘趣 「趣」字與五臣同，各刻本作「趨」。

不徼自遇 「徼」字文注並同，各本並作「邀」。高步瀛曰說文有徼字，無邀字，邀與徼同。

趣向（六字） 各本薛注有此六字，但「趣」字異于正文之「趨」，當是他注混入。永隆本無之。

飛罕潚萷 「罕」字與叢刊本同，羣經正字曰「篆作罕，隸當作罕，今皆作罕，凡从网之字經典皆作罒，其變罒爲四者，惟罕與罙二字，此隸變之尤謬者。」「潚」下叢刊本校云「五臣作橚，」向注同。「櫹」字各本文注並同，高氏謂唐寫作「拍」，乃一時目誤。

矢不虛舍 「舍」字各本同，叢刊本校云「五臣作捨。」

說文曰鋋小矛也 「矛」字與說文合，向注同，東都賦注引亦同，但刻本並誤「矛」爲「戈」，賴有方言「矛或謂之鋋」可證，故說文注家知刻本選注「戈」字之誤。

當足見蹍 「蹍」字注中作「蹍」，各刻本作「蹍」，五臣向注作「碾」。

值輪被轢 胡刻「轢」下有「音歷」二字，與薛注相連，殆尤氏从六臣本割取善注時尚有他注未删，永隆本無此二字。

爤若磧礫 高步瀛疑薛注本李注本「磧」並作「積」，惟向注作「磧」，今本以五臣本亂李注本。

竿殳之所揘畢 叢刊本「畢」下校云「五臣作䠥」，向注同。

八稜……（十八字） 永隆本無此十八字。

揘畢謂柲也 「謂」下各本有「捶」字。

又音筆 永隆本善注無此三字，刻本並有。

白日未及移晷 胡刻「移」下有「其」字，考異謂尤氏誤衍。

獮謂煞也 「謂煞」二字，各刻本止作一「殺」字。

善曰（十五字） 永隆本無，刻本並有。

絕阬踰斥 廣雅釋地王念孫疏證曰：「甿字本作沆，或作坑、阬，說文：沆，大澤也，西京賦阬、斥、皆澤也，李注阬音岡，失之。」

爲鶬 各本「鶬」下有尾長以次十字，永隆本無。

翬飛也 胡本誤複一「翬」字。

毚兎聯猭 許巽行謂「聯」當爲「獜」，引吳都賦注「獜猭逃也」爲義。叢刊本「猭」下校云：「五臣作逯」永隆本注中音切亦作「猭」。

皆說禽輕狡難得也 各刻本「禽」下並有「獸」字。

莫之能獲

淳于髡曰夫盧天下之駿猶也　齊策三「盧」字作「韓子盧」，「駿猶」作「疾犬」。刻本作「韓國盧」，與詩齊風盧令篇孔疏所引戰國策合，此又唐初戰國策異本也。

東郭逡　「逡」字與國策詩疏合，胡刻叢刊並作「鮻」。

猶比方也　「猶」上脫「比」字。

環山……韓盧不能及之（十二字）　永隆本無此十二字，末云「不能及」，殊違原意，殆非善注。

尚書傳曰者之　「者」乃「諸」之譌。案尚書說命序：「求諸野」、「得諸傳巖」、孔傳云「求之於野」、「得之於傳巖之谿」，皆以「諸」爲「之於」合聲，胡刻叢刊並作「諸之也」。

迺有迅羽輕足

「迺」字各本作「乃」。叢刊本「有」下校云「五臣作使」。

尋景追括

叢刊本「景」下校云「五臣作影」。

括箭之又御弦者　胡刻叢刊並作「括箭括之御弦者」，考異謂「御當作銜，之字不當有」，高步瀛謂永隆本亦有誤字。案說文栝下云「一曰矢栝、築弦處」，段注云「矢栝字經傳多用括，他書亦用筈」，張文虎舒藝室隨筆云「張弓引滿，矢頭抵弓背之一點，其根筈弦處如築之也。」釋名云「矢，其末曰括，括，會也，與弦會也。」築、會、御、銜、義並相近。

獸不得發

臣君曰　「君」字用以代「善」之名，說詳下。

青骹摯於韝下

青骹鷹青脛者蓋　「蓋」乃「善」之譌。胡刻作「善曰」二字，叢刊本于「者」字止，空一格作「善曰」，皆誤。考異據袁本正之，以善字屬上讀。

鴈下韝而擊　「鴈」乃「鷹」之譌。

禮記曰……宋鵲之屬（四十二字）　永隆本叢刊本袁本茶本並無此四十二字，胡刻有之，乃他注混入。

莫之敢伉

鄭玄……（共十字）　永隆本無此十字，胡刻叢刊本並有。高步瀛曰「詩箋無此文，殆後人誤增。」

迺使中黃育獲之儔　「中黃」下各本並有「之士」二字，永隆本無之，乃獨異處。高步瀛引文心雕龍指瑕篇：「西京賦稱中黃育獲之疇，而薛綜謬注謂之閹尹，」而推論云：「似無者是。」

朱鬕䰄髽　「䰄」字各本作「䰅」，考異謂應作「䰅」。

曰焉而死　「曰」下脫「烏獲之力」四字。

植髮如竿　叢刊本「竿」下校云「五臣本作隅中」。

襢裼戟手　「襢」字文注並同，各刻本文注並作「袒」。

奎踽槃桓　「奎」字五臣本作「蹵」，翰注同。「槃」字注同，日鈔本亦同，今刻本並作「盤」。

槃桓便旋如搏形也　「如搏形」三字，胡刻無，叢刊本善注亦無，而五臣李周翰注則作「蹵踽盤桓搏物之貌」，仍存襲用薛注之迹，殆刪併六臣注時刪薛綜而存五臣，尤氏剔取善注，不知曾經刪併，故尤本善注無此三字。（高氏李注義疏未校出此三字。以後類此者不再舉。）

廣雅曰般桓不進也 「般」字與廣雅釋訓合，各本概作「盤」。

鼻赤象 金甡曰「頓其鼻即謂之鼻，猶子虛賦脚麟即謂持其脚也。」案「鼻」屬動詞，與下句「圈」字對文，五臣注「鼻謂執鼻牽之」，得其意。

象赤者怒 各刻本「赤」上有「鼻」字，蓋涉賦文誤衍，當以永隆本無「鼻」字為正。

圈養畜圈也 「養」字各刻本誤脫。下「圈」字各刻本及說文並作「閑」。

攎䰬彔 下二字上野本作「髴彙」，胡刻叢刊並作「狒猬」，叢刊「狒」下校云「五臣作髴」。案「䰬」，說文内部作𥜿，所引即王會解之費費及爾雅之狒狒，桂馥說文義證又引山海經郭注作髴髴，並聲借字，皆指一名梟陽之食人獸。又說文㣇部「彙蟲似豪豬，重文作蝟」，經典釋文三十「彙本或作猬，又作蝟」，各本並字異而義同，故賦文與注，字或不能畫一。

批窳狻 「窳」字與胡刻同，叢刊本作「㺄」。

䰬獸身人面 胡刻叢刊本薛注並作「䰬」，說詳上條。

類貙虎爪食人 「爪」字各刻本誤作「亦」，考異謂「亦當作爪」，蓋以爾雅文義推之，適與永隆本合。

突棘蕃 上野本同作「蕃」，各刻本作「藩」。

杜預……（共十四字） 永隆本無。

爲之摧殘

拉郎答切　永隆本無此四字，叢刊本只注「郎答」二字于正文「拉」下，可見確非薛注，胡刻此四字誤連于薛注之末。

凡草木刺人者　胡刻叢刊本並無「者」字，案方言三原無「者」字。

陵重甗　「甗」字文注並同，毛詩大雅公劉、皇矣孔疏，爾雅釋山、並作「甗」，郭璞注云「謂山形如累兩甗，甗、甑也」。胡刻叢刊並作「巘」。又善注末「巘言免反」，永隆本仍从山。知薛从瓦，而善从山。

如馬枝蹄　「枝」字與爾雅釋畜合，各本並作「跂」。

杪木末

獑猢猨類而白，自要以前黑　各本並脫「自」字。「要」字各本作「腰」。（高氏誤「白」爲「自」）

獲謂握取之也　「握」字各本作「掘」。

擩飛鼯

狀如狐　各本及爾雅注「狐」上並有「小」字，永隆本誤脫。

昭儀之倫

後宮也　各刻本「宮」下有「官」字，永隆本誤脫。

樂北風之同車

昔賈大夫惡　「昔」字與左傳昭二十八年文合，各刻本誤脫。

毛詩北風　「毛」字各刻本並脫。

般于游畋 「般」字上野本同，與爾雅釋詁合。各刻本作「盤」，與尚書無逸孔疏引釋詁文合。

文王弗敢盤于游田 句與尚書無逸合。各刻本無「文王」二字，「田」字作「畋」。

其樂只且只且辭也 胡刻脫下「只且」二字，叢刊本脫下「只」字。

且子余反 各刻本脫「且」字。

鳥獸單 「單」字各本作「殫」，通借字。

單也 各本「殫」下有「盡」字，永隆本誤脫。

善曰國語……（共十二字） 與今本楚語微異，永隆本無此十二字。

長楊之宮

退還也 「還」字各本作「旋」。又此注末有說文以次十字，永隆本無。

臣君曰 「君」乃「善」之譌。案上文「獸不得發」句下善注亦作「臣君曰」，疑「君」字用以代「善」之名，並非筆誤，如文選集注，任昉奏彈曹景宗文末作「臣君誠惶誠恐」，乃以「君」字代「昉」之名，又任昉奏彈劉整文開端作「御史中丞臣任君稽首言」，「君」字亦所以代作者之名也，殆唐人風尚如此。

數課衆寡

善曰……（共十一字） 永隆本無此注。

置牙擺牲 「牙」字與上野本同，各本作「互」。案漢書顏注「互或作牙謂若犬牙相交」，廣韻「互俗作㸦」。

破碟懸之 「碟」字各本誤作「磔」。

頒賜獲鹵　「鹵」字五臣作「虜」，銑注同。

犒勤賞功　「犒」字从木，各本並从牛。

賞有功也　各本脫「也」字。

左氏傳注曰　各本誤脫「注」字，考異引何義門校補「注」字，與永隆本合。

千里列百重　「里」字誤衍，高氏以爲「列作里」，盖一時目誤。

漢官儀漢有五營，周禮天子六軍；五軍卽五營也，六師卽六軍也。　各刻本五軍句接「五營」下，六師句接「六軍」下。

千列列千人也　永隆本無此六字。

方駕授邕　上野本同作「邕」，旁有校筆「雍」字。各刻本文注並作「饔」，盖通假字。

善曰鄭玄……（共二十一字）　永隆本無此二十一字，胡刻叢刊本並有。

升觴舉燧既釂鳴鍾　各刻本以「觴」爲「觴」，以「鐘」爲「鍾」。

臣善曰說文　各刻本「說」上多「升進也」三字。

膳夫騎馳　末二字各刻本倒作「馳騎」。

皆視也　「也」下各本有「貳爲兼重也」五字，永隆本無。

空減無也……及減無者也　二「減」字叢刊本並誤作「滅」。又各刻本「者」下脫「也」字。

御同於長　「長」下脫「者」字。

鋉炰夥淸酤⿰多支　「鋉」字與上野本同，各刻本作「炙」。高步瀛謂「字書無鋉字，疑爲餗字之訛，然無他證」。

鋉炙也　永隆本薛注有此三字，各刻本既以「炙」爲「鋉」故無。

楚人謂多夥　「多」下脫「爲」字，各刻本有。

廣雅曰⿰多支多也音支　各刻本「多」上誤衍「日」字。〇或謂廣雅無⿰多支字，殆今本有佚文。左傳襄二十九孔疏云「西京賦：炙炮夥，淸酤多，皇恩溥，洪德施，施與多爲韻。」此又孔氏與李善所見本不同。

皇恩溥洪德施　叢刊本此句下校云：「善本無此二句。」案魏都賦「皇恩綽矣」節下善注有「西京賦曰皇恩溥」七字，可見善本非無此二句，故六臣本校語有不可信處。考異于此舉出袁茶各本，頗覺紛紜，又有錯字，致其說不明。若梁章鉅所云：「正文溥，注作普，亦似有誤也」，不爲無見。

皇皇帝也普博　永隆本此七字是薛注。叢刊本薛李二注並無此文。胡刻混作善注，「帝」下無「也」字，「博」下有「施也」二字。〇此上四句，永隆本分二節錄注，胡刻併四句爲一節，致「皇帝」之注，直接「音支」之下，故混成善注。

士忘罷

罷音皮　各刻本善注末有此三字，永隆本無。

相羊五柞之館旋憩昆明之池　「相羊」叢刊本作「儴佯」，校云「善本作「相羊」」。又「羊」下「憩」下各刻本各有「乎」字，永隆本無。

憩息也　各刻本善注末有此三字，永隆本無。

簡繒紅

其絲名繒紅也　胡刻「紅也」二字作「音曾」二字。高步瀛云「合兩文校之，疑當作繒，射矢，長八寸，其絲名紅也。繒音曾。」案「繒紅」與「豫章」對文，則絲名應是「繒紅」，刻本于「繒音曾」上誤脫「紅也」二字耳。叢刋本同胡刻，「音曾」字移正文之下。

蒱且發

列子曰　刻本無「曰」字。

「蒱」字與注同，刻本作「蒲」，淮南子覽冥篇高注「蒲且子楚人」。

弱弓纖繳　句與列子湯問篇合，各本「弓」誤作「矢」，「繳」下衍「射」字。高氏謂永隆本「弓」誤作「兮」，非是，書手連筆似兮字耳。

掛白鵠　「掛」字各刻本作「挂」，注同。「鵠」叢刋本作「鶴」，校云「善本作鵠」。

往必加雙

雙得之也　各刻本無「也」字。

磻以石繳也　「以」字各刻本誤作「似」。考異引何校舉正，是。又「繳」上各本有「著」字，永隆本無。案說文「磻以石箸隹繳也」，應有「著」字。

爲水嬉

琴道雍門周曰水嬉則舫龍舟　與三國志郤正傳注引桓譚新論「水戲則舫龍舟建羽旗」合，琴道爲新論篇名。「舫」字各刻本並作「艕」，乃「舫」之籀文。

浮鷁首

船頭象鷁鳥鷁鳥厭水神　各刻本不覆「鷁鳥」字。

爲畫……（共十三字）　永隆本無此十三字，各刻本有。

翳華芝　「之」乃「芝」之譌。

建羽旗

謂垂羽翟爲葆蓋　各刻本「蓋」下衍「飾」字。

水嬉建羽旗　各刻本「嬉」下有「則」字。

縱櫂歌「櫂」字五臣作棹，銑注同。

椩子　「子」字各本作「女」，句末「子」字同。

櫂歌也　「歌」下脫「引櫂而歌」四字。

方曰　「方」下脫「言」字。

今正櫂歌也　「正」乃「云」之譌。

發引龢「龢」字各刻本作「和」，高步瀛曰「說文：龢、調也，此賦乃唱和之和，不應作龢」。

狡鳴葭「狡」字注文同，各本作「校」。

餘和也　「餘」下脫「人」字。○薛注末各刻本混入「和胡臥切」四字，永隆本無之。

臣善曰杜執葭賦　「執」乃「摯」之譌。各刻本「杜」上脫去「善曰」字，誤。

漢書有淮南鼓員謂舞人也淮南鼓員四人然鼓員謂無人也　案漢書禮樂志丞相孔光奏「凡鼓十二，員百二十八人，」之中有「淮南鼓員四人」。此注所引有複誤處，如删去「謂舞人也淮南鼓員」八子，改「無」字爲「舞」字，則文義適合，蓋賦云「奏淮南」而善引此舞人解釋之，並非十分適切，故用「然」字作轉語，他本無「然」字者，殆非善注原意。○各刻本「漢書」下有「曰」字，誤。又「四人」下無「然」字。案永隆本錄注，以「齊棟女」二句「發引和」四句「感河馮」二句「驚蝄蜽」二句分作四節，胡刻分節相同，叢刋本則併十句爲一節。兩刻本于「杜摯」上脫去「善曰」二子，遂令善注「杜摯」以次三十餘字混作薛注。

懷湘娥

感動也

說文……（共七字）　連上條善注，各刻本有，永隆本無。

墮湘水之中因爲湘夫人也　「之」「也」二字各刻本無。

憚蛟虵

蛟虵龍類　各刻本無「虵」字。

灑鰋鮋　「灑」字注同，各刻本並作「纚」，高步瀛曰「灑字疑誤」。

鰋音偃　胡刻無此三字。叢刋本此節注內無反切，各系于正文下。

搏耆龜

捭撫皆拾取之名 「撫」乃「摭」之譌。

龜之年者神 「年」字各刻本並作「老」字。

蠹潛牛 「蠹」字从虫，各刻本从中，注各同正文。案說文𧑒重文作「蟄」。

沉牛麈麋 「麈」初寫作「麈」，後加淡墨作「麈」，高氏指爲誤作麈者，未審其後改也。各刻本並誤作「鹿」。

潛涊形角似水牛 「涊」乃牛之譌。

南越志 「志」字各刻本作「誌」。

一名沉牛 句與上林賦注引南越志合，各刻本無此句。〇此節善注所引上林賦文注，惟永隆本全合。

何有春秋

常誤之也 「誤」乃「設」之譌。

周禮……（共十字） 永隆本無此十字，各刻本有。

濫于泗淵 「淵」字避唐諱缺左右兩直，各刻本代以「流」字。

摘漻㴾 永隆本書手，从木與从手之字，似無嚴格分別，然今寫從木之字，此卷右旁必有分明小點，今寫从手之字，此卷雖從上向左撇下，但右旁必無小點也。此「摘」字左旁不能謂爲从木，惟右旁則誤从「商」。各刻本並作「擿」。

布九罭 句與各本同，考異云：「罭當作緎，善注罭與緎古字通，謂引毛詩之罭與正文之緎通也，蓋善緎五臣罭，而各本亂之」。案考異所云非是，說詳下。

擿探謂一二周索也　「探」字各本作「搜」，與正文相應，但「探」字又與五臣向注「擿探也」同。「二」乃「一」之譌。

毛詩曰九域之魚　案毛詩及釋文皆作「罭」，此作「域」者，善所見本也，故下云「罭與域古字通」。各本引詩作「罭」，非善眞皃。

里革曰禁罝罜麗韋昭曰罜麗小網也　「禁罝罜麗」四字，如依里革所言「水虞于是乎講罛罶……獸虞于是乎禁罝羅……水虞于是乎禁罜麗」語氣讀之，則「罝」字衍，然文義無碍也。至國語原文，據明刊李金校本爲：「禁罝麗，韋昭曰：罝當爲罜，罜麗、小網也」，則依韋注所正，文從字順，故王引之主之，與永隆本所引亦無大差異。若據黃蕘圃札記本作「禁罝罣麗」，雖與楊倞注荀子成相篇所引相同，然加以韋注宋校黃校諸說，則不易爬梳，姑從畧。文選各刻本作「罝禁罜麗」，考異謂「罝」字不當有，亦與李金校本合。頗疑永隆本之「罝」字爲正，各本之「罝」，乃有疑于「罝」字而妄改者。

罭與域古字通罭音域　「域」字乃善注對所據文選之「罭」與所見毛詩之「域」作疏通語，應是善注本眞皃，各刻木作「緎」，誤，胡克家郝懿行等所謂善作緎者，殆隨誤本而爲想當然之辭。

里音獨　「里」字乃「罜」之譌。

㯻昆鮞　「昆」字叢刊本作「鯤」，薛注仍同各本作「昆」。

㯻責交切　永隆本薛注無此四字，各刻本有。

蘧藕拔　「蘧」字叢刊本作「蕖」，向注同，但薛注仍同作「蘧」。

逞欲畋魰

麋子曰麋 下「麋」字乃「麌」之譌。

季梁曰 「梁」字與左傳合，各刻本作「良」。

今昆餒而君逞欲 「昆」字缺筆

音魚 「音」上當有脫文。各刻本有廣雅尚書傳等二十字，下接「說文曰魰捕魚也音魚」九字，永隆本似脫其上二十七字。案說文無「魰」字，周禮天官𩊚人釋文云「音魚本又作魚亦作魰」，依釋文是「魚」與「魰」通，左傳隱五年孔沖遠疏觀魚者云：「說文云：漁，捕魚也，然則捕魚謂之魚，」此善注訓魰爲捕魚說自可通，但以說文所無之字而謂之「說文曰，」則恐爲後人所加，王紹蘭說文段注訂補舉此魰字爲李注文選望文傳會之證，是以誤本歸罪于崇賢也。但永隆本「音魚」之上所脫佚者不知究爲何文。

乾池滌藪

鄭玄……（共九）字永隆本善注無此九字，各刻本並有。

蚳蝝盡取

蟲舍蝝 「舍」下脫「蚳」字，各刻本有。

未孚曰卵 「孚」乃「乳」之譌，各刻本及韋注原文作「乳」。

遑恤我後

遑暇也 「遑」字各刻本作「皇」

我躬不悅　「悅」字各刻本及毛詩並作「閱」。

爲知傾陁

貴且安樂　「且」字各刻本作「在」。

何能復顧後日傾壞耶　「耶」字各本作「也」。

陁音雉　永隆本無此三字。

大駕幸乎平樂　「乎」字上野本作「于」。又叢刋本「樂」下有「之館」二字，校云「善本無之館」。

張甲乙而襲翠被　叢刋本「張」下校云「五臣作帳」。

襲服也……（共二十二字）永隆本薛注無此二十二字，觀其誤改李尤賦之「維陬」爲「維限」，當非薛注。又此二十二字中脫一平字誤一限字，六臣本與善單注本竟同其誤，亦可證兩本同出一源。

音義曰……（共二十六字）　永隆本善注無此二十六字。

紛瑰麗以奓靡　「奓」字五臣作「侈」。

程角觝之妙戲　「觝」字疑誤筆，注中並作「抵」，與漢書武紀合。各刻本並作「觝」。

秦名此樂爲角抵　此句與各刻本同，然漢書武紀文穎注無「秦」字，「抵」下有「者」字，文義較順。

技藝射御　各刻本並同，文穎注「技」上有「角」字。

烏獲舡鼎　「舡」字各刻本作「扛」，觀下注「扛與舡同」，知善本賦文作「舡」。

皆至大官　與史記秦本紀合，各刻本無「至」字。

武王有力力士任鄙 各刻本少一「力」字，失史記原意。

王與孟說舉鼎 「舉」字叢刊本誤作「扛」。

扛橫閞對舉也 「閞」說文作「關」，龍龕手鑑手部「扛」下引說文則作「閞」，與永隆本合。案說文又云「關以木橫持門戶也」，廣韻云「閞橫櫨戶上木」，是二字義通。胡刻叢刊本作「開」，誤。

扛與舡同 「舡」字胡刻作「舩」，字同。

衡陿鷰濯 各刻本「衡」字作「衝」，「陿」字作「狹」。「鷰」字五臣作「燕」。

匈突銛鋒 「匈」字刻本作「胷」，字通。

跳丸劍之徽霍 「徽」字上野本同，各刻本作「揮」。案說文：「徽，幟也，从巾，微省聲，春秋傳曰，楊徽者公徒」，石經借作徽。張衡東京賦「戎士介而揚揮」，薛綜注「揮謂肩上絳幟如燕尾者」，是借揮作徽。李善注引左傳與石經同作徽，故又云徽與揮古字通。此文「跳丸劍之徽霍」，謂跳丸劍者之形疾，是借徽作揮。又陳孔璋爲袁紹檄豫州「揚素揮以啓降路」，善注亦云徽與揮古通用。

跳都彫切 永隆本薛注無此音，各刻本並有。

華岳峨峨 「岳」字各本作「嶽」，岳古文，嶽篆文。

朱實離離

靈草芝莫 「莫」乃「英」之譌。

赤也 「赤」上脫「朱」字。

實垂之貌也　各刻本無「也」字。

蒼龍吹篪

羆豹熊虎　「熊」字永隆本與各刻本並同，考異謂當作「龍」，據賦文四獸類當作「龍」。

聲清眢而蝼蛇　「眢」字各刻本作「暢」。

女莫也　「莫」乃「英」之譌。

被毛羽之襳襹　「襳襹」字注皆从衣，各刻本文注並作「襳襹」，龍龕手鑑以「襳」爲正「襳」爲俗。

三皇時皮人　「皮」乃「伎」之譌。

毛羽之襳襹　各刻本「毛」上及「之」下並有「衣」字，而無「襹」字。

後遂霏霏

皆幼僞作之　「幼」乃「巧」之譌。

漢書贊曰　「贊」字各刻本誤脫。

臣瓚曰　各刻本無「臣」字。

毛詩……（七字）　永隆本無此七字。

復陸重閣　「復」字各刻本作「複」，叢刊本「複」下校云「五臣作復」，高步瀛曰：複復字通。又曰：「六臣本作覆，非，」不知指何種六臣本。

礔礰激而增響　「響」字與刻本同，叢刊本校云「五臣作音」

磅礚象乎天威　「磅」字與刻本同，叢刊本校云「五臣作砰」

增響重聲　「重」字與叢刊本同，胡刻作「委」，考異依袁茶本作「重」，謂尤氏誤改作「委」。

威怒也　各刻本無「也」字。

是爲曼延　「曼」字叢刊本作「蔓」，注同，非。胡刻「延」下有「去聲」二字，下與薛注相連，高步瀛曰「蓋五臣音注尤氏失刪者」。

神山崔巍　「巍」字五臣作「嵬」。

欻從背見

所作大獸從東來　各刻本「所」上有「僞」字，「大」字作「也」字，是分作二句讀，高步瀛謂永隆本勝。

欻許律切　永隆本薛注無此音。

熊虎升而挐攫　「挐」字永隆本與各刻本同，高步瀛引段玉裁說，以今本說文拏挐互誤，訂正作「拏，持也，从手奴聲，拏攫字當从奴，女加切。至于煩挐紛挐字，當从如，女居切」。案本書九辯「枝煩挐而交橫」，挐字从如，則此賦拏攫字應从奴。

挐皆僞反　「皆僞」二字涉上下注文而誤，依胡刻則作「挐奴加反」，依訂正應作「拏女加反」。

大雀踆踆

七輪切　永隆本薛注無此三字，各刻本並有。

垂鼻轔囷　「囷」字叢刊本作「輑」，校云「善本作囷」。

狀蜿蜿以蝹蝹

海鱗大海也　下「海」字或「魚」字之誤，或其下脫「魚」字，各刻本並作「大魚也」，高步瀛義疏本作「大海魚也」，其校語云：「海字依唐寫增」。

含利颰颰　「含」字與各刻本同，高氏謂「唐寫含作舍，毛本同」，蓋偶爾目誤。

蟾蜍與龜

水人狸兒　「狸」字各刻本作「俚」。

蟾音詹　各刻本作「昌詹切」。

奇幻倏忽（二句）　永隆本原脫此二句，後以淡墨旁加，各刻本句下有薛注善注共十八字，則未加上。「倏」字各刻本作「儵」

呑刀吐火

楚辭……（共十字）　永隆本無此十字，各刻本有。

流渭通涇

東海黃公成山河　「公」下各刻本有「坐」字。

淮南王好士方畫地成河　各刻本「士方」上有「方」字下有「士」字，此誤脫。

赤刀粵祝　胡刻「祝」下有「音呪」二字，非薛注，而下與薛注混連。

有能持赤刀　各刻本「有」上有「東海」二字，「能」下無「持」字。

禹步越祝厭虎者　「越祝」二字各刻本作「以越人祝法」五字。「虎」字原寫作「唐」，後以淡墨微改似「虎」字。

卒不能救

少時爲幼能制虵御虎　「幼」乃「幻」之譌。「爲幻能」三字各刻本作「能幻」二字。

常佩赤金爲刀　各刻本無「爲」字。

術既不行　各刻本無「既」字。

遂爲虎所煞也　各刻本「煞」作「食」，又無「也」字。

故云……（共十一字）　永隆本無此十一字，兩刻本並有。

侲童程材

「侲」字，各刻本文注並同，永隆本文注亦同，惟引史記文則依史記作「振」。高步瀛曰「振侲字通」。「童」字各刻本正文从人，注仍作「童」。

史記……若振女卽得之矣　史記淮南王安傳「振女」下注云：「集解徐廣曰：西京賦曰「振子萬童」。駰案：薛綜曰：振子童男女」。字並作「振」，字句與文選少異。

譬隕絕而復聯

身如將墮　「墮」字各刻本作「墜」。

騁足並馳

於橦上作其形狀　「上」字各刻本誤作「子」。

陸賈雜語　「雜」乃「新」之譌。

增駕百馬而行　句與新語無爲篇合，各刻本「而行」二字作「同行也」三字。

般樂極　「般」字文注並同，各刻本作「盤」。

般樂飲酒驅騁田獵　二句與孟子合，各刻本「樂」作「游」，「驅」作「馳」。

微行要屈

要或爲徼　永隆本無此四字。胡刻叢刋本並作薛注。

臣善曰漢書曰武帝與北地良家子期諸殿門故有期門之號　胡刻此二十一字作「已見西都賦」，蓋已見从省之例。叢刋本有此，乃从西都賦注補同，即陳仁子本所謂增補六臣注之例。

又曰武帝微行始出　「又曰」二字承上文引漢書期門事，胡刻作「漢書曰」，因上文期門事所引漢書已从省，故此處應出「漢書曰」，叢刋本上文已有「漢書曰」，此處不云「又曰」而再複出，是刪併六臣注時失檢。○「始」字與漢書東方朔傳合，各刻本誤作「所」字，漢書補注引王念孫所見本仍作「始」字。

要屈……（共九字）　永隆本無此九字，各刻本並有。

周觀郊遂　「遂」字叢刋本校云「五臣作隧」，濟注同。

字林曰閭里門也　各刻本脫「字林曰」三字。案任大椿字林考逸七閭閻條所引止後漢書班固傳注及西都賦注，而不及此注，蓋所見本亦脫此三字也。

章后皇之爲貴

欲小則如蠶蠋 「蠋」字與管子水地篇合，各刻本誤作「蝎」。

欲大函天地也 「函天地」三字，今管子水地篇作「則藏于天下」。

適驩館 「驩」字與胡刻同。高氏義疏云「五臣驩作歡」，案叢刊本「歡」下無校語，而五臣良注則作「歡」，知叢刊本從五臣也。

掖庭令官 「令」字各刻本誤作「今」，考異引陳景雲云當作令，與永隆本正合。

從嬿婉

薛臣善曰嬿婉好貌也 此善注引韓詩及薛君章句說，「臣善」二字，殆「君」字，或「君章句」字之譌。高步瀛曰：「治韓詩者不見此本，故不敢輯入薛君章句中，然則此本雖誤，有益于古書亦大矣。」〇各本無注末「也」字。

捐棄也 各刻本有此三字，在善注之末。案善注順文作注，此三字順序應在引毛詩序之上，今在注末，殆爲後人所加，故永隆本無之。

促中堂之陿坐 叢刊本「陿」下校云「五臣本作狹字」。

中堂堂中央也 各刻本不複「堂」字。

秘儛更奏 「儛」字各刻本作「舞」，舞儛字同。

美聲鬯於虞氏 「鬯」字各刻本作「暢」。

左氏傳產曰 「產」上脫「子」字。

蠱媚也　永隆本無此三字，此後人所加。

增蟬蜎以此豸　「蟬蜎」二字从虫，而音注並从女。胡刻作「嬋娟」，文注同。叢刊本二字並从女，文注同。○「此」字叢刊本校云「五臣作跐音此」，濟注同。○胡刻「豸」下注「音雉」二字，與薛注混。

姿態妖蠱也　「姿」字各刻本並作「恣」。

蟬媔此豸　薛注「媔」字與正文異書，胡刻作「蜎」，叢刊本作「娟」。

若驚鶴之羣罷　「罷」字，胡刻同。叢刊本作「羆」，夾注「媿美切」，五臣濟注亦作「羆」。案余蕭客王念孫皆以「羆」爲「罷」之譌，胡氏考異云「袁茶本罷作羆，下音媿美切，疑善罷五臣羆也，媿美切蓋善罷之音」。

相鶴經……（共十五字）　永隆本無此十五字，各刻本並有。

振朱屣於盤樽　叢刊本「朱屣」下校云「五臣作珠履」。

朱屣赤地絲屣　下四字各刻本作「赤絲履也」。

奮長褎之颯纚　「褎」各刻本作「袖」。案說文，「褎、袂也，俗褎从由」。

要紹修態

態驕媚意也　「驕」各刻本作「嬌」。

眧藐流眄　「眧」字文注並从召，各本並从名，叢刊本「眳藐」下校云「五臣本作眳邈」。案眧、齒紹切，玉篇「眧目弄人也」，據此則賦文作眧，當無疑義，惟永隆本善注「眧亡挺反」，是善作「眳」字讀。案廣雅

「晧顛也」，玉篇「晧不悅皃」，如此，則與賦文不照。高步瀛未校出晧字，謂晧藐猶緜藐。

轉眼視也　「視」字各刻本誤作「貌」。

臣善曰昭亡挺反　胡刻此音切在善曰之上，叢刊本在薛注之末，永隆本作善音。又各刻本「挺」作「井」。

絕世稱獨立　「世」字缺筆。「稱」字各刻本並作「而」。

展季桑門

聞柳下季之言　「季」字與國語魯語合，各刻本作「惠」。

家語昔有婦人曰柳下惠嫗不逮門之女國人不稱其亂焉　此注刪節家語好生篇文。胡刻「曰」上多「召魯男子不往婦人」八字，「柳下惠」上多「子何不若」四字，「惠」下多「然」字，「女」下多「也」字。叢刊本略同胡刻，而「魯男子」易作「柳下惠」，「曰」下又無「柳下惠」三字，「女」下同多一「也」字。案家語記此事畧與毛詩巷伯傳荀子大畧篇相同，永隆本善注節引二十一字，意義自明，胡刻及叢刊本增加字數，並多一「召」字，有違原意，此亦永隆本未經淺人混亂之可貴處。

詔楚王曰　「詔」字與後漢書楚王英傳合，胡刻誤作「制」字。○又注末說文六字，永隆本無。

列爵十四

漢書曰漢興…（**共二十五字**）　此善注節引漢書外戚傳文。胡刻作「見西都賦」，案西都賦「十有四位」下注，先引漢書天文志九字，次引外戚傳一百餘字。叢刊本以西都賦注天文志及外戚傳增補，而列舉十四等，有遺漏有誤併，則彙錄六臣注時錯誤也。

飛燕寵於體輕　叢刊字「燕」下校云「五臣作鷰」，向注同。

逞志究欲　叢刊本「志」下校云「五臣作至」

逞快也　「快」字各刻本誤作「娛」字，五臣濟注仍作「逞快」。

楚辭曰逞志究欲心意安　句與楚辭大招合，各刻本句末衍「之也」二字。

窮身極娛　叢刊本「身」下校云「五臣作歡」，高步瀛謂身作歡是，且多推測語，又謂「尤袤本文選攷異云五臣作敬亦非，案見陸心源羣書校補第一百卷」，案楚辭大招云「窮身永樂年壽延」。王注「言居於楚國，窮身長樂，保延年壽，終無憂患也」。賦文二句正用大招二句，毋庸別生枝節。

他人是媮　「媮」字毛詩作「愉」，高步瀛謂愉與媮偷三字並可通，特訓樂與訓薄義異。

唐詩曰　各刻本「詩」下多「刺晉僖公」以次十二字。

弗曳不婁　「不」字不作「弗」，與白帖所引同，而與韓詩外傳及玉篇所引不合。

不極意恣驕　「驕」字各刻本作「嬌」，陳喬樅魯詩遺說攷引作「恣娛」。

自君作故

君作故　與國語魯語合，各刻本「故」下衍「事」字，殆淺人所加。

增昭儀於婕伃

孝成帝……（**共十九字**）永隆本無此十九字。

乃更號曰昭儀在婕伃上　文句與漢書外戚傳合，各刻本並將「昭儀」與「婕伃」互倒，謬甚。

昭儀尊之也　外戚傳「昭」下有「其」字，永隆本誤脫。各刻本止存「尊之也」三字而無上半句，誤甚。

許趙氏以無上　叢刊本「以」作「之」。

約趙氏故不立許氏　外戚傳「約」下有「以」字，永隆本脫，各刻本並無「約以」二字。

王閎爭於坐側

渝易也　永隆本無薛注此三字。

非陛下之有　「之有」二本與漢書佞幸傳原文合，各刻本誤倒作「有之」。

蹔勞永逸無爲而治　「蹔」字與五臣本及翰注並同，各刻本作「暫」。

漢祖創業蜀漢書平當曰　「蜀」下應有「漢」字，與下「漢書」字連，永隆本脫一「漢」字。

今漢繼體承業三百餘年　「業」字與平當傳合，各刻本誤作「基」字。「三」字永隆本與各刻本同誤，依平當傳應作「二」字。

其舜也與　「與」字與論語合，各刻本作「歟」。

躭樂是從　永隆本正文作「躭」，善注作「湛」。各刻本文注並作「耽」。案尚書無逸「惟耽樂之從」傳疏與釋文耽皆从耳，論衡語增篇引作「惟湛樂是從」，（「是」字與張衡所見本同。）「湛」字與李善所見本同。毛詩鹿鳴常棣之「和樂且湛」並作「湛」。陳喬樅韓詩遺說攷云：「耽毛詩作湛，耽、湛、皆媅之假借，說文：媅，樂也。媅又作妉，爾雅釋詁：妉樂也，華嚴經音義上云：聲類：媅作妉，一切經音義四：媅、古文妉同，是也。耽字本義說文訓爲耳大垂，湛字本義說文訓爲沒，皆以音同假借爲媅樂字，據韓詩云：樂之甚也，則從甚作媅者爲正，妉字乃其或體耳。」以耽湛爲媅之假借，段玉裁王筠諸家說文注並同。文選集注本陳孔璋荅東阿王牋「謹韞玩躭」之「躭」，各本作「耽」，集注引音決云：「媅多含反，或爲躭，同」，知各本之「耽」或「躭」，音决乃作「媅」。正字通云「訦樂之眈从目，易書詩本作眈，僞作耽」，其說近於武斷，康熙字典，中華大字典，皆沿其誤。又玉篇身部，「躭，俗耽也。」

二百餘朞

從高祖至於王莽二百餘年　永隆本此句與胡刻同，叢刊本薛注無此句，而別見於翰注，作二百三十年。似彙六臣注者取翰注之確數，舍薛注之不定數之所爲。高步瀛曰：自高祖元年乙未至孺子嬰初始元年戊辰，共二百一十四年。

衿帶易守

函谷關銘　此本常以「関」爲「關」。

地形險阻守而難攻　管子九變篇此句「守」上有「易」字，各刻本有「易」字無「而」字。

聲烈彌楙

各刻本「聲」字作「馨」字，「楙」字作「茂」字。

傳聞於未聞之者

叢刊本「者」下校云「五臣作口」，永隆本「者」下注一小「口」字，然其下善注有「者之與反」亦非改「者」爲「口」也。

末一隅之能睹

孔叢子……（**共二十字**）　永隆本無此二十字，各刻本並有。

說文……（共十一字） 永隆本善注無此十一字，各刻本並有。

論語 各刻本「語」下有「曰」字。

舉一隅而示之 今本論語述而篇無「而示之」三字，阮元論語注疏校勘記云：「皇本高麗本隅下有而示之三字，案文選西京賦注引有此三字，又鼂公武蜀石經考異云：舉一隅下有而示之三字，與李鶚本不同，據此，則古本當有此三字也。」案四部叢刊景日本覆刻古卷子本論語有此三字。又日本所稱能存先唐眞本面目之天文板論語：無「而」字，有「示之」二字。

前八後五

各刻本「八」下有「而」字。

廣雅……（共二十三字） 永隆本無此二十三字。

尚書曰自契至成湯八遷 「書」下應有「序」字，永隆本及各刻本並脫。

尚書序曰盤庚五遷 「尚書序曰」應作「又曰」，永隆本及各刻本並誤。

孔安國……（共十字） 永隆本無此十字，各刻本並有。

尚書曰盤庚遷于殷 各刻本誤脫「尚書曰」三字，「殷」下並誤複一「殷」字。

率喻衆戚 各刻本作「率籲衆慼」，與今本尚書同。案釋文三出「籲」字及「慼」字，「籲」注「音喻」。說文玉篇引「慼」作「戚」。故永隆本之「喻」與「籲」同音假借，「戚」「慼」字通。

同天號於帝皇

方今……（六字） 永隆本無此六字，各刻本並有。

尚書刑德放曰……天有五帝皇者煌煌也　各刻本無末句，永隆本有。高氏疏云：「藝文類聚帝王部引有此句，太平御覽皇王部引書緯同。」

春秋元命苞曰皇者煌煌也道爛顯明也　御覽引此二句，「皇者」作「天道」，「爛」下有「然」字，永隆本似涉上注而誤，應據改。各刻本無下句。馬國翰玉函山房輯佚元命苞卷引此注，亦未知善注原有二句。

掩四海而爲家

聖人能天下爲一家　禮記禮運此句「能」下有「以」字，各刻本並有，永隆本誤脫。

莫我大也　此節注，永隆本初寫脫「漢」字，又「業」字誤作「漢」字，後各以淡墨改正。

以靡麗爲國華

吾聞以德榮爲國華　句與國語魯語合，各刻本脫「榮」字。

獨儉嗇以偓促

「偓促」二字各刻本並從齒旁，玉篇分收于人部齒部足部。案史記司馬相如傳作「握齪」，漢書作「握躖」，本書相如難蜀父老文作「喔躖」，善引應劭注同。又史記酈食其傳作「握齱」，漢書同。

本書吳都賦六臣校云「善作握齪」。並通用字。

言獨爲此節愛　各刻本脫「此」字。

善曰漢書注……（共三十八字）　永隆本無此三十八字。○胡刻脫「善曰」二字。案漢書注乃韋昭注，今本漢書無之，見史記酈食其傳索隱所引，高氏指爲陸賈傳，偶混。又注引公羊傳注，案之隱公元年何休解詁，有誤有倒，考異尚未檢原文而悉正之。

蒙竊惑焉

何故及去西都　「及」乃「反」之譌。

非我求童蒙　「非」字今本周易作「匪」，各本句末加「也」字。

辯之之說也

說猶分別解說之　各刻無「之」字。

文選卷第二

永隆年二月十九日弘濟寺寫

校後語

綜上校勘，所得要點，舉例如下：

一、永隆本有可證今本古籍之疑誤者，如：

毛詩「瞻彼洛矣」傳：「韎韐者，茅蒐染也」之「韐」字，詳「緹衣韎韐」條校記。

說文「車上曲銅」之「銅」字，「鋋，小矛也」之「矛」字，分詳「倚金較」條，及「矢不虛舍」條。

漢書食貨志「皆爲五均司市師」之「稱」字，東方朔傳「武帝微行始出」之「始」字，王尊傳「箭張」之「箭」字，分詳「五都貨殖」「微行要屈」「擬跡田文」各條。

經典釋文八「早物」之「早」字，詳「動物斯止」條。

一、永隆本有獨異之字，如「聚似京涛」「建玄戈」「眙藐流盼」各條所舉，是其一例。

一、永隆本有與古文苑蜀都賦相同者，詳「方轅接軫」條。

一、永隆本屢見之「臣君曰」三字，見「獸不得發」「長楊之宮」及「從嫵婉」三條校記，疑爲唐人一時之風尙。

一、永隆本有疑誤處，各本因之紛歧者，如「彌望廣潒」注之引字林，「青骹摯于韝下」注之「蓋」字，即其一例。

一、永隆本與各本皆有奪誤，據未經竄改之李善注，猶可推尋原意，較勝胡克家之捫索，如「鮪鯢鱨魦」注中之「鮥」字，即其一例。

一、各本分節有不同者，因之纂錄薛注善注時，遂致混亂，如「皇恩溥」條校記所舉，是其例。

一、尤袤本與六臣本同源，尤本善注多從彙併之六臣注中剔出，校記「今也惟尉」「張甲乙而襲翠被」各條所舉，即其一例。

一、善注所引古籍，永隆本多與原文吻合，他本每多歧異，如「駢田偪仄」「蔚若鄧林」「騁足並馳」各條所舉，皆其例。

一、善注徵引古籍或有刪節時，各本因之每有增潤，或再刪剟，致違原義，如「展季桑門」「列爵十四」「莫之能獲」各條所舉，皆其例。

一、他本善注有不合崇賢體例者，以永隆本對照，可知其曾經後人羼亂。如「本自虞初」條所舉，即其一例。

一、六臣注本有增補處，見「前開唐中」各條。

一、六臣本校語有不足信者，詳「睢盱跋扈」各條。
一、胡克家考異有不盡可據者，詳「沸卉訇軿」各條。

English Summaries:

An Evaluation of the Style of *Hsi Chou Shu*
(西周書文體辨)

Ch'ien Mu (錢穆)

From the study of the outstanding style of the historical writing *Hsi Chou Shu* the writer of this article suggests a number of points to illustrate that the style of the subject book is different from those writings belonging to the Pre-Chou dynasties—Yu (虞), Hsia (夏) and Yin (殷). The points include that: (1) The *Chin-Wen-Shang-Shu* (今文尙書) handed down from ancient time must be introduced first with the appearance of *Hsi Chou Shu* and later by the writings of Yu, Hsia and Yin periods. (2) The style of *Hsi Chou Sh*: emphasizes more on the collections of speeches. The historical concept of recording events did not exist at that time. The historical events were depicted and eulogized in rhymes such as *ya* (雅) and *sung* (頌) written in the early West Chou and collected in the *Book of Songs* (詩經). (3) The traditional belief that *Shang Shu* (尙書) records speeches and the *Spring and Autumn Annals* records events has been ascertained. The classical saying that "*The Spr.ng and Autumn Annals* were compiled after the ceasing of songs." is notable. This clarifies that the *Annals* were written in succession of *ya* and *su g* contained in the *Book of Songs*. If there are arguments maintaining that the events-recording writings of *Yu Hsia Shu* (虞夏書) were written prior to the existence of *Hsi Chou Shu*, the classical saying we quoted here would be hard to expound.

Concluding from an evaluation of the style the writer also asserts that the speeches recorded from Tsu-ch'an of Cheng (鄭子產), Shu-hsiang of Chin (晋叔向) and Yen-ying of Ch'i (齊晏嬰) in *Tso Chuan* (左傳); the *Analects* of Confucius; and the writings of many leading thinkers in the time of Spring and

Autumn and the Warring States (春秋戰國), were all derived from the style of *Hsi Chou Shu*.

This article not only observes the later appearance of Yu Hsia writings in *Chin Wen Shang Shu*, but also suggests a fresh approach with a view to broadening the survey of history of Chinese ancient literature and history of Chinese historical studies.

Development of the San Sheng System of the T'ang Dynasty

(唐代三省制之發展研究)

Sun Kuo-tung (孫國棟)

The system of *San Sheng* (Three Departments) in the T'ang dynasty was an important feature in Chinese history of political institutions. Throughout three hundred years of the Empire, there were a number of modifications on functions and inter-relationships between the *sheng*. This article aims at exploring circumstances of changes in order to engage more intensive understanding of the institutions.

There were six periods marking the changes of the system of *San Sheng*: (1) In the early years of Emperor Kao Tsu (高祖 618-627) the political system of the Sui Empire (隋 589-618) was still adopted. Shang-shu-pu-she (尙書僕射) was appointed as cheng-tsai-hsiang (正宰相) while chung-shu ling (中書令) performed as the executive secretary of the emperor. (2) After the reign of Emperor T'ai Tsung (太宗 627-650) chancellorship was transferred from shang-shu-pu-she to chung-shu-ling. Since then a clear departmentalization loomed: chung-shu-sheng was in charge of issuing decrees, men-hsia-sheng (門下省) performed deliberation and comments, and shang-shu-sheng (尙書省) expedited enforcement. (3) The departmentalization was

interrupted during the reign of Empress Wu and throughout two reigning periods of Chung Tsung (中宗) and Jui Tsung (睿宗) (684-713). (4) Emperor Hsuan Tsung (玄宗 713-756) resumed the system to perfection. (5) Beginning from 723 A. D., chung-shu-cheng-shih-t'ang (political hall) (中書政事堂) was renamed chung-shu-men-hsia (中書門下) under which five sections were set up. Thus a political hall where only the conference on state affairs was held now became an office-room for tsai-hsiang. Functions of two *sheng*-men-hsia and chung-shu—were gradually confused and from 742 A. D. downward ranking-officials became more and more beyond the guidance of the highest executive. (6) Despite efforts were rendered by Empror Hsien Tsung (憲宗 806-821) on the restoration of *San Sheng*, this sound system remained forever crippled under the following circumstances: government power had been shifted to the hands of shu-mi-shih (樞密使) and han-lin-hsueh-shih (翰林學士); rank and file officials of chung-shu and men-hsia *sheng* became detached from tsai-hsiang; and officials in charge of national treasury was invested with far greater authorities. *San Sheng* system was doomed to change in its entirety. Thus it gave the Sung Empire a lead to modify the system to a new division of functions: shu-mi (樞密) to control army, chung shu to run the government and san-ssu (三司) to be technically in charge of national treasury.

The Classical Prose Reform Movement in the T'ang Dynasty

(雜論唐代古文運動)

Ch'ien Mu (錢穆)

This article discusses the classical prose reform movement in the T'ang dynasty with Han Yu (韓愈) as a central figure in the movement and several

other noted scholars including Liu Tsung-yuan (柳宗元), Liu Meng-te (劉夢得), Lu Ho (呂和) and Li Ngao (李翱) are also recommended.

Relationship between Han's classical prose movement and the classical poetry reform movement advocated by T'ang's prominent poets Ch'en Tzu-ngang (陳子昂), Li Po (李白) and Tu Fu (杜甫) is studied here. Han's parentage as well as his acquaintances which contributed some factors to his promotion of movement are also pointed out.

The movement, observes the writer, was not to restore to ancient styles but aimed at renovation, an improvement to a new look. Likewise Li Po and Tu Fu were leading the poetry to a new realm, not reviving the old songs. Essential interpretations of literary concepts representing the thought of the movement are brought up together with the main contributions made by the improvement of style.

Impacts of the movement are particularly suggested. Both the Chinese scholars of Confucian school in various periods and the philosophers of the Sung dynasty were more or less influenced by the movement. The writer defends against the blames on the movement by the people of later generations who quoted Han's "literature for principle" to rebut. Also a recent allegation that Han's movement was motivated by the emergence of novels in the T'ang period is refuted.

Among many factors entered into the development of this significant movement, the writer specifically recommends that it was a movement incorporating the poetical styles into prose. It created a kind of prose of pure literature in the history of Chinese literature. This viewpoint may lead to further intensive discussions of a review of the progress of Chinese literature.

The Military Service of the Northern Sung Dynasty

(北宋兵制研究)

Lo Ch'iu-ching (羅球慶)

Basing upon the writings of Sung scholars the writer attempts to trace the development of the military service of the Sung Empire from sources other than the *Military Section of the History of the Sung Dynasty* (宋史兵志). Characteristics and the course of evolution of the service are discussed without duplicating the History. Reviewing the categories of armies—the central army, local army, country troops, foreign legions, etc.,—discussions on their interrelationships and shifts of main forces are more emphasized than on the descriptions of organization, units and stations. Regarding the volunteer forces and paochia (保甲), their legal basis, origin and impacts are treated as more essential than the citation of statutes.

With this fresh approach the writer has arrived at the following conclusions: (1) Northern Sung's military service was initiated by Emperor T'ai Tsu (太祖 960-976) and corrupted during the reign of Emperor Chen Tsung (眞宗 998-1023) and Jen Tsung (仁宗 1023-1064). Although there were some improvements by Emperor Shen Tsung (神宗 1068-1086), the service was again ruined in the time of Emperors Hui Tsung (徽宗 1101-1126) and Ch'in Tsung (欽宗 1126-27). (2) The service inititated by T'ai Tsu was considered by the people of Sung as most practical for that dynasty. The blames on the supernumerary recruitment and high percentage of infirm soldiers should be attributed to deterioration of service, rather than to the service itself. (3) The deterioration of service invited serious border troubles while the frequency of clashes further weakened the service. Thus a vicious circle was formed. (4) Two kinds of people were responsible for the worsening changes in

service: the civil officials and emperor's escorting eunuchs. When the former had power over the government, the spirit of military service was destroyed. When the latter got the upper hand of all levels in the court, the service was destroyed both in spirit and in form.

The Chinese Quarter of Faifoo (Hoi-An) and Its Foreign Trade During the 17th and 18th Centuries.

(十七、八世紀之會安唐人街及其商業)

Chen Ching-ho (陳荆和)

Faifoo, a river port situated near the mouth of Song Thu-bon (Central Viet-Nam), had flourished by its foreign trade, specially with China and Japan, during the 17th and 18th centuries. The existence of foreign settlement in this port has been proved as early as the beginning of the 17th century. At first, it was divided into two quarters: the Chinese and the Japanese. For the first three decades of the century, traders and merchants belonging to these two nations poured continuously into the port in the trade season of each year. However, from 1639 A.D., as the Shogun of Japan had enforced the seclusion policy, the Japanese quarter, with a diminishing number of habitants, disappeared gradually in the swelling Chinese quarter. The position of the latter is identified by the author to the actual "Rue du Pont Japonais" in the city of Faifoo; and its population, estimated 4 to 5 thousand in 1640s, had increased to a number varying from 6 to 10 thousand in the middle of the 18th century. The development of the quarter is traced roughly by the author with the narrations cited from various reports and memoires of foreign visitors.

Regarding the foreign trade of Faifoo, the following items are given by the author, relying mainly on the Japanese and Vietnamese materials: the

method of Chinese traders, the number of their junks which visited annually the port, the kinds and prices of the merchandises importing and exporting, the official organization controlling the trade, the formalities for the foreign vessels, the customs, anchorage and various presents obliged to pay by the foreigners at their arrivals and departures. The commercial intercourses between Chinese merchants of Faifoo and the Koxinga's government in Taiwan, the Chinese in Siam, the Portuguese of Macao, the Dutch East India Company as well as British East India Company are also referred. These relations ended by the miserable situation of Faifoo, damaged seriously by the Tay-son rebellion at the end of 18th century.

A Synopsis of Tun-Huang Edition of *Wen Hsuan*

（敦煌本文選斠證）

Jao Tsung-I （饒宗頤）

The hand-written copy of *Wen Hsuan* found in Tun-Huang are now being collected in French National Library (containing 12 titles) and in the British Museum (containing 3 titles). This article is a comprehensive study of these volumes with full explanatory notes on titles, serial numbers and arrangement of order. The writer particularly discusses the hand-written copy of Hung Chi Temple (弘濟寺) in which the essay Hsi Ching Fu (西京賦) was attached with complete commentaries written by Hsueh Tsung (薛綜) and Li Shan (李善). The latter was still alive when his notes were adopted in the version. The Hung Chi Temple edition might be called the earliest book containing Li's notes. (about 680 A.D.) In the course of making a comparative study, the writer also consulted a Japanese version collected by Uenoseiichi. Both its essays and commentaries are incomplete, but the edition is rare.

Aeknowledgement

The Reasearch Institute of New Asia College, Hong Kong, wishes to acknowledge with cordial thanks to the Harvard-Yenching Institute for the generous contribution of fund towards pubiication of this Journal.

一九五七年八月一日初版

新亞學報 第三卷・第一期

定價 港幣十元 美金二元

編輯者 新亞研究所 九龍新亞書院

發行者 新亞書院圖書館 九龍土瓜灣農圃道

THE NEW ASIA JOURNAL

Volume 3 *August 1957* *Number 1*

THE NEW ASIA RESEARCH INSTITUTE